Los talibán

AHMED RASHID

Los talibán

El Islam, el petróleo y el nuevo
«Gran Juego» en Asia Central

TRADUCCIÓN DE JORDI FIBLA

EDICIONES PENÍNSULA

BARCELONA

Diseño de la cubierta:
Neli Ferrer/Enric Jardí.

Primera edición: febrero de 2001.
Segunda edición: marzo de 2001.
Tercera edición: septiembre de 2001.
Cuarta edición: septiembre de 2001.
Quinta edición: octubre de 2001.
Sexta edición: octubre de 2001.
© de la traducción: Jordi Fibla Feitó, 2001.
© de esta edición: Ediciones Península s.a.,
Peu de la Creu 4, 08001-Barcelona.
E-MAIL: correu@grup62.com
INTERNET: http://www.peninsulaedi.com

Fotocompuesto en V. Igual s.l., Còrsega 237, baixos, 08036-Barcelona.
Ejecución de los mapas en Blauset, s.l.,
Argentona 8, baixos, 08024-Barcelona.
Impreso en Hurope s.l., Lima 3 bis, 08030-Barcelona.
DEPÓSITO LEGAL: B. 43.296-2001.
ISBN: 84-8307-334-X.

A mi madre, quien me enseñó a ver lo que he visto.
Espero haber estado a la altura de su enseñanza.
Y para Ángeles.

CONTENIDO

LOS HECHOS DEL 11 DE SEPTIEMBRE DE 2001

Desde 1989, Estados Unidos y Occidente vienen dando la espalda a la prolongada guerra civil de Afganistán. El 11 de septiembre de 2001, el mundo dejó de ser el mismo cuando Afganistán se mostró ante el mundo de una manera brutal y trágica. Los diecinueve terroristas suicidas que secuestraron cuatro aviones, y luego se lanzaron contra las Torres Gemelas del World Trade Center, en Nueva York, y contra el Pentágono, en Washington, pertenecían a la organización Al Qaeda, dirigida por Osama bin Laden, que tiene su base de operaciones en Afganistán, país gobernado por los talibán. Su objetivo era golpear tres cosas a la vez: el mundo heredero de la guerra fría, el punto neurálgico de la globalización y los supuestos esfuerzos por hacer de la tierra un lugar más seguro y mejor.

A las pocas horas de estos espantosos atentados, el presidente George W. Bush dijo que Estados Unidos se hallaba en guerra con los terroristas internacionales. «Los que hacen la guerra a Estados Unidos han elegido su propia destrucción», dijo el 15 de septiembre tras declarar el estado de emergencia nacional. Asimismo, precisó que la respuesta de Estados Unidos sería «un ataque sin campos de batalla ni cabezas de puente» y que «el conflicto será largo». Y terminó comprometiéndose a crear una alianza internacional, centrada en torno a la OTAN y a otros aliados, para castigar a Al Qaeda y a los talibán.

Los terroristas suicidas, que habían recibido formación aeronáutica en Estados Unidos y Alemania, pertenecían a una generación de militantes islámicos. Eran personas cultas, de clase media, con buenos trabajos, familia y novias. Sin embargo, estaban poseídos por un implacable sentimiento de rabia, incubado durante varios años, que les hizo no dar importancia al hecho de acabar con la vida de unas siete mil personas, muchas de ellas americanos musulmanes corrientes y piadosos. *Los talibán* se propone, entre otras cosas, tratar de comprender este sentimiento de rabia extrema, así como a la organización que formó e inspiró a los perpetradores de los atentados.

Pero está claro que Al Qaeda no habría podido planificar y organizar los atentados sin disponer de un lugar seguro desde el punto de vista del adiestramiento, la financiación, las comunicaciones y la inspiración. El largo período de inhibición por parte de Estados Unidos y Occidente respecto a las actividades de los talibán ha permitido a éstos convertir Afganistán en un lugar seguro para grupos extremistas procedentes de más de doce países árabes distintos. Con los dos mil quinientos o tres mil combatientes de que dispone en Afganistán, y una red mundial que abarca a treinta y cuatro países, Al Qaeda es sólo la punta de un iceberg enorme. Los talibán también acogen a grupos extremistas islámicos procedentes de Rusia, Paquistán, China, Birmania, Irán, Asia central y varios países del lejano Oriente, todos ellos enrolados en sus filas y empeñados al tiempo en la lucha política en sus respectivos países. Afganistán se ha convertido, así, en el centro de una red terrorista mundial, aunque en todo esto no tiene nada que ver el pobre pueblo afgano, acosado por la sequía, el hambre y la guerra civil que enfrenta a los talibán con las fuerzas antitalibán del Frente Unido (FU).

El ataque del 11 de septiembre estuvo precedido por el asesinato, tan sólo dos días antes, del dirigente del FU, Ahmad Shah Masud. Dos jóvenes marroquíes con pasaporte belga, llegados a Kabul vía Bruselas, Londres e Islamabad y que se hicieron pasar por periodistas, lograron ocultar una bomba en una cámara de vídeo. Al iniciarse su entrevista con Masud en el extremo septentrional del país, activaron el detonante y se inmolaron junto con el dirigente del FU. Con abundante metralla alojada en la cabeza y en el resto del cuerpo, Masud logró sobrevivir sólo unas horas. Nadie dudó de que el asesinato había sido organizado por Al Qaeda como medio para cimentar su estrecha relación con la plana mayor talibán y privar al FU de su dirigente más carismático, y ello en el preciso momento en el que Al Qaeda planeaba un acto terrorista de proporciones aún mayores, que sabía que iba a provocar la invasión de Afganistán por parte de las fuerzas estadounidenses, deseosas de vengarse. Bin Laden y el máximo dirigente talibán, el *mulá* Mohammed Omar, parecen estar convencidos de que, al igual que los muyahidín afganos consiguieron derrotar al ejército soviético tras diez años de guerra, harán ahora lo mismo con las eventuales fuerzas invasoras estadounidenses.

La ira talibán contra Occidente ya había alcanzado un punto máximo a principios de año. El 19 de enero, el Consejo de Seguridad de las Naciones Unidas (CSNU) aprobó la resolución 1.333, por la que se imponían varias sanciones a los talibán, entre ellas el embargo de armas, la incautación de sus cuentas fuera del país y la denegación del permiso para viajar fuera de Afganistán (incluidos los vuelos de la compañía nacional Ariana). El CSNU dijo que el Afganistán controlado por los talibán era el centro del terrorismo internacional y exigió la extradición de Bin Laden. Los talibán reaccionaron airadamente asegurando que nunca expulsarían a Bin Laden. Lo que más enojó a los talibán fue que no se decretara también el embargo de armas al FU, movimiento que siguió recibiendo ayuda militar de Rusia, Irán, India y las Repúblicas de Asia Central.

Paquistán, el principal proveedor de armas y carburante a los talibán, se encontraba ahora en una difícil tesitura; pero prometió atenerse a las sanciones de la ONU. Sin embargo, en el informe anual sobre terrorismo mundial publicado el 30 de abril por el Departamento de Estado norteamericano, se decía que Paquistán seguía apoyando a los talibán con «carburante, dinero, ayuda técnica y asesoramiento militar». Al mismo tiempo, Human Rights Watch publicaba un informe contundente en el que se declaraba que Paquistán estaba infringiendo las sanciones de Naciones Unidas al seguir enviando armas y tropas a los talibán. Con sospechas cada vez más fundadas de que Paquistán seguía suministrando armas a los talibán, el CSNU aprobó la resolución 1.363 del 31 de julio, por la que se creaba un equipo de observadores que se apostarían en la frontera de Afganistán para velar por el cumplimiento del embargo de armas de la ONU. Los talibán, y los partidos islámicos de Paquistán que los apoyaban, contestaron diciendo que matarían a todo observador de la ONU que se encontrara en la frontera entre Paquistán y Afganistán.

En los nueve primeros meses de 2001, se produjeron varios acontecimientos que se podían considerar precursores de un importante atentado terrorista. El 5 de febrero, se celebró en Nueva York el juicio contra cuatro árabes, acusados de complicidad con Bin Laden y de haber bombardeado las dos embajadas de Estados Unidos en África en 1998. El 29 de mayo, los cuatro encausados fueron declarados culpables de trescientos dos cargos de terrorismo y condenados a largas penas de cárcel. En abril, un tal Ahmad Ressam, de nacionalidad argelina, fue condenado por haber introducido explosivos desde Canadá a Estados Unidos, donde había proyectado volar el aeropuerto de Los Ángeles en el año 2000. Entre enero y agosto, Italia, Alemania, España y Gran Bretaña detuvieron a veinte argelinos que supuestamente estaban planeando varios atentados terroristas en Europa—mantenían estrechas relaciones con Bin Laden, y se habían adiestrado en Afganistán—.

El 23 de junio, las fuerzas estadounidenses estacionadas en el Mar de Omán se pusieron en estado de máxima alerta después de conocerse la noticia de un inminente atentado terrorista. Las embajadas de Estados Unidos fueron cerradas en varios países de África y del Golfo mientras Washington hacía saber a los talibán que los consideraría responsables si Bin Laden cometía algún atentado.

De resultas de las sanciones de la ONU, la plana mayor talibán quedó aislada internacionalmente; pero, lejos de deponer su actitud beligerante, renovó su empeño de hacer frente a la presión occidental, aun cuando la persistente sequía, la guerra civil y la ruina de la agricultura habían agravado más aún la situación de la población, produciendo una avalancha de alrededor de un millón de nuevos refugiados tanto dentro como fuera del país. En enero se libraron intensos combates entre los talibán y el FU por el control de la región de Hazarajat, situada en el centro del país y poblada por el grupo étnico hazara, compuesto por musulmanes shiíes y, por tanto, odiados por los suníes talibán. Los talibán recuperaron Yakowlang el 8 de enero, y varios grupos pro derechos humanos aportaron posteriormente pruebas en el sentido de que los talibán habrían masacrado a doscientos diez civiles dentro y en las afueras de la ciudad. El 13 de febrero FU recuperó la ciudad de Ramiyan que volvió a ser tomada poco después por los talibán.

El 26 de febrero, en señal de castigo, y en un intento de intimidar a los hazaras, el *mulá* Mohammed Omar ordenó a sus tropas destruir dos estatuas gigantes de Buda, de mil ochocientos años de antigüedad, que dominaban el valle de Bamiyán. Tras transportar los talibán dinamita y tanques en Bamiyán, se produjo una amplia reacción internacional, y muchos países, entre ellos Japón, Sri Lanka y Egipto, enviaron delegaciones para pedir a los talibán que no llevaran a cabo la destrucción de las estatuas. Hubo manifestaciones antitalibán por parte de budistas, afganos y amantes del arte en muchas capitales del planeta; pero los talibán hicieron oídos sordos, y el 10 de marzo las estatuas fueron destruidas con cargas de dinamita y con fuego de tanques. Los talibán destruyeron también unas cuarenta estatuas del museo de Kabul y una enorme estatua antigua de un Buda reclinado en Ghazni. Los talibán acusaron al mundo de aislar a su régimen y de interesarse más por unas estatuas que por su población hambrienta, si bien ellos mismos no mostraban demasiada preocupación por la triste suerte de su pueblo.

La destrucción de los Budas despertó de su sueño a algunos países, que empezaron a ver con preocupación el peligro potencial de los talibán. El dirigente del FU Ahmad Shah Masud hizo su primera visita a

Europa en abril. Se dirigió al Parlamento Europeo de Estrasburgo y fue recibido por la Comunidad Europea, en Bruselas, y por el ministro de exteriores francés, en París. El FU se había visto fortalecido con la vuelta al país del general Rashid Dostum, quien, con la ayuda de Turquía, creó una base guerrillera en el norte de Afganistán para unir a los combatientes uzbekos contra los talibán, y de Ismail Khan, el anterior gobernador de Afganistán occidental, quien, apoyado por Irán, creó un nuevo foco de resistencia contra los talibán en la provincia de Ghor, en la parte occidental de Afganistán. El FU consiguió, así, abrir dos nuevos frentes que pusieron en jaque a las fuerzas talibán durante el verano.

El jefe de la *shura*—consejo islámico—en Kabul y número dos del movimiento, el *mulá* Mohammed Rabbani, murió de cáncer en un hospital de Karachi el pasado abril. Rabbani estaba considerado un moderado, partidario de que se iniciara un diálogo entre los talibán y Masud. Su muerte marcó el final de cualquier intento serio por parte de los dirigentes moderados de oponerse a los partidarios de la línea dura del régimen, que estaban decididos a enfrentarse a Occidente con el fin de crear el que, según ellos, era el Estado islámico más puro del mundo.

El desafío talibán incluía la escalada de la confrontación con la ONU y otras organizaciones humanitarias internacionales que trabajaban en Afganistán, así como la aprobación de nuevas leyes atentatorias contra los derechos humanos y que suscitaron la reprobación de muchos afganos. El 19 de mayo, los talibán clausuraron un hospital italiano en Kabul, obligando a los médicos europeos a huir después de ser acusados de mantener relaciones con mujeres afganas. Dos días después, los talibán se negaron a colaborar con una campaña de vacunación infantil contra la polio promovida por organizaciones de la ONU. El 22 de mayo, los talibán anunciaron que todos los hindúes del país tenían que llevar un distintivo amarillo en la ropa para poder ser identificados mejor. Esto provocó la condena internacional, y, unas semanas después, los talibán dieron marcha atrás y ordenaron a los hindúes llevar sólo documentos de identificación. En Afganistán viven aún alrededor de mil setecientos hindúes y sijs. El 31 de mayo, los talibán prohibieron conducir vehículos a las extranjeras que prestaran algún tipo de ayuda en el país. Pero el conflicto más serio de los talibán con las organizaciones de ayuda internacionales fue su negativa a permitir al Programa Mundial de Alimentos (PMA) de la ONU, gracias al cual se alimentan unos tres millones de afganos, comprobar quién se llevaba realmente el pan en las panaderías del PMA de Kabul. Después de varios meses de negociaciones fallidas, el PMA amenazó con clausurar el

15 de junio sus ciento cincuenta y siete panaderías de Kabul. Los talibán pidieron ayuda a organizaciones humanitarias árabes y musulmanas; pero su llamamiento encontró escaso eco. El PMA cerró sus panaderías el 15 de junio, obligando a los talibán a aceptar una solución de compromiso dos días después. El 13 de julio, los talibán prohibieron el uso de Internet dentro del país. Una semana después, publicaron otro decreto por el que se prohibía la importación de treinta artículos, entre ellos juegos, casetes de música y barras de labios. El enfrentamiento entre los talibán y las organizaciones de ayuda humanitaria alcanzó su punto álgido el 5 de agosto con la detención de ocho extranjeros y dieciséis afganos pertenecientes a Shelter Now International bajo la acusación de tratar de promover el cristianismo, delito punible con la pena capital. El juicio contra los ocho extranjeros, entre ellos cuatro alemanes, celebrado según la *sharia*—o ley islámica—, comenzó el 4 de septiembre en la Corte Suprema de Kabul.

La gran ofensiva estival de los talibán comenzó el 1 de junio. Alrededor de veinticinco mil talibán, entre ellos unos diez mil no afganos (saudíes, paquistaníes y centroasiáticos) atacaron varios frentes del FU: en las afueras de Kabul, en la provincia de Takhar—situada en la parte nororiental del país—y en Hazarajat. El FU no logró adueñarse del territorio, pero no se arredró, y en sus frentes de batalla en el norte y el oeste del país consiguió mantener en jaque a las fuerzas talibán. En agosto, en un informe destinado al CSNU, el secretario general, Kofi Annan, hizo un llamamiento para un «acercamiento global» destinado a pacificar Afganistán, calificando los intentos anteriores de «empresas estériles» y haciendo hincapié en la necesidad de una estrategia de incentivos y desincentivos, y en un plan de reconstrucción para el país. Annan también señaló que había ahora más radicales islámicos extranjeros que nunca combatiendo del lado de los talibán.

A lo largo de toda esta crisis política, el sufrimiento del pueblo afgano se ha multiplicado exponencialmente: Afganistán está considerado el país más catastrófico del mundo, desde el punto de vista humanitario, en el año 2001. Los afganos constituyen la mayor población de ellos del mundo, con 3,6 millones de refugiados fuera del país, de los cuales 2,2 millones viven en Paquistán y 1,2 en Irán. En septiembre había más de un millón de nuevas víctimas: 800.000 nuevos afganos desplazados dentro del país, 200.000 nuevos refugiados en Paquistán y otros 100.000 en Irán. La persistente sequía obligó a varios millones de personas a salir de las zonas rurales y a concentrarse en las ciudades, donde las organizaciones de ayuda se sintieron impotentes ante la falta de recursos y el acoso talibán. En enero, cien afganos, muchos de ellos niños, murieron a causa del frío intenso en seis campos de refugiados en Herat, donde se habían concentrado 80.000 personas. Al norte de Afganistán, donde había unos 200.000 afganos desplazados, la gente había vuelto a comer hierba, piensos animales y roedores, y vendía a sus hijas por cuatro rupias para poder comprar alimentos.

La ONU puso el grito en el cielo ante la crisis de la agricultura. Un estudio del PMA de veinticuatro provincias realizado en abril denunció que en 2001 se cultivaría un cincuenta por ciento menos de tierra a causa de la sequía y de la escasez de semillas, mientras que el 70 por 100 del ganado del país había muerto como consecuencia de las fuertes restricciones de agua y la escasez de pastos. En junio, la ONU advirtió del hambre y de las muertes masivas que se seguirían de la falta de alimentos, a no ser que la comunidad internacional reaccionara rápidamente aportando mucha más ayuda.

Sin embargo, el acoso de los talibán a las organizaciones humanitarias hizo que muchos países occidentales se mostraran reacios a seguir enviando ayuda. El PMA dijo que necesitaría alimentar a 5,5 millones de indigentes en el invierno de 2000-2001 en comparación con los 3,8 millones de 2000. La desesperada situación de los afganos se convirtió de nuevo en tema de discusión internacional a finales de agosto, cuando Australia se negó a dar asilo a 438 refugiados, en su mayoría afganos, que fueron rescatados por un barco-contenedor noruego de un barco indonesio que se estaba hundiendo mientras trataba de arribar a las costas de Australia. Los afganos constituyen ahora el mayor grupo de emigrantes ilegales en Europa.

La crisis económica se vio también agravada, por irónico que pueda parecer, por el único caso de aceptación por parte de los talibán de las exigencias internacionales: la prohibición del cultivo de plantas adormideras. La flor de la adormidera, al convertirse en opio y heroína, ha representado una fuente importantísima de ingresos para todas las facciones en guerra del país. El *mulá* Omar prohibió el cultivo de la adormidera en julio de 2000, y la prohibición se aplicó de manera rigurosa. En marzo de 2001, la ONU y Estados Unidos reconocieron que los talibán habían impedido la siembra de cualquier tipo de adormideras, y varios países prometieron prestar ayuda a miles de campesinos que habían perdido todo por carecer de semillas y fertilizantes para plantar cultivos alternativos. Muchos de los nuevos refugiados eran agricultores que habían perdido su única fuente de sustento. Sin embargo, los estocs de opio de los años anteriores siguieron pasando a los países vecinos, como Tayikistán e Irán, para proseguir viaje hasta Rusia y Europa, toda vez que el precio del opio afgano se ha multiplicado por diez en comparación con el del año anterior.

Antes del 11 de septiembre, todo indicaba que Afganistán se había convertido en una amenaza de primer orden para la estabilidad del planeta y de la región. La sequía, la guerra civil, las migraciones masivas, el tráfico de drogas, la línea dura seguida por los dirigentes talibán y el aumento de grupos terroristas que se ejercitaban en el país, todo ello debería haber alertado a las potencias occidentales de la inminencia de un grave atentado. El mundo sólo se dio verdadera cuenta de la importancia de Afganistán cuando, aquella soleada mañana neoyorquina, la gente se quedó boquiabierta viendo cómo dos reactores se encastaban en las Torres Gemelas del World Trade Center. Ahora que Estados Unidos y sus aliados occidentales están preparando una devastadora campaña militar contra los talibán y Al Qaeda, cabe esperar que, por lo menos, se adopte también un estrategia política y económica que permita implantar un nuevo gobierno en Afganistán, capaz de hacer frente a la grave crisis económica que ha servido de caldo de cultivo al extremismo y al terrorismo.

A. R.,
25 de septiembre de 2001.

PREFACIO Y AGRADECIMIENTOS

He tardado veintiún años en escribir este libro, más o menos el mismo tiempo que me he dedicado a la información periodística sobre Afganistán. La guerra afgana ha ocupado buena parte de mi vida, aun cuando, como periodista paquistaní, tuviera suficientes acontecimientos en mi propio país sobre los que informar, o, más tarde, me viera obligado a cubrir la problemática de Asia Central y el desmoronamiento de la Unión Soviética.

¿Por qué elegí Afganistán? Quien haya tenido contactos con afganos o haya visitado el país en tiempo de paz o de guerra me comprenderá cuando digo que el país y sus habitantes se encuentran entre los más extraordinarios de la tierra. Los afganos se han visto también afectados por una de las mayores tragedias de este siglo: la más larga de las guerras civiles de nuestro tiempo, que ha causado indecibles sufrimientos.

La historia y el carácter de los afganos presentan enormes contradicciones. Son valientes, magníficos, honorables, generosos, hospitalarios, amables y bien parecidos; pero tanto los hombres como las mujeres pueden ser taimados, mezquinos y sanguinarios.

En el transcurso de los siglos, persas, mongoles, británicos, soviéticos y, en fecha más reciente, paquistaníes convirtieron en un bello arte y un juego de política del poder el intento de comprender a los afganos y su país. Pero ningún forastero los ha conquistado ni convertido jamás. Sólo los afganos han sido capaces de mantener a raya a dos imperios, el británico y el soviético, en el siglo XX. Pero en los últimos veintiún años de conflicto han pagado un precio enorme: más de un millón y medio de muertos y la destrucción total de su país.

En mi caso, también la suerte ha desempeñado un papel en mi relación con Afganistán. En muchas ocasiones me he encontrado en el lugar oportuno en el momento justo. En 1978 contemplé cómo los tanques soviéticos se abrían paso en Kabul hacia el palacio del presidente Mohammed Daud, un golpe que iniciaría la desintegración de Afganistán. Al año siguiente, mientras tomaba té en el bazar de Kandahar, entraron los primeros tanques soviéticos. Cuando informaba sobre la guerra de la Unión Soviética con los muyahidín, mi familia me instó a que escribiera un libro, como hacían tantos periodistas en la época. Me abstuve de hacerlo. Tenía demasiado que decir y no sabía por dónde empezar.

Decidí escribir un libro tras pasar varios meses en Ginebra cubriendo las penosas negociaciones promovidas por Naciones Unidas en 1988, las cuales terminaron con los acuerdos de Ginebra y la retirada de las tropas soviéticas de Afganistán. Apretujado entre otros doscientos periodistas, tuve la suerte de estar enterado secretamente de muchos de los puntos muertos internos entre los diplomáticos de la Organización de las Naciones Unidas, Estados Unidos, la Unión Soviética, Paquistán, Irán y Afganistán. No escribí ese libro, pues mi primer amor, los afganos, se marcharon de Ginebra para enzarzarse en una guerra civil sangrienta e insensata que prosigue en la actualidad.

Entonces viajé a Asia Central para ver a los antepasados de los afganos y ser testigo del desmoronamiento de la Unión Soviética, sobre el que escribí un libro desde la perspectiva de los nuevos estados independientes de Asia Central. Pero Afganistán siempre me atraía.

Debería haber escrito otro libro en 1992, cuando pasé un mes esquivando balas en Kabul, mientras el régimen del presidente Najibulá se desmoronaba y la ciudad caía en manos de los muyahidín. Por entonces la saga afgana me había llevado a Moscú, Washington, Roma, Yidda, París, Londres, Ashjabad, Tashkent y Dushanbé. En última instancia, la naturaleza peculiar de los talibán y la ausencia de literatura sobre su ascenso meteórico me convencieron de que debía contar su historia como una continuación de los últimos veintiún años de la historia de Afganistán y de la mía propia.

Durante años fui el único periodista paquistaní que cubría seriamente Afganistán, a pesar de que la guerra estaba en la casa de al lado y Afganistán apoyaba la política exterior de Paquistán y mantenía en el poder al régimen militar del general Zia ul Haq. Si algo más sostenía mi interés era la convicción, que ya tenía en 1982, de que la política afgana de Islamabad desempeñaría un papel crítico en la futura seguridad nacional y en la política interior de Paquistán, y causaría en mi país una violenta reacción fundamentalista islámica. Hoy, cuando Paquistán se balancea en el borde de un abismo político, económico y social mientras una cultura de drogas, armas, corrupción y violencia impregna el país, lo que sucede en Afganistán resulta todavía más importante para Paquistán.

Las autoridades paquistaníes no siempre estaban de acuerdo con lo que yo escribía. No era fácil disentir de Zia. En 1985, los servicios de inteligencia de Zia me interrogaron durante varias horas y me advirtieron que no escribiera durante seis meses, debido a mis críticas. Seguí escribiendo bajo seudónimo. Me intervenían continuamente los teléfonos y controlaban mis movimientos.

Afganistán, como los mismos afganos, es un país de contradicciones que se ponen constantemente en escena ante cualquier reportero. Gulbuddin Hikmetyar, el dirigente muyahidín extremista, me sentenció a muerte por ser simpatizante de los comunistas—junto con George Arney de la BBC—y durante un año publicó mi nombre en el periódico de su partido, en un anuncio de «se busca». Más adelante, en Kabul, una multitud me persiguió y trató de matarme a mi llegada poco después de que un cohete disparado por Hikmetyar matara a dos chiquillos en el complejo de viviendas de Microyan. Los afganos pensaron que yo era un agente de Hikmetyar que examinaba los daños.

En 1981, cuando Najibulá era el jefe del desacreditado KHAD, el servicio secreto comunista afgano, modelado de acuerdo con la KGB, me interrogó personalmente después de que unos agentes del KHAD me hubieran detenido por leer la revista *Time*, que estaba prohibida, en la oficina de Correos de Kabul. Cuando llegó a presidente, y después de que le hubiera entrevistado varias veces, pensó que yo podría transmitir un mensaje conciliador de su parte a la primera ministra Benazir Bhutto. Le dije que no me escucharía, como así fue.

En muchas ocasiones me he encontrado en la contradicción del fuego cruzado, entre las tropas comunistas afganas y los muyahidín, entre jefes militares muyahidín rivales y entre los talibán y los artilleros de los tanques de Ahmad Shah Masud. Nunca he tenido carácter guerrero y lo que solía hacer era ponerme a cubierto.

Mi interés por Afganistán no habría podido mantenerse sin la ayuda de muchas personas, sobre todo de los afganos. A los *mulás* (intérpretes de las leyes y dogmas del Islam) talibán, a los jefes contrarios a los talibán, a los señores de la guerra que los precedieron, a los guerreros en el campo de batalla y a los taxistas, intelectuales, socorristas y campesinos, demasiado numerosos para nombrarlos y sobre todo demasiado peligrosos para mencionarlos, a todos ellos mis más efusivas gracias.

Además de los afganos, he recibido la inapreciable ayuda de ministros paquistaníes, diplomáticos, generales, burócratas y funcionarios del servicio de inteligencia, quienes o bien querían habérselas conmigo o bien simpatizaban sinceramente con mis puntos de vista. Con muchos de ellos entablé una firme amistad.

En el transcurso de los años, las agencias de Naciones Unidas y las organizaciones humanitarias no gubernamentales me han proporcionado un hogar en todo Afganistán y me han facilitado ideas, información y apoyo. Estoy en deuda con los jefes sucesivos de la Oficina de Naciones Unidas para la Coordinación de la Ayuda Humanitaria a Afganistán: Martin Barber, Alfredo Witschi-Cestari y Erick de Mul, así como con Brigette Neubacher, quien se ha ocupado de la cuestión afgana durante casi tanto tiempo como yo. Expreso mi agradecimiento al personal Alto Comisionado de las Naciones Unidas para los Refugiados: Robert Van Leeuwen, Shamsul Bari, Sri Wijaratne, Jacques Muchet, Rupert Colville y Monique Malha. En el Programa Mundial de Alimentos, el infatigable Adan Adar comprendía a los talibán mejor que cualquier otro funcionario de Naciones Unidas.

Estoy muy agradecido a Francis Okelo, James Ngobi, Hiroshi Takahashi, Arnold Schifferdecker y Andrew Tesoriere, de la Misión Especial de Naciones Unidas, y a Benon Sevan y Andrew Gilmour, de Naciones Unidas de Nueva York. En el Comité Internacional de la Cruz Roja, a Thomas Gurtner y Oliver Durr, en el organismo humanitario Acted, a Frederick Rousseau y Marie Pierre Caley, y en Save the Children, a Andrew Wilder y Sofie Elieussen. La amistad y apoyo de Lakhdar Brahimi, el representante especial del secretario general de Naciones Unidas en Afganistán, han sido esenciales para esta obra.

Durante dieciséis años he informado sobre Afganistán para la *Far Eastern Economic Review*, y estoy en deuda con mis directores, sobre todo con Nayan Chanda, por concederme espacio en la revista, porporcionarme fondos para viajar y mantener su interés por informar sobre lo que ahora se ha convertido en una oscura guerra en el borde de Asia. El ex jefe de la redacción internacional, V. G. Kulkarni, corrió un riesgo enorme cuando convenció a los superiores escépticos de que mi reportaje de 1997 sobre la batalla de los oleoductos y gasoductos en Afganistán y Asia Central merecía ser noticia de primera página. De ese reportaje surgiría la expresión ahora corriente el nuevo "Gran Juego". Los jefes de la redacción internacional Andrew Waller y Andrew Sherry han continuado esa tradición.

Estoy agradecido a los sucesivos jefes de la redacción internacional del *Daily Telegraph*, Nigel Wade, Patrick Bishop y Stephen Robinson, por no haberse olvidado totalmente de Afganistán. Y a los colegas reporteros y amigos en el Servicio Mundial de la BBC, Radio France International y Radio Australia, por permitirme expresar continuamente mis opiniones a través de las ondas.

En Paquistán, Arif Nizami, director del *Nation*, me ha apoyado mientras yo escribía largo y tendido sobre Afganistán. Siempre me concedía espacio en la primera página, y siempre encajaba los rapapolvos y respondía satisfactoriamente a las llamadas telefónicas de irritados funcionarios del gobierno paquistaní. Sherry Rehman, ex directora del *Herald*, también me permitió publicar en su revista mis fotografías y artículos.

No podría haber realizado esta tarea sin la enorme ayuda y la amistad, por no hablar de los sitios web, de Barnett Rubin, quien sabe más de Afganistán que nadie que yo conozca. Estoy profundamente agradecido a la brigada de intelectuales, periodistas y activistas de los derechos humanos de Afganistán, quienes, como me sucede a mí, no pueden abandonar la noticia y de quienes he aprendido tanto: Oliver Roy, Nancy Hatch Dupree, Ashraf Ghani, William Maley, Anders Fange, Citha Maass, Eqbal Ahmad, Patti Gossman, Abbas Faiz, Steve Levine, Tony Davis, Edward Giradet, Sadao Sakai, Tim McGirk, Bob Nicklesberg, Maleeha Lodhi, Rahimullah Yousufzai, Leslie Cockburn, François Chipaux, Jennifer Griffin y Gretchen Peters.

También expreso mi profundo agradecimiento a Cathy Gannon, directora de Associated Press en Islamabad y Kabul, quien merece varios premios Pulitzer por su excelente cobertura informativa a lo largo de los años, por no mencionar su generosidad y modestia. Mis más expresivas gracias a los sucesivos directores de Reuters en Islamabad, Jane Macartney, Alistair Lyon y Andy Hill, así como a Sarah Hunt Cooke, mi editora en I. B. Tauris, quien creyó en el proyecto desde el comienzo y tuvo paciencia con el incumplimiento de las fechas de entrega.

No habría podido escribir este libro sin la paciencia, el amor y la comprensión de mi esposa Ángeles y mis dos hijos, quienes han soportado mis vagabundeos y ausencias y han compartido mis sentimientos hacia Afganistán durante largo tiempo.

AHMED RASHID.

Lahore.

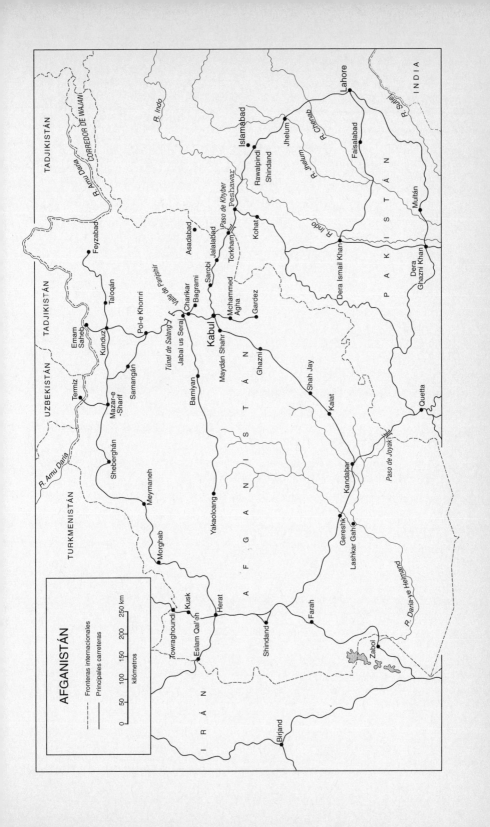

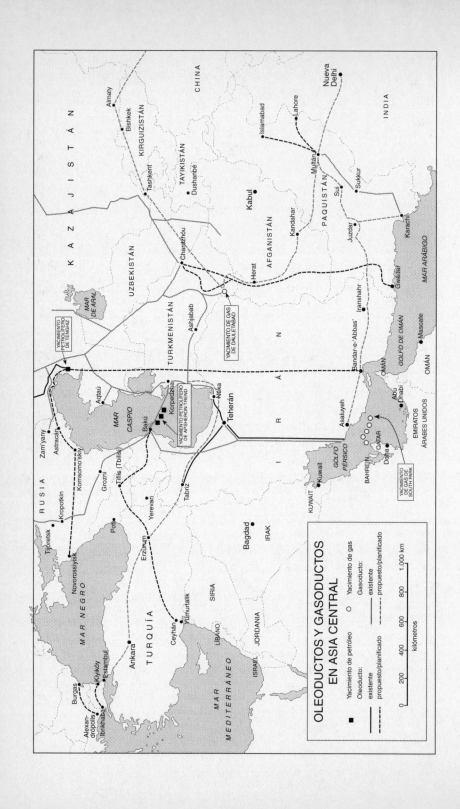

OLEODUCTOS Y GASODUCTOS EN ASIA CENTRAL

■ Yacimiento de petróleo   ○ Yacimiento de gas

Oleoducto:
existente _____
propuesto/planificado – – – –

Gasoducto:
existente ——————
propuesto/planificado – · – · –

0 200 400 600 800 1.000 km

kilómetros

LOS GUERREROS SANTONES DE AFGANISTÁN

En una cálida tarde primaveral, en la ciudad meridional de Kandahar, los tenderos afganos bajaban los postigos, preparándose para el
fin de semana. Fornidos hombres de la tribu pashtún, con luengas
barbas y turbantes negros muy apretados alrededor de la cabeza
avanzaban por los callejones estrechos y polvorientos hacia el estadio de fútbol de la ciudad, más allá del bazar principal. Numerosos
niños, muchos de ellos huérfanos y vestidos con harapos, corrían
arriba y abajo, gesticulantes y gritones, excitados por el espectáculo
que estaban a punto de presenciar.

Corría el mes de marzo de 1997 y desde hacía dos años y medio
Kandahar era la capital de los talibán, feroces guerreros islámicos
que habían conquistado dos terceras partes de Afganistán y combatían entonces para hacerse con el resto del país. Un puñado de talibán había luchado contra el Ejército Rojo soviético en la década de
los ochenta, y un número superior de ellos lo había hecho contra el
régimen del presidente Najibulá, quien se aferró al poder durante
cuatro años después de que las tropas soviéticas se retirasen de Afganistán en 1989; pero la gran mayoría nunca había combatido a
los comunistas y eran jóvenes estudiantes del Corán, procedentes
de centenares de *madrasas* (escuelas de teología coránica), estable-
cidas en los campamentos de refugiados afganos en Paquistán.

Desde su repentina y espectacular aparición a fines de 1994, los
talibán habían aportado una paz y seguridad relativas a Kandahar y
las provincias vecinas. Los grupos tribales beligerantes habían sido
aplastados, sus dirigentes ejecutados, la población fuertemente ar-
mada había sido desarmada y las carreteras estaban abiertas para facilitar el lucrativo contrabando entre Paquistán, Afganistán, Irán y
Asia Central que se había convertido en el pilar principal de la economía.

Los talibán, procedentes del grupo étnico mayoritario, los pashtunes, que constituye aproximadamente el 40 por 100 de los veinte millones de afganos, también habían galvanizado el nacionalismo afgano. Los pashtunes gobernaron Afganistán a lo largo de tres siglos, pero recientemente otros grupos étnicos más reducidos se habían hecho los dueños del país. Las victorias de los talibán hicieron resurgir las esperanzas de que los pashtunes dominarían de nuevo Afganistán.

Pero los talibán también habían efectuado una interpretación extrema de la *sharia*, o ley islámica, que consternaba a muchos afganos y al mundo musulmán. Cerraron todas las escuelas de niñas, y a las mujeres apenas se les permitía salir de casa ni siquiera para comprar. Prohibieron todo tipo de diversiones, música, televisión, vídeos, naipes, vuelo de cometas y la mayor parte de los deportes y juegos. El tipo de fundamentalismo islámico de los talibán era tan extremo que parecía empañar el mensaje de paz y tolerancia del Islam y su capacidad de convivir con otras religiones y grupos étnicos. En Paquistán y Asia Central inspirarían una nueva forma de fundamentalismo extremista que rechazaba comprometerse con los valores tradicionales, las estructuras sociales y los sistemas estatales existentes en el Islam.

Pocas semanas atrás, los talibán habían derogado en Kandahar la prohibición de jugar al fútbol mantenida durante largo tiempo. Los organismos humanitarios de Naciones Unidas vieron la excepcional oportunidad de hacer algo en beneficio de la diversión pública y se apresuraron a reconstruir la gradería y los asientos del estadio de fútbol que había sido bombardeado. Pero aquella suave tarde de jueves, el comienzo del fin de semana musulmán, ningún miembro de las organizaciones humanitarias extranjeras había sido invitado a presenciar la inauguración del estadio. No estaba prevista la celebración de ningún partido de fútbol. Lo que habría, en cambio, sería una ejecución pública y abatirían al reo entre los palos de la portería.

Yo acababa de llegar en un avión de Naciones Unidas, procedente de Paquistán, y unos cooperantes extranjeros, deprimidos y azorados, me informaron en voz baja de la ejecución. Un cooperante occidental me dijo: «Esto no estimulará precisamente a la comunidad internacional para aportar más fondos con destino a proyectos de ayuda en Afganistán. ¿Cómo vamos a explicar el uso que hacen los talibán de nuestra renovación del estadio de fútbol?».

También miraban con nerviosismo a mi colega Gretchen Peters, una periodista norteamericana. Era rubia, alta y delgada, de cara ancha y facciones cinceladas, y vestía un *shalwar kameez* que le iba demasiado pequeño. Era el atuendo local, formado por unos holgados pantalones de algodón, una camisa larga que le llegaba por debajo de las rodillas y un largo pañuelo que le cubría la cabeza. Sin embargo, esta indumentaria no ocultaba su altura ni su llamativo aspecto de norteamericana, el cual presentaba una amenaza a todos los conceptos que sostenían los talibán: en pocas palabras, a las mujeres no se las debe ver ni oír, porque desvían a los hombres del sendero islámico prescrito y los hacen caer en una impetuosa tentación. Ya fuese por el temor que les inspiraban las mujeres, ya por su aversión a la feminidad, lo cierto era que a menudo los dirigentes talibán se habían negado a conceder entrevistas a las reporteras.

Desde el invierno de 1994, cuando los misteriosos talibán aparecieron por primera vez para conquistar Kandahar y, una vez conseguido ese objetivo, hacia el norte para hacerse con Kabul, lo que hicieron en septiembre de 1996, yo había informado sobre el fenómeno talibán y efectuado más de una docena de viajes a sus plazas fuertes de Kandahar, Herat y Kabul. Me interesaba todavía más abordar los problemas de su identidad, sus motivaciones, quiénes les prestaban apoyo y cómo habían llegado a su violenta y extrema interpretación del Islam.

Ahora me encontraba con otra sorpresa de los talibán, que era al mismo tiempo una pesadilla y un regalo para cualquier reportero, un acontecimiento atroz que me hacía temblar de miedo y expectación. Había sido testigo de numerosas muertes durante los años de la guerra, pero eso no suavizaba las horrendas sensaciones de quien contempla la ejecución de un ser humano. Y presenciarla como un entretenimiento, compartido con miles de personas y como una expresión de la justicia islámica y del dominio talibán, era aún más duro.

Una vez en el estadio, al principio los talibán se opusieron a dejarnos entrar, pero finalmente permitieron nuestra entrada a condición de que permaneciéramos en la línea de banda y no hablásemos con nadie. Gretchen Peters se coló, pero en seguida fue localizada por un grupo de talibán armados, quienes, escandalizados, la hicieron salir del estado empujándola con las culatas de sus fusiles automáticos Kaláshnikov.

A media tarde, todos los asientos del estadio estaban ocupados por más de diez mil hombres y niños apretujados, que rebosaban de la gradería y se extendían por el centro arenoso del campo de fútbol. Los niños se entregaban a juegos atrevidos: corrían al centro del campo antes de que los enojados guardianes les obligaran a colocarse detrás de la línea de banda. Parecía como si toda la población masculina de la ciudad se hubiera congregado allí. Las mujeres tenían prohibido asistir a cualquier clase de acontecimiento público.

El griterío de la multitud remitió súbitamente cuando dos docenas de talibán armados, calzados con chancletas de plástico y ataviados con turbantes negros y la versión masculina del *shalwar kameez*, penetraron en tropel en el campo. Corrieron a lo largo de la línea de banda, empujando a los niños juguetones con los cañones de sus armas para que regresaran a las gradas y gritando a la multitud que guardara silencio. La gente se apresuró a acatar la orden y el único sonido que se oía era el de las chancletas de los talibán.

Entonces, como obedeciendo a una señal, varias camionetas Datsun de dos puertas (el medio de transporte favorito de los talibán) entraron en el campo de fútbol. Uno de los vehículos tenía uno de esos altavoces que suenan a lata, como los que se ven en miles de mezquitas en Paquistán y Afganistán. Un anciano de barba blanca se levantó en la caja abierta del vehículo y empezó a sermonear a la multitud. El *qazi* Jalilulá Ferozi, juez del Tribunal Supremo talibán de Kandahar, habló durante más de una hora, ensalzando las virtudes del movimiento talibán y los beneficios del castigo islámico, y explicando el caso que los había reunido allí en todos sus detalles.

Abdulá Afghan, un joven veinteañero, presuntamente había robado ciertas medicinas a Abdul Wali, un granjero que vivía en su mismo pueblo, cerca de Kandahar. Como Wali opuso resistencia, Abdulá lo abatió de un disparo. Al cabo de varias semanas de búsqueda, los parientes de Wali descubrieron el paradero de Abdulá, lo detuvieron y llevaron ante los talibán para que se hiciera justicia. Abdulá fue juzgado y sentenciado a muerte, primero por el Tribunal Supremo islámico de Kandahar y luego, tras la apelación, por el

Tribunal Supremo talibán. Se trataba de unos juicios sin abogados, en los que se consideraba culpable al acusado y se esperaba que él mismo se defendiera.

La interpretación de la *sharia*, o ley islámica, por parte de los talibán exigía la ejecución del asesino a manos de los familiares de la víctima, pero no antes de que el juez efectuara en el último momento una apelación a los parientes para salvar la vida al asesino. Si eran misericordiosos, los familiares recibirían el precio de la sangre, una compensación económica. Pero tanto en Afganistán como en otros lugares, muchos teólogos musulmanes discuten hasta qué punto esta interpretación talibán de la ley islámica se debe a la *sharia* y en qué medida se debe al *pashtunwali* o código étnico de conducta de los pashtunes.

Por entonces unos veinte parientes masculinos de la víctima habían acudido al campo de fútbol, y el *qazi* se volvió hacia ellos. Alzando los brazos al cielo, les pidió que perdonaran la vida de Abdulá a cambio del precio de la sangre.

—Si perdonáis a este hombre, será como si hubierais peregrinado diez veces a La Meca. Nuestros dirigentes han prometido pagaros una suma enorme a cargo del *Baitul Mal* [fondo islámico] si le perdonáis.

Mientras los familiares expresaban su rechazo sacudiendo las cabezas, los guardias talibán apuntaban a la multitud con sus armas y les advertían que dispararían contra cualquiera que se moviese. En las gradas reinaba el silencio.

Entonces hicieron bajar a Abdulá, quien había permanecido sentado en otra camioneta de caja descubierta, custodiado por unos talibán armados. Llevaba un gorro amarillo brillante y ropas nuevas, pesados grilletes en los pies y los brazos encadenados a la espalda. Le dijeron que caminara hacia la portería de uno de los extremos del estadio. Las piernas le temblaban visiblemente a causa del miedo mientras avanzaba arrastrando los pies por el campo, las cadenas tintineando y destellantes bajo la luz del sol. Cuando llegó a la portería, le ordenaron que se arrodillara sin mirar a la multitud. Un guardián le susurró que podía rezar su última plegaria.

Otro guardián entregó un Kaláshnikov a un pariente de la víctima asesinada, y el hombre se acercó en seguida a Abdulá, amartilló el dispositivo automático y, desde pocos metros de distancia, descargó tres disparos contra la espalda del reo. Abdulá cayó de espaldas, y el verdugo se desplazó a lo largo del cuerpo que se contorsionaba y, a quemarropa, le disparó otras tres balas en el pecho. Al cabo de unos segundos arrojaron el cadáver en la caja abierta de una camioneta y se lo llevaron. La multitud se dispersó con rapidez y en silencio. De regreso a la ciudad, delgadas columnas de humo se alzaban del bazar, donde encendían los fuegos de los puestos de té y *kebab* para la actividad vespertina.

Una mezcla de temor, aceptación, agotamiento total y devastación tras una guerra prolongada durante años que había ocasionado más de un millón y medio de muertos, hace que muchos afganos se vean obligados a aceptar los métodos de justicia talibán. Al día siguiente, en un pueblo cerca de Kabul, una mujer fue lapidada hasta morir a manos de una multitud aulladora que la había sentenciado por intentar huir de Afganistán con un hombre que no era pariente consanguíneo. Las amputaciones de una mano, un pie o ambas extremidades son castigos corrientes que los talibán aplican a los ladrones. En septiembre de 1996, cuando se hicieron con Kabul—donde al principio fueron recibidos como liberadores—muchos kabulíes, junto con todo el mundo civilizado, les dieron la espalda, llenos de repugnancia, después de que los talibán torturaran y luego ahorcaran públicamente al ex presidente Najibulá, el hombre fuerte que abandonó el comunismo y durante cuatro años vivió en un recinto de Naciones Unidas bajo la protección de este organismo internacional.

Desde el final de la Guerra Fría, ningún otro movimiento político del mundo islámico ha atraído tanta atención como los talibán de Afganistán. Algunos afganos cifraron sus esperanzas en que un movimiento encabezado por simples estudiantes islámicos, empeñados en traer la paz al país, pudiera poner fin de una vez a las facciones de los señores de la guerra que habían devastado al pueblo desde el derrocamiento del régimen comunista en Kabul, en abril de 1992. Otros temían que el movimiento talibán degenerase con rapidez en otra de esas facciones y sometiera a su despótico dominio al desventurado pueblo afgano.

Los talibán pashtunes también han puesto en primer plano la cuestión de las relaciones interétnicas en un estado multiétnico, así como otros problemas tales como el papel del Islam con respecto al clan, las estructuras tribales y feudales, y la modernización y el desarrollo económico en una sociedad islámica conservadora. La comprensión del fenómeno talibán resulta todavía más difícil debido a la excesiva reserva que rodea a sus estructuras políticas, sus dirigentes y el sistema de toma de decisiones en el interior del movimiento. Los talibán no emiten comunicados de prensa, no hacen declaraciones acerca de sus planes de acción ni celebran con regularidad ruedas de prensa. Debido a la prohibición de las fotografías y de la televisión, nadie sabe siquiera el aspecto que tienen sus mandos. El dirigente talibán tuerto, el *mulá* Mohammed Omar, sigue siendo un enigma. Después de los jemeres rojos en Camboya, actualmente el movimiento político de los talibán es el más secreto.

No obstante, los talibán han establecido sin darse cuenta un nuevo programa del radicalismo islámico en toda la región, enviando ondas de choque a través de sus vecinos de Afganistán. No es sorprendente que Irán, Turquía, India, Rusia y cuatro de las cinco repúblicas de Asia Central (Uzbekistán, Kazajistán, Kirguizistán y Tayikistán) hayan apoyado la alianza septentrional contra los talibán. En cambio, Paquistán y Arabia Saudí los han apoyado, lo cual, tras la Guerra Fría, ha generado una polarización sin precedentes en la región. Las victorias de los talibán en el norte de Afganistán, en el verano de 1998, y su control de más del 80 por 100 del país, puso en movimiento un conflicto regional aún más violento cuando Irán amenazó con invadir Afganistán y acusó a Paquistán de apoyar a los talibán.

En el centro de este punto muerto regional está la batalla por las inmensas riquezas de petróleo y gas que contiene Asia Central, sin acceso al mar, las últimas reservas energéticas sin explotar que existen en la actualidad. No menos importante ha sido la intensa competencia entre los estados regionales y las compañías petroleras occidentales, que se disputan la construcción de los lucrativos oleoductos y gasoductos necesarios para transportar la energía a los mercados de Europa y Asia. Esta rivalidad se ha convertido, efectivamente, en un nuevo «Gran Juego», un retroceso al gran juego decimonónico entre Rusia y Gran Bretaña por el control y la dominación de Asia Central y Afganistán.

Desde fines de 1995, Washington había prestado un firme apoyo a la compañía norteamericana Unocal para la construcción de un gasoducto desde Turkmenistán a Paquistán a través de Afganistán en manos de los talibán. Pero en este nuevo Gran Juego participaba inesperadamente otro jugador. Un día después de la ejecución que he descrito, me acerqué a la mansión del *mulá* Mohammed Hassan, el gobernador de Kandahar, con el fin de entrevistarle. Cuando avanzaba por el sendero entre guardias talibán fuertemente armados, me detuve al ver salir del despacho del gobernador a un ejecutivo comercial apuesto, de cabello plateado, vestido con una impecable chaqueta cruzada azul de botones dorados, luciendo una corbata de seda amarilla y calzado con zapatos italianos. Le acompañaban otros dos hombres de negocios, ataviados de la misma manera impecable y provistos de abultados portafolios. Parecía como si, en vez de llevar a cabo negociaciones con una banda de guerrilleros islámicos en las polvorientas callejuelas de Kandahar, acabaran de cerrar un trato en Wall Street.

El ejecutivo en cuestión era Carlos Bulgheroni, presidente de Bridas Corporation, una compañía petrolera argentina que, desde 1994, negociaba en secreto con los talibán y la alianza septentrional para construir el mismo gasoducto a través de Afganistán. Bridas había entablado una reñida competencia con Unocal, y en un juicio celebrado en California incluso habían acusado a esa compañía de robarles la idea.

Yo llevaba un año tratando de descubrir qué intereses podía tener una compañía argentina, desconocida en aquella parte del mundo, por invertir en un país de tan alto riesgo como Afganistán. Pero tanto Bridas como Unocal habían mantenido un discreto silencio. Lo último que Bulgheroni deseaba era ser visto saliendo del despacho de un dirigente talibán por un periodista. Se excusó y dijo que el avión de su compañía le esperaba para llevarle a Mazar-e-Sharif, la capital de la alianza septentrional.

A medida que se intensificaba la batalla por los oleoductos y gasoductos en Asia Central, al mundo islámico y a Occidente les preocupaba también la posibilidad de que los talibán representaran el nuevo futuro del fundamentalismo islámico, agresivo, expansionista e intransigente en sus exigencias más puristas de retroceso de la sociedad afgana a un modelo imaginado de la Arabia del siglo VII, en los tiempos del profeta Mahoma. Occidente también temía las repercusiones del tráfico de drogas en continua expansión desde

Afganistán, y el hecho de que los talibán cobijaran a terroristas internacionales tales como el extremista saudí Osama Bin Laden, cuyo grupo Al'Qaida llevó a cabo los devastadores atentados con bombas en las embajadas estadounidenses de Kenia y Tanzania en agosto de 1998.

Por otra parte, los expertos se preguntaban si el retorno de los talibán a los ideales islámicos básicos respondía a las calamitosas predicciones de ciertos intelectuales norteamericanos de que en la era posterior a la Guerra Fría un nuevo mundo islámico militante se opondría a Occidente y crearía otra versión de la Guerra Fría en un nuevo choque entre civilizaciones.[1]

Que Afganistán estuviera en el centro de semejante conflicto no es nada nuevo. Hoy en día, los talibán son sólo los últimos de una larga lista de conquistadores, señores de la guerra, predicadores, santos y filósofos que se han extendido por el corredor afgano, destruyendo civilizaciones y religiones más antiguas e introduciendo otras nuevas. Los reyes del mundo antiguo creían que la región de Afganistán era el mismo centro del mundo, y ese parecer ha persistido hasta los tiempos modernos. El famoso poeta indio Mohammed Iqbal describió Afganistán como «el corazón de Asia», mientras que Lord Curzon, virrey británico de la India en el siglo XX, lo llamó «el reñidero de Asia».[2]

En pocos países del mundo resulta más evidente que la geografía determina la historia, la política y la naturaleza de un pueblo. La situación estratégica de Afganistán desde un punto de vista geográfico en el cruce de caminos entre Irán, el mar Arábigo y la India, y entre Asia Central y el sur asiático hizo que su territorio y sus puertos de montaña tuvieran importancia desde las primeras invasiones arias hace seis mil años. El terreno áspero, escabroso, desierto y árido de Afganistán ha producido algunos de los mejores luchadores que han existido jamás, mientras que su asombroso paisaje de desoladas montañas y frondosos y verdes valles, llenos de árboles frutales, ha sido una fuente de inspiración para los poetas.

1. Samuel P. Huntington, *The Clash of Civilizations and the Remaking of the New World Order*, Simon and Schuster, Nueva York, 1966.

2. Anthony Verrier, *Francis Younghusband and the Great Game*, Jonathan Cape, Londres, 1991.

Hace muchos años, un sabio y anciano muyahid afgano me contó la historia mítica de la creación divina de Afganistán: «Cuando Alá hizo el resto del mundo, vio que había quedado un montón de desechos, fragmentos, trozos y restos que no encajaban en ninguna otra parte. Tras reunirlos, los arrojó a la tierra y eso fue Afganistán». El Afganistán moderno tiene una extensión de 652.090 km². Una línea de norte a sur divide al país a lo largo del macizo montañoso del Hindu Kush. A pesar de que ha habido una gran amalgama de razas en el siglo XX, una división aproximada muestra que al sur del Hindu Kush habitan la mayoría de pashtunes y algunos grupos étnicos de habla persa, y en el norte viven los grupos étnicos persa y turco. El mismo Hindu Kush está poblado por los hazaras y los tayikos, de habla persa. En el extremo nordeste, las montañas del Pamir, a las que Marco Polo llamó «el techo del mundo», confinan Tayikistán, China y Paquistán.[3] El carácter inaccesible de las montañas del Pamir hace que la comunicación entre la miríada de variados grupos exóticos que viven en sus valles elevados y aprisionados por la nieve sea escasa.

En las estribaciones meridionales del Hindu Kush se encuentra Kabul. Los valles colindantes son los que dan la mayor producción agrícola del país. El oeste y el sur de Afganistán señalan el extremo oriental de la altiplanicie iraní, llana, desnuda y árdida, con pocas ciudades y una población dispersa. Los afganos locales denominan esta región sencillamente *registan* o desierto. La excepción es el oasis de Herat, que ha sido un centro de civilización durante más de tres mil años.

Al norte del Hindu Kush la desnuda estepa de Asia Central inicia su larga expansión, a lo largo de millares de kilómetros al norte hacia Siberia. Tanto el clima como el terreno son extremados, lo que explica que los pueblos septentrionales, de origen turco, figuren entre los más resistentes del mundo y produzcan los luchadores más fieros. Al este de Afganistán se alzan cadenas montañosas más pequeñas, como la de Suleman, a caballo entre Afganistán y Paquistán, poblada en ambas vertientes por tribus pashtunes. Los puertos de esas montañas, como el célebre puerto de Khyber, han facilitado durante siglos a los conquistadores el acceso a las fértiles planicies indias.

3. Marco Polo, *Los viajes de Marco Polo*, Madrid, Espasa-Calpe, 1998.

Sólo entre el 10 y el 12 por 100 del terreno afgano es cultivable y la mayor parte de las granjas, algunas en las vertientes montañosas, exigen una laboriosidad extraordinaria para mantenerlas productivas. Hasta la década de los setenta, el nomadismo (el pastoreo de cabras y ovejas afganas de cola gruesa) era el principal medio de vida, y los nómadas kochi recorrían todos los años millares de kilómetros en Paquistán, Irán y Afganistán en busca de buenos pastos. A pesar de que la guerra contra los soviéticos destruyó la cultura y los medios de vida de los kochi en los años ochenta, el pastoreo sigue siendo vital para el sustento de los empobrecidos granjeros. Los nómadas afganos de ayer son en la actualidad comerciantes y camioneros que, al conducir sus camiones por las rutas del contrabando a través de Afganistán, constituyen un apoyo esencial y una fuente de ingresos para los talibán.

Las carreteras y las rutas han sido básicas en Afganistán desde el amanecer de la historia. El territorio, sin salida al mar, fue el cruce de caminos de Asia y el lugar de encuentro y campo de batalla de las dos grandes oleadas civilizadoras: los imperios persas, más urbanos, al oeste y los imperios turcos nómadas al norte, en Asia Central. Como resultado, el territorio afgano es inmensamente rico en restos arqueológicos.

El control de Afganistán era esencial para la supervivencia de estas dos antiguas civilizaciones, cuya grandeza y conquistas fluctuaban según el impulso de la historia. En unas ocasiones Afganistán sirvió como un amortiguador que mantenía separados a los dos imperios, mientras que en otras fue un corredor por el que sus ejércitos avanzaban de norte a sur o de oeste a este cuando deseaban invadir la India. Era una tierra donde florecieron las primeras religiones antiguas del zoroastrismo, el maniqueísmo y el budismo. Según la UNESCO, Balj, cuyas ruinas son todavía visibles a pocos kilómetros de Mazar-e-Sharif, es una de las ciudades más antiguas del mundo y fue un centro floreciente de las artes y la arquitectura budista, persa y turca.

A través de Afganistán, los peregrinos y mercaderes que recorrían la antigua ruta de la seda llevaron el budismo a China y Japón. Los conquistadores cruzaron la región como estrellas fugaces. En 329 a. C., los griegos macedonios de Alejandro Magno conquistaron Afganistán y Asia Central y siguieron adelante para invadir la India.

Los griegos dejaron tras ellos un nuevo y vibrante reino y una civilización grecobudista en las montañas del Hindu Kush, la única fusión histórica conocida entre culturas europeas y asiáticas. Hacia el año 654 d. C. los ejércitos árabes habían cruzado Afganistán hasta llegar al río Oxus (el actual Amu Daria), en la frontera con Asia Central. Llevaban consigo su nueva religión islámica, que predicaba la igualdad y la justicia, y que rápidamente penetró en toda la región. Bajo la dinastía samínida persa, que duró desde el 874 al 999 d. C., Afganistán formó parte de un nuevo renacimiento persa en las artes y las letras. La dinastía ghaznavid reinó desde 997 a 1186 y capturó el Punjab, al noroeste de la India, y algunos territorios orientales de Irán.

En 1219 Gengis Khan y sus hordas mongolas arrasaron Afganistán, destruyeron ciudades como Balj y Herat y alzaron montículos de cadáveres a su paso. No obstante, los mongoles también hicieron su aportación, pues dejaron a los hazaras modernos, el resultado del cruce entre los mongoles y las tribus locales.

En el siglo siguiente, Taimur o Tamerlán, como se lo conoce en Occidente, un descendiente de Gengis Khan, creó un nuevo e inmenso imperio en Rusia y Persia, que dirigió desde su capital en Samarkanda, actualmente Uzbekistán. Taimur se hizo con Herat en 1381, y su hijo Sha Ruj trasladó la capital del imperio timúrida a Herat en 1405. Los timúridas, un pueblo turco, llevaron la cultura nómada turca de Asia Central a la órbita de la civilización persa, estableciendo en Herat una de las ciudades más cultas y refinadas del mundo. Esta fusión de cultura de Asia Central y persa fue un gran legado para el futuro de Afganistán. Un siglo después, el emperador Babur, descendiente de Taimur, tras su visita a Herat escribió que «todo el mundo habitable no ha tenido una ciudad como Herat».[4]

Durante los tres siglos siguientes, las tribus afganas orientales invadieron periódicamente la India, conquistaron Delhi y crearon inmensos imperios indoafganos. La dinastía afgana Lodhi gobernó Delhi desde 1451 a 1526. En 1500, Babur, el descendiente de Taimur, fue expulsado de su hogar en el valle de Fergana, en Uzbekistán. Entonces prosiguió sus conquistas, primero Kabul, en 1504, y

4. *Babur-Nama*, Sang-e-Meel Publications, Lahore, 1979.

luego Delhi. Estableció la dinastía mogola que dirigiría la India hasta la llegada de los británicos. Al mismo tiempo, el poder de los persas declinaba en Occidente y los kanes shaybani uzbekos conquistaron Herat. En el siglo XVI Afganistán pasó de nuevo al dominio persa bajo la dinastía safávida.

Esta serie de invasiones tuvieron como resultado una compleja mezcla étnica, cultural y religiosa que haría difícil en extremo la construcción nacional de Afganistán. El oeste del país estaba dominado por un pueblo que hablaba persa, o dari, como se conoce el dialecto persa afgano. Los hazaras del Afganistán central, a quienes los persas convirtieron al chiísmo, transformándose en el grupo chiíta más numeroso en un territorio por lo demás suní, también hablaban dari. En el oeste los tayikos, depositarios de la antigua cultura persa, hablaban asimismo dari. En el norte del país, los uzbekos, turcomanos, kirguises y otros hablaban las lenguas de la rama turca del Asia Central. En el sur y el oeste las tribus pashtunes hablaban su propia lengua, el pashto, una mezcla de lenguajes indopersas.

Fueron los pashtunes meridionales quienes formaron el moderno estado de Afganistán, en el siglo XVIII, en una coyuntura histórica en que la dinastía safávida persa en Occidente, los mogoles en la India y la dinastía jánida uzbeka se hallaban en un período de declive. Las tribus pashtunes estaban divididas en dos ramas principales, los ghilzai y los abdali, quienes más adelante se denominaron a sí mismos durrani y que a menudo competían entre ellos.

La genealogía de los pashtunes se remonta a Qais, compañero del profeta Mahoma. Se consideran una raza semita, aunque los antropólogos afirman que son indoeuropeos que han asimilado numerosos grupos étnicos en el curso de la historia. Los durranis se consideran descendientes del hijo mayor de Qais, Sarbanar, mientras que los ghilzai se dicen descendientes de su segundo hijo. Existe la creencia de que el tercer hijo de Qais fue el antepasado de otras diversas tribus pashtunes, tales como los kákaros de Kandahar y los safis alrededor de Peshawar. En el siglo VI, fuentes chinas e indias mencionan que los afganos/pashtunes vivían al este de Ghazni. A partir del siglo XV, estas tribus iniciaron una migración al oeste, hacia Kandahar, Kabul y Herat. En el siglo siguiente los ghilzais y durranis ya luchaban entre ellos por los territorios alrededor de

Kandahar. Hoy la patria de los ghilzai se encuentra al sur del río Kabul, entre el Safed Koh y la cadena montañosa Suleman, en el este, hasta el Hazarajat en el oeste y Kandahar en el sur.[5]

En 1709, Mir Wais, el jefe de la tribu hotaki de los pashtunes ghilzai de Kandahar, se rebeló contra el sha safávida, en parte a consecuencia de los intentos del sha de convertir a los pashtunes, fervientes suníes, al chiísmo, una animosidad histórica que reaparecería tres siglos después con la hostilidad de los talibán hacia los chiítas afganos.

Pocos años después el hijo de Mir Wais derrotó a los safávidas y conquistó Irán, pero los afganos fueron expulsados de allí en 1729. A medida que declinaba el poder de los ghilzai, los abdalíes, sus rivales tradicionales en Kandahar, formaron una confederación y, en 1747, tras una *loya jirga*, o reunión de jefes tribales que duró nueve días, eligieron como rey a Ahmad, el sha abdalí. Los jefes tribales se pusieron turbantes con hojas de hierba, en señal de lealtad. La *loya jirga* se convertiría en el instrumento legal tradicional que legitimaba a los nuevos dirigentes, evitando así una monarquía hereditaria. Los mismos dirigentes podían alegar que los habían elegido las tribus representadas en la *jirga*. El sha Ahmad cambió el nombre de la confederación abdalí por durrani, unió a todas las tribus pashtunes e inició una serie de grandes conquistas, apoderándose con rapidez de gran parte del actual Paquistán.

En 1761 el sha durrani Ahmad había derrotado a los mahrattas hindúes y capturado el trono de Delhi y Cachemira; creó así el primer imperio afgano. El sha durrani Ahmad, considerado el padre de la nación afgana, fue enterrado en un suntuoso mausoleo en su capital, Kandahar, adonde los afganos todavía acuden para rezar. Muchos afganos le han conferido una especie de santidad. En 1772, su hijo, el sha Taimur, trasladó la capital del imperio de Kandahar a Kabul y facilitó así el control de los recién conquistados territorios al norte de las montañas del Hindu Kush y al este del río Indo. En 1780 los durranis firmaron un tratado con el emir de Bujara, el principal dirigente de Asia Central, quien designó el río Oxus, o Amu Daria, como la frontera entre Asia Central y el nuevo estado

5. Christine Noelle, *State and Tribe in Nineteenth Century Afghanistan*, Curzon Press, Londres, 1997.

pashtún de Afganistán. Era el primer trazado fronterizo que señalaba el límite septentrional del nuevo Afganistán.

En el siglo siguiente los durranis perderían sus territorios al este del río Indo, mientras que las luchas encarnizadas entre los diversos clanes durranis disiparían su poder. Sin embargo, uno u otro clan durrani gobernaría Afganistán durante más de doscientos años hasta 1973, cuando el rey Zahir fue depuesto por su primo, el kan Mohammed Daud y Afganistán fue declarado república. Entretanto, la enconada rivalidad entre los ghilzai y los pashtunes durranis proseguiría e iría en aumento tras la invasión soviética de Afganistán y la posterior aparición de los talibán.

Los reyes durranis, debilitados y pendencieros, tuvieron que contener a dos nuevos imperios, el británico en el este y el ruso al norte. En el siglo XIX, temerosos de una creciente expansión del imperio ruso en Asia Central que podría codiciar Afganistán a fin de atacar el imperio británico en la India, los británicos intentaron conquistar y retener Afganistán, hasta que comprendieron que sería mucho más fácil comprar que combatir a los ingobernables afganos. Los británicos ofrecieron subsidios en metálico, manipularon a los jefes tribales y lograron convertir a Afganistán en un estado clientelar. Lo que siguió fue el «Gran Juego» entre Rusia y Gran Bretaña, una guerra clandestina de ingenio, sobornos y, en ocasiones, presión militar mientras ambas potencias, a prudente distancia una de otra, se esforzaban por mantener a Afganistán como un estado que actuaba de amortiguador entre ellos.

Las luchas intestinas entre los dirigentes durranis, alimentadas por los servicios secretos ingleses, aseguraron que los reyes afganos siguieran débiles y dependientes de la generosidad británica para compensar su incapacidad de obtener ingresos. El resultado fue que los grupos no pashtunes del norte ejercieron una creciente autonomía del control central en Kabul. Otro acontecimiento que debilitó a los pashtunes fue la conquista británica del noroeste de la India, que por primera vez dividió a las tribus pashtunes entre la India británica y Afganistán. Esta división de los pashtunes quedó formalizada por la Línea Durand, una frontera formal trazada por Gran Bretaña en 1893.

Tras la segunda guerra angloafgana, los británicos apoyaron la pretensión al trono del emir Abdul Rehman. El «Emir de Hierro»

(1880-1901), como se le conocía, recibió ayuda británica para centralizar y reforzar el estado afgano. El emir utilizó subsidios y armamento británico para crear una administración eficaz y un ejército permanente. Sometió a las tribus pashtunes rebeldes y entonces se dirigió al norte para poner fin de manera implacable a la autonomía de hazaras y uzbekos. Empleando unos métodos que, un siglo más tarde, serían utilizados por los talibán, llevó a cabo una versión decimonónica de limpieza étnica, asesinando a los adversarios no pashtunes y trasladando a los pashtunes para que establecieran granjas en el norte. Crearon así una población pashtún leal entre las demás minorías étnicas.

Durante su reinado, Abdul Rehman sofocó unas cuarenta revueltas de los no pashtunes y creó el brutal cuerpo de policía afgano, precursor del Khad comunista de los años ochenta. Si bien estas actuaciones integraron a afganos de todos los grupos étnicos y el estado afgano se consolidó como no lo había hecho jamás hasta entonces, gran parte de las posteriores tensiones étnicas en el norte de Afganistán y las matanzas interétnicas posteriores a 1997 se remontan a la política del Emir de Hierro. Sus otros legados, que influirían de una manera indirecta en los talibán, consistieron en: aislar a Afganistán de Occidente y de las influencias modernizadoras, incluida la educación; su acento en el Islam, reforzando los poderes de los *mulás* pashtunes; y la introducción del concepto de un derecho divino a gobernar en lugar del concepto tradicional de elección por la *loya jirga*.

Los sucesores del Emir de Hierro en la primera parte del siglo XX fueron, en general, modernizadores que establecieron la plena independencia formal de Gran Bretaña en 1919, promulgaron la primera constitución del país y se propusieron crear una pequeña elite urbana culta. Sin embargo, el hecho de que dos reyes afganos fueran asesinados y de que se produjeran revueltas tribales periódicas demostraba las dificultades a las que se enfrentaban los dirigentes para convertir una sociedad tribal étnica en un estado moderno.

El final de la dinastía durrani se produjo cuando el rey Zahir Shah, que había reinado desde 1933, fue depuesto por su primo y cuñado Sardar Mohammed Daud, quien envió a Zahir al exilio en Roma. Afganistán fue declarado república y Daud gobernó como presidente. Le ayudaron oficiales izquierdistas del ejército y el pequeño partido parcham, de base urbana, dirigido por Babrak Karmal, para aplastar al naciente movimiento fundamentalista islámico. En 1975, los dirigentes de este movimiento huyeron a Peshawar y fueron apoyados por el primer ministro paquistaní, Zulfiqar Ali Bhutto, para que prosiguieran con su oposición a Daud. Estos dirigentes, Gulbuddin Hikmetyar, Burhanuddin Rabbani y Ahmad Shah Masud dirigirían más adelante a los muyahidín.

Daud pidió ayuda a la Unión Soviética para tratar de modernizar la estructura estatal. Desde 1956 a 1978, la Unión Soviética aportó en total 1,26 billones de dólares en ayuda económica y 1,25 billones en ayuda militar a Afganistán, e hicieron que el país cayera en su esfera de influencia en el apogeo de la Guerra Fría. Durante el mismo período, Estados Unidos otorgó al país 533 millones de dólares en concepto de ayuda, una parte considerable en los años cincuenta, tras lo cual Washington perdió interés. Cuando Daud se hizo con el poder en Afganistán, éste se había convertido en un estado rentista, el 40 por 100 de cuyos ingresos provenía del extranjero. No obstante, Daud, al igual que sus predecesores, no logró crear instituciones y, en cambio, se superpuso una burocracia administrada centralmente a la sociedad existente, con escasa representación pública, excepto en la ahora extensa *loya jirga*.[6]

Sólo cinco años después, en abril de 1978, simpatizantes marxistas del ejército, que habían sido formados en la Unión Soviética y algunos de los cuales habían ayudado a Daud a obtener el poder en 1973, lo derribaron con un sangriento golpe militar. Daud, sus familiares y la guardia presidencial fueron asesinados. Pero los comunistas estaban divididos en dos facciones enconadas, Jalq (las masas) y Parcham (la bandera), y su incomprensión de la compleja sociedad tribal afgana condujo a extensas revueltas tribales contra ellos. Mientras *mulás* y kanes declaraban la *yihad*, o guerra santa, contra los comunistas infieles, la elite dirigente comunista estaba atrapada en una espiral de violencia intestina. El primer presidente comunista jalqi, Nur Mohammed Taraki, fue asesinado, y su sucesor Hafizullah Amin siguió su suerte cuando las tropas soviéticas inva-

6. Barnett Rubin, «Afghanistan the forgotten crisis», *Refugee Survey Quarterly*, Vol. 15, núm. 2, ACNUR, 1996.

dieron Afganistán en diciembre de 1979 e instalaron al dirigente parcham, Babrak Karmal, como presidente.

Tras un breve y dramático período de pocos meses, Afganistán había sido catapultado al centro de la Guerra Fría intensificada entre la Unión Soviética y Estados Unidos. Los muyahidín afganos, apoyados por Norteamérica, se convertirían en las tropas de choque antisoviéticas, mas para los afganos la invasión soviética era un nuevo intento desde el exterior de someterlos y sustituir sus antiquísimas religión y costumbres sociales por una ideología y un sistema social ajenos. La *yihad* adquirió nuevo impulso cuando Estados Unidos, China y los estados árabes aportaron dinero y armamento a los muyahidín. De este conflicto, que costaría un millón y medio de vidas afganas y sólo terminaría cuando las tropas soviéticas se retirasen de Afganistán en 1989, surgiría una segunda generación de muyahidín que se denominarían a sí mismos talibán, término que significa 'estudiosos del Islam'.

PRIMERA PARTE

HISTORIA DEL MOVIMIENTO TALIBÁN

1

KANDAHAR (1994).
LOS ORÍGENES DE LOS TALIBÁN

El gobernador talibán de Kandahar, el *mulá* Mohammed Hassan Rehmani, tiene el hábito desconcertante de empujar con su única pierna la mesa ante la que se sienta. Al finalizar la conversación con él, ha empujado la mesa alrededor de su silla una docena de veces. Este tic nervioso de Hassan tal vez responda a la necesidad psicológica de sentir que aún tiene una pierna, o puede que sólo se ejercite al mantener continuamente esa pierna en movimiento.

El segundo miembro de Hassan es una pata de palo, al estilo de Long John Silver, el pirata de *La isla del tesoro* de Robert Louis Stevenson. Es un viejo trozo de madera. El barniz ha desaparecido hace mucho tiempo, presenta rasguños y le faltan trocitos aquí y allá, sin duda debido a las dificultades de desplazarse por el rocoso terreno en el exterior de su despacho. Hassan, quien con más de cuarenta años de edad es uno de los dirigentes talibán más veteranos y uno de los pocos que luchó contra las tropas soviéticas, fue miembro fundador de los talibán y está considerado el número dos del movimiento, tras su viejo amigo el *mulá* Omar.

Hassan perdió la pierna en 1989, en el frente de Kandahar, poco antes de que las tropas soviéticas iniciaran su retirada de Afganistán. Pese a la disponibilidad de nuevos miembros artificiales que ahora las agencias internacionales de ayuda colocan al millón de amputados del país, Hassan prefiere su pata de palo. También perdió la punta de un dedo, debido a otra herida producida por la metralla. Los dirigentes talibán pueden jactarse de ser los más lisiados en el mundo actual, y los visitantes no saben cómo reaccionar, no saben si reírse o llorar. El *mulá* Omar perdió el ojo derecho en 1998, cuando un cohete estalló cerca de él. El ministro de Justicia, Nuruddin Turabi y el ex ministro Mohammed Ghaus también son tuertos. El alcalde de Kabul, Abdul Majid, tiene una sola pierna y le faltan dos dedos. Otros dirigentes, incluso jefes militares, presentan incapacidades físicas similares.

Las heridas de los talibán son un constante recordatorio de veinte años de guerra que han causado un millón y medio de muertos y devastado el país. La Unión Soviética invirtió en Afganistán unos cinco billones de dólares al año (en total cuarenta y cinco billones), a fin de someter a los muyahidín... y fracasó. Entre 1990 y 1992, Estados Unidos dedicó entre cuatro y cinco billones de dólares para ayudar a los muyahidín. Arabia Saudí aportó unos fondos similares a los norteamericanos, y junto con el apoyo de otros países europeos e islámicos, los muyahidín recibieron en total más de diez billones de dólares.[1] Gran parte de esta ayuda llegó en forma de armamento letal moderno entregado a un sencillo pueblo agrícola que lo utilizó con unos resultados devastadores.

Las heridas de guerra de los dirigentes talibán también reflejan el sangriento y brutal estilo bélico que se empleó en Kandahar y sus alrededores en la década de los ochenta. Los pashtunes durrani que habitan al sur de Kandahar recibieron mucha menos ayuda a través de la CIA y ayuda confidencial de Occidente que les armó, financió y proporcionó logística, tal como centros médicos para los muyahidín, en comparación con los pashtunes ghilzai al este del país y alrededor de Kabul. La ayuda fue distribuida por Interservices Intelligence (ISI) de Paquistán, un organismo que tendía a considerar Kandahar como un lugar atrasado y a los durranis con recelo. El resultado fue que el centro médico más cercano de que disponía un muyahidín kandahari se encontraba en Quetta, al otro lado de la frontera, en Paquistán, a dos días de incómodo viaje a camello. Incluso hoy escasean las unidades de primeros auxilios entre los talibán, hay muy pocos médicos y no hay cirujanos en la línea del frente. Prácticamente los únicos centros médicos del país son los hospitales del Comité Internacional de la Cruz Roja (CICR).

En diciembre de 1979 me encontraba casualmente en Kanda-

1. La ayuda norteamericana comenzó con 30 millones de dólares en 1980 y se incrementó a 80 millones en 1983, 250 millones en 1985, 470 millones en 1986, 630 millones en 1987 hasta 1989. La ayuda de Estados Unidos prosiguió hasta que Kabul cayó en poder de los muyahidín en 1992. Entre 1986 y 1989 la ayuda total a los muyahidín rebasó los mil millones de dólares al año. Rubin Barnett, «Afghanistan the forgotten crisis», *Refugee Survey Quarterly*, vol. 15, núm. 2, ACNUR, 1996.

har y contemplé la llegada de los primeros tanques soviéticos. Soldados soviéticos adolescentes habían viajado durante dos días desde la república soviética de Turkmenistán, en Asia Central, hasta Herat, y desde ahí a Kandahar, a lo largo de una carretera macadamizada que los mismos soviéticos habían tendido en los años sesenta. Muchos de los soldados eran de origen centroasiático. Bajaron de los tanques, se sacudieron el polvo de los uniformes y se encaminaron tranquilamente al puesto más cercano en busca de una taza de té verde sin azúcar, un elemento principal de la dieta tanto en Afganistán como en Asia Central. Los afganos del bazar se limitaban a contemplar la escena. El 27 de diciembre, las *Spetsnatz*, o fuerzas especiales soviéticas, habían tomado por asalto el palacio del presidente Hafizullah Amin en Kabul, lo habían matado y, tras ocupar Kabul, habían nombrado presidente a Babrak Karmal.

Cuando empezó la resistencia alrededor de Kandahar, se basó en la red tribal de los durranis. En Kandahar, la lucha contra los soviéticos fue una *yihad* tribal dirigida por jefes de clan y *ulema* (sabios religiosos de edad avanzada), a diferencia de una *yihad* ideológica dirigida por islamistas. En Peshawar había siete partidos muyahidín reconocidos por Paquistán y que recibieron ayuda confidencial de la CIA. Resulta significativo que ninguno de los siete partidos estuviera dirigido por pashtunes durrani. En Kandahar los siete partidos tenían seguidores, pero los partidos más populares en el sur eran los que se basaban en vínculos tribales, como el Harakat-e-Inquilab Islami (Movimiento de la Revolución Islámica), dirigido por el *maulvi* Mohammed Nabi Mohammedi, y el Hizb-e-Islami (Partido del Islam), dirigido por el *maulvi* Younis Khanis. Antes de la guerra ambos líderes eran muy conocidos en la zona pashtún y tenían sus propias *madrasas* o escuelas religiosas.

La lealtad al partido de los jefes en el sur dependía del dirigente peshawar que les proporcionaba dinero y armas. El *mulá* Omar se afilió al Hizb-e-Islami de los jalis, mientras que el *mulá* Hassan se afiliaba al Harakat.

—Conocía muy bien a Omar—declaró Hassan—. Luchábamos en frentes distintos y en grupos diferentes, pero a veces peleábamos juntos.[2]

2. Efectué varias entrevistas al *mulá* Hassan en Kandahar en 1995, 1996 y 1997.

También era popular el Frente Islámico Nacional, dirigido por el *pir* Sayed Ahmad Gailani, quien abogaba por el regreso del ex monarca durrai Zahir Shah para que encabezara la resistencia afgana, jugada a la que se oponían enérgicamente Paquistán y Estados Unidos. El ex monarca vivía en Roma y seguía siendo una figura popular entre los kandaharis, quienes confiaban en que su regreso reafirmaría el liderazgo de las tribus durrani.

Las contradicciones en el interior de la dirección muyahidín pashtún debilitarían a los pashtunes a medida que la guerra avanzaba. Los *ulema* valoraban los ideales históricos de la antigua historia islámica y no solían poner en tela de juicio a las estructuras tribales tradicionales afganas, como la *jirga*. También eran mucho más complacientes hacia las minorías étnicas. Los islamistas denigraban la estructura tribal y ejercían una ideología política radical a fin de provocar una revolución islámica en Afganistán. Eran exclusivistas y hacían que las minorías recelaran de ellos.

Así pues, el Harakat no tenía una estructura de partido coherente y no era más que una vaga alianza entre jefes militares y tribales, muchos de los cuales sólo habían recibido una educación rudimentaria en la *madrasa*. Por otro lado, el Hizb-e-Islami de Gulbuddin Hikmetyar formó una organización política reservada y altamente centralizada cuyos cuadros eran pashtunes urbanos educados. Antes de la guerra, los islamistas apenas tenían apoyo en la sociedad afgana, pero con dinero y armas aportados por la CIA y el apoyo de Paquistán, se afianzaron y lograron tener una enorme fuerza política. Tradicionalistas e islamistas lucharon implacablemente entre ellos, de modo que, en 1994, el liderazgo tradicional en Kandahar había sido prácticamente eliminado y dejado el campo libre para la nueva oleada de islamistas incluso más extremados, los talibán.

La batalla de Kandahar también estuvo determinada por su propia historia particular. Kandahar es la segunda ciudad de Afganistán y en 1979, antes de la guerra, tenía una población de 250.000 habitantes, la mitad que en la actualidad. La ciudad antigua ha estado habitada desde el año 500 a. C., pero a sólo cincuenta y seis kilómetros se encuentra Mundigak, un poblado de la Edad del Bronce establecido hacia el 3000 a. C., que en el pasado formó parte de la civilización del valle del Indo. Los kandaharis siempre han sido grandes mercaderes, pues la ciudad está situada en la intersección de antiguas rutas comerciales, al este, por el puerto de Bolan, hacia Sind, el mar Arábigo y la India, y al oeste hacia Herat e Irán. La ciudad era el principal cruce de caminos para la difusión del comercio, las artes y los oficios entre Irán y la India, y sus numerosos bazares han sido famosos durante siglos.

La nueva ciudad ha cambiado poco desde que, en 1761, el sha durrani Ahmad, fundador de la dinastía durrani, la hizo construir con grandes proporciones. El hecho de que los durranis de Kandahar crearan el estado afgano y lo rigieran durante tres siglos otorgó a los kandaharis una categoría especial entre los pashtunes. Los reyes de Kabul hicieron una concesión a la ciudad desde la que reinaban y eximieron a los kandaharis de aportar hombres al ejército. El mausoleo del sha Ahmad domina el bazar central y millares de afganos todavía acuden allí para rezar y presentar sus respetos al fundador de la nación.

Junto a su tumba se encuentra el santuario del Manto del profeta Mahoma, uno de los lugares de culto más sagrados de Afganistán. El manto sólo se ha exhibido en contadas ocasiones, como cuando el rey Amanulá intentó reunir a las tribus, en 1929, y cuando una epidemia de cólera asoló la ciudad en 1935.[3] Pero en 1996, a fin de legitimar su papel como dirigente designado por Dios para conducir al pueblo afgano, el mulá Omar sacó el manto y lo mostró a una gran multitud de talibán, quienes entonces lo nombraron *Amir-ul Momineen* o Jefe de los Fieles.

No obstante, la fama de Kandahar en la región se debe a sus plantaciones de frutales. Es una ciudad en un oasis, en medio del desierto, y aunque en verano el calor es terrible, está rodeada de frondosos y verdes campos y huertas que producen uvas, melones, moras, higos, melocotones y granadas, que alcanzaron celebridad en la India e Irán. Las granadas de Kandahar decoraban los manuscritos persas escritos hace mil años y se servían a la mesa del gobernador general británico de la India, en Delhi, en el siglo XIX. Los camioneros de la ciudad, que años más tarde dieron un importante apoyo financiero a los talibán en su ofensiva para conquistar el país, iniciaron su actividad el siglo pasado, cuando trans-

3. Nancy Hatch Dupree, *A Historical Guide to Afghanistan*, Organización de Turismo Afgano, Kabul, 1970.

portaban fruta de Kandahar hasta ciudades tan lejanas como Delhi y Calcuta.

Las plantaciones se regaban mediante un complejo y bien mantenido sistema de irrigación, hasta que estalló la guerra y tanto los soviéticos como los muyahidín minaron de tal manera los campos que la población rural huyó a Paquistán y las plantaciones quedaron abandonadas. Kandahar sigue siendo una de las ciudades más minadas del mundo. En un paisaje por lo demás llano, las plantaciones y los canales de agua proporcionaron cobertura a los muyahidín, quienes dominaron con rapidez el campo y aislaron de este modo a la guarnición soviética en la ciudad. Los soviéticos se vengaron talando miles de árboles y destrozando el sistema de irrigación. Cuando los refugiados regresaran a sus devastadas plantaciones, después de 1990, plantarían adormidera para ganarse la vida, y ésa sería una fuente de ingresos esencial para los talibán.

Tras la retirada soviética, en 1989, siguió una larga lucha contra el régimen del presidente Najibulá hasta 1992, cuando fue derrocado y los muyahidín conquistaron Kabul. La guerra civil que siguió estuvo determinada, en gran medida, por el hecho de que Kabul no cayó en manos de los partidos pashtunes bien armados y proclives a pelear entre ellos establecidos en Peshawar, sino en las de las fuerzas tayikas, mejor organizadas y más unidas, de Burhanuddin Rabbani y su jefe militar, Ahmad Shah Masud, y las fuerzas uzbekas que atacaron desde el norte, al mando del general Rashid Dostum. Fue un golpe psicológico devastador, porque por primera vez en tres siglos los pashtunes habían perdido el control de la capital. Casi de inmediato comenzó una guerra civil interna, mientras Hikmetyar intentaba reunir a los pashtunes y cercar Kabul, bombardeándola sin piedad.

Poco antes de que aparecieran los talibán, a fines de 1994, Afganistán se hallaba casi en un estado de desintegración. El país estaba dividido en feudos regidos por señores de la guerra, y todos ellos habían luchado, cambiado de bando y luchado de nuevo en una serie asombrosa de alianzas, traiciones y derramamientos de sangre. El gobierno del presidente Burhanuddin Rabbani, predominantemente tayiko, controlaba Kabul, sus alrededores y el nordeste del país, mientras que tres provincias del oeste, cuyo centro era Herat, estaban en manos de Ismael Khan. Al este, en la frontera de Paquistán, tres provincias pashtunes se encontraban bajo el control independiente de una *shura* (consejo) de muyahidín, radicado en Jalalabad. Una pequeña región al sur y el este de Kabul estaba controlada por Gulbuddin Hikmetyar.

Al norte, el señor de la guerra uzbeko, el general Rashid Dostum, dominaba seis provincias y en enero de 1994 había abandonado su alianza con el gobierno de Rabbani y se había unido a Hikmetyar para atacar Kabul. En el centro de Afganistán los hazaras controlaban la provincia de Bamiyan. El sur de Afganistán y Kandahar estaban divididos entre docenas de insignificantes señores de la guerra ex muyahidín y bandidos que saqueaban a placer a la población. Con la estructura tribal y la economía hechas jirones, sin ningún consenso sobre el liderazgo pashtún y dada la renuencia de Paquistán a conceder ayuda militar a los durranis como se la habían proporcionado a Hikmetyar, los pashtunes meridionales estaban en guerra entre ellos.

Las organizaciones internacionales de ayuda temían incluso trabajar en Kandahar, pues la misma ciudad estaba dividida en grupos hostiles. A fin de conseguir dinero, sus dirigentes lo vendían todo a los paquistaníes a precios de saldo, derribaban postes y tendidos telefónicos, talaban árboles, vendían fábricas, maquinaria y hasta apisonadoras a los chatarreros. Los señores de la guerra se apoderaban de hogares y granjas, expulsaban a sus ocupantes y entregaban los edificios a quienes les apoyaban. Los jefes militares abusaban de la población a voluntad, raptaban chicas y chicos para su placer sexual, robaban a los mercaderes en los bazares, se peleaban y alborotaban en las calles. En lugar de refugiados que regresaran de Paquistán, una nueva oleada de refugiados empezaron a abandonar Kandahar con destino a Quetta.

La situación perjudicaba a la poderosa mafia de los camioneros radicados en Quetta y Kandahar, hasta el punto de hacerse intolerable. En 1993 recorrí los 209 kilómetros de carretera entre Quetta y Kandahar, y en esa distancia relativamente corta nos detuvieron por lo menos veinte grupos diferentes, que habían colocado cadenas por encima de la calzada y exigían peaje para circular. A la mafia del transporte, que intentaba abrir rutas para el contrabando de mercancías entre Quetta, Irán y el estado de Turkmenistán, que acababa de obtener la independencia, le resultaba imposible llevar a cabo sus negocios.

Para los muyahidín que habían luchado contra el régimen de Najibulá y luego se habían ido a casa a fin de proseguir sus estudios en las *madrasas* de Quetta y Kandahar, la situación era especialmente mortificante.

—Todos nos conocíamos: los *mulás* Omar, Ghaus, Mohammed Rabbani, quien no tiene ninguna relación con el presidente Rabbani, y yo mismo, porque todos procedíamos de la provincia de Urozgan y habíamos luchado juntos—me dijo el *mulá* Hassan, y añadió—: Yo iba a Quetta y volvía, y asistía a *madrasas* de allí, pero cada vez que nos reuníamos hablábamos de la terrible situación en que se encontraba nuestro pueblo sometido a esos bandidos. Teníamos las mismas opiniones y nos llevábamos muy bien entre nosotros, por lo que resultó fácil tomar la decisión de hacer algo.

El *mulá* Mohammed Ghaus, el tuerto ministro de Asuntos Exteriores de los talibán, me dijo algo parecido.

—Discutíamos durante largo tiempo la manera de cambiar la terrible situación. Antes de empezar sólo teníamos unas vagas ideas de lo que podríamos hacer, y pensábamos que íbamos a trabajar, pero creíamos que estábamos trabajando con Alá como sus discípulos. Hemos llegado tan lejos porque Alá nos ha ayudado.[4]

En el sur, otros grupos de muyahidín también discutían los mismos problemas. He aquí lo que me dijo el *mulá* Mohammed Abbas, quien llegaría a ser ministro de Sanidad en Kabul:

—Mucha gente buscaba una solución. Yo era de Kalat, en la provincia de Zabul, a 136 kilómetros al norte de Kandahar, y me había integrado en una *madrasa*, pero la situación era tan mala que no podíamos concentrarnos en los estudios, y con un grupo de amigos pasábamos el tiempo discutiendo lo que deberíamos hacer y era preciso llevar a cabo.—Abbas añadió—: El viejo liderazgo muyahidín no había conseguido traer la paz. Así pues, con un grupo de amigos fui a Herat para asistir a la *shura* convocada por Ismael Khan, pero no se llegó a ninguna solución y las cosas iban de mal en peor. Por ello fuimos a Kandahar, hablamos con el *mulá* Omar y nos unimos a él.

Tras largas discusiones, estos grupos divergentes pero profundamente comprometidos esbozaron un programa que sigue siendo la declaración de propósitos de los talibán: restaurar la paz, desarmar a la

4. Efectué varias entrevistas al *mulá* Ghaus en 1996 y 1997.

población, reforzar la ley de la *sharia* y defender la integridad del carácter islámico de Afganistán. Como la mayoría de ellos eran estudiantes en las *madrasas* ya fuese a tiempo parcial, ya con dedicación plena, es natural que eligieran el nombre que se impusieron. Un *talib* es un estudiante islámico, que busca el conocimiento, mientras que el *mulá* es quien proporciona el conocimiento. Al escoger un nombre como *talibán* (plural de *talib*), se distanciaban de la política partidista de los muyahidín e indicaban que eran un movimiento para purificar a la sociedad más que un partido que intentara hacerse con el poder.

Todos cuantos se reunieron en torno a Omar eran producto de la *yihad*, pero estaban muy desilusionados por la división en facciones y las actividades criminales de la dirección muyahidín, a la que habían idealizado. Se consideraban los purificadores de una guerra de guerrillas descarriada, un sistema social erróneo y un estilo islámico de vida que corría peligro debido a la corrupción y el exceso. Muchos de ellos habían nacido en campos de refugiados paquistaníes, se habían educado en *madrasas* paquistaníes y habían adquirido su pericia como luchadores de grupos muyahidín establecidos en Paquistán. Los talibán más jóvenes apenas conocían su propio país ni su historia, pero en sus *madrasas* estudiaron la sociedad islámica ideal creada por el profeta Mahoma 1.400 años atrás, y eso era lo que querían emular.

Algunos talibán afirman que la elección de Omar como dirigente no se debió a su capacidad política o militar, sino a su religiosidad y su firme creencia en el Islam. Otros creen que fue elegido por Dios.

—Seleccionamos al *mulá* Omar para que encabezara este movimiento—dijo el *mulá* Hassan—. Era el primero entre iguales y le conferimos el poder de dirigirnos y la autoridad para ocuparse de los problemas de la gente.

El mismo Omar dio una sencilla explicación al periodista paquistaní Rahimulá Yousufzai:

—Nos alzamos en armas para cumplir con los objetivos de la *yihad* afgana y salvar a nuestro pueblo de más sufrimientos a manos de los llamados muyahidín. Teníamos una fe absoluta en Dios Todopoderoso. Jamás lo olvidamos. Él puede bendecirnos con la victoria o sumirnos en la derrota.[5]

5. Rahimulá Yousufzai, «Taliban head says Rabbani sabotaging UN peace efforts», *The News*, 2 de febrero de 1995.

Hoy en día, ningún dirigente mundial está rodeado de tanta reserva y misterio como el *mulá* Mohammed Omar. Tiene treinta y nueve años y jamás ha sido fotografiado ni entrevistado por periodistas occidentales. Su primer encuentro con un diplomático de la ONU tuvo lugar en octubre de 1998, cuatro años después de que aparecieran los talibán, cuando se reunió con Lakhdar Brahimi, representante especial de la ONU en Afganistán, porque los talibán se enfrentaban a un posible ataque devastador por parte de Irán. Omar vive en Kandahar y ha visitado Kabul, la capital, tan sólo en dos breves ocasiones. La recopilación de los hechos escuetos de su vida se ha convertido en una tarea que exige una dedicación total para la mayoría de los afganos y los diplomáticos extranjeros.

Omar nació alrededor de 1959 en el pueblo de Nodeh, cerca de Kandahar, en el seno de una familia de campesinos pobres, miembros de la tribu hotak, la rama ghilzai de los pashtunes. El jefe hotaki Mir Wais capturó la localidad iraní de Isfahan en 1721 y estableció el primer imperio ghilzai afgano en Irán, antes de que lo sustituyera muy pronto Ahmad Shah Durrani. La categoría social y tribal de Omar era insignificante, y los notables de Kandahar afirman que jamás habían oído hablar de su familia. Durante la *yihad* de los años ochenta, su familia se trasladó a Tarinkot, en la provincia de Urozgan, una de las regiones más atrasadas e inaccesibles del país, donde las tropas soviéticas no solían penetrar. Su padre murió cuando él era aún joven y le correspondió la tarea de sustentar a su madre y una familia numerosa.

En busca de empleo, Omar se trasladó al pueblo de Singesar, en el distrito Mewand de la provincia de Kandahar, donde se convirtió en el *mulá* de la localidad y estableció una pequeña *madrasa*. Sus propios estudios en *madrasas* de Kandahar habían sido interrumpidos en dos ocasiones, primero por la invasión soviética y luego por la creación de los talibán.[6] Omar se afilió al Hibz-e-Islami de Jali y luchó a las órdenes del jefe Nek Mohammed, contra el régimen de Najibulá, entre 1989 y 1992. Fue herido en cuatro ocasiones, una de ellas en el ojo derecho, del que perdió por completo la vista.

6. He reunido los datos para este retrato del *mulá* Omar a lo largo de cinco años, tras entrevistar a docenas de dirigentes talibán. Agradezco los artículos de Rahimulá Yousufzai, pues es el único periodista que ha entrevistado a Omar.

A pesar del éxito de los talibán, Singesar sigue siendo como cualquier otro pueblo pashtún. Casas de ladrillos de barro recubiertos con más barro y paja detrás de unas altas murallas, un tradicional sistema defensivo de los hogares pashtún. Callejones estrechos y polvorientos, que se convierten en baños de barro cuando llueve, ponen en comunicación las casas del pueblo. La *madrasa* de Omar todavía funciona, una choza de barro con el suelo de tierra sobre el que se extienden unas colchonetas para que duerman los muchachos. Omar tiene tres esposas que siguen viviendo en el pueblo y siempre van cubiertas con el velo. La primera y la tercera esposa proceden de Urozgan, mientras que la segunda, la adolescente Guljana, con quien se casó en 1995, es de Singesar. Tiene en total cinco hijos que estudian en su *madrasa*.[7]

Omar es un hombre alto y de buena complexión, de barba larga y negra, con la cabeza cubierta por un turbante también negro. Tiene un seco sentido del humor y un ingenio sarcástico. Sigue siendo tímido en extremo con los forasteros, sobre todo con los extranjeros, pero es accesible a los talibán. Cuando se inició el movimiento, cada viernes iba a orar a la mezquita principal de Kandahar y se mezclaba con la gente, pero luego casi se ha recluido del todo y no suele salir de la mansión administrativa de Kandahar donde vive. Ahora apenas visita su pueblo, y cuando lo hace siempre le acompañan docenas de guardaespaldas en una escolta de lujosos vehículos japoneses de ventanillas oscuras.

Omar habla muy poco en las reuniones de la *shura* y se limita a escuchar los puntos de vista de los demás. Su timidez le convierte en un orador deficiente, y a pesar de la mitología que ahora le rodea, tiene poco atractivo carismático. Se pasa el día solventando asuntos en un pequeño despacho de la mansión. Al principio se sentaba en el suelo de cemento, al lado de los talibán que lo visitaban, pero ahora lo hace en una cama mientras los otros se sientan en el suelo: así realza su categoría de dirigente. Tiene varios secretarios que toman nota de sus conversaciones con jefes, soldados ordinarios, *ulema* y demandantes, y siempre se oye la crepitación de los radiorreceptores, pues los jefes diseminados por todo el país tratan de comunicarse con él.

---

7. Suzanne Goldenberg, «Place where the Taliban began and certainty ends», *The Guardian*, 13 de octubre de 1998.

Los asuntos que solventa consisten en largos debates y discusiones que terminan con la entrega de «notas», trozos de papel en los que ha escrito instrucciones que autorizan a los jefes a efectuar un ataque, ordenan a un gobernador talibán que ayude a un demandante o son un mensaje para los mediadores de la ONU. A menudo las comunicaciones formales con las embajadas extranjeras en Islamabad las dictaban consejeros paquistaníes.

En los primeros tiempos del movimiento, recogí numerosas notas escritas en paquetes de tabaco o papel de envolver, las cuales me permitían viajar de una ciudad a otra. Ahora se utiliza un papel de aspecto más oficial. Omar tiene a su lado un cofre de hojalata del que saca fajos de billetes afganos para los jefes y demandantes necesitados. Con la llegada del éxito, a ese cofre le acompañó un segundo, lleno de dólares americanos. Ambos cofres metálicos constituyen el tesoro del movimiento talibán.

En las reuniones importantes, el *mulá* Wakil Ahmad, hombre de confianza de Omar y portavoz oficial, suele estar a su lado. Wakil, joven estudiante de *madrasa*, procedente de la tribu kadar y que recibió las enseñanzas de Omar, empezó como su compañero, conductor, catador de alimentos, traductor y escribano. No tardó en ocuparse de asuntos más importantes, como comunicarse con los diplomáticos extranjeros y los funcionarios de los organismos humanitarios, viajar para recibir a los jefes talibán y encontrarse con los funcionarios paquistaníes. Como portavoz de Omar, es el principal contacto talibán con la prensa extranjera, así como el encargado de reconvenir a los reporteros cuando cree que han criticado a los talibán con demasiada dureza. Wakil actúa como los oídos y los ojos de Omar, y es también su portero. Ningún afgano importante puede llegar a presencia de Omar sin haber visto primero a Wakil.

Existe en la actualidad una verdadera manufactura de mitos y anécdotas para explicar cómo Omar movilizó a un pequeño grupo de talibán contra los rapaces señores de la guerra de Kandahar. El relato más creíble, contado una y otra vez, es que en la primavera de 1994 se presentaron ante él unos vecinos de Singesar para decirle que un jefe había raptado a dos adolescentes, a las que, tras raparles las cabezas, llevaron a un campamento militar donde fueron repetidamente violadas. Omar enroló a unos treinta *talibs*, que sólo tenían dieciséis fusiles entre todos ellos, y atacaron la base, liberaron a las muchachas y colgaron al comandante del cañón de un tanque. También capturaron una gran cantidad de armas y municiones.

—Luchábamos contra musulmanes que se habían descarriado—dijo Omar más adelante—. ¿Cómo podíamos quedarnos quietos cuando veíamos los desmanes cometidos contra las mujeres y los pobres?[8]

Al cabo de unos meses dos comandantes se enfrentaron en Kandahar, en una disputa por un muchacho al que ambos habían querido sodomizar. Siguió una pelea durante la cual murieron varios civiles. El grupo de Omar liberó al muchacho, y los talibán empezaron a ser objeto de llamamientos públicos para que intervinieran en disputas locales. Omar había emergido como un Robin Hood que ayudaba a los pobres contra los jefes rapaces. Su prestigio fue en aumento porque no pedía ninguna recompensa ni reconocimiento por parte de aquellos a quienes ayudaba, y sólo exigía que le siguieran para establecer un sistema islámico justo.

Al mismo tiempo, los emisarios de Omar aquilataban el estado de ánimo de otros jefes militares. Sus colegas visitaron Herat para reunirse con Ismael Khan, y en septiembre el *mulá* Mohammed Rabbani, miembro fundador del movimiento talibán, visitó Kabul y mantuvo conversaciones con el presidente Rabbani. El gobierno de Kabul, que estaba aislado, deseaba prestar su apoyo a cualquier nueva fuerza pashtún que se opusiera a Hikmetyar, quien seguía bombardeando Kabul, y Rabbani prometió ayudar a los talibán con fondos si se oponían a Hikmetyar.

Sin embargo, los vínculos más estrechos de los talibán eran los establecidos con Paquistán, donde muchos de ellos se habían criado y habían estudiado en *madrasas* dirigidas por el vivaz *maulana* Fazlur Rehman y su Jamiat-e-Ulema Islam (JUI), un partido fundamentalista que gozaba de un apoyo considerable entre los pashtunes en Beluchistán y la Provincia Fronteriza del Noroeste (NWFP). Más significativo era el hecho de que la primera ministra Benazir Bhutto y él tuvieran acceso al gobierno, el ejército y el ISI, a quienes Rehman habló de la fuerza política emergente.

La política afgana de Paquistán estaba estancada. Tras el de-

8. John Burns y Steve Levine, «How Afghans' stern rules took hold», *New York Times*, 11 de diciembre de 1996.

rrumbe de la Unión Soviética en 1991, los sucesivos gobiernos paquistaníes ansiaban con desesperación la apertura de rutas terrestres directas para el comercio con las repúblicas de Asia Central. El mayor obstáculo con que se encontraban era la interminable guerra civil en Afganistán, pues todas las rutas habían de pasar forzosamente por territorios en guerra. Así pues, las autoridades de Paquistán se enfrentaban a un dilema estratégico. O bien Paquistán podría seguir apoyando a Hikmetyar, en un esfuerzo por lograr que el grupo pashtún se hiciera con el poder en Kabul, un grupo que se mostraría amistoso y cordial con Paquistán, o bien podía cambiar de dirección e instar a un acuerdo para compartir el poder entre todas las facciones afganas, fuera cual fuese el precio para los pashtunes, de modo que un gobierno estable pudiera abrir las rutas de Asia Central.

Los militares paquistaníes estaban convencidos de que otros grupos étnicos no les obedecerían y siguieron apoyando a Hikmetyar. Alrededor del 20 por 100 del ejército paquistaní estaba formado por pashtunes paquistaníes, y la camarilla pro pashtún y fundamentalista islámica en el seno del ISI, así como los militares, seguían decididos a lograr una victoria pashtún en Afganistán. No obstante, en 1994 Hikmetyar había fracasado con toda evidencia, perdiendo terreno militarmente mientras su extremismo dividía a los pashtunes, que en su mayoría lo odiaban. Paquistán se estaba cansando de apoyar a un perdedor y buscaba otros agentes pashtunes potenciales.

En 1993, cuando Benazir Bhutto fue elegida primera ministra, tenía el vivo deseo de abrir una ruta hacia Asia Central. La ruta más corta era la que iba de Peshawar a Kabul, a través de las montañas del Hindu Kush, y luego por Mazar-e-Sharif, Tirmez y Tashkent, en Uzbekistán, pero esta ruta estaba cerrada debido a la lucha alrededor de Kabul. Surgió una nueva propuesta, apoyada con firmeza por la frustrada mafia paquistaní del transporte y el contrabando, el JUI y los militares y políticos pashtunes. En lugar de la ruta septentrional, se despejaría la carretera de Quetta a Kandahar, Herat y así hasta Ashjabab, la capital de Turkmenistán. En el sur no se luchaba, sólo había docenas de comandantes a los que sería preciso sobornar adecuadamente antes de que accedieran a retirar las cadenas.

En septiembre de 1994, agrimensores paquistaníes y miembros del ISI recorrieron discretamente la carretera desde Chaman, en la frontera paquistaní, hasta Herat, a fin de examinar sus condiciones.

Ese mismo mes, Naseerulá Babar, ministro de Interior paquistaní, de origen pashtún, también visitó Chaman. Los señores de la guerra de Kandahar recelaban del plan, sospechando que los paquistaníes estaban a punto de intentar una intervención militar para aplastarlos. Uno de los jefes, Amir Lalai, lanzó una abrupta advertencia a Babar:

—Paquistán se ofrece para reconstruir nuestras carreteras, pero no creo que como consecuencia de ello lleguemos automáticamente a la paz. Mientras los países vecinos sigan inmiscuyéndose en nuestros asuntos internos, no podemos esperar la paz.[9]

Sin embargo, los paquistaníes empezaron a negociar con los señores de la guerra de Kandahar e Ismael Khan en Herat, para autorizar el tráfico a través de Turkmenistán. El 20 de octubre de 1994, Babar llevó a un grupo de seis embajadores occidentales a Kandahar y Herat, sin informar siquiera al gobierno de Kabul.[10] Formaban parte de la delegación de funcionarios de alto rango de los departamentos de Ferrocarriles, Carreteras, Teléfonos y Electricidad. Babar dijo que quería conseguir trescientos millones de dólares procedentes de organismos internacionales para reconstruir la carretera de Quetta a Herat. El 28 de octubre, Bhutto se reunió con Ismael Khan y el general Rashid Dostum en Ashjabab, y les instó a aceptar la apertura de una ruta meridional, donde los camiones sólo pagarían un par de peajes en todo el trayecto y tendrían garantizada su seguridad.

Pero antes de que se celebrara esa reunión, un importante acontecimiento había desconcertado a los jefes militares de Kandahar. El 12 de octubre de 1994, unos doscientos talibán de Kandahar y las *madrasas* paquistaníes llegaron al pequeño puesto fronterizo afgano de Spin Baldak, en la frontera entre Paquistán y Afganistán, enfrente de Chaman. El mugriento lugar en medio del desierto era una importante escala donde repostaban los camiones de la mafia del transporte y estaba en poder de los hombres de Hikmetyar. Allí los camiones afganos cargaban las mercancías que traían los camiones paquistaníes, que no estaban autorizados a entrar en Afganistán, y

9. *Dawn*, 4 de noviembre de 1994.
10. Los embajadores eran de Estados Unidos, Reino Unido, España, Italia, China y Corea del Sur. Formaban parte de la delegación de funcionarios de Naciones Unidas.

se pasaba combustible de contrabando desde Paquistán para abastecer a los ejércitos de los señores de la guerra. El control de la localidad era esencial para la mafia del transporte. Ya habían entregado centenares de miles de rupias paquistaníes al *mulá* Omar, y prometido un estipendio mensual a los talibán si éstos limpiaban las carreteras de cadenas y bandidos y garantizaban la seguridad del tráfico de camiones.[11]

La fuerza talibán se dividió en tres grupos que atacaron a la guarnición de Hikmetyar. Tras una breve y feroz batalla, huyeron dejando siete muertos y varios heridos. Los talibán sólo sufrieron una baja. Entonces Paquistán ayudó a los talibán, permitiéndoles capturar un gran depósito de armas en las afueras de Spin Baldak, que había estado protegido por los hombres de Hikmetyar. Ese depósito había sido trasladado a través de la frontera desde Paquistán a Afganistán en 1990, cuando las condiciones de los acuerdos de Ginebra obligaron a Islamabad a no mantener armamento para los afganos en territorio paquistaní. Los talibán se apoderaron de unos 18.000 Kaláshnikov, decenas de piezas de artillería, grandes cantidades de munición y numerosos vehículos.[12]

La toma de Spin Baldak preocupó a los señores de la guerra establecidos en Kandahar, quienes denunciaron a Paquistán por apoyar a los talibán, pero en lugar de unirse para hacer frente a la nueva amenaza, siguieron litigando entre ellos. Ahora Babar se impacientaba y ordenó que un convoy de prueba formado por treinta camiones viajara a Ashjabab con un cargamento de medicinas. Más adelante, un funcionario paquistaní radicado en Kandahar me reveló:

—Le dije a Babar que deberíamos esperar dos meses, porque no teníamos acuerdo alguno con los jefes militares de Kandahar, pero Babar insistió en enviar el convoy. Los jefes sospechaban que el convoy transportaba armas para una futura fuerza paquistaní.[13]

11. Entrevistas con altos funcionarios del gobierno paquistaní y transportistas en Quetta, marzo 1995.

12. Anthony Davis, «How the Taliban became a military force», en William Maley (ed.), *Fundamentalism Reborn? Afghanistan and the Taliban*, C. Hurst, Londres, 1998. El relato militar de Davis es el más detallado hasta la fecha sobre la captura de Spin Baldak y Kandahar por parte de los talibán.

13. Entrevistas con funcionarios de los servicios secretos paquistaníes (Kandahar, abril 1995).

El 29 de octubre de 1994, el convoy, perteneciente a la Célula Logística Nacional (NLC) del ejército, que había sido establecida en la década de los ochenta por el ISI para canalizar la entrega de armas norteamericanas a los muyahidín, salió de Quetta con ochenta conductores paquistaníes ex militares. El coronel Imam, el oficial superior más importante del ISI que operaba en el sur y cónsul general de Paquistán en Herat, también viajaba con la expedición. Le acompañaban dos jóvenes jefes talibán, los *mulás* Borjan y Turabi. (Más adelante ambos encabezarían el primer asalto talibán de Kabul, donde el *mulá* Borjan hallaría la muerte.) A veinte kilómetros de Kandahar, en Takht-e-Pul, cerca del perímetro del aeropuerto de Kandahar, un grupo de jefes militares, Amir Lalai, Mansur Achakzai, quien controlaba el aeropuerto, y Ustad Halim, detuvieron el convoy. Ordenaron que los camiones aparcaran en un pueblo vecino, al pie de unas montañas de escasa altura. Meses después, cuando fui al lugar, todavía eran evidentes los restos de fogatas y raciones abandonadas.

Los jefes militares exigieron dinero, una parte de la mercancía y que Paquistán dejara de ayudar a los talibán. Mientras los jefes negociaban con el coronel Imam, Islamabad impuso durante tres días la supresión de noticias sobre el secuestro del convoy.

—Temíamos que Mansur cargara armas en el convoy y luego culpara a Paquistán—me dijo un funcionario paquistaní—. Así pues, examinamos todas las opciones militares para rescatar el convoy, tales como un ataque del Grupo de Servicios Especiales (comandos militares paquistaníes) o un lanzamiento de paracaidistas. Consideramos estas opciones demasiado peligrosas, por lo que pedimos a los talibán que liberasen el convoy.

El 3 de noviembre de 1994, los talibán avanzaron para atacar a quienes retenían el convoy. Los jefes, creyendo que era un ataque del ejército paquistaní, huyeron. Los talibán persiguieron a Mansur hasta el desierto y lo abatieron a tiros junto con diez miembros de su guardia personal. Colgaron su cuerpo del cañón de un tanque para que todos lo vieran.

Aquella misma noche, los talibán avanzaron hacia Kandahar, donde, tras dos días de lucha esporádica, derrotaron a las fuerzas de los jefes. El *mulá* Naquib, el jefe militar más importante de la ciudad, que tenía 2.500 hombres a su mando, no se resistió. Más ade-

lante algunos de sus ayudantes afirmaron que Naquib había aceptado un considerable soborno por parte del ISI para rendirse, con la
promesa de que retendría el mando. Los talibán enrolaron a los
hombres del *mulá* y a éste le hicieron retirarse a su pueblo en las
afueras de Kandahar. Entonces capturaron decenas de tanques, carros blindados, vehículos militares, armas y, lo más importante de
todo, seis Mig-21 y seis helicópteros de transporte que estaban en el
aeropuerto, restos de la ocupación soviética.

En sólo un par de semanas aquella fuerza desconocida había
capturado la segunda ciudad de Afganistán y sus bajas se habían limitado a una docena de hombres. En Islamabad, ningún diplomático extranjero o analista dudaba de que habían recibido una ayuda
importante por parte de Paquistán. El gobierno y el JUI celebraron
la caída de Kandahar. Babar se atribuyó el mérito del éxito talibán,
diciendo en privado a los periodistas que los talibán eran «nuestros
muchachos». No obstante, los talibán demostraron su independencia de Paquistán e indicaron que ellos no eran marionetas de nadie.
El 16 de noviembre de 1994, el *mulá* Ghaus dijo que, en el futuro,
Paquistán no debía pasar por alto a los talibán al enviar convoyes ni
cerrar tratos con señores de la guerra individuales. También dijo
que los talibán no permitirían que camiones paquistaníes transpor-
taran mercancías con destino a Afganistán, una exigencia esencial
de la mafia del transporte.[14]

Los talibán eliminaron las cadenas de las carreteras, establecieron
un sistema de un solo peaje para los camiones que entraban en Afganistán por Spin Baldak y patrullaron la carretera que enlazaba con Paquistán. La mafia del transporte estaba encantada, y en diciembre el
primer convoy paquistaní de cincuenta camiones cargados de algodón en rama, procedentes de Turkmenistán, llegó a Quetta, tras haber
pagado a los talibán 200.000 rupias (5.000 dólares) en concepto de
peaje. Entre tanto, millares de jóvenes pashtunes afganos que estudiaban en Baluchistán y la NWFP afluyeron rápidamente a Kandahar
para unirse a los talibán. No tardaron en seguirles voluntarios paquistaníes de las *madrasas* del JUI, estimulados por el nuevo movimiento islámico de Afganistán. En diciembre de 1994, unos 12.000 estudiantes
afganos y paquistaníes se habían unido a los talibán en Kandahar.

14. *Muslim*, 17 de noviembre de 1994.

Mientras en Paquistán aumentaba la presión internacional y nacional para que el país explicara su postura, en febrero de 1995 Bhutto expresó su primera negativa formal de cualquier apoyo paquistaní a los talibán. «No tenemos favoritos en Afganistán y no interferimos en los asuntos afganos», afirmó durante una visita a Manila.[15] Más tarde dijo que Paquistán no podía evitar que nuevos reclutas cruzaran la frontera para unirse a los talibán. «No puedo librar por él la guerra del señor [presidente Burhanuddin] Rabbani. Si los afganos quieren cruzar la frontera, no se lo impido. Puedo evitar que vuelvan a entrar, pero la mayoría de ellos tienen familiares aquí», dijo la presidenta.[16]

De inmediato los talibán pusieron en práctica la interpretación más estricta de la ley *sharia* jamás vista en el mundo musulmán. Cerraron las escuelas de niñas, prohibieron que las mujeres trabajaran fuera de casa, destrozaron los televisores, prohibieron una amplia serie de deportes y actividades recreativas y ordenaron que todos los hombres se dejaran crecer largas barbas. Durante los tres meses siguientes, los talibán dominarían doce de las treinta y una provincias de Afganistán, abrirían las carreteras al tráfico y desarmarían a la población. Cuando emprendieron la marcha hacia el norte, en dirección a Kabul, los señores de la guerra locales o bien huyeron o bien, agitando banderas blancas, se les rindieron. El *mulá* Omar y su ejército de estudiantes marchaban a través de Afganistán.

15. *The Nation*, 18 de febrero de 1995.   16. *Dawn*, 18 de marzo de 1995.

2

HERAT (1995).
LOS INVENCIBLES SOLDADOS DE DIOS

En marzo de 1995, en el borde septentrional del Dashte-e-Mango, el Desierto de la Muerte, penachos de tenue humo blanco se alzaban en el aire por encima de la estrecha cinta que era la deteriorada carretera que enlaza Kandahar con Herat, a 563 kilómetros de distancia. La carretera, construida por los rusos en la década de los cincuenta, se extendía entre los matorrales y la arena de uno de los desiertos más calurosos y con menos agua del mundo. Tras varios años de guerra, el firme presentaba ahora los surcos dejados por las orugas de los tanques, cráteres de las bombas y puentes destrozados, todo lo cual hacía que la velocidad del tráfico se redujera a sólo treinta kilómetros por hora.

Los vehículos bélicos talibán (camionetas japonesas de caja abierta a los elementos) avanzaban hacia Herat cargados de jóvenes fuertemente armados y empeñados en tomar la ciudad. En la dirección opuesta, un flujo constante de vehículos transportaba talibán heridos en camillas, atados a la caja, así como prisioneros capturados a las fuerzas de Ismael Khan que retenían Herat.

En los tres primeros meses tras la toma de Kandahar, los talibán habían roto el punto muerto en la guerra civil afgana, capturando doce de las treinta y una provincias, y habían llegado a las afueras de Kabul en el norte y a Herat en el oeste. En Kandahar, los soldados talibán eran reacios a hablar bajo la mirada de sus jefes, por lo que la única manera de saber algo de ellos era lograr que te permitieran subir a uno de sus vehículos y, tras recorrer un trecho, volver al punto de origen. En el reducido espacio de la camioneta, donde se amontonaban una docena de guerreros con cajas de munición, cohetes, lanzagranadas y sacos de trigo, estaban más que dispuestos a hablar de sus vidas.

Me informaron de que desde la toma de Kandahar unos veinte mil afganos y centenares de estudiantes de las *madrasas* paquistaníes

6

habían cruzado la frontera desde los campos de refugiados de Paquistán para unirse al *mulá* Omar. Varios miles más de pashtunes afganos se les habían unido en su marcha hacia el norte. En su mayoría eran jovencísimos (entre catorce y veinticuatro años) y muchos nunca habían luchado hasta entonces, aunque, como todos los pashtunes, sabían manejar un arma.

Muchos habían pasado su vida en campos de refugiados de Beluchistán y las provincias fronterizas del noroeste de Paquistán, con períodos dedicados a la educación coránica en las docenas de *madrasas* que habían surgido a lo largo de la frontera, dirigidas por *mulás* afganos o los partidos fundamentalistas islámicos de Paquistán. Allí estudiaban el Corán, los dichos del profeta Mahoma y los aspectos básicos de la ley islámica, tal como la interpretaban sus maestros apenas letrados. Ni éstos ni los alumnos tenían la menor preparación en matemáticas, ciencias, historia o geografía. Muchos de los jóvenes guerreros ni siquiera conocían la historia de su propio país ni la historia de la *yihad* contra los soviéticos.

Había una diferencia abismal entre aquellos muchachos y los muyahidín a los que conocí durante la década de los ochenta, hombres capaces de detallar los linajes tribales y de clan de sus tribus, que recordaban con nostalgia sus granjas y valles abandonados y contaban relatos y leyendas de la historia afgana. Aquellos muchachos pertenecían a una generación que nunca había visto a su país en paz, un Afganistán que no estuviera en guerra con los invasores y consigo mismo. No tenían recuerdos de sus tribus, sus mayores, sus vecinos, como tampoco de la compleja mezcla étnica que a menudo componía sus pueblos y su patria. Aquellos muchachos eran lo que la guerra había arrojado, como lo que el mar abandona en la playa de la historia.

No tenían recuerdos del pasado ni planes para el futuro, mientras que el presente lo era todo. Eran literalmente los huérfanos de la guerra, los desarraigados y turbulentos, los parados y los económicamente débiles con escaso conocimiento de sí mismos. Admiraban la guerra porque era la única ocupación a la que podían adaptarse. Su sencilla creencia en el Islam mesiánico y puritano que les habían inculcado los *mulás* aldeanos era su único apoyo y lo que daba a sus vidas cierto significado. No estaban preparados para hacer nada, ni siquiera las ocupaciones tradicionales de sus antepasados, como la agricultura, el pastoreo o los oficios manuales, y eran lo que Karl Marx habría denominado el *lumpen proletariat* afgano. Además, se habían reunido de buen grado bajo la hermandad exclusivamente masculina que los dirigentes talibán estaban creando, porque no conocían nada más. Muchos de ellos eran huérfanos que habían crecido sin madre, hermanas o primas. Otros eran estudiantes de las *madrasas* o habían vivido en los límites estrictos de los campos de refugiados con segregación de sexos, donde se restringían los movimientos normales de los familiares femeninos. Incluso bajo las normas de la sociedad tribal pashtún conservadora, donde los pueblos o los campamentos nómadas eran comunidades muy unidas y los hombres aún se mezclaban con las mujeres de su familia, aquellos muchachos habían llevado una vida muy dura. Sencillamente, nunca habían conocido la compañía de las mujeres.

Los *mulás* que les habían enseñado recalcaban que las mujeres eran una tentación, una distracción innecesaria para quien ha de estar al servicio de Alá. Así pues, cuando los talibán entraron en Kandahar y confinaron a las mujeres en sus casas, al prohibirles trabajar, ir a la escuela e incluso a comprar, la mayoría de aquellos jóvenes educados en las *madrasas* no vieron nada fuera de lo corriente en tales medidas. Se sentían amenazados por la mitad del género humano que nunca habían conocido, y era mucho más fácil encerrar a esa mitad, sobre todo si lo ordenaban los *mulás* que invocaban unos primitivos preceptos islámicos, que no tenían base alguna en la ley islámica. El sometimiento de las mujeres se convirtió en la misión del auténtico creyente y un distintivo fundamental que diferenciaba a los talibán de los antiguos muyahidín.

Esa hermandad viril ofrecía a los jóvenes no sólo una causa religiosa por la que luchar, sino también toda una forma de vida que adoptar plenamente y con la que dar significado a su existencia. Los talibán representaban irónicamente una reversión a las órdenes religiosas militares que surgieron en la Cristiandad durante las Cruzadas para luchar contra el Islam, disciplinadas, motivadas e implacables en la consecución de sus objetivos.[1] En los primeros meses, las

---

1. Desmond Seward, *The Monks of War, the Military Religious Orders*, Penguin, Londres, 1972. Las grandes órdenes militares, los templarios, los hospitalarios y los caballeros teutones, se fundaron en el siglo XII.

completas victorias de los talibán crearon toda una mitología de invencibilidad que sólo pueden conseguir los soldados de Dios. En aquellos primeros días, cada victoria no hacía más que reforzar la verdad percibida de su misión, la de que Dios estaba de su parte y que su interpretación del Islam era la única viable.

Reforzados por sus nuevos reclutas, los talibán se trasladaron al norte, a las provincias de Urozgan y Zabul, que habían sido tomadas sin disparar un solo tiro. Los jefes pashtunes intrusos, reacios a poner a prueba la incierta lealtad de sus propios seguidores, se rindieron alzando banderas blancas y entregando las armas en señal de sumisión.

En el sur los talibán atacaron a las fuerzas de Ghaffar Akhunzadeh, cuyo clan había controlado la provincia de Helmand y sus lucrativas plantaciones de adormidera durante gran parte de la década de los ochenta. Allí se encontraron con una intensa resistencia, pero apoyando a señores de la guerra menos importantes que traficaban con droga, en detrimento de Akhunzadeh, y sobornando a otros, en enero de 1995 los talibán se hicieron con la provincia. Siguieron hacia el oeste, llegaron a Dilaram, en la carretera entre Kandahar y Herat, y la frontera de las tres provincias occidentales controladas por Ismael Khan. Al mismo tiempo avanzaron al norte, hacia Kabul, y atravesaron con facilidad el cinturón pashtún, donde se encontraron con más rendiciones en masa que resistencia.

El caótico y anárquico sur pashtún, donde no había más que una pandilla de jefecillos, había caído con facilidad en manos de los talibán, pero ahora se enfrentaban a los principales señores de la guerra y las complejidades políticas y étnicas que dominaban en el resto del país. En enero de 1995, todos los grupos de oposición se habían unido para atacar el gobierno del presidente Rabbani en Kabul. Hikmetyar se había aliado con el señor de la guerra uzbeko, el general Rashid Dostum, en el norte y con los hazaras de Afganistán central que retenían una parte de Kabul. Paquistán había prestado su ayuda como intermediario de la nueva alianza, mientras Hikmetyar seguía siendo el claro favorito de Islamabad, y a comienzos del año había recibido grandes cantidades de cohetes proporcionados por los paquistaníes para bombardear la capital. Pero incluso las autoridades de Islamabad se sorprendieron ante el rápido avance de los talibán. Aunque el gobierno de Bhutto los apoyaba totalmente, el ISI se mantenía escéptico acerca de sus capacidades, convencido de que seguirían siendo una fuerza útil pero periférica en el sur.

A Hikmetyar le preocupaba claramente que su fuerza pashtún rival se expandiera desde el sur e intentara detener a los talibán al tiempo que lanzaba ataques masivos con cohetes contra Kabul que mataron a centenares de civiles y destrozaron grandes zonas de la ciudad. El 2 de febrero de 1995, los talibán tomaron Wardak, a sólo cincuenta y seis kilómetros al sur de Kabul, y las bases de Hikmetyar alrededor de Kabul se vieron amenazadas por primera vez. Los talibán prosiguieron su avance con movimientos relámpago, capturaron a Maidan Shahr el 10 de febrero de 1995, tras una intensa lucha que dejó un saldo de doscientos muertos, y a Mohammed Agha al día siguiente. Ahora Hikmetyar estaba atrapado por las fuerzas del gobierno al norte y los talibán al sur. La moral entre sus tropas se desplomó.

El 14 de febrero de 1995 los talibán tomaron el cuartel general de Charasyab, infundieron el pánico entre sus tropas y las obligaron a huir hacia el este en dirección a Jalalabad. Las tropas del presidente Rabbani, a las órdenes de su jefe militar, Ahmad Shah Masud, se retiraron a la ciudad de Kabul. Entonces los talibán abrieron todas las carreteras, permitiendo que los convoyes de alimentos llegaran a Kabul tras los meses de bloqueo impuestos por Hikmetyar. Ésa fue una medida popular que elevó el prestigio de los talibán entre los ciudadanos escépticos de Kabul y satisfizo una exigencia fundamental de la mafia del transporte que apoyaba a los talibán. Fueron desoídos los llamamientos al alto el fuego por parte del representante especial de las Naciones Unidas para Afganistán, el diplomático tunecino Mehmoud Mestiri, mientras Masud y los talibán se enfrentaban.

Masud tenía otro problema más apremiante. Aunque Hikmetyar había sido obligado a huir, Masud aún había de hacer frente a las tropas de los hazaras chiítas, que estaban bajo la autoridad del partido Hizb-e-Wahadat, el cual retenía los suburbios septentrionales de la capital. Masud intentó hacer tiempo y se reunió en dos ocasiones con los jefes talibán, los *mulás* Rabbani, Borjan y Ghaus, en Charasayab. Era la primera vez que los talibán se reunían con su mayor rival, quien insistiría en castigarlos durante los cuatro años siguientes. Los talibán exigieron la dimisión de Rabbani como presidente y la rendición de Masud, difícilmente una postura negociadora que pudiera valerles apoyo. También empezaron a negociar con los hazaras.

Los talibán se reunieron además con Mestiri, el mediador de Naciones Unidas, y fijaron tres condiciones para su participación en el proceso de paz promovido por la ONU. Exigieron que sus unidades formaran una «fuerza neutral» en Kabul, que sólo «buenos musulmanes» constituyeran una administración provisional en Kabul y que se diera representación a las treinta provincias del país. La insistencia de los talibán en que sólo sus fuerzas dominaran en cualquier nuevo gobierno de Kabul obligó al gobierno de Rabbani a rechazar sus exigencias.

Masud decidió tratar con sus enemigos de uno en uno. El 6 de marzo de 1995, lanzó un ataque relámpago contra los hazaras: envió tanques a los suburbios meridionales de Kabul, derrotó a los hazaras y los expulsó de la ciudad. Desesperados, los hazaras hicieron un trato con los talibán que avanzaban, cediéndoles su armamento pesado y sus posiciones. Pero durante la confusa entrega, el jefe hazara Abdul Ali Mazari murió cuando estaba custodiado por los talibán. Posteriormente los hazaras afirmaron que los talibán lo arrojaron desde un helicóptero en vuelo, porque Mazari intentó apoderarse de un fusil cuando lo llevaban prisionero a Kandahar.

Tanto si fue accidental como intencionada, lo cierto es que la muerte de Mazari haría que los chiítas afganos y su principal protector, Irán, condenasen para siempre a los talibán. Los hazaras no perdonarían nunca a los talibán la muerte de Mazari, y se vengaron dos años después, cuando mataron a miles de talibán en el norte. Una sangrienta división étnica y sectaria entre los pashtunes y los hazaras, los suníes y los chiítas, que burbujeaba por debajo de la superficie, salió entonces a la luz.

Entre tanto, Masud no iba a permitir que los talibán sustituyeran a los hazaras en el sur de Kabul. El 11 de marzo de 1995 lanzó otro ataque de castigo, expulsando a los talibán de la ciudad tras una sangrienta lucha callejera que dejó centenares de talibán muertos. Fue la primera gran batalla que perdían los talibán. Su débil estructura militar y su mala táctica aseguraba su derrota a manos de los luchadores más experimentados de Masud.

Los talibán habían vencido en el turbulento sur pashtún porque la población exhausta, cansada de la guerra, los veía como salvadores y pacificadores, si no como una fuerza potencial para restaurar el poder pashtún que había sido humillado por tayikos y uzbekos. Muchas rendiciones habían sido facilitadas con dinero, sobornando a los jefes para que cambiaran de bando, una táctica que los talibán convertirían en un arte refinado en años posteriores y que se sostuvo gracias al aumento de los ingresos por tráfico de drogas, el negocio del transporte y la ayuda externa de Paquistán y Arabia Saudí. En su avance también capturaron grandes cantidades de armas de pequeño calibre, tanques e incluso helicópteros que les permitieron desplegar más tropas. En las zonas sometidas a su dominio, desarmaron a la población, hicieron cumplir la ley y el orden, impusieron la estricta ley de la *sharia* y abrieron las carreteras al tráfico, con el resultado de un descenso inmediato en el precio de los alimentos. Estas medidas tuvieron una excelente acogida por parte de una población que llevaba tanto tiempo soportando las penurias. La derrota de Kabul fue un gran golpe asestado al prestigio de los talibán, pero no a su determinación.

Entonces los talibán dirigieron su atención a Occidente y se esforzaron por tomar Herat. Hacia fines de febrero de 1995, tras una lucha enconada, tomaron Nimroz y Farah, dos de las provincias controladas por Ismael Khan, y avanzaron hacia la antigua base aérea soviética de Shindand, al sur de Herat. El régimen de Kabul estaba claramente preocupado por el avance talibán y el desplome de la resistencia de Ismael Khan. La aviación de Masud, con base en Kabul, empezó a bombardear las líneas del frente talibán, al tiempo que transportaba por aire a dos mil de sus guerreros tayikos endurecidos por la lucha para ayudar a la defensa de Shindand y Herat. Sin aviación, con un deficiente apoyo logístico de sus bases en Kandahar y una débil estructura de mando, los talibán empezaron a sufrir fuertes bajas, mientras realizaban ataques contra las posiciones del gobierno alrededor de Shindand.

A fines de marzo de 1995, los talibán habían sido expulsados de Shindand. Al retirarse perdieron la mayor parte del territorio que habían tomado anteriormente, sufriendo por lo menos tres mil bajas. Centenares de heridos quedaron abandonados en el desierto, donde les esperaba la muerte, porque los talibán carecían de instalaciones médicas en el frente y su falta de logística les impedía proporcionar agua y alimentos a sus tropas. Saleh Mohammed, un talibán herido a quien transportaban de regreso a Kandahar, me dijo: «Nunca habíamos visto un entorno tan inhóspito. Cada día nos bombardean entre diez y quince veces. No hay comida ni agua y mis amigos se mueren de sed. Hemos perdido la comunicación con nuestros jefes y no sabemos dónde están las demás tropas. Se nos han agotado las municiones. Ha sido una calamidad».[2]

Ahora los talibán habían sido rechazados decisivamente en dos frentes, y su liderazgo político y militar estaba desorganizado. Su imagen como pacificadores potenciales había quedado muy deteriorada, pues para muchos afganos se habían convertido en un partido más, formado por señores de la guerra. El presidente Rabbani había consolidado temporalmente su posición militar y política alrededor de Kabul y Herat. En mayo de 1995 las fuerzas del gobierno controlaban directamente seis provincias alrededor de Kabul y en el norte, mientras que Ismael Khan controlaba las tres provincias occidentales. El control inicial de doce provincias que tuvieron los talibán se había reducido a ocho después de las derrotas sufridas, pero Herat seguía siendo una presa tentadora, y no sólo para los talibán, sino también para las mafias pashtunes del transporte y la droga, quienes ansiaban con desespero la apertura de las carreteras que conducían a Irán y Asia Central a través de Herat, para realizar sus negocios.

Pocos jefes muyahidín tenían el prestigio de Ismael Khan y pocos habían hecho más sacrificios que la población de Herat durante la guerra contra los soviéticos. Ismael Khan era oficial del ejército afgano cuando los rusos invadieron Afganistán y tenía unas fuertes inclinaciones islámicas y nacionalistas. Cuando los soviéticos ocuparon Herat, consideraron a los heratis de lengua persa como dóciles y pacíficos, así como los más cultivados de todos los afganos. La última vez que los heratis se habían visto obligados a luchar fue más de un siglo atrás, en 1837, cuando opusieron resistencia a una invasión persa. Los soviéticos, que no temían ninguna resistencia, hicieron de Shindand su mayor base aérea en Afganistán y permitieron a las familias de sus oficiales del ejército establecerse en Herat.

2. Entrevistas con soldados talibán, Kandahar, marzo de 1995.

Pero en marzo de 1979, la población de la ciudad se alzó contra los soviéticos, en una rebelión urbana sin precedentes. Mientras la gente mataba oficiales soviéticos, asesores y sus familias, Ismael Khan daba un golpe en la guarnición de la ciudad, mataba a oficiales soviéticos y comunistas afganos y distribuía armas entre la población. Moscú, temiendo que el alzamiento se reprodujera en otras ciudades afganas, envió trescientos tanques desde el Turkmenistán soviético para aplastar la revuelta y empezó a bombardear indiscriminadamente una de las ciudades más antiguas del mundo. Quince años después, grandes zonas de la ciudad aún parecían un paisaje lunar con escombros que se extendían hasta el horizonte. Más de 20.000 heratis murieron en pocos días. Ismael Khan huyó al campo con su nuevo ejército de guerrilleros, y decenas de millares de civiles pasaron a Irán. Durante la década siguiente, Ismael Khan libró una enconada guerra de guerrillas contra los ocupantes soviéticos y estableció una administración eficaz en el campo ganándose el respeto de la población. Esto se revelaría inapreciable para él cuando volviera a instalarse en Herat tras la partida de las tropas soviéticas.

Herat era la cuna de la historia y la civilización de Afganistán. Levantada junto a un oasis, tenía una antigüedad de cinco mil años. Sus trescientos kilómetros cuadrados de tierra de labor irrigada, en un valle bordeado de montañas, se consideraban el suelo más rico de Asia Central. El historiador griego Heródoto describió Herat como la cesta de pan de Asia Central. «En todo el mundo habitable no hay una ciudad como Herat», escribió el emperador Babar en sus memorias. Los británicos compararon su belleza a la de los condados ingleses. En 1831, el capitán Connolly, aventurero y espía británico, escribió: «El espacio entre las colinas es una hermosa extensión de pueblecitos fortificados, jardines, viñedos y maizales, y este rico escenario está realzado por los numerosos arroyuelos de aguas brillantes que atraviesan la llanura en todas direcciones».[3]

Durante siglos la ciudad fue el cruce de caminos entre los imperios turco y persa que competían entre sí, y su población se convirtió pronto al Islam. La mezquita principal, que está en el centro de la ciudad, data del siglo VII y fue reconstruida por la dinastía Ghorid en 1200. En tiempos medievales fue tanto un centro de la Cristiandad,

---

3. Radek Sikorski, *Dust of the Saints*, Chatto and Windus, Londres, 1989.

bajo la iglesia nestoriana, como un importante centro del sufismo, el lado espiritual y místico del Islam. Seguidores de las hermandades sufíes Naqshbandi y Chishtyia llegaron a primer ministro y fueron ministros del gobierno. El santo patrón de Herat es Khawaja Abdulá Ansari, quien murió en 1088, célebre poeta y filósofo sufí que aún cuenta con muchos admiradores en Afganistán. Cuando Gengis Khan conquistó Herat, en 1222, sólo perdonó la vida a cuarenta de sus 160.000 habitantes, pero menos de dos siglos después la ciudad se había recuperado y llegó a su máximo desarrollo en 1405, cuando el hijo de Taimur, Shah Rukh y la reina Gowhar Shad, trasladaron la capital del imperio timúrida desde Samarkanda a Herat.

Los timúridas fueron los primeros en mezclar la cultura de nomadismo estepario turco con los refinamientos de las tierras persas de población estable, importando artesanos de Persia, la India y Asia Central para construir centenares de magníficos monumentos. Shah Rukh y Gowhar Shad convirtieron Herat en un vasto solar de construcción. Levantaron mezquitas, *madrasas*, baños públicos, bibliotecas y palacios. Las alfombras, joyas, armas, armaduras y los azulejos que producían los bazares de Herat eran los mejores. Bihzad, considerado el mejor pintor miniaturista de todos los tiempos, trabajaba en la corte. «En Herat, si estiras los pies, con toda seguridad pateas a un poeta», decía Ali Sher Nawai, el primer ministro de Shah Rukh, quien también era artista, poeta y narrador.[4] Nawai, enterrado en Herat y poeta nacional del moderno Uzbekistán, está considerado el padre del turco literario, pues fue el primero que abandonó el persa y escribió poesía en turco. El poeta persa Jami también estuvo en la corte y está enterrado en Herat, mientras que el hijo de Shah Rukh, Ulugh Beg, fue un astrónomo en cuyo observatorio de Samarkanda estudiaba los movimientos de las estrellas. Su calendario y sus tablas astronómicas fueron publicadas por la Universidad de Oxford en 1665, y su precisión sigue siendo asombrosa.

En 1417, Gowhar Shad, constructora de una docena de mezquitas, completó la erección de un magnífico complejo en las afueras de la ciudad, formado por una mezquita, una *madrasa* y su propia tumba. Ésta, de paredes recubiertas de azulejos persas azules con adornos florales y coronada por una cúpula azul con relucien-

4. Robert Byron, *Viaje a Oxiana*, Península, Barcelona, 2000.

tes inscripciones coránicas, se considera todavía hoy uno de los mejores ejemplos de arquitectura islámica en todo el mundo. Cuando Robert Byron la vio en 1937, la describió como «el ejemplo más hermoso de color en la arquitectura jamás ideado por el hombre a la gloria de Dios y de sí mismo».[5] Gowhar murió a los ochenta años, tras construir unos trescientos edificios en Afganistán, Persia y Asia Central, y la inscripción en su tumba decía tan sólo: «La Bilkis del Tiempo». Bilkis significa la reina de Saba.[6] Los británicos demolieron gran parte del complejo en 1885, y más tarde los soviéticos minaron la zona para cerrar el paso a los muyahidín.

En 1979, cuando los soviéticos bombardearon Herat, infligieron a la ciudad más daños de los que habían causado los mongoles. En 1993, Ismael Khan me dijo: «Hoy Herat es la ciudad más destruida y la más minada del mundo, y sin embargo no recibimos ayuda de ninguna parte».[7] A pesar de la devastación que le rodeaba, Ismael Khan había desarmado a la población y establecido una administración eficaz con un servicio sanitario que funcionaba bien y escuelas en tres provincias.

Ismael Khan era de baja estatura, astuto y con una sonrisa traviesa que le hacía parecer mucho más joven de los 47 años que tenía. Gracias a él, 45.000 alumnos estudiaban en las escuelas de Herat, y en 1993 la mitad de ellos eran niñas. El número total de alumnos se elevaba en las tres provincias a 75.000. Aquel año me acompañó a visitar la escuela Atun Heirvi, donde 1.500 niñas estudiaban en dos turnos, sentadas al aire libre, pues no había aulas, pupitres, libros, papel ni tinta, y cuyo deseo de aprender no hacía más que subrayar la importancia que la docencia siempre había tenido en Herat. En cambio, cuando los talibán tomaron Kandahar, cerraron cuarenta y cinco escuelas y sólo dejaron tres en funcionamiento. Más adelante,

5. Byron escribió sobre su primera impresión de los minaretes: «Ninguna fotografía, ni ninguna descripción, pueden describir su color azul de uva con su pelusilla azul celeste, ni los complejos repliegues que lo hacen tan profundo y a la vez tan luminoso. En la base, cuyos ocho lados se apoyan sobre unos paneles de mármol blanco tallados con una barroca decoración cúfica, el amarillo, el blanco, el verde oliva y el rojo siena se mezclan con los dos azules en un laberinto de flores, arabescos y textos tan delicados como el dibujo de una taza de té» (p. 114).

6. Nancy Hatch Dupree, *A Historical Guide to Afghanistan*, Organización de Turismo Afgana, Kabul, 1970.   7. Entrevista con Ismael Khan, septiembre 1993.

cuando capturasen Herat, cerrarían todas las escuelas de la ciudad y ni siquiera aceptarían que las niñas estudiaran en casa.

Hacia 1995, Ismael Masud se enfrentaba a unos problemas inmensos. Había desarmado a la población y creado un impopular ejército de leva. Para enfrentarse a los talibán, tenía que rearmar a la población, mientras que su ejército de reclutas estaba flagelado por la corrupción, la baja moral y la falta de recursos. La corrupción de los oficiales y la arbitrariedad hacia los civiles abundaban en la ciudad, y los funcionarios de aduanas cobraban a los camiones que pasaban por Herat la exorbitante suma de diez mil rupias paquistaníes (trescientos dólares), una manera segura de convertir en enemiga a la mafia del transporte. Los talibán estaban bien informados de los problemas a los que se enfrentaban. El *mulá* Wakil Ahmad me dijo: «Ismael es débil, sus soldados no lucharán porque no les han pagado, y él está muy desacreditado entre su gente debido a lo corrupta que es su administración. Está solo y le sustenta Masud».[8]

Ismael Khan también cometió un grave error de cálculo militar. Creyendo que los talibán estaban al borde de la desintegración debido a su derrota, lanzó una ofensiva mal preparada e inoportuna contra ellos. El 23 de agosto de 1995, con una gran fuerza motorizada, capturó Dilaram, y al cabo de una semana varias zonas de Helmand, con lo cual amenazaba a Kandahar. Pero sus fuerzas se extendían por un entorno hostil mientras que los talibán habían pasado el verano reconstruyendo sus fuerzas con armas, municiones y vehículos proporcionados por Paquistán y Arabia Saudí, y con una nueva estructura de mando creada con la ayuda de los consejeros del ISI. Éste también intervino en el logro de un acuerdo, que nunca se hizo público, entre los talibán y el general Rashid Dostum, quien envió a sus técnicos uzbekos a Kandahar, para que reparasen los cazas Mig y los helicópteros que los talibán habían capturado un año atrás en Kandahar; se creó así la primera fuerza aérea talibán. Entre tanto, los aviones de Dostum iniciaron una campaña de bombardeos de Herat.

A fin de enfrentarse a la amenaza que planteaba Ismael Khan, los talibán se apresuraron a movilizar a unos 25.000 hombres, muchos de ellos voluntarios llegados de Paquistán. Sus tropas, que tenían más experiencia, se desplegaron en columnas motorizadas, en ca-

8. Entrevista con el *mulá* Wakil Ahmad, Kandahar, mayo de 1995.

mionetas de caja abierta Datsun, que acosaban las líneas de suministros de Ismael. A finales de agosto, en Girishk, los talibán tendieron una emboscada decisiva a los intrusos e Ismael Khan ordenó la retirada general. Al cabo de unos días los talibán hicieron retroceder a sus fuerzas hasta Shindand, localidad que abandonó de una manera inexplicable, sin presentar batalla, el 3 de septiembre de 1995. Dos días después, cuando el pánico cundía entre sus tropas ante el avance de los talibán, Ismael Khan abandonó Herat huyendo con sus jefes y varios centenares de hombres a Irán. Al día siguiente, en Kabul, una muchedumbre favorable al gobierno, encolerizada por la pérdida de Herat, atacó y saqueó la embajada paquistaní e hirió al embajador ante las miradas impasibles de los soldados gubernamentales. Las relaciones entre Kabul e Islamabad llegaron a su punto más bajo, mientras el presidente Rabbani acusaba abiertamente a Paquistán de intentar expulsarle del poder por medio de los talibán.

Ahora los talibán controlaban todo el oeste del país, la sensible región fronteriza con Irán, y por primera vez dominaban en una zona en la que no predominaban los pashtunes. Los talibán trataron a Herat como una ciudad ocupada, detuvieron a centenares de heratis, cerraron todas las escuelas e impusieron sus proscripciones sociales y la ley de la *sharia* incluso con más ferocidad que en Kandahar. La guarnición de la ciudad no estaba formada por desertores locales, sino por talibán pashtunes del núcleo duro, procedentes de Kandahar, y la administración corría a cargo de pashtunes durranis que ni siquiera hablaban el persa y, en consecuencia, eran incapaces de comunicarse con la población local. En el transcurso de los años siguientes ni un solo herati sería incorporado a la administración. A la refinada población, gobernada ahora por unos pashtunes a los que consideraban vulgares e maleducados, que no tenían la menor idea del magnífico pasado y la historia de la ciudad, no le quedaba más consuelo que ir a la tumba de Jami y leer su triste epitafio:

Cuando me ocultas el rostro, como la luna se oculta en una noche oscura, vierto lágrimas que son estrellas, y no obstante mi noche sigue siendo oscura a pesar de todas las estrellas brillantes.[9]

9. Dupree, *A Historical Guide to Afghanistan, op. cit.*

La caída de Herat fue también el comienzo del fin del gobierno de Rabbani. Envalentonados por sus victorias, los talibán lanzaron otro ataque contra Kabul durante octubre y noviembre confiando en ganar terreno antes de que las nieves invernales obligaran a suspender la lucha. Masud contraatacó a fines de noviembre y los hizo retroceder con un saldo de centenares de muertos. Pero los talibán persistirían y ahora probarían otros métodos para conquistar la ciudad, debilitando las líneas del frente de Masud mediante sobornos en lugar de utilizar el fuego de los tanques.

3

KABUL (1996).
EL JEFE DE LOS FIELES

En la fresca primavera de 1996, centenares de *mulás* afganos, que se desplazaban en todoterreno, camión y a lomo de caballo, empezaron a converger en Kandahar. El 20 de marzo, más de 1.200 dirigentes religiosos procedentes del sur, el oeste y el centro de Afganistán habían llegado a la ciudad. Los albergaron y alimentaron en dependencias del gobierno, el viejo fuerte y el bazar cubierto, convertidos en enormes dormitorios por el sencillo procedimiento de colocar en el suelo centenares de alfombras para que los *mulás* pudieran dormir.

Fue la mayor concentración de *mulás* y *ulema* que jamás había tenido lugar en la historia moderna de Afganistán. Era significativa la ausencia de jefes militares locales, dirigentes tradicionales tribales y de clan, figuras políticas de la guerra contra los soviéticos y los representantes no pashtunes del norte de Afganistán. El *mulá* Omar sólo había congregado a dirigentes religiosos para debatir un plan de acción futura, pero también, y lo que era más importante, para legitimar al jefe de los talibán como el todopoderoso dirigente del país.

Aunque los talibán habían sometido Kabul a diez meses de asedio, la ciudad seguía sin rendirse, las bajas entre los sitiadores aumentaban y el desasosiego entre sus filas era creciente. Durante los largos meses invernales, los miembros moderados del movimiento hablaron abiertamente de la necesidad de negociaciones con el régimen de Kabul. Los seguidores de la línea dura querían proseguir la conquista de todo el país. Había también grandes divisiones entre los pashtunes. Los kandaharis agrupados alrededor de Omar deseaban la continuación de la guerra, mientras que quienes representaban las zonas pashtún recientemente conquistadas por los talibán se decantaban por la paz y el fin del conflicto.

En el exterior del país, todo el mundo comprendía que los talibán se encontraban en una encrucijada. El mediador de Naciones Unidas, Mehmoud Mestiri, me dijo: «Ni los talibán pueden tomar Kabul ni Masud puede tomar Kandahar. ¿Cómo evolucionarán los talibán si no logran tomar Kabul? Y aunque lograran hacerse con la capital, ¿cómo va a aceptar el resto de Afganistán su tipo de sistema islámico?».[1] Durante más de dos meses la *shura* prosiguió sus reuniones, que se prolongaban día y noche. Distintas *shuras* discutían problemas tales como el futuro político y militar, la mejor manera de imponer la ley de la *sharia* y el futuro de la educación femenina en las zonas dominadas por los talibán. Todas estas reuniones se efectuaban en el mayor secreto y, mientras tenían lugar, no se permitía la presencia de extranjeros en Kandahar. Sin embargo, había funcionarios paquistaníes como observadores de la *shura*, entre ellos el embajador paquistaní en Kabul, el *qazi* Humayun, y varios funcionarios del ISI, como el coronel Imam, cónsul general de Paquistán en Herat.

A fin de allanar sus diferencias, el núcleo de kandaharis que rodeaban al *mulá* Omar le propusieron como *Amir-ul Momineen* o «jefe de los fieles», un título islámico que le convirtió en el dirigente indiscutido de la *yihad* y emir de Afganistán. (Más adelante, los talibán darían al país el nombre de Emirato de Afganistán.) El 4 de abril de 1996, Omar apareció en el terrado de un edificio, en el centro de la ciudad, envuelto en el manto del profeta Mahoma, que habían sacado de su santuario por primera vez en sesenta años. Mientras Omar se ceñía el manto y se lo desceñía para dejar que ondeara al viento, la multitud de *mulás* reunidos en el patio le aplaudían enfervorecidos y gritaban: «Amir-ul Momineen».

Este juramento de fidelidad, o *baiat*, era un procedimiento similar al utilizado cuando el califa Omar fue confirmado como dirigente de la comunidad musulmana en Arabia tras la muerte del profeta Mahoma. Desde el punto de vista político era un golpe maestro, pues al ponerse el manto del Profeta, el *mulá* Omar había asumido el derecho a dirigir no sólo a todos los afganos sino también a todos los musulmanes. La reunión finalizó con una declaración de

---

1. Entrevista con Mehmoud Mestiri en Islamabad, 2 de febrero de 1996. Véase también Ahmed Rashid, «Masud ready to launch offensive says Mestiri», *The Nation*, 4 de febrero de 1996.

yihad contra el régimen de Rabbani. Los talibán juraron que no volverían a celebrar conversaciones con ninguno de sus adversarios y declararon que la decisión definitiva sobre la posibilidad de que las mujeres recibieran educación sólo podría abordarse «cuando hubiera un gobierno legítimo en Afganistán». Los seguidores de la línea dura y el *mulá* Omar habían ganado.[2]

Mas para muchos afganos y musulmanes de otros países, el hecho de que un pobre *mulá* de aldea sin instrucción ni pedigrí tribal ni relaciones con la familia del Profeta se atreviera a tanto, era una grave ofensa contra el decoro. Ningún afgano había adoptado el título desde 1834, cuando el rey Dost Mohammed Khan lo asumió antes de declarar la *yihad* contra el reino sij en Peshawar. Pero Dost Mohammed luchaba contra extranjeros, mientras que Omar había declarado la guerra santa contra su propio pueblo. Además, el Islam no autorizaba ese título a menos que todos los *ulema* del país lo hubieran concedido a un dirigente. Los talibán insistían en que su reunión constituía el requisito coránico de *ahl al-hal o aqd*, literalmente «la gente que puede aflojar y atar», es decir, quienes tienen el poder de tomar decisiones legítimas en nombre de la comunidad islámica.

El título proporcionaba a Omar la legitimidad que tanto necesitaba, así como una nueva mística entre los pashtunes que ningún otro dirigente muyahidín había adquirido durante la guerra. Le permitiría distanciarse todavía más de la política cotidiana, le daría una excusa más para no recibir a los diplomáticos extranjeros y le permitiría ser más inflexible tanto para ampliar la base del liderazgo talibán como para hablar con la oposición. Ahora Omar siempre podría esconderse detrás de su título y negarse a recibir a los dirigentes de la oposición en pie de igualdad.

Pero los *ulema* reunidos no habían llegado ex profeso a ninguna decisión en aspectos mucho más delicados: cómo planeaban los talibán gobernar Afganistán y qué era lo que tenían pensado para la economía y el desarrollo social del país. Tales cuestiones se quedarían permanentemente sin respuesta, incluso tras la toma de Kabul.

—Aún no hemos hecho pública nuestra estructura porque no

---

2. AFP, «Ullema declare Jehad against Rabbani», *The Nation*, 4 de abril de 1996.

somos lo bastante fuertes para decidir quién será el primer ministro o el presidente—dijo el *mulá* Wakil, hombre de confianza de Omar. Y añadió—: La *sharia* no permite la política ni los partidos políticos. Por eso no pagamos salario a los oficiales ni a los soldados y sólo les damos alimentos, ropas, zapatos y armas. Queremos llevar la vida que llevó el Profeta hace mil cuatrocientos años, y la *yihad* es nuestro derecho. Queremos recrear la época del Profeta y sólo estamos llevando a cabo lo que el pueblo afgano ha querido durante los últimos catorce años.[3]

Otro dirigente talibán lo expresó de una manera aún más sucinta: «Podemos amar a nuestros enemigos, pero sólo después de haberlos derrotado».

Tan sólo un día antes emisarios talibán habían dicho a Mestiri, en Islamabad, que estaban dispuestos a hablar con el presidente Rabbani.[4] «Si los talibán están dispuestos a hablar y el presidente Rabbani también, eso ya es algo», dijo Mestiri esperanzado. El resultado final de la reunión de los *ulema* fue un golpe del que ni Mestiri ni el esfuerzo en pro de la paz de la ONU se recuperaría, y en mayo Mestiri presentó la dimisión.

El creciente éxito del régimen en su solicitud de apoyo a otros líderes de la oposición y el prestigio internacional cada vez mayor del presidente Rabbani eran otros elementos que también habían inducido a la reunión de los *ulema*. Los éxitos militares de Kabul al deshacerse de Hikmetyar y los hazaras y el ataque de los talibán habían persuadido finalmente al régimen de que era el momento oportuno para tratar de conseguir una mayor aceptabilidad política, ampliando la base de su apoyo. El presidente Rabbani entabló conversaciones con otros señores de la guerra, poniéndoles ante los ojos el señuelo de que estaba dispuesto a nombrar un nuevo gobierno que los incluyera. En enero y febrero de 1996, el doctor Abdur Rehman, emisario de Rabbani, se reunió por separado con Gulbuddin Hikmetyar en Sarobi, con el general Rashid Dostum en Mazar-e-Sharif y con la dirección del Hizb-e-Wahadat en Bamiyan. En febrero, todos los grupos de la oposición excepto los talibán ac-

3. Entrevista con Wakil en Kandahar, marzo de 1996.
4. Entrevistas con diplomáticos paquistaníes y funcionarios de los servicios secretos, Islamabad, febrero de 1996.

cedieron a establecer un consejo de diez miembros para exigir la rendición del régimen. Pocas semanas después, el consejo del Hizbe-Islami confirió a Hikmetyar la capacidad de negociar un acuerdo de reparto del poder con Rabbani.

En Paquistán preocupaban los éxitos de Rabbani, y trataron de cortejar a los mismos señores de la guerra para que se unieran a los talibán y formaran una alianza contra Kabul. El ISI convocó en Islamabad a Hikmetyar, Dostum, los jefes pashtunes de la *shura* de Jalalabad y algunos mandos del Hizb-e-Wahadat para persuadirles de que se aliaran con los talibán. Estos señores de la guerra se reunieron con el presidente Farooq Leghari y el general Jehangir Karamat, mientras las negociaciones proseguían durante una semana, entre el 7 y el 13 dc febrero. Paquistán propuso una alianza política y, en privado, un ataque conjunto contra Kabul, en el que los talibán atacarían desde el sur, Hikmetyar desde el este y Dostum desde el norte.[5] Para suavizar a los talibán, Babar ofreció invertir tres millones de dólares en la reparación de la carretera que cruzaba el sur de Afganistán, desde Chaman a Torgundi, en la frontera de Turkmenistán. Pero los talibán no acudieron a la reunión, desdeñando a sus mentores paquistaníes una vez más, pese a las peticiones personales del ministro de Interior, Naseerulá Babar, el jefe del JUI, Fazlur Rehman y el ISI. Los talibán no quisieron tener nada que ver con los demás señores de la guerra, a quienes condenaban como infieles comunistas.

El fracaso de las autoridades de Islamabad en su intento de crear un frente unido contra Kabul, envalentonó todavía más a Rabbani. A principios de marzo, junto con una delegación de sesenta hombres, emprendió una amplia gira por Irán, Turkmenistán, Uzbekistán y Tayikistán, a fin de recabar apoyo internacional y un incremento de la ayuda militar. Irán, Rusia y la India, que apoyaban al régimen de Kabul, calculaban que el conflicto había entrado en una etapa crucial, pues otra batalla para conquistar Kabul podía aumentar la inestabilidad política e influir en la expansión del fundamentalismo islámico en Asia Central. Los iraníes estaban exasperados por la caída de Herat en manos de una fuerza pashtún que se oponía con vehemencia al chiísmo y a la que apoyaban los rivales re-

5. AFP, «Taliban ready to negotiate», *The Nation*, 3 de abril de 1996.

gionales de Irán, Paquistán y Arabia Saudí. Rusia consideraba que el régimen de Kabul era más moderado y flexible que los talibán, y le preocupaba la seguridad de las repúblicas de Asia Central. Moscú también quería poner fin a la guerra civil en Tayikistán, que se prolongaba desde hacía cuatro años, entre el gobierno neocomunista y los rebeldes islámicos, alimentada desde Afganistán. India apoyaba a Kabul simplemente por el apoyo de Paquistán a los talibán.

Todos estos países aumentaron su ayuda militar a las fuerzas del régimen. Rusia prestó auxilio técnico para mejorar las instalaciones del aeropuerto de Bagram, mientras aviones de transporte rusos partían de Rusia, Tayikistán y Ucrania para abastecer a Kabul de armas, municiones y combustible. Irán organizó un puente aéreo entre Meshad, al este del país, y Bagram, adonde transportaba suministros de armas. Los servicios de inteligencia paquistaníes informaron de que, en un solo día, trece aviones de carga iraníes habían aterrizado en Bagram. La CIA sospechaba que aliados chiítas afganos del régimen de Rabbani habían vendido a Irán cinco misiles antiaéreos Stinger, al coste de un millón de dólares por unidad. (En los años 1986 y 1987 Estados Unidos proporcionó a los muyahidín unos 900 Stinger, y después de 1992 la CIA había puesto en marcha una operación clandestina pero fracasada a fin de recuperar los Stinger no utilizados.)[6] Irán también había establecido cinco campos de entrenamiento cerca de Meshad, con capacidad para unos cinco mil soldados, al mando del ex gobernador de Herat, Ismael Khan. La ayuda de Irán al régimen era significativa, porque las autoridades de Teherán tenían que tragarse su enojo con Masud por la matanza de los hazaras chiítas en Kabul el año anterior. Entre tanto, la India ayudaba a restaurar Ariana, la línea aérea nacional afgana que ahora estaba radicada en Nueva Delhi, a fin de aportar al régimen un sistema de transporte de armamento digno de confianza. La India también aportó piezas de repuesto para los aviones, nuevos radares terrestres y dinero.

A su vez, Paquistán y Arabia Saudí incrementaron su suministro de armas a los talibán. Paquistán les facilitó una nueva red telefóni-

---

6. Entrevistas con diplomáticos norteamericanos y paquistaníes, Islamabad, febrero de 1995. Véase también Ahmed Rashid, «Afghanistan: Proxy War is back», *The World Today*, The Royal Institute of International Affairs, marzo de 1996.

ca y telegráfica, reparó el aeropuerto de Kandahar y entregó piezas de repuesto y armamento a la fuerza aérea talibán, al tiempo que seguía aportando alimentos, combustible y municiones, cohetes incluidos. Los saudíes facilitaron a los talibán combustible, dinero y centenares de camionetas de caja abierta. Gran parte de esta ayuda fue transportada al aeropuerto de Kandahar desde la ciudad portuaria de Dubai, en el golfo Pérsico.

La amplitud de la intromisión desde el exterior preocupaba a los norteamericanos. Tras un intervalo de cuatro años, volvían a interesarse por la posibilidad de resolver el conflicto afgano. A principios de marzo, el congresista Hank Brown, miembro del Subcomité del Senado para Relaciones Exteriores con el sur de Asia, sería el primer representante electo, en un período de seis años, que visitaría Kabul y otros centros de poder. Confiaba en convocar una reunión de todas las facciones afganas en Washington.[7]

La subsecretaria de Estado norteamericana para el sur de Asia, Robin Raphel, llegó a Islamabad con la intención de estudiar la política estadounidense para con Afganistán. Desde el 19 de abril de 1996, Raphel visitó los tres centros de poder de Kabul, Kandahar y Mazar-e-Sharif, y más adelante tres capitales de Asia Central.

—No queremos inmiscuirnos en los asuntos afganos—dijo Raphel en Kabul—, pero nos consideramos amigos de Afganistán y por eso estoy aquí, para instar a los afganos a que se reúnan y hablen. También nos preocupa la pérdida de oportunidades económicas en este país si no se puede restaurar la estabilidad política.[8]

Raphel se refería al proyecto de que el gigante del petróleo norteamericano Unocal construyera un gasoducto para el transporte de gas desde Turkmenistán, a través de Afganistán, hasta Paquistán. Estados Unidos esperaba que ese proyecto fuese aceptable por todas las facciones afganas, y apremió a Paquistán para que hiciera las paces con el régimen de Rabbani y lograra que los talibán y ese régimen se sentaran ante una mesa y hablaran de paz.

---

7. AFP, Kabul, «Senator Hank Brown meets Masud in Kabul», *The Nation*, 8 de abril de 1996. El lector encontrará en el capítulo 3 de la tercera parte un comentario más amplio del papel de Estados Unidos en el ascenso de los talibán.

8. AFP, Bagram, «Raphel says US interest in Afghanistan increasing», *The Nation*, 20 de abril de 1996.

Estados Unidos actuó en otros frentes. El 10 de abril de 1996, durante un debate sobre Afganistán en el Consejo de Seguridad de la ONU, el primero que se celebraba desde hacía seis años, se propuso el embargo de armas internacional a Afganistán. Raphel quería utilizar el embargo como un medio para persuadir a todos los países de la zona involucrados, de modo que aceptaran no intervenir en Afganistán, al tiempo que prestaba un mayor peso a los esfuerzos de la ONU para convocar una conferencia de todas las facciones afganas.[9]

La administración Clinton simpatizaba claramente con los talibán, pues éstos se alineaban con la política antiiraní de Washington y eran importantes para el éxito de todo gasoducto tendido hacia el sur desde Asia Central y que evitara el territorio iraní. El Congreso de Estados Unidos había autorizado un presupuesto para operaciones secretas de veinte millones de dólares, a fin de que la CIA desestabilizara a Irán, y Teherán acusó a Washington de canalizar parte de esos fondos a los talibán, una acusación que los norteamericanos siempre negaron. Bhutto envió varios emisarios a Washington para instar a Estados Unidos a que interviniera de una manera más pública al lado de Paquistán y los talibán, pero a pesar de la común antipatía hacia Irán, Washington se opuso y rechazó ponerse al lado de uno u otro bando en la guerra civil. Raphel negó con vehemencia que Estados Unidos estuviera ayudando a los talibán. «No favorecemos a una facción en detrimento de otra ni apoyamos a ningún grupo o individuo», me aseguró.

Por otro lado, los norteamericanos seguían viendo con escepticismo la posibilidad de que los talibán conquistaran Kabul en un futuro próximo. Según Raphel, estaban muy fraccionados, carecían de experiencia y de un liderazgo fuerte, y como administradores eran ineptos, mientras que su obstinación les había indispuesto con otras facciones.

—Estas debilidades, combinadas con la creciente fortaleza de Masud, parecen alterar el equilibrio en perjuicio de los talibán, y les impedirá lograr su objetivo declarado de tomar Kabul—me dijo la alta funcionaria norteamericana—. Los talibán parecen haber al-

9. Entrevista con Robin Raphel, Islamabad, 18 de abril de 1996.

canzado los límites de su expansión, y su posición en el sur pashtún es sólida.[10]

Los norteamericanos también cortejaron a los demás señores de la guerra. Varios de ellos visitaron Washington, empezando por el general Dostum, quien se reunió con funcionarios estadounidenses en la capital el 11 de abril de 1996. Dirigentes afganos o sus representantes de todas las facciones participaron en una sesión del Congreso sin precedentes, celebrada por el senador Hank Brown entre el 25 y el 27 de junio. Sin embargo, en un año electoral y con escaso entusiasmo por renovar su intervención en el atolladero de Afganistán, los objetivos de Washington sólo podían ser limitados, aun cuando el tráfico de armas y drogas que proliferaba en Afganistán constituía un motivo de preocupación para Washington.

El fracaso del intento paquistaní de crear una alianza contraria a Rabbani fue uno de los elementos que influyeron en la renuncia norteamericana a prestar su apoyo a los talibán. Esto resultó todavía más embarazoso para Islamabad en mayo, cuando una fuerza de Hikmetyar, formada por un millar de hombres, llegó a Kabul para apoyar al gobierno y defender la línea del frente contra los talibán. El 26 de junio de 1996 el mismo Hikmetyar entró en Kabul por primera vez en quince años, para acceder al puesto de primer ministro ofrecido por el régimen, mientras su partido aceptaba otros nueve puestos ministeriales en el gobierno. Los talibán tomaron represalias el mismo día, mediante un masivo ataque con cohetes contra Kabul que dejó un saldo de sesenta y un muertos y más de cien heridos.

Tras sus progresos en la relación política con Hikmetyar, Rabbani efectuó una visita a Jalalabad, donde trató de persuadir a la *shura* de esa localidad para que se uniera a su gobierno. Les dijo que estaba dispuesto a ceder el poder a cualquier dirigente afgano y propuso una conferencia de todos los partidos en Jalalabad para elegir a un nuevo jefe de estado. En agosto, Dostum también había aceptado una tregua y reabrió la carretera de Salang, lo que permitió en-

---

10. APP, Washington, «US wants peace, stable Afghanistan», *The Nation*, 11 de mayo de 1996. Raphel explicó detalladamente la posición de Estados Unidos en un testimonio ante el Comité de Relaciones Exteriores del Senado en Washington.

lazar Kabul con el norte del país por primera vez en más de un año. Por fin los acuerdos de Rabbani habían conseguido que diera comienzo su «diálogo intraafgano». «Es posible consolidar esta alianza haciendo que intervengan más personalidades de la oposición, a fin de crear un eje pacífico y convocar a otros para que se unan al proceso y se encuentre la fórmula de un gobierno provisional», me dijo Rabbani en Kabul.[11] Era un logro importante que enfureció a los talibán, quienes comprendieron que deberían actuar con rapidez contra Rabbani antes de que éste consolidase las alianzas.

Acampados en las afueras de la capital, los talibán habían lanzado una implacable lluvia de cohetes sobre Kabul durante todo el año. Sólo en abril de 1996, lanzaron 866 cohetes que mataron a 180 civiles, hirieron a 550 y destruyeron grandes zonas de la ciudad, una repetición de los ataques de Hikmetyar entre 1993 y 1995. En julio de 1996 los cohetes de los talibán cayeron cerca del mediador de Naciones Unidas para Afganistán, el diplomático alemán Norbert Holl, que estaba de visita en Kabul. Holl se enfureció y dijo a los talibán: «Así no se trata a un emisario de paz, disparando contra él. Si uno recibe a un invitado en su casa no se pone a escupirle. Esto demuestra su desprecio a mi misión».[12]

Los ataques con cohetes de los talibán tenían a menudo el refuerzo de asaltos terrestres contra el frente de Masud, al sur y el oeste de la ciudad. A fines de mayo me encontraba en una colina de las afueras de Kabul, bajo la lluvia, con las tropas de Masud, y con los prismáticos observé que docenas de talibán en camionetas de caja abierta intentaban atravesar las líneas de Masud por una carretera en el valle, protegidos por el fuego artillero talibán. A su vez, los obuses D-30 de fabricación soviética de Masud machacaban a la artillería talibán oculta. Las explosiones de los proyectiles estremecían las montañas, me ensordecían y hacían que me tambaleara. Los artilleros estaban sordos como tapias, debido al bombardeo constante y la falta de protectores de los oídos.

Detrás de las líneas de Masud, camiones con tropas de refresco y munición avanzaban colina arriba a través del barro. Un general

---

11. Entrevista con Rabbani, Kabul, agosto de 1996.

12. AFP, Kabul, «Holl flays Taliban for rocket attacks», *The Nation*, 31 de julio de 1996.

del ejército de Masud me dijo: «Los talibán cuentan con enormes cantidades de municiones y lanzan millares de proyectiles, pero sus artilleros tienen muy mala puntería. Sin embargo, están haciendo mejor uso de sus tanques y camionetas que un año atrás». Y añadió: «Sus tácticas todavía son deficientes, confían más en los ataques frontales y no parecen tener una cadena de mando eficaz». Los talibán eran incapaces de concentrar suficiente potencia de fuego y efectivos militares en un solo frente para lograr abrirse paso en la ciudad, y Masud dispersaba constantemente sus formaciones. Aunque podía mantener el frente alrededor de Kabul, sus fuerzas, calculadas en sólo 25.000 hombres, no podían extenderlo y llevar a cabo ofensivas para empujar a los talibán más al sur.

La terquedad con que los talibán se negaban a hacer tratos con otros señores de la guerra frustraba a los paquistaníes, pero finalmente, cuando los talibán persuadieron a Paquistán y a Arabia Saudí de que apoyaran otro gran esfuerzo por conquistar Kabul antes del invierno, pareció rendir sus frutos. En julio de 1996, el príncipe Turki al Faisal, jefe de los servicios de inteligencia saudíes visitó Islamabad y Kandahar a fin de estudiar con el ISI un nuevo plan para la toma de Kabul, y ambos países aumentaron los suministros a los talibán. Dos meses después de la visita de Turki, los talibán estaban en marcha, pero no contra Kabul sino contra la ciudad oriental de Jalalabad. Paquistán y Arabia Saudí ayudaron a planear la rendición y subsiguiente fuga del jefe de la *shura* de Jalalabad, Haji Abdul Qadeer, a quien sobornaron con una suma muy elevada en metálico (según algunos afganos, de diez millones de dólares), así como garantías de que no inmovilizarían sus bienes y cuentas bancarias en Paquistán.[13]

El 25 de agosto de 1996, los talibán lanzaron su ofensiva por sorpresa contra Jalalabad. Cuando la fuerza principal de los talibán avanzaba hacia la ciudad desde el sur, Paquistán autorizó que centenares de partidarios del movimiento talibán que estaban en campos de refugiados paquistaníes, cruzaran la frontera y avanzaran hacia Jalalabad por el este. El pánico se extendió por la ciudad y la

---

13. Entrevistas con varias fuentes paquistaníes y afganas. Véase también Barnett Rubin, «Afghanistan the forgotten crisis», *Refugee Survey Quarterly*, vol. 15, núm. 2, ACNUR, 1996.

shura se deshizo. El 10 de septiembre Haji Qadeer huyó a Paquistán, y su sustituto, el gobernador en funciones Mehmoud, perdió la vida al día siguiente junto con seis de sus guardaespaldas cuando también trataba de huir a Paquistán. Esa misma noche, una columna de camionetas talibán, al mando del *mulá* Borjan, entró en Jalalabad tras una breve refriega que se saldó con unos setenta muertos.

Pocos días después columnas de talibán motorizados capturaron las tres provincias orientales de Nangarhar, Laghman y Kunar, y la noche del 24 de septiembre de 1996 prosiguieron su avance hacia Sarobi, a setenta y dos kilómetros de Kabul, y puerta de acceso a la capital. Su ataque relámpago, efectuado desde varias direcciones, tomó totalmente por sorpresa a las tropas del gobierno, que huyeron a Kabul. Ahora, y por primera vez, la capital estaba por completo abierta en el flanco este. Los talibán no se detuvieron para reagruparse, sino que persiguieron hasta Kabul a los defensores de Sarobi. Otras columnas talibán avanzaron hacia el norte desde Sarobi para tomar el aeropuerto de Bagram y cortar así el único enlace aéreo de Masud.

La rapidez de su ofensiva asombró al gobierno. Las columnas talibán se extendieron por Kabul la noche del 26 de septiembre de 1996, sólo unas pocas horas después de que Masud hubiera ordenado la retirada general para evacuar la ciudad. Algunas unidades de pequeño tamaño se quedaron para retrasar el avance de los talibán y volar los depósitos de municiones, mientras Masud huía al norte con el grueso de sus blindados y artillería. Masud tomó la decisión de abandonar la ciudad sin lucha, pues sabía que le sería imposible defenderla de los ataques procedentes de los cuatro puntos cardinales. Tampoco quería perder el apoyo de la población de Kabul al luchar por la ciudad y causar más derramamiento de sangre. La victoria de los talibán fue total. «Ninguna fuerza afgana, tanto del gobierno como de la oposición, había llevado jamás una serie de operaciones tan rápida y compleja en una zona tan amplia. Aquello fue un ejemplo de máxima eficacia de la guerra móvil».[14]

El primer acto, y el más sangriento, que realizaron los talibán

14. Anthony Davis, «How the Taliban became a military force», en William Maley (ed.), *Fundamentalism Reborn? Afghanistan and the Taliban*, C. Hurst, Londres, 1998.

fue ahorcar al ex presidente Najibulá, quien entonces tenía cincuenta años y había gobernado Afganistán entre 1986 y 1992. Desde 1992 Najibulá se alojaba en un recinto diplomático de la ONU, en el centro de Kabul, pero el plan de paz de Naciones Unidas para establecer un gobierno provisional había fracasado. Poco antes de que los muyahidín capturasen Kabul, Benon Sevan, el mediador de la ONU, tenía que llevarse a Najibulá de Kabul, pero en el último momento los detuvieron. Todas las facciones afganas enfrentadas habían respetado la inmunidad diplomática del recinto de la ONU. La esposa de Najibulá, Fatana, y tres hijas vivían exiliadas en Nueva Delhi desde 1992.

Los errores de la ONU fueron en parte responsables de la muerte del ex presidente. El día que cayó Sarobi, Najibulá había enviado un mensaje al cuartel general de la ONU en Islamabad, pidiéndole a Norbert Holl que dispusiera su evacuación y la de tres compañeros: su hermano, Shahpur Ahmadzai, su secretario personal y un guardaespaldas. Pero en Kabul no había ningún funcionario de la ONU que se hiciera responsable de Najibulá. Sólo Masud se ofreció a llevarle en su coche fuera de la ciudad. La tarde del 26 de septiembre de 1996, Masud encargó a uno de sus generales que visitara a Najibulá y le pidiera que se marchara con las tropas del gobierno en retirada, prometiéndole seguridad en su viaje hacia el norte, pero Najibulá se negó. Hombre orgulloso y testarudo, probablemente temía que si huía con los tayikos sus paisanos pashtunes no se lo perdonarían jamás.[15]

Dentro del recinto sólo había tres guardias afganos asustados, empleados por la ONU, y huyeron nada más oír los disparos de los talibán en las afueras de la ciudad. A primeras horas de la noche, Najibulá envió un último mensaje por radio a la representación de la ONU en Islamabad, pidiendo ayuda de nuevo. Pero ya era demasiado tarde. Hacia la una de la madrugada, una unidad especial de talibán formada por cinco hombres designados para la tarea y que, según se cree, iban al mando del *mulá* Abdul Razaq, gobernador de

---

15. Este relato se basa en varias entrevistas con funcionarios de la ONU y el mismo Masud en 1996 y 1997. También existen informes según los cuales Najibulá confiaba en hacer un trato con los talibán gracias a sus orígenes étnicos comunes y a que abandonó el complejo voluntariamente.

Herat y ahora jefe de las fuerzas que se disponían a tomar Kabul, fue en busca de Najibulá, incluso antes de que los talibán hubieran llegado al centro de Kabul. Más adelante Razaq admitió que él había ordenado el asesinato de Najibulá.[16]

Los talibán se dirigieron a la habitación de Najibulá, donde estaba con su hermano, golpearon a ambos hasta dejarlos inconscientes y los cargaron en una camioneta que se dirigió a un palacio presidencial envuelto en la oscuridad de la noche. Allí castraron a Najibulá, lo ataron a un todoterreno con el que dieron varias vueltas al palacio y luego lo mataron a tiros. Su hermano fue torturado de un modo similar y luego estrangulado. Los talibán colgaron ambos cadáveres de un poste de hormigón para control del tráfico, delante del palacio, a pocas manzanas del recinto de la ONU.

Al amanecer, los kabulíes curiosos se acercaron para contemplar los dos cuerpos hinchados y golpeados, que pendían de alambres de acero anudados a sus cuellos. Les habían puesto cigarrillos sin encender entre los dedos y tenían los bolsillos llenos de billetes de banco afganos, un mensaje de libertinaje y corrupción que habían querido transmitir los talibán. Los otros dos compañeros de Najibulá habían logrado huir del recinto, pero más tarde los capturaron cuando intentaban huir de la ciudad y también fueron torturados y colgados.

La ejecución de Najibulá fue el primer acto simbólico y brutal realizado por los talibán en Kabul, una matanza premeditada con el fin de aterrorizar a la población. El *mulá* Rabbani, recién nombrado jefe de la *shura* de Kabul, anunció que Najibulá era comunista y un asesino, y que los talibán lo habían sentenciado a muerte. Esto era cierto, pero la mutilación de su cuerpo rebasaba los límites de cualquier mandato islámico, mientras que la falta de un juicio justo y la exhibición pública de los cadáveres repugnó a muchos kabulíes. La repulsión aumentó cuando los talibán prohibieron el funeral islá-

16. Behroz Khan, «Taliban commander admits ordering Najib's Killing», *The News,* 16 de febrero de 1998. El *mulá* Razaq admitió en una entrevista haber ordenado la ejecución de Najibulá. «Ordenamos a nuestros soldados que mataran a Najib de inmediato—dijo Razaq—. Era necesario, porque él era responsable de la matanza de miles de afganos». El *mulá* Omar nombró a Razaq jefe de las fuerzas talibán que tomaron Kabul en 1996. Fue capturado por las tropas de Dostum en Mazar en mayo de 1997, y más adelante liberado.

mico de Najibulá, aun cuando al día siguiente les dedicaron plegarias fúnebres en Quetta y Peshawar, donde le recordaban los nacionalistas pashtunes afincados en Paquistán. Finalmente, los cuerpos fueron descolgados y entregados a la Cruz Roja Internacional, que se hizo cargo de su traslado a Gardez, lugar de nacimiento de Najibulá, en la provincia de Paktia, donde los hombres de su tribu, los ahmadzai, les dieron sepultura.

Hubo una amplia condena internacional del asesinato, sobre todo en el mundo musulmán. Los talibán habían humillado a la ONU y la comunidad internacional, y puesto en un aprieto a sus aliados, Paquistán y Arabia Saudí. Finalmente, la ONU emitió un comunicado: «El asesinato del ex presidente sin ningún procedimiento judicial legítimo no sólo constituye una grave violación de la inmunidad de que gozan las instalaciones de la ONU, sino que además compromete todos los esfuerzos que se están haciendo para asegurar un arreglo pacífico del conflicto afgano». Este comunicado no disuadió a los talibán, que promulgaron sentencias de muerte contra Dostum, Rabbani y Masud.

Veinticuatro horas después de la toma de Kabul, los talibán impusieron el sistema islámico más estricto que existe en cualquier lugar del mundo. Se prohibió trabajar a todas las mujeres, aun cuando éstas ocupaban la cuarta parte del funcionariado de Kabul, todo el sistema educativo elemental y gran parte del sanitario. El cierre de escuelas y universidades femeninas afectó a más de 70.000 estudiantes, y se impuso un código indumentario estricto, según el cual las mujeres debían ir cubiertas de la cabeza a los pies y llevar velo. Se temía que 25.000 familias sostenidas por viudas de guerra que dependían del trabajo y las donaciones de la ONU se muriesen de hambre. A diario tenían lugar nuevas proclamas. El 28 de septiembre de 1996, Radio Kabul anunció que «a los ladrones se les amputarán manos y pies, los adúlteros serán lapidados y a quienes tomen licores se les castigará con latigazos».

Se prohibió la televisión, los vídeos, las antenas parabólicas y todos los juegos, incluidos el ajedrez, el fútbol y las cometas. Radio Kabul fue rebautizada como Radio Shariat, y eliminaron cualquier tipo de música de sus emisiones. Soldados talibán permanecían en las calles principales y detenían a todos los hombres sin barba. Al contrario que cuando capturaron Herat y otras ciudades, en Kabul había un gran contingente internacional de reporteros y cámaras de televisión, y por primera vez informaron ampliamente sobre las restricciones que imponían los talibán. Establecieron una *shura* de seis miembros para gobernar Kabul, en la que dominaban los pashtunes durrani y no incluía a un solo kabulí. La *shura*, presidida por el *mulá* Mohammed Rabbani, estaba formada por el *mulá* Mohammed Ghaus, como ministro de Asuntos Exteriores, el *mulá* Amir Khan Muttaqi, ministro de Información, el *mulá* Syed Ghayasuddin Agha, el *mulá* Fazil Mohammed y el *mulá* Abdul Razaq.

Ningún miembro de la *shura* había vivido nunca en una gran ciudad, pero ahora gobernaban una ciudad vibrante, semimoderna y multiétnica, con una población de 1.200.000 habitantes, de la que los pashtunes eran sólo una pequeña minoría. Mientras la recién constituida policía religiosa talibán se dedicaba a imponer la *sharia*, trataban a Kabul como una ciudad ocupada. No acababan de entender que el gobierno de una gran ciudad era distinto al de un pueblo. Parecía que lo único que se interponía en el camino hacia la victoria total de los talibán era Ahmad Shah Masud.

Masud era uno de los jefes militares más brillantes y con una personalidad más carismática que surgirían de la *yihad*. Apodado el «León de Panjshir», su lugar de nacimiento en el valle tayiko de Panjshir al norte de Kabul, en los años ochenta eludió siete grandes ofensivas soviéticas contra el Panjshir y luego luchó hasta detenerlas. Los generales soviéticos lo consideraban invencible y un genio de la guerra de guerrillas. Su ejército, de unos veinte mil hombres, lo adoraba, y gozaba de la máxima reputación cuando se apoderó de Kabul en 1992 y frustró el intento de hacer lo mismo por parte de Hikmetyar, mientras el régimen comunista se desmoronaba. Pero los cuatro años de poder en Kabul habían convertido a los hombres de Masud en unos amos arrogantes que hostigaban a los civiles, robaban en las tiendas y confiscaban los hogares, por cuyo motivo al principio los kabulíes recibieron con entusiasmo a los talibán cuando entraron en Kabul.

Nacido en 1953, en el seno de una familia de militares, Masud estudió en el Lycée Istiqlal de Kabul, dirigido por monjas francesas. Fue uno de los jóvenes adversarios islámicos del régimen encabezado por el presidente Daud y huyó a Paquistán en 1975, tras haber dirigido un alzamiento fallido en el Panjshir. Exiliado en Peshawar,

Masud riñó con su colega Gulbuddin Hikmetyar, y su rivalidad durante los veinte años siguientes fue una razón determinante de que los muyahidín no se unieran nunca para formar un gobierno de coalición. Su rencor contra Paquistán por haber apoyado primero a Hikmetyar y luego a los talibán se convirtió en una obsesión. Durante la *yihad*, Masud argumentó que la dirección estratégica de la guerra debería dejarse a los afganos para que ellos decidieran en vez de hacerlo el ISI. Pero Paquistán suministraba todas las armas aportadas por Estados Unidos, lo cual creó una enemistad que todavía continúa. En Islamabad se llevaron una sorpresa cuando, en 1992, Kabul no cayó atacada desde el sur, en manos de los pashtunes, sino desde el norte, en las de tayikos y uzbekos.

Masud nunca estuvo dotado para establecer la paz. Era un mal político, incapaz de convencer a los demás señores de la guerra pashtunes que detestaban a Hikmetyar de que una alianza entre tayikos y pashtunes era la única manera factible de traer la paz. Puede que Masud fuese un experto estratega militar, pero era una nulidad para la formación de alianzas políticas entre grupos étnicos y partidos distintos. El principal problema que tenía era su condición de tayiko. Con excepción de un levantamiento abortado en 1929, los tayikos nunca habían gobernado en Kabul y los pashtunes desconfiaban de ellos.

En Kabul se mantuvo retirado, negándose a aceptar puestos de gobierno. Rechazó el cargo de ministro de Defensa en el gabinete del presidente Rabbani aun cuando él estaba al frente del ejército.

En mayo de 1996, pocas semanas antes de que los talibán lo expulsaran de Kabul, me dijo:

—Dice un viejo proverbio persa que cuando todo el mundo está buscando una silla para sentarse, es mejor hacerlo en el suelo.—Y añadió—: Paquistán está tratando de subyugar a Afganistán y convertirlo en una colonia mediante la instalación de un gobierno títere. Eso no ocurrirá, porque el pueblo afgano siempre ha sido independiente y libre.

Masud trabajaba dieciocho horas al día con dos secretarios militares que se turnaban para mantener su ritmo, dormía cuatro horas y, debido al temor de que lo asesinaran, nunca lo hacía dos noches seguidas en el mismo lugar. Dormía, comía y luchaba con sus hombres e, invariablemente, en medio de una batalla, se le encontraba en el frente. Durante los meses siguientes se enfrentaría al mayor de los desafíos, cuando los talibán lo obligaran a abandonar Kabul y parecieran a punto de conquistar todo el país. Sobrevivió, pero en 1999, a los cuarenta y seis años de edad, llevaba luchando veinticinco años casi sin interrupción.

Las fuerzas de Masud se retiraron por la carretera de Salang hasta su base en el Panjshir. Perseguidos por los talibán, los hombres de Masud volaron las montañas, causando corrimientos de tierras, a fin de bloquear la entrada del valle. Los talibán lanzaron un ataque ineficaz en el Panjshir y no lograron avanzar. Subieron por la carretera de Salang, capturando poblaciones a lo largo del camino hasta las fuerzas de Dostum, quien había avanzado hacia el sur desde Mazare Sharif, y les cerraron el paso en el túnel de Salang. Aún no estaba claro de qué lado se decantaría Dostum y sus fuerzas se abstuvieron de luchar con los talibán.

El 8 de octubre de 1996, el *mulá* Rabbani se reunió con Dostum, en un esfuerzo por neutralizar a los uzbekos mientras los talibán iban en pos de Masud, pero las conversaciones se interrumpieron. Los talibán se negaron a conceder a Dostum autonomía y poder en el norte. Paquistán también puso en marcha una lanzadera diplomática tratando de separar a Dostum de Masud. Sin embargo, Dostum se percató de que, a pesar de las diferencias con Masud, los talibán planteaban la verdadera amenaza a todos los que no eran pashtunes. El 10 de octubre de 1996, el depuesto presidente Rabbani, Masud, Dostum y el dirigente de los hazaras, Karim Kalili, se reunieron en Khin Jan, junto a la carretera, y constituyeron un «Consejo Supremo para la Defensa de la Patria», a fin de contrarrestar a los talibán. Ese fue el comienzo de una nueva alianza antitalibán que perpetuaría la guerra civil.

En su rápido avance hacia el norte, los talibán se habían diseminado en exceso, y Masud se aprovechó de ello lanzando un gran contraataque a lo largo de la carretera. Ese día, 12 de octubre de 1996, capturó varias poblaciones, y mató e hizo prisioneros a centenares de soldados que, presa del pánico, huían de regreso a Kabul. El 18 de octubre de 1996, las fuerzas de Masud capturaron de nuevo la base aérea de Bagram y empezaron a bombardear el aeropuerto de Kabul, incluso mientras la fuerza aérea de Dostum bombardeaba objetivos talibán en Kabul. La tremenda batalla se saldó con miles de bajas civiles y obligó a 50.000 personas a huir de sus hogares en los pueblos situados a lo largo de la carretera de Salang. Mientras esos refugiados desamparados llegaban a Kabul, decenas de miles de kabulíes, en su mayoría tayikos y hazaras, trataban de huir en la otra dirección, al este, hacia la frontera de Paquistán, para librarse de las represalias de los talibán y las detenciones masivas que se habían iniciado en la ciudad.

Dado el aumento constante de las bajas, los talibán notaron la falta de efectivos humanos y empezaron a reclutar jóvenes de Kabul para su ejército. Lo hacían de la manera más expeditiva, entrando en las mezquitas y apresando a los fieles. Otros millares de jóvenes, estos voluntarios, llegaron desde Paquistán, donde algunos *ulema* habían cerrado sus *madrasas* de modo que los estudiantes no tuvieran más opción que alistarse en masa en el ejército de los talibán. Miles de estudiantes paquistaníes y afganos de los campos de refugiados empezaron a llegar diariamente a Kandahar y Kabul en autobuses alquilados por los partidos islámicos paquistaníes. Paquistán prescindió de los requisitos de pasaporte y visado.

Reforzados por este nuevo apoyo, los talibán lanzaron un ataque en el oeste de Afganistán y se trasladaron al norte, desde Herat a la provincia de Baghdis. A fines de octubre de 1996, Ismael Khan y dos mil de sus luchadores, que habían estado exiliados en Irán, fueron trasladados a Maimana en aviones de Dostum para que defendieran el frente contra los talibán en Baghdis. Irán había rearmado y equipado de nuevo a las fuerzas de Ismael Khan, en un provocativo y deliberado intento de reforzar la nueva alianza antitalibán. Durante los meses de noviembre y diciembre, mientras tenían lugar intensos combates en Baghdis, con un uso considerable de la fuerza aérea en ambos bandos, otros 50.000 desplazados huyeron a Herat. Esto se sumó a la que ya era una catastrófica crisis de refugiados para las organizaciones humanitarias de Naciones Unidas, pues el invierno, las intensas nevadas y la lucha impedían el reparto de ayuda.

A pesar de la densa nieve, los talibán hicieron retroceder a Masud desde las afueras de Kabul. A fines de enero de 1997, habían reconquistado casi todo el territorio perdido a lo largo de la carretera de Salang y tomado de nuevo la base aérea de Bagram y Charikar. Masud se retiró al Panjshir, mientras los talibán avanzaban por la carretera para enfrentarse a Dostum.

La caída de Kabul y la intensa lucha posterior causaron profundos recelos en toda la región. Irán, Rusia y cuatro repúblicas de Asia Central advirtieron a los talibán que no avanzaran hacia el norte y declararon públicamente que ayudarían a rearmar a la alianza antitalibán. Entre tanto, Paquistán y Arabia Saudí enviaron misiones diplomáticas a Kabul para saber qué clase de ayuda podían ofrecer a los talibán. Los beligerantes hicieron oídos sordos a los llamamientos de Naciones Unidas y otros organismos internacionales para el establecimiento del alto el fuego y la mediación. La región estaba ahora polarizada en extremo, con Paquistán y Arabia Saudí aliados de los talibán y los demás estados regionales apoyando a la oposición. Los talibán no recibirían aún el reconocimiento internacional que tanto ansiaban.

—No tenemos un solo amigo en el mundo—comentó el melancólico *mulá* Mohammed Hassan—. Hemos conquistado las tres cuartas partes del país, hemos tomado la capital y no nos ha llegado un solo mensaje de felicitación.[17]

Sin embargo, parecía que la negativa del *mulá* Omar a comprometerse con la oposición o Naciones Unidas, junto con su fe inquebrantable y su determinación de conseguir una victoria militar por fin habían dado su fruto. Kabul, la capital de los reyes pashtunes afganos desde 1772, que durante los cuatro últimos años había estado en manos de dirigentes tayikos, volvía a estar en poder de los pashtunes. El movimiento de los estudiantes, del que tantos habían predicho que jamás podría tomar la capital, acababa de hacer precisamente eso. A pesar de sus enormes pérdidas, el prestigio de los talibán nunca había estado más alto. No obstante, el coste de su victoria era la separación étnica y sectaria cada vez más acusada que estaba dividiendo claramente Afganistán y polarizando la región.

—La guerra es un juego intrincado—dijo Omar, quien había permanecido en Kandahar y rechazó incluso visitar Kabul—. Los talibán tardaron cinco meses en tomar una provincia, pero luego conseguimos seis provincias en sólo diez días. Ahora controlamos veintidós provincias, Kabul incluida. *Inshallah* [si Dios quiere] todo Afganistán caerá en nuestras manos. Creemos que ahora una solu-

17. John Burns, «With sugared tea and caustic rules, an Afghan leader explains himself», *New York Times,* 24 de noviembre de 1996.

ción militar tiene mejores perspectivas, tras numerosos intentos fallidos de llegar a un acuerdo pacífico y negociado.[18]

Ahora parecía que Afganistán septentrional estaba en condiciones de ser ocupado.

18. Rahimulá Yousufzai, «The leader nobody knows», *The News,* 30 de marzo de 1997.

4

MAZAR-E-SHARIF (1997).
MATANZA EN EL NORTE

Todo el mundo esperaba una ofensiva talibán sobre Mazar-e-Sharif, la última fortaleza en Afganistán septentrional de la alianza antitalibán dirigida por el general Rashid Dostum y sus uzbekos. Durante los largos meses invernales, el pánico en Mazar fue en aumento mientras se agotaban las existencias de alimentos y combustible debido al bloqueo talibán, y el tipo de cambio de la divisa afgana se duplicaba hasta llegar a un dólar y luego se triplicaba a medida que los ciudadanos acomodados de Mazar huían a Asia Central.

Aunque la mayoría de la población de Afganistán se concentraba en el sur y ahora estaba bajo el control de los talibán, el 60 por 100 de los recursos agrícolas del país y el 80 por 100 de su antigua industria y su riqueza en minerales y gas se encuentran en el norte. Durante el siglo pasado, el control del norte por parte de Kabul se había convertido en la clave de la construcción del Estado y el desarrollo económico. Para los talibán, decididos a conquistar el país y mantenerlo unido, era preciso acabar con la autonomía de que gozaban en el norte los señores de la guerra. Sin embargo, cuando por fin en el mes de mayo tuvo lugar la ofensiva talibán, nadie esperaba el sangriento drama de traiciones y luchas intestinas entre las distintas etnias, que causaban asombro incluso a los mismos afganos y que desestabilizarían toda la región de Asia Central.

Dostum había pasado el invierno cómodamente instalado en el Qila-e-Jhangi, el Fuerte de la Guerra, en las afueras de Mazar, y de improviso, los estados vecinos y numerosos afganos recurrieron a él como salvador y última esperanza contra los talibán. Tanto étnica como culturalmente, Mazar, situada en la estepa de Asia Central que comienza al norte del Hindu Kush, está tan alejada de Kandahar como esta ciudad lo está de Karachi. El fuerte del siglo XIX es un pastiche surrealista de castillo señorial europeo, con foso y zanjas defensivas, y una fantasía de *Las mil y una noches*, con sus imponentes murallas de barro cocido y una ciudadela coronada por una cúpula azul, que Dostum utilizaba como despacho. Protegido por tanques, artillería y las tropas bien uniformadas de Dostum, todavía con los uniformes de la era comunista, el impresionante fuerte no era el único factor que el dirigente utilizaba para atraerse a visitantes como los diplomáticos extranjeros que ahora hacían cola para verlo.

Dostum detentaba el poder de una manera implacable. La primera vez que llegué al fuerte para conocerlo, había manchas de sangre y trocitos de carne en el patio de barro, y pregunté inocentemente a los guardianes si habían sacrificado una cabra. Me dijeron que una hora antes Dostum había castigado a un soldado por robar. Lo habían atado a la oruga de un tanque de fabricación soviética, que dio entonces unas vueltas por el patio y aplastó el cuerpo del reo hasta dejarlo convertido en carne picada, ante los ojos de la guarnición y del mismo Dostum. Los uzbekos constituyen la nacionalidad más turbulenta y pendenciera entre todas las del Asia Central, y destacan por su afición al pillaje, una reliquia de sus orígenes como parte de las hordas de Gengis Khan, y Dostum era un jefe apropiado. Con más de metro ochenta de estatura y unos bíceps abultados, Dostum parece un oso y tiene una risa bronca que, según juran algunos uzbekos, a veces infunde un pánico mortal.

Nació en 1955, en el seno de una familia campesina que vivía en un pueblo cercano a Shiberghan, y trabajó como mozo de labranza y fontanero hasta que, en 1978, se alistó en el ejército afgano. Ascendió hasta ser nombrado jefe del cuerpo blindado que defendía la línea de suministros soviética que cruzaba Afganistán desde el puerto de Hairatan, en el río Amu Daria. En 1989, cuando los soviéticos se marcharon, Dostum se puso al frente de una feroz milicia uzbeka, la Jowzjan, nombre de su provincia de origen, que utilizó el presidente Najibulá como tropas de asalto contra los muyahidín. Los jowzjanis lucharon en todo Afganistán, y a menudo los trasladaban por aire como último recurso para impedir la derrota de una guarnición.

En 1992, Dostum fue el primero en rebelarse contra su mentor, Najibulá, y estableció así su reputación de traidor y oportunista político. Había sido un gran bebedor, pero se convirtió en un «buen musulmán». Desde entonces, en una u otra oportunidad se había aliado con todo el mundo, Masud, Hikmetyar, los talibán, de nuevo

Masud, y los había traicionado a todos con la mayor tranquilidad. También había estado a sueldo de diversos países: Rusia, Uzbekistán, Irán, Paquistán y, últimamente, Turquía. En 1995 se las ingenió para estar a sueldo tanto de Irán como de Paquistán, países que entonces se odiaban a muerte debido a los talibán.[1] Aunque sólo controlaba seis provincias septentrionales, Dostum había conseguido ser indispensable para los estados vecinos. Ahora Irán, Uzbekistán y Rusia, que le habían apoyado como un amortiguador seglar contra el fundamentalismo pashtún, lo consideraban el único dirigente capaz de salvar el norte de los talibán.[2] Si Dostum tenía un rasgo consecuente era su profunda oposición al fundamentalismo extremista de las facciones pashtunes, incluso antes de que surgieran los talibán.

Mazar, que en el pasado fue una ciudad muy activa, donde hacían un alto las caravanas que recorrían la ruta de la seda, había recuperado su preeminencia como importante escala del ahora colosal negocio del contrabando entre Paquistán, Asia Central e Irán. Dostum había inaugurado su propia línea aérea, «Balkh Airlines», que traía géneros de contrabando desde Dubai, mientras que el tráfico de camiones hasta la frontera con Asia Central, a sólo 112 kilómetros de Mazar, le proporcionaba unos ingresos constantes en forma de impuestos por el tránsito y los aranceles. Los bazares de Mazar estaban llenos de vodka ruso y perfumes franceses para las soldados uzbekos, tan bebedores como mujeriegos. Pero, al contrario que otros señores de la guerra, Dostum dirigía una administración eficaz, con unos sistemas sanitario y educativo que funcionaban bien. Unas 1.800 jóvenes, en su mayoría vestidas con falda y calzadas con zapatos de tacón alto, asistían a la Universidad Balkh de Mazar, la única que estaba abierta en el país.

Esta situación garantizaba la seguridad de miles de refugiados procedentes de Kabul que habían abandonado la capital en varias oleadas desde 1992 y buscado refugio en Mazar, ciudad a la que consideraban el último bastión de la paz. Famosos cantantes y bailarines afganos que ya no podían actuar en Kabul se trasladaron a Mazar.

1. Fuentes diplomáticas paquistaníes me dijeron que Paquistán había dado a Dostum diez millones de dólares, a fin de persuadirle para que se aliara con los talibán. Irán le pagó una suma similar para que siguiera oponiéndose a ellos.

2. Steve Levine, «Enemies of Enemies», *Newsweek*, 21 de octubre de 1996.

Era también una ciudad de peregrinaje. Miles de personas acudían a diario para rezar en la tumba de azulejos azules llamada Tumba de Alí, el primo y cuñado del profeta Mahoma y cuarto califa del Islam, a quien veneran en especial los chiítas. Se cree que Alí está enterrado en la que se ha convertido en la más esplendorosa mezquita de Afganistán y el lugar más sagrado. Cerca de Mazar se encuentran las ruinas de Balj, a la que los árabes invasores llamaron «la madre de todas las ciudades» en el siglo VII. Zoroastro predicó en ella hace casi tres mil años, Alejandro Magno acampó en su entorno y allí nació el poeta persa Rumi. Balj floreció como centro de civilización y zoroastrismo, budismo e Islam antes de que Gengis Khan la destruyera en 1220 y el centro de la cultura y el comercio se trasladara a Mazar.

Los habitantes de Mazar veneraban a Dostum por el simple hecho de que la ciudad no había resultado afectada tras dieciocho años de guerra. Los ciudadanos de Mazar nunca habían sufrido los devastadores bombardeos y los combates callejeros que destruyeron otras ciudades. Pero las cosas no iban a seguir así durante mucho más tiempo. La historia de los clanes uzbekos es una larga letanía de luchas intestinas, matanzas vengativas, luchas por el poder, saqueos y disputas a causa de las mujeres. El deporte favorito de los uzbekos es el *buzkushi*, una especie de polo con jinetes que blanden látigos e intentan hacerse con el cuerpo de una cabra decapitada, y esta imagen se utiliza siempre para describir la política uzbeka. El deporte no tiene equipos ni reglas, lo cual es una analogía apropiada de las relaciones de Dostum con sus oficiales.

Había una enconada disputa entre Dostum y su segundo al mando, el general Malik Pahlawan. Dostum había sido acusado de asesinar al hermano de Malik, el general Rasul Pahlawan, quien murió en una emboscada junto con quince miembros de su guardia en junio de 1996. Esta disputa, unida a los temores de que Dostum ya había ordenado su asesinato, más la ayuda de los sobornos y las promesas de poder por parte de los talibán, incitaron la traición de Malik, quien, el 19 de mayo de 1997, solicitó la ayuda de los talibán

3. Dostum había pedido a Malik, quien se encontraba en el frente de Baghdis, que fuese a Mazar, pero él se negó, aduciendo que Dostum le mataría. «Eso fue lo que desencadenó el golpe contra Dostum», me dijo un general paquistaní en Islamabad, el 19 de mayo de 1997.

para expulsar a Dostum.[3] Otros tres generales uzbekos se unieron a Malik: su medio hermano Gul Mohammed Pahlawan, Ghafar Pahlawan y Majid Rouzi. Además, la tropa de Dostum llevaba cinco meses sin cobrar y reinaba la inquietud entre las filas.

Los talibán avanzaron rápidamente hacia el norte desde Herat y Kabul. Mientras las provincias septentrionales caían una tras otra en manos de esta alianza inverosímil de pashtunes y uzbekos desde la base de poder de Malik en la provincia de Faryab, Dostum tuvo que sobornar a sus propios soldados con dólares para que permitieran el paso de su convoy. Ésta era para los talibán una ocasión enviada por Dios, pero habían aprendido poco de su conquista de otras ciudades, en las que se negaron a compartir el poder, mantuvieron su inflexibilidad política y no adaptaron la ley de la *sharia* a las sensibilidades étnicas. Si Malik creyó que los talibán le concederían la clase de autonomía en el norte que había tenido Dostum desde 1992, se equivocaba de medio a medio. Aquél era un trato concluido en el infierno cuyas consecuencias se mostraban con claridad a cada hora que pasaba.

Cuando las tropas talibán, formadas por 2.500 hombres fuertemente armados y transportados en camionetas de caja descubierta, entraron en Mazar al mando del *mulá* Abdul Razaq, quien había ordenado el asesinato de Najibulá, se negaron a compartir el poder con Malik y le ofrecieron el puesto insignificante de viceministro de Exteriores en el gobierno de Kabul. Los talibán, la mayoría de los cuales nunca habían estado antes en el norte, tuvieron la arrogancia de desarmar a las aguerridas tropas uzbekas y hazaras, se apoderaron de las mezquitas, desde donde declararon la imposición de la *sharia*, cerraron las escuelas y la universidad y prohibieron a las mujeres ir por la calle. Ésta era una receta para el desastre en una ciudad donde vivía una compleja amalgama de grupos étnicos y religiosos y que había seguido siendo la más abierta y liberal del país.

Diplomáticos paquistaníes y funcionarios del ISI viajaron a la ciudad a fin de ayudar a los talibán para que negociaran de nuevo los términos del acuerdo que ya se estaba deshaciendo. Entonces Islamabad agravó más la situación al reconocer prematuramente a los talibán como el gobierno legítimo de Afganistán y persuadir a Arabia Saudí y los Emiratos Árabes Unidos para que hicieran lo mismo.[4] Habían hecho creer a los uzbekos que el acuerdo consideraba el reparto del poder y ahora se daban cuenta de que los talibán tomaban el mando en exclusiva. Malik se vio atrapado entre unos y otros, y a su traición a Dostum sumó la entrega de Ismael Khan, quien había luchado contra los talibán en Faryab.[5]

La tarde del 28 de mayo de 1997 se produjo un altercado cuando un grupo de hazaras se opusieron a que los desarmaran. Entonces se desató un infierno. Primero los hazaras de Mazar y luego el resto de la población se rebelaron. Los talibán, sin práctica en la lucha urbana ni conocimiento del laberinto de calles de la ciudad, se metían con sus vehículos en callejones sin salida y eran víctimas fáciles de los rebeldes mientras trataban de huir del fuego mortífero desde casas y tejados. Tras quince horas de intensa lucha, unos seiscientos talibán perdieron la vida en las calles y más de un millar fueron capturados en el aeropuerto cuando intentaban huir. Diez importantes dirigentes talibán, políticos y militares, fueron apresados o muertos. Entre los primeros figuraban el ministro de Asuntos Exteriores el *mulá* Mohammed Ghaus, el *mulá* Razaq y el gobernador del Banco Central, el *mulá* Ehsanulá. Los hombres de Malik se apresuraron a saquear la ciudad, sin respetar las oficinas de los organismos de Naciones Unidas, y obligaron al personal de la ONU a abandonar la ciudad. También mataron a decenas de estudiantes paquistaníes.

Las tropas de Malik recuperaron rápidamente otras cuatro provincias septentrionales (Takhar, Faryab, Jowzjan y Sari Pul), que los talibán habían capturado sólo cinco días antes, y hubo una intensa

---

4. El 25 de mayo de 1997, el ministro de Asuntos Exteriores de Paquistán, Gohar Ayub, realizó una declaración en la que ampliaba el reconocimiento y declaraba que la crisis en Afganistán se había resuelto, pues los talibán habían formado un gobierno de amplia base. «Nos parece que el nuevo gobierno responde a todos los criterios para el reconocimiento *de jure*. Ahora controla eficazmente la mayor parte del territorio de Afganistán y representa a todos los grupos étnicos del país», dijo Ayub. Pocas horas después de que hubiera hecho esta declaración, los talibán fueron expulsados de Mazar.

5. Los talibán capturaron a Ismael Khan y a unos setecientos de sus luchadores después de que Malik hubiera invitado a comer a Khan y el primero permitiera a los talibán detenerlo. Traicionar a un invitado en tu casa es un anatema para los afganos. Véase Ahmed Rashid, «550 Pakistani students captured by Afghan opposition», *The Nation*, 14 de julio de 1997.

lucha por el dominio de otras tres provincias del norte (Balj, Samangan y Kunduz). Debido a que sus rutas de huida estaban cerradas, miles de soldados talibán y centenares de estudiantes paquistaníes fueron capturados y posteriormente fusilados y enterrados en fosas comunes. En el sur, Masud aprovechó la oportunidad para lanzar su propio contraataque, capturando una vez más a Jabal ul Seraj en la entrada meridional del túnel de Salang. Voló la entrada del túnel y dejó así atrapados a los talibán que aún estaban en el norte e intentaban huir por la carretera de Kabul.

Masud recuperó incluso más territorio alrededor de Kabul y varias ciudades en el nordeste de Afganistán de las que habían caído en poder de los talibán sólo una semana antes. Varios centenares más de talibán sucumbieron o fueron hechos prisioneros. Entre tanto los hazaras, estimulados por la victoria de Mazar, también contraatacaron y pusieron fin al asedio talibán a su patria, el Hazarajat, que se había prolongado durante nueve meses. Hicieron retroceder a las fuerzas talibán en la entrada del valle de Bamiyan, y las tropas de Jalili avanzaron por el sur hacia Kabul obligando a miles de aldeanos pashtunes a huir a la capital.

Ésa fue la peor derrota que habían sufrido los talibán desde que aparecieron dos años y medio antes para conquistar el país. En dos meses y medio de lucha, entre mayo y julio, los talibán sufrieron más de tres mil bajas, entre muertos y heridos, y el número de prisioneros rondaba los 3.600.[6] Según la Cruz Roja Internacional, más de siete mil personas entre soldados y civiles resultaron heridos en ambos bandos. Mayor motivo de embarazo para Islamabad eran los más de 250 paquistaníes muertos y 550 prisioneros durante el período comprendido entre mayo y julio. La moral de los talibán se vino abajo, pues también habían perdido algunas de sus mejores y más expertas unidades en el frente.

6. Según ciertas entrevistas con funcionarios de la ONU y la Cruz Roja Internacional en Kabul, en julio de 1997, Malik retuvo a mil talibán en Maimana, otros mil en Sheberghan y ochocientos en Mazar. Masud hizo entre seiscientos y setecientos prisioneros en el Panjshir. Las fuerzas ismaelíes del general Naderi, en el lado norte del túnel de Salang, retuvieron a un centenar de talibán y el Hizb-e-Wahadat a otro centenar. Según la ONU, Malik retuvo a doscientos paquistaníes en Mazar y a otros 225 en Maimana, mientras que Masud retenía a cien paquistaníes en el valle del Panjshir y Jalili, casi cincuenta.

El *mulá* Omar hizo un urgente llamamiento a los estudiantes paquistaníes para que prestaran su ayuda a los talibán. Una vez más las *madrasas* paquistaníes se cerraron y cinco mil nuevos reclutas, entre paquistaníes y afganos, llegaron para alistarse en las filas de los talibán. La situación de éstos se consideraba de tal gravedad que incluso el *mulá* Omar, tan proclive a recluirse, se vio obligado a abandonar su refugio en Kandahar y visitar Kabul por primera vez para reunirse con sus jefes y elevar la moral de las tropas.

Los talibán también se vieron obligados a reclutar más efectivos militares entre las tribus ghilzai de Afganistán oriental y Paquistán. Pero éstas exigían un precio político que los talibán no estaban dispuestos a pagar. Los ghilzai, que habían dominado el esfuerzo de guerra antisoviético, no estaban dispuestos a que los talibán los utilizaran como carne de cañón sin que estuvieran debidamente representados en las *shuras* talibán dominadas por los durrani. Acudirían si se les hacía partícipes del poder. Los jefes ghilzai que estaban con los talibán criticaban duramente la táctica de éstos en Mazar. En julio de 1997, Jalaluddin Haqqani, principal jefe de los pashtunes orientales que estaban con los talibán, me confesó:

—En Mazar se cometieron demasiados errores. El acuerdo inicial entre Malik y los talibán se logró en muy poco tiempo, demasiado poco. Tendrían que haber discutido mucho más el acuerdo y dialogar entre ellos. También cometieron muchos errores militares.

Haqqani, quien estaba al mando de las tropas talibán en el frente de Kabul, era un veterano jefe pashtún procedente de Khost, en la provincia de Paktia, que se había unido a los talibán en 1995. Aunque Haqqani fue nombrado ministro en Kabul, tanto él como otros jefes que no eran de Kandahar, seguían muy irritados porque los mantenían al margen de la toma de decisiones que tenía lugar en Kandahar, bajo el mando de Omar, en vez de Kabul.[7] Tras la derrota de Mazar, los talibán dieron a Haqqani una gran suma de dinero para que reclutara a tres mil hombres de la tribu ghilzai. Haqqani llegó con sus hombres al frente de Kabul, pero carecía de poder para tomar decisiones militares, y esto, sumado al hecho de que el frente estuviera al mando de oficiales kandaharis, fue la causa de las deserciones en masa que se produjeron. Al cabo de dos me-

7. Entrevista con Haqqani, Kabul, 12 de julio de 1997.

ses a Haqqani sólo le quedaban trescientos de sus nuevos reclutas. Más inquietante resultaba que los pueblos de alrededor de Kandahar se negaran a enviar a sus hijos para que se alistaran en las filas talibán. Por primera vez éstos tenían un problema de reclutamiento e insuficiencia de efectivos militares.

En los estados de Asia Central, el derramamiento de sangre en el país vecino causó una reacción paranoica al imaginar que el espectro de la guerra entraba en sus territorios y que miles de refugiados afganos huirían a través de sus porosas fronteras. La seguridad militar se reforzó en toda la región, algo sin precedentes. El estado de máxima alerta afectó a unos tres mil soldados rusos en la frontera entre Uzbekistán y Afganistán, 25.000 en la de Tayikistán, los guardias fronterizos rusos en Turkmenistán y las divisiones militares locales. Uzbekistán y Tayikistán cerraron sus fronteras con el norte de Afganistán. En Termiz, helicópteros uzbekos armados patrullaban el espacio aéreo mientras las tropas colocaban trampas anticarro y fortificaban el puente que cruza el río Amu Daria que separa Afganistán de Asia Central.

Rusia se ofreció a enviar diez batallones de tropas a Kirguizistán, tras el llamamiento del Presidente kirguizio Askar Akayev, a pesar de que su país no tiene frontera con Afganistán. Rusia y Kazajistán organizaron una reunión de emergencia de la Mancomunidad de Estados Independientes (CIS), para hablar de la crisis, donde el ministro de Exteriores ruso, Yevgeny Primakov, prometió que Rusia llevaría a cabo «unas acciones muy duras y eficaces» si los talibán avanzaban más. Turkmenistán, un estado que se había declarado a sí mismo neutral y que bordeaba Afganistán occidental, mantenía unas relaciones prácticas con los talibán, pero sus habitantes estaban amilanados por la lucha que tenía lugar alrededor de Mazar. Por primera vez, nueve mil turcomanos afganos cruzaron la frontera, huyendo de la lucha, para buscar refugio en Turkmenistán.

Irán aseguró que seguiría apoyando la alianza antitalibán y apeló a Rusia, India y los estados de Asia Central para que también les ayudaran. El ministro de Asuntos Exteriores iraní, Alí Akbar Velayti, instó a Naciones Unidas a que intervinieran. Los talibán estaban furiosos con todos sus vecinos.

—Irán y Rusia interfieren y apoyan a la oposición—dijo el *mulá* Mohammed Abbas, ministro de Sanidad talibán—. Han proporcionado aviones a la oposición para que nos bombardeen. Irán lleva a cabo diariamente hasta veintidós vuelos que transportan armas a Mazar.[8]

Los diplomáticos iraníes y de Asia Central acusaron ásperamente a Paquistán de que no sólo apoyaba a los talibán, sino que mentía y traicionaba el solemne compromiso que suscribiera el primer ministro Nawaz Sharif sólo una semana antes de la ofensiva talibán. En una cumbre de jefes de estado regionales celebrada en Ashjabad, la capital de Turkmenistán, Sharif había prometido dominar a los talibán e impedir que la guerra se extendiera al norte. «La credibilidad de Paquistán en Asia Central es ahora nula», me dijo un diplomático uzbeko.[9]

Sin embargo, la llegada de los talibán al norte surtió un efecto benéfico en Tayikistán, donde la guerra civil se prolongaba desde hacía cuatro años, pues obligó a ambos bandos del conflicto a apresurar el ritmo de las negociaciones por temor a los talibán. Finalmente, gracias a la mediación de Rusia y Naciones Unidas, el 27 de junio de 1997 se firmó en Moscú un acuerdo de paz entre el gobierno tayiko y la oposición islámica. Este acuerdo proporcionaba un gran impulso a Masud, pues ahora Rusia podía reabastecerle desde bases en el interior de Tayikistán. Masud recibió autorización para utilizar el aeropuerto de Kuliab, en el sur de Tayikistán, adonde llegaban los suministros rusos e iraníes que él transportaba entonces desde allí al valle del Panjshir.

La alianza antitalibán intentó entonces cimentar su unidad formulando una nueva alianza política que tuviera en cuenta la salida de Dostum de la escena. El 13 de junio de 1997 establecieron el «Frente Nacional Islámico Unido para la Salvación de Afganistán» y declararon a Mazar como su capital. Volvieron a nombrar presidente a Burhanuddin Rabbani y a Masud nuevo ministro de Defensa, y prometieron formar un nuevo gobierno que incluiría a los dirigentes tribales e islámicos así como a tecnócratas. Pero el pacto estaba condenado a fracasar, pues una vez más las diferencias entre Malik, Masud y Jalili impidió que uzbekos, tayikos y hazaras trabajaran juntos.

8. Entrevista con Abbas, Kabul, 15 de julio de 1997.

9. Entrevista con un diplomático uzbeko, Islamabad, 5 de julio de 1997. Véase también Ahmed Rashid, «Highly explosive. Renewed fighting alarms Central Asian neighbours», *Far Eastern Economic Review*, 12 de junio de 1997.

Los recelos que Malik inspiraba a los demás dirigentes, debido a sus traiciones, se hallaban en la raíz de la división. Malik había sido incapaz de impedir que una fuerza de unos 2.500 talibán, que se habían quedado en el norte, capturasen la ciudad de Kunduz, provista de aeropuerto. Los talibán reforzaron ese enclave con vuelos diarios para transportar hombres y material desde Kabul. Mientras Malik no podía o no quería expulsar a los talibán del norte, Masud se aproximaba más a Kabul.

A mediados de julio, Masud puso fin al estancamiento militar en el norte de Kabul tomando de nuevo Charikar y la base aérea de Bagram, con un saldo de varios centenares más de bajas talibán. En septiembre, las fuerzas de Masud volvían a estar apostadas a sólo treinta kilómetros de Kabul. Ambos bandos intercambiaron disparos de artillería y bombardeos con cohetes, y 180.000 civiles se vieron obligados a huir al frondoso valle de Shomali, al norte de Kabul y ahora en la línea del frente. Mientras se retiraban del Shomali, los talibán envenenaron los pozos y volaron los canalillos de riego y los diques, a fin de asegurar que la población tayika local no se diera prisa por regresar. Ahora la guerra no sólo desarraigaba y mataba a los civiles, sino que destruía sus medios de vida y convertía en un desierto el cinturón agrícola de Kabul.

La alianza antitalibán había creado un enorme arco de 180 grados que rodeaba Kabul. Al oeste y el norte de la ciudad estaban las fuerzas de Masud, mientras que al este y al sur se encontraban los hazaras de Jalili. Mientras aumentaban las especulaciones de un posible ataque contra Kabul, los talibán seguían confiando en que la oposición estuviera demasiado dividida para atacar Kabul.

—Hemos dividido a la oposición en dos partes e introducido nuestras fuerzas en Kunduz—dijo Haqqani—. Los grupos del norte estaban desunidos y enfrentados entre ellos. Los demás generales uzbekos no pueden confiar en Malik. Ya los ha traicionado una vez y ahora está tratando de salvarse. Ningún grupo dispone de suficientes fuerzas para combatir por sí solo a los talibán, por lo que deben tratar de unirse, pero no pueden hacerlo.[10]

10. Entrevista con Haqqani, Kabul, 12 de julio de 1997. Véase también Ahmed Rashid, «Afghan factions face serious internal divisions», *The Nation*, 16 de julio de 1997.

Las dudas sobre la lealtad de Malik a la alianza parecían justificadas, cuando, en septiembre, la fuerza talibán que estaba en Kunduz le tomó por sorpresa. Los talibán salieron de su enclave en Kunduz y, con la ayuda de las tribus pashtunes de la zona, atacaron de nuevo Mazar. El 7 de septiembre de 1997 capturaron la ciudad de Tashjorgan y causaron pánico en Mazar. Mientras los talibán avanzaban hacia Mazar, tuvo lugar una lucha encarnizada entre tropas uzbecas leales a Malik y otras leales a Dostum. Las tropas de Malik incendiaron la casa de Dostum, quien huyó a su base en la provincia de Faryab y luego cruzó la frontera de Turkmenistán, desde donde fue a Irán.

Dando un espectacular giro en redondo, Dostum regresó a Mazar desde el exilio y rehizo sus tropas para derrotar a los seguidores de Malik y expulsar a los talibán de la región de Mazar. La ciudad se sumó en el caos cuando los uzbekos volvieron a saquear algunos de sus barrios y las oficinas de los organismos de ayuda de la ONU, y obligaron a los asistentes de los servicios humanitarios a abandonar Mazar por segunda vez el mismo año. Durante su retirada, los talibán mataron por lo menos a setenta hazaras chiítas en Qazil Abad, un pueblo situado al sur de Mazar, y tal vez a varios centenares más.

—Los talibán se extendieron por el pueblo como una tormenta—dijo Sohrab Rostam, superviviente de la matanza—. Mataron a unas setenta personas, algunas degolladas y otras desolladas vivas.[11]

Una vez los talibán hubieron iniciado su retirada a Kunduz, Dostum intentó consolidar su posición, pero ahora Mazar estaba prácticamente tomada por grupos de hazaras, y Dostum se vio obligado a abandonar la capital uzbeka y establecer su base en Shiberghan. Las fuertes tensiones entre los uzbekos y los hazaras socavaron la alianza antitalibán, y Dostum aún tenía que atraerse a los seguidores de Malik. Y lo hizo exponiendo las atrocidades cometidas por Malik. Las tropas de Dostum excavaron veinte fosas comunes cerca de Shebergham, en el desierto de Dash-te-Laili, en la provincia de Jowzjan, donde habían sido enterrados más de dos mil prisioneros de guerra talibán ejecutados. Dostum acusó a Malik de las matanzas, ofreció a los talibán ayuda para recuperar los cadáveres y pidió a la ONU que

---

11. Gretchen Peters, «Massacres prompt fears of ethnic escalation», AP, 15 de febrero de 1998.

investigara los hechos. Liberó a unos doscientos prisioneros talibán como gesto de buena voluntad.[12]

Las investigaciones de la ONU revelaron que los prisioneros habían sido torturados antes de morir y se les había privado de alimentos.

—Murieron de una manera atroz—explicó el informador especial de la ONU Paik Chong-Hyun, quien inspeccionó las tumbas—. Sacaban a los prisioneros de los lugares de detención diciéndoles que iban a intercambiarlos, y los llevaban en camionetas a pozos utilizados por los pastores, que contenían de diez a quince metros de agua. Los arrojaban a los pozos vivos o, si se resistían, primero abatidos a tiros. Entonces disparaban al interior del pozo y lanzaban granadas antes de cegar la boca con tierra y alisar el terreno con máquinas aplanadoras.[13]

Más adelante se conocieron informes de testigos que evidenciaban la maligna limpieza étnica llevada a cabo.

El general Saleem Sahar, un oficial leal a Malik que había sido apresado por Dostum, contó:

—Por la noche, cuando todo estaba en silencio y a oscuras, sacamos a unos ciento cincuenta prisioneros talibán, les tapamos los ojos, les atamos las manos a la espalda y los llevamos en contenedores de camión al desierto. Los alineamos, diez a la vez, ante unas fosas y abrimos fuego. La operación duró unas seis noches.[14]

El uso de contenedores era especialmente horrendo, y ambos bandos cada vez los utilizarían más como método de matanza.

—Cuando sacábamos los cuerpos de los contenedores, tenían la piel ennegrecida a causa del calor y la falta de oxígeno—dijo otro de los generales de Malik, quien añadió que 1.250 talibán habían muerto de esa manera.

La catástrofe en el norte y la enconada lucha que siguió durante el verano no hicieron más que ensanchar la división étnica en Afganistán entre los talibán pashtunes y los demás. Ahora el país esta-

12. Rahimullah Yousufzai, «Dostum unearths mass graves», *The News*, 16 de noviembre de 1997.
13. AFP, «Taliban massacre site discovered in Afghanistan», 16 de diciembre de 1997.
14. Gretchen Peters, «Massacres prompt fears of ethnic escalation», AP, 15 de febrero de 1997.

ba prácticamente dividido a lo largo de líneas de norte a sur así como líneas entre pashtunes y miembros de otras etnias. Todos ellos practicaban la limpieza étnica y la persecución religiosa. Los talibán habían asesinado a campesinos hazara chiítas y expulsado a campesinos tayikos del valle de Shomali. Los uzbekos y hazaras habían matado a centenares de prisioneros talibán y asesinado a aldeanos pashtunes en el norte y alrededor de Kabul. Los hazaras chiítas también habían expulsado a los pashtunes debido a las creencias suníes de éstos. La lucha reciente había desplazado a más de 750.000 personas (en el norte, alrededor de Mazar; en el frente de Herat y alrededor de Kabul) causando una nueva crisis de refugiados en un momento en que las agencias de la ONU intentaban persuadir a los refugiados que aún vivían en Paquistán para que regresaran a sus hogares. Por otro lado, los países limítrofes con Afganistán manipulaban y exacerbaban sus divisiones internas, al tiempo que todos ellos incrementaban la ayuda a sus diversos representantes afganos. Esto no hacía más que empeorar la división étnica y sectaria.

Aparte de los sufridos civiles, la principal víctima de la lucha cada vez más intensa era la ONU. El mediador de Naciones Unidas, Norbert Holl, no logró persuadir a los talibán de que la ONU era un agente de paz neutral, ni a la oposición de que protegerían los intereses de las minorías étnicas. Holl tampoco pudo presionar a los países de la región para que dejaran de armar a las facciones. Nadie confiaba en la ONU y todos hacían caso omiso de ella. Holl hizo unas declaraciones contundentes culpando a las potencias exteriores de su constante interferencia y a la inflexibilidad de los beligerantes. «Estamos estancados en el proceso negociador y no podemos seguir actuando como si la situación fuese normal. No creo que los dirigentes afganos sean unas marionetas, pero han de obtener las municiones de alguna parte», dijo Holl.[15] Al cabo de un mes presentó su dimisión.

Los dirigentes talibán, que desconocían los procedimientos de la ONU e incluso la Carta de la organización, se revelaron como el mayor obstáculo. La negativa del *mulá* Omar a reunirse con Holl ofendió al equipo de la ONU, mientras que otros dirigentes talibán se burlaban públicamente de los esfuerzos que hacían Naciones

---

15. Conferencia de prensa de Norbert Holl, Islamabad, 18 de octubre de 1997.

Unidas para promover un alto el fuego. El enojo de los talibán con la ONU aumentó tras el desastre de Mazar, y todavía más después de que el Consejo de Seguridad se negara a actuar contra las matanzas de Mazar o a entregar el escaño de Afganistán en Naciones Unidas que aún estaba ocupado por el presidente Rabbani.

Los talibán abrigaban diversas sospechas irreales acerca de Naciones Unidas, y la diplomacia no podía hacer nada por disiparlas. Estaban convencidos de que la ONU, en connivencia con las potencias occidentales, conspiraban contra el Islam y su imposición de la *sharia*. También acusaban a la organización de que se había dejado influir por los países de la región para bloquear el reconocimiento de su gobierno. La crisis en el seno de Naciones Unidas se produjo en un momento en que se enfrentaba a una disminución de los fondos que aportaban los países donantes ricos para programas de ayuda, debido a la «fatiga del donante» por la prolongación de la guerra. Las donaciones disminuían todavía más a causa de la discriminación de las mujeres afganas que llevaban a cabo los talibán. La supervivencia futura de las operaciones de ayuda en Afganistán dependía de que las agencias de la ONU convencieran a los talibán de que debían moderar su postura con respecto a las mujeres, lo que ellos se negaban a hacer. Varias organizaciones no gubernamentales occidentales interrumpieron sus programas en Kabul debido a la negativa de los talibán a que siguieran ayudando a las mujeres. La lucha en el norte había obligado a las ONG a retirarse en dos ocasiones de la zona, y no volvieron.

Por otra parte, los talibán partidarios de la línea dura hacían cuanto podían por ocasionar una crisis en las agencias de ayuda humanitaria de Naciones Unidas, a fin de poder expulsarlas de las zonas en poder de los talibán, con el pretexto de que las agencias impartían a la población ideas seculares occidentales. A fines de septiembre, los jefes de tres agencias de la ONU en Kandahar recibieron la orden de abandonar el país, después de que protestaran porque una abogada del Alto Comisionado de las Naciones Unidas para los Refugiados (ACNUR) se veía obligada a hablar con los funcionarios oficiales desde detrás de una cortina, de modo que su cara no fuese visible. En noviembre, cuando los talibán detuvieron a cuatro afganos que trabajaban para el ACNUR, éste suspendió todos sus programas. La organización «Save the children» clausuró varios programas porque los talibán no permitían que las mujeres participaran en unas clases sobre las minas antipersonas. Se estaba haciendo imposible aportar ayuda humanitaria a la población en cualquier parte, aun cuando el invierno se aproximaba y la escasez de víveres era cada vez mayor.

El trato que los talibán daban a las mujeres tuvo una enorme publicidad adversa y desencadenó un alud de críticas internacionales cuando Emma Bonino, la comisaria europea para Asuntos Humanitarios, fue detenida por la policía religiosa junto con diecinueve periodistas y miembros de organizaciones de ayuda occidentales. Sucedió en Kabul el 28 de septiembre de 1997 y estuvieron retenidos tres horas. Habían recorrido el pabellón femenino de un hospital, costeado por la Unión Europea, cuando los periodistas que acompañaban a Bonino fueron detenidos por tomar fotografías de las pacientes. Los talibán habían prohibido las fotografías.

«Esto es un ejemplo de cómo vive aquí la gente en un estado de terror», dijo la señora Bonino a los reporteros en Kabul.[16] Los talibán pidieron disculpas, pero el entusiasmo occidental por costear ayuda para Afganistán había recibido otro golpe. Entonces los talibán declararon que establecerían la segregación en los hospitales de Kabul y no permitirían que las mujeres recibieran tratamiento junto con los hombres... y había un solo hospital para mujeres en la ciudad.

Por entonces a la administración Clinton le resultaba difícil mantener su simpatía inicial por los talibán. Los poderosos grupos feministas norteamericanos cabildearon en Washington en favor de las mujeres afganas. En noviembre, la secretaria de Estado Madeleine Albright emitió la crítica más dura sobre los talibán jamás efectuada por Estados Unidos:

—Somos contrarios a los talibán debido a su oposición a los derechos humanos y su vil tratamiento de las mujeres y los niños, así como su enorme falta de respeto por la dignidad humana.

Así se expresó Albright durante una visita a Islamabad el 18 de noviembre de 1997, y estas palabras se consideraron un importante indicador del distanciamiento de Estados Unidos tanto de los tali-

16. Comunicado por agencias de información. Véase también Amed Rashid, «Taliban hold Bonino in hospital ward», *Daily Telegraph*, 30 de septiembre de 1997. Entre los retenidos estaba Christiane Amanpour, de la CNN.

bán como del apoyo que les prestaba Paquistán. No obstante, los talibán no parecían en absoluto preocupados por esas presiones internacionales, y lo cierto es que éstas ahondaron el sentimiento antioccidental. Los *ulema* de Paquistán y Kandahar dijeron a Omar que debería expulsar de Afganistán a todas las agencias de ayuda porque eran espías y enemigas del Islam.[17]

El secretario general de Naciones Unidas, Kofi Annan, en un intento de vigorizar la mediación de la ONU, pidió a Lakhdar Brahimi, ex ministro de Asuntos Exteriores argelino, que realizara una gira por la región y presentara un informe al Consejo General de Naciones Unidas. Tras visitar trece países, entre ellos Afganistán, desde el 24 de agosto al 23 de septiembre, Brahimi llegó a unas conclusiones que movilizarían una mayor presión internacional sobre los vecinos de Afganistán para interrumpir la ayuda a los beligerantes. En octubre Annan estableció un grupo de países directamente afectados en Naciones Unidas. El grupo recibió el apodo de «Seis más Dos», pues estaba formado por los seis vecinos de Afganistán más Rusia y Estados Unidos.[18] Brahmini confiaba en que ese foro incitaría a Irán para que hablase con Paquistán y volviera a ponerse al lado de Washington con el fin de buscar la paz. Otro objetivo consistía en someter a Afganistán a un embargo de armamento e iniciar conversaciones entre las facciones afganas.

A mediados de noviembre, Annan añadió a estas medidas un informe demoledor sobre Afganistán en el Consejo de Seguridad de Naciones Unidas, en el que por primera vez empleaba un lenguaje de dureza sin concesiones, acusando a los países de la región, en especial a Irán y Paquistán, de fomentar el conflicto. Dijo que esos estados estaban utilizando a la ONU como una hoja de parra para seguir proporcionando ayuda a las facciones.[19]

17. Los dirigentes talibán aludieron a esos sentimientos ya en el mes de julio, en una conversación que mantuve con ellos en Kabul. En Paquistán, los *maulanas* Fazlur Rehman y Samiul Haq, dirigentes de facciones distintintas del Jamiat-e-Ulema Islam, que apoyaba a los talibán, afirmaron que la ONU era un nido de espías y antiislámicos y que habían pedido al *mulá* Omar que expulsara del país a sus agencias.

18. Los seis vecinos eran Paquistán, Irán, Turkmenistán, Uzbekistán, Tayikistán y China.

19. AFP, «UN chief slams outside forces for fuelling Afghan conflict», 9 de noviembre de 1997.

—El material militar y el apoyo financiero extranjero no disminuyen, alimentan este conflicto y hacen que las facciones hostiles carezcan de verdadero interés por establecer la paz—dijo Annan—. El continuo apoyo de esas fuerzas exteriores, combinado con la apatía de otras que no están directamente implicadas, hace que las iniciativas diplomáticas sean casi inaplicables.

Annan criticó también a los señores de la guerra:

—Los dirigentes afganos se niegan a elevarse por encima de sus intereses de facción y empezar a trabajar juntos por la reconciliación nacional. Demasiados grupos en Afganistán, señores de la guerra, terroristas, traficantes de drogas y otros, parecen tener mucho que ganar de una guerra y demasiado que perder si hay paz.[20]

Más adelante, en Teherán, Annan se dirigió a la cumbre de la Organización de la Conferencia Islámica (OIC) y criticó sin ambages su apatía en los intentos de resolución del conflicto. Tras años de negligencia, Afganistán aparecía en el orden del día de la diplomacia internacional, pero eso satisfizo poco a los talibán, decididos a conquistar el norte, y a sus adversarios, quienes estaban igualmente decididos a oponerles resistencia.

20. Informe del Secretario General, «The situation in Afghanistan and its implications for international peace and security», 14 de noviembre de 1997.

5

BAMIYAN (1998-1999).
LA GUERRA INTERMINABLE

En el Hazarajat, el país de los hazaras, en el Afganistán central, estaban a bajo cero. A las sombras que proyectaban los picos nevados de las montañas del Hindu Kush que rodean Bamiyan, niños hazaras de vientres abultados y rostros demacrados jugaban a su versión de un juego de policías y ladrones al que llamaban «talibán». Los hazaras pasaban hambre, y el juego consistía en tender una emboscada a un convoy de trigo talibán y llevar el grano a sus hambrientas familias. Los niños vivían de raíces, bayas y unas pocas patatas que sus padres se las ingeniaban para cultivar en unos campos minúsculos y pedregosos, en las empinadas laderas de los valles. Sólo el 10 por 100 del territorio del Hazarajat es cultivable, y aquel año se habían estropeado las cosechas de trigo y maíz.

Pero los hazaras también pasaban hambre simplemente por ser quienes eran. Desde agosto de 1997, a fin de obligarles a rendirse, los talibán habían cerrado todas las carreteras procedentes del sur, el oeste y el este que llegaban a la plaza fuerte natural de los hazaras en las montañas. No podían recibir ayuda del norte, donde la quiebra de la ley y el orden, la falta de alimentos y el cierre de los puertos de montaña a causa de la nieve imposibilitaba la llegada de los convoyes de alimentos a Bamiyan, que está situada a 2.500 metros de altitud. Trescientos mil hazaras en la provincia de Bamiyan ya pasaban hambre, mientras que otros setecientos mil en las tres provincias vecinas de Ghor, Wardak y Ghazni también sufrían carencias; un millón de personas en total.

Durante meses la ONU y su organización hermana, el Programa Mundial de Alimentos (PMA) habían llevado a cabo unas tortuosas negociaciones con los talibán para que permitieran el paso de los convoyes, pero ellos se negaron. Lo que frustraba aún más a la ONU era el hecho de que Paquistán hubiera firmado un contrato para proporcionar a los talibán 600.000 toneladas de trigo, pero sin tener el gesto humanitario de pedirles que levantaran su bloqueo de Bamiyan. Era la primera vez en los últimos veinte años de conflicto que una facción utilizaba los alimentos como arma de guerra contra otra, y ello demostraba la intensificación de las divisiones étnicas y sectarias que consumían Afganistán.

Los hazaras siempre habían sido un grupo desfavorecido entre todos los pashtunes, pero nunca hasta tal extremo. Según una teoría, estas gentes, de baja estatura, robustos y con claros rasgos mongoles, descendían de los cruces entre los guerreros mongoles de Gengis Khan y los pueblos indígenas tayiko y turco. En 1222 los defensores de Bamiyan mataron al nieto de Gengis Khan, y éste se vengó aniquilando a la población.[1] Durante los mil años anteriores a ese suceso, Bamiyan fue el centro del budismo en la India y un *serai* importante, un lugar de descanso para las caravanas de camellos que recorrían la antigua ruta de la seda, que unía el Imperio Romano con Asia Central, China y la India. Bamiyan siguió siendo la protectora y la capital del budismo en toda Asia Central y la India después de las conquistas islámicas. Un monje coreano, Hui-chao, que llegó a la ciudad en el año 827 de nuestra era, escribió que el rey de Bamiyan era todavía budista, y el Islam no llegó hasta el siglo XI, cuando los ghaznávidas lo establecieron en el valle.

En la ciudad se encuentran aún dos magníficos y colosales Budas del siglo II d. C. tallados en la superficie de un risco de arenisca. Ambas estatuas, una de cincuenta metros de altura y la otra de treinta y cuatro, están desgastadas y agrietadas por los elementos y les faltan las cabezas, pero aun así son asombrosas. Están talladas con los rasgos clásicos de todos los Budas subcontinentales, pero su atuendo es helénico pues representaban la peculiar unión del arte de la India clásica y de Asia Central con el helenismo introducido por los ejércitos de Alejandro Magno. Esos Budas eran una de las maravillas del mundo antiguo e iban a verlos peregrinos de China y la India.

En el pasado miles de monjes budistas vivieron en las cuevas y grutas abiertas en los riscos próximos a las estatuas. Las cuevas, cu-

---

1. Sayed Askar Mousavi, *The Hazaras of Afghanistan, an Historical, Cultural, Economic and Political Study*, Curzon Press, Londres, 1998. Ésta es la única obra reciente sobre los hazaras, que siguen siendo poco conocidos fuera de Afganistán.

biertas de estucos antiguos, estaban ahora habitadas por miles de refugiados hazaras que habían huido de Kabul. Los talibán amenazaron con volar a los colosos cuando capturasen Bamiyan, y las comunidades budistas de Japón y Sri Lanka protestaron vivamente. Entre tanto los talibán habían bombardeado en ocho ocasiones las montañas que se alzaban por encima de los Budas y habían causado más grietas en los nichos de arenisca donde estaban las figuras.

El Hazarajat permaneció prácticamente independiente hasta 1893, cuando fue conquistado por el rey pashtún Abdul Rehman, quien inició la destrucción de los hazaras, exterminó a miles de ellos y trasladó a varios miles más a Kabul, donde vivieron como siervos. También destruyó sus mezquitas. La población hazara, calculada entre tres y cuatro millones de personas, constituye el mayor grupo musulmán chiíta de Afganistán. La enemistad sectaria entre los pashtunes suníes y los hazaras chiítas era muy antigua, pero los talibán echaron leña al fuego, pues trataban a todos los chiítas como *munafaqeen*, hipócritas, que estaban fuera de los límites del Islam.

A los talibán les irritaba todavía más que las mujeres hazaras desempeñaran un importante papel político, social e incluso militar en la defensa de la región. El Consejo Central del partido Hibz-e-Wahadat de los hazaras constaba de ochenta miembros, doce de ellos mujeres en su mayoría profesionales instruidas. Las mujeres se encargaban de los programas de ayuda de la ONU y de llevar a efecto los esfuerzos del Wahadat para proporcionar instrucción básica, servicios sanitarios y planificación familiar. A menudo las mujeres combatían al lado de los hombres, y en mayo algunas de ellas habían matado a varios talibán en Mazar. Unas profesoras huidas de Kabul habían establecido una universidad en Bamiyan, probablemente la más pobre del mundo, cuyas aulas eran de barro y paja, carecían de electricidad y calefacción, y en la que los libros eran escasos.

—Detestamos a los talibán, pues están contra toda la civilización, la cultura afgana y las mujeres en particular—me dijo la doctora Humera Rahi, quien enseñaba literatura persa en la universidad y se había convertido en una importante poeta de la resistencia—. Han dado mala fama al Islam y al pueblo afgano.

A los talibán tampoco les gustaba la forma de vestir de las mujeres hazaras. La doctora Rahi y sus colegas llevaban falda y botas de tacón alto. La poesía de Humera Rahi parecía hacerse eco de la nueva confianza de los hazaras tras siglos de opresión a manos de los pashtunes.

«La victoria es tuya y Dios está contigo, victorioso ejército de Hazarajat. Que los pechos enemigos sean el blanco de tus fusiles. Eres el ganador, el victorioso, Dios está contigo. Mis plegarias a medianoche, mis lamentos al amanecer, los niños que exclaman: "¡Oh, Señor! ¡Oh, Señor!" y los suspiros y lágrimas de los oprimidos están contigo».[2]

A pesar del asedio y de las vejaciones y prejuicios con que los dirigentes pashtunes de Kabul habían tratado a los hazaras durante décadas, ahora contaban con ellos. En mayo los hazaras habían intervenido en la derrota de los talibán en Mazar, y volvieron a hacerlo en octubre de 1997. También habían rechazado los repetidos ataques talibán contra Bamiyan. Tiempo atrás, los hazaras habían constituido el tercer eslabón, el más débil, de la alianza entre uzbekos, tayikos y hazaras que se enfrentó a los talibán, pero ahora, con los uzbekos divididos y en desorden y los tayikos en una posición de estancamiento alrededor de Kabul, los hazaras percibían que había llegado su momento. «Estamos de espaldas al Hindu Kush, y ante nosotros están los talibán y sus seguidores en Paquistán. Moriremos, pero no nos rendiremos jamás», me dijo Qurban Ali Irfani, el provocativo vicepresidente del Wahadat, mientras estábamos sentados tratando de calentarnos ante una fogata de troncos, en una estancia que daba a los Budas espectacularmente iluminados por la luna.

Tenían una renovada confianza y se enorgullecían de su organización y su pericia como luchadores. «Salvamos al norte de los talibán», dijo Ahmed Sher, un soldado hazara de catorce años, quien llevaba dos combatiendo y sostenía su Kaláshnikov como un soldado profesional. Los hazaras no carecían de amigos. Irán les enviaba suministros militares gracias a la recién construida pista de aterrizaje, de tres kilómetros de longitud, en las afueras de Bamiyan, y Karim Jalili, el dirigente del Wahadat, se había pasado el invierno visitando Teherán, Moscú, Nueva Delhi y Ankara en busca de más ayuda militar.

2. La Dra. Rahi me dio varios de sus poemas cuando estuve en el Hazajarat, en diciembre de 1997. Agradezco la traducción a funcionarios de la ONU.

Pero los hazaras también se habían extendido demasiado. Había varias facciones entre ellos, todas ellas compitiendo por territorio, influencia y ayuda extranjera. Distintas facciones del Hizb-e-Wahadat controlaban las diversas zonas de Mazar, y se peleaban entre ellas así como con los uzbekos, por lo que habían convertido Mazar en una zona de guerra y la alianza antitalibán, en un caos político. Algunos agentes de los servicios de inteligencia iraní y ruso hicieron varios intentos de mediar entre Dostum, radicado entonces en Shiberghan, y los hazaras, así como entre las facciones hazaras, pero ninguno de los bandos quería comprometerse. En febrero de 1998, mientras uzbekos y hazaras libraban una lucha enconada en el interior de Mazar, Masud realizó una visita a Teherán para tratar de persuadir a los iraníes de que hicieran algo para salvar la alianza antitalibán antes de que fuese demasiado tarde. Entre tanto los talibán invernaban viendo cómo sus enemigos se peleaban entre ellos mientras estrechaban el cerco alrededor de Bamiyan y se preparaban para otro ataque contra Mazar.

La lucha prosiguió durante los meses invernales en la provincia occidental de Faryab, donde en enero los talibán llevaron a cabo otra matanza, esta vez de unos seiscientos aldeanos uzbekos. Los miembros de las organizaciones humanitarias occidentales que más adelante investigaron el incidente dijeron que los talibán sacaron a los civiles de sus casas, los pusieron en fila y los ametrallaron. La censura internacional de su proceder se intensificaba mientras ellos imponían en Kabul unas leyes islámicas y unos castigos más estrictos. La amputación de miembros en público, los azotes, las lapidaciones de mujeres y las ejecuciones se sucedían en Kabul y Kandahar una semana tras otra. El Día Internacional de la Mujer, el 8 de febrero de 1998, se dedicó a la penosa situación de las mujeres afganas bajo el dominio talibán. Una sesión del Senado norteamericano sobre el trato dado a las mujeres en Afganistán tuvo una amplia difusión, al igual que sucedió con la condena de la política talibán por parte de personajes como Hillary Clinton.

Los talibán emitieron nuevos edictos, determinando la longitud exacta de las barbas que debían dejarse los hombres y una lista de nombres musulmanes que debían imponerse a los recién nacidos. Cerraron las pocas escuelas nacionales para niñas que todavía funcionaban en Kabul, mientras la policía religiosa iba como loca expulsando a todas las mujeres de las calles de Kabul e insistiendo en que los cabezas de familia ennegrecieran las ventanas de sus casas para que las mujeres no fuesen visibles desde el exterior. Ahora se obligaba a las mujeres a permanecer siempre en sus casas, donde ni siquiera podía penetrar la luz del sol. Los talibán partidarios de la línea dura estaban decididos a expulsar de Afganistán a las agencias humanitarias de la ONU, y provocaron una serie de incidentes que pusieron a prueba hasta el límite la paciencia de la ONU.

El 24 de febrero de 1998 todo el personal de las Naciones Unidas se marchó de Kandahar interrumpiendo las operaciones humanitarias, después de que ciertos dirigentes talibán golpearan y amenazasen al personal de la ONU. El *mulá* Mohammed Hassan, el cojo gobernador de Kandahar, normalmente de modales suaves, arrojó una mesa y una silla a la cabeza de un funcionario de la ONU, y entonces trataron de estrangularlo, porque se había negado a pavimentar una calle de un pueblo de Hassan. En marzo, los talibán no permitieron que Alfredo Witschi-Cestari, quien dirigía las operaciones de ayuda humanitaria, visitara Kabul para mantener conversaciones. Y la ONU seguía muy frustrada debido al asedio del Hazarajat por parte de los talibán. Lakhdar Brahimi me dijo: «En el norte nuestras operaciones de ayuda son completamente inseguras, y en el sur, donde trabajamos con los talibán, lo pasamos muy mal. En el norte no hay ninguna autoridad y en el sur hay una autoridad muy difícil».[3]

A pesar de esos problemas, Brahimi trató de organizar una reunión entre los talibán y la alianza antitalibán. Aquéllos querían evitar a toda costa un encuentro con los dirigentes de la oposición, lo que les daría más legitimidad, y sugirieron una reunión de los *ulema* de ambos bandos. Durante varios meses discutieron sobre quiénes estaban cualificados para ser *ulema*. La ONU pidió ayuda a Estados Unidos, y Bill Richardson, nombrado por el presidente Clinton como mediador en las discordias exteriores, y el embajador de Estados Unidos en Naciones Unidas realizaron una visita diplomática a Afganistán el 17 de abril de 1998, y persuadieron a ambos bandos para que convocaran la reunión de los *ulema*.

Ambos bandos intentaban cortejar a Estados Unidos, y el extra-

3. Entrevista con Lakhdar Brahimi, 8 de abril de 1997.

vagante Richardson recibió una calurosa bienvenida. Lo colmaron de regalos, alfombras, jaques y turbantes. En Kabul los talibán permitieron que los equipos de televisión norteamericanos que acompañaban a los enviados filmaran a sus dirigentes y, por primera vez, como cortesía hacia Richardson, pospusieron su espectáculo público habitual de los viernes, consistente en azotes y amputaciones, en el estadio de fútbol de la ciudad. Pero aunque los dirigentes talibán de Kabul prometieron mitigar el asedio de Hazarajat y discutir su manera de tratar a las mujeres con la ONU, el *mulá* Omar rechazó el acuerdo sólo unas horas después de que Richardson se hubiera marchado.

Los *ulema* se reunieron en Islamabad bajo los auspicios de la ONU a fines de abril, y tras cuatro días de conversaciones cada bando accedió a nombrar veinte *ulema* para que formaran una comisión de paz que decidiría sobre cuestiones como el alto el fuego, levantar el asedio talibán de Hazarajat y un intercambio de prisioneros. Sin embargo, los talibán se negaron entonces a nombrar a su delegación, y en el mes de mayo se había desbaratado otro proceso de paz al tiempo que los talibán preparaban una nueva ofensiva.

Algunas de las medidas que tomaron hacían inevitable un nuevo enfrentamiento con la ONU. En junio, los talibán prohibieron a todas las mujeres asistir a los hospitales generales, y ordenaron que todas las musulmanas que trabajaban para la ONU y viajaban a Afganistán fuesen acompañadas por un *mehram* o pariente consanguíneo, una exigencia imposible de cumplir, sobre todo porque las agencias de la ONU habían incrementado el número de asistentes humanitarias musulmanas, precisamente para satisfacer las demandas de los talibán y tener acceso a las mujeres afganas. Entonces los talibán insistieron en que todas las ONG que trabajaban en Kabul trasladaran sus oficinas y se establecieran en el edificio destruido del Colegio Politécnico. Veintidós de las treinta ONG votaron por marcharse de Kabul si los talibán no retiraban su exigencia, pero los talibán respondieron que el asunto era innegociable.

Mientras la Unión Europea suspendía toda la ayuda humanitaria a las zonas bajo control talibán, Brahimi realizó unas provocativas declaraciones públicas sobre su frustración ante la actitud de Naciones Unidas: «Esta organización nos aplica unos edictos que nos impiden llevar a cabo nuestro trabajo—afirmó—. Los talibán deben saber que no sólo lo que uno puede aguantar tiene un límite, sino que estamos sometidos a presiones crecientes, en particular de la comunidad de donantes para que digamos que hay un límite».[4] Los talibán se negaron a moderarse y el 20 de julio de 1998 obligaron a cerrar todas las oficinas de las ONG y se inició la salida de Kabul de los miembros de las agencias de ayuda humanitaria. Ese mismo día se encontraron en Jalalabad los cadáveres de dos afganos que trabajaban para agencias humanitarias de la ONU, Mohammed Habibi, del ACNUR, y Mohammed Bahsaryar, del PMA, quienes habían sido raptados anteriormente. Los talibán no ofrecieron ninguna explicación de sus muertes.

Kabul tenía una población de 1.200.000 habitantes, más de la mitad de los cuales se beneficiaban de uno u otro modo de las ONG, y cuando la ayuda que éstas canalizaban se interrumpió, los principales perjudicados fueron las mujeres y los niños. La distribución de alimentos, los cuidados sanitarios y la frágil distribución de agua de la ciudad resultaron gravemente afectados. Mientras la gente sacudía ollas y cubos vacíos al paso de los todoterrenos talibán, la respuesta de éstos a la población era característica de su carencia de preocupación social. El ministro de Planificación, Qasi Din Mohammed, insistía en que ellos no habían expulsado a las ONG.[5]

Entre tanto, los talibán habían persuadido a Paquistán y Arabia Saudí para que apoyaran otra ofensiva a fin de apoderarse del norte. El jefe de los servicios secretos saudíes, el príncipe Turki al Faisal, visitó Kandahar a mediados de junio, tras lo que los saudíes proporcionaron a los talibán cuatrocientas camionetas de caja descubierta, así como ayuda financiera. El ISI paquistaní había destinado un presupuesto de unos dos mil millones de rupias (cinco millones de dólares) para financiar el apoyo logístico que necesitaban los talibán. Funcionarios del ISI visitaban Kandahar con frecuencia para ayudar a los talibán en la preparación del ataque, mientras miles de nuevos reclutas afganos y paquistaníes procedentes de los campos de refugiados y las *madrasas* llegaban para engrosar las filas

4. Barbara Crossete, «UN'S impatience grows over Afghan restrictions on Aid workers», *New York Times*, 14 de julio de 1998.
5. AFP, «Taliban reject warnings of aid-pull-out», 16 de julio de 1998.

de los talibán. Entre tanto, en el mes de marzo Irán, Rusia y Uzbekistán empezaron a entregar armas, municiones y combustible a la alianza antitalibán.[6] Mientras Irán enviaba por vía aérea cargamentos de armas a los hazaras directamente desde Meshad a Bamiyan, rusos e iraníes proporcionaban armamento a Masud en una base aérea de Kuliab, al sur de Tayikistán, desde donde las transportaban a Afganistán.

En julio, los talibán se extendieron hacia el norte desde Herat y el 12 de julio tomaron Maimana, tras derrotar a las fuerzas de Dostum y apoderarse de cien tanques y vehículos y unos ochocientos soldados uzbekos, a la mayoría de los cuales asesinaron. El 1 de agosto de 1998, los talibán capturaron el cuartel general de Dostum en Shibergham, después de que varios de sus jefes aceptaran sobornos de los talibán y cambiaran de bando. Dostum huyó a Uzbekistán y más adelante a Turquía. Desmoralizados por la deserción de Dostum, otros jefes uzbekos que protegían la carretera occidental que enlazaba con Mazar también aceptaron sobornos y expusieron así a la fuerza hazara formada por unos 1.500 hombres que estaba en las afueras de la ciudad, a un ataque talibán por sorpresa. El ataque se produjo en las primeras horas del 8 de agosto de 1998, cuando las fuerzas hazaras se vieron de improviso rodeadas. Lucharon hasta quedarse sin municiones y sólo sobrevivió un centenar de hombres. A las diez de la mañana las primeras camionetas talibán entraron en Mazar, mientras la gente, que no sospechaba nada, se dedicaba a sus actividades cotidianas.[7]

Entonces se produjo otra matanza brutal, de ferocidad genocida, cuando los talibán se vengaron de las pérdidas que habían sufrido el año anterior. Más adelante, un jefe talibán dijo que el *mulá* Omar les había dado permiso para matar durante dos horas, pero la matanza se prolongó dos días. Lo hicieron con frenesí, recorriendo con las camionetas las estrechas calles de Mazar y disparando a derecha e izquierda contra todo lo que se movía, ten-

---

6. Entrevistas con funcionarios paquistaníes y diplomáticos extranjeros en Islamabad, marzo de 1998. Véase también Ahmed Rashid, «Massive arms supplies reach all Afghan factions», *The Nation*, 13 de marzo de 1998.

7. Michael Winchester, «Ethnic cleansing in Afghanistan», *Asianweek*, 6 de noviembre de 1998.

deros, hombres que tiraban de carritos, mujeres con niños que estaban en las tiendas y hasta cabras y asnos. Sin hacer caso de los mandamientos islámicos, que ordenan el entierro inmediato, dejaron abandonados los cadáveres en las calles para que se pudrieran.

—Disparaban sin previo aviso contra cualquiera que estuviese en la calle, sin discriminar entre hombres, mujeres y niños—me dijo un tayiko que logró huir de la matanza—. Pronto las calles estuvieron cubiertas de muertos y de sangre. Durante los primeros seis días no permitieron que nadie enterrara los cuerpos. Los perros comían carne humana y enloquecían, y pronto el hedor se hizo intolerable.[8]

La gente corría a refugiarse en sus casas, pero los soldados talibán irrumpían en los hogares y mataban a sus ocupantes.

—Disparaban tres veces a los hombres, una en la cabeza, otra en el pecho y otra en los testículos—me dijo el mismo testigo—. Los que sobrevivían, enterraban a sus muertos en los jardines. A las mujeres las violaban.

—Cuando entraron en nuestra casa, mataron a mi marido y a dos de sus hermanos—me informó una viuda tayiko de cuarenta años—. Dispararon tres veces contra cada uno, y entonces los degollaron a la manera *halal*.[9]

Tras el primer día de matanza indiscriminada, los talibán volvieron a concentrarse en los hazaras. Como no querían repetir su error del año anterior, cuando entraron en Mazar sin guías, esta vez habían reclutado a pashtunes locales, uno de ellos leal a Hikmetyar, que conocían bien la ciudad. Durante varios días, esos combatientes pashtunes de Balj guiaron a los grupos de búsqueda talibán hasta los hogares de los hazaras. Pero los talibán estaban descontrolados y las matanzas arbitrarias continuaron, incluso las de quienes no eran hazaras. «Vi que habían matado a un muchacho tayiko. El *talib* estaba todavía allí y su padre le gritaba: "¿Por qué has matado a mi

---

8. Entrevistas con supervivientes que finalmente huyeron a Paquistán, dirigidas por el ACNUR. Informe privado del ACNUR enviado al secretario general de la ONU.

9. El *halal* es el método islámico ritual de matar a un animal para utilizar su carne, degollándolo para que se vierta la sangre.

hijo? Somos tayikos". El *talib* respondió: "¿Por qué no lo has dicho?". Y el padre replicó: "¿Lo has preguntado para que te pudiera responder?"».[10]

Miles de hazaras fueron llevados a la cárcel de Mazar y, cuando estuvo llena, los metieron en contenedores cerrados donde los prisioneros se asfixiaban. Llevaron algunos de esos contenedores al desierto de Dasht-e-Laili, cerca de Mazar, y allí mataron a los prisioneros, una venganza directa por el tratamiento similar que habían recibido los talibán en 1997.

—Llevaron los contenedores de Mazar a Shiberghan—dijo otro testigo—. Cuando abrieron la portezuela de un camión, sólo tres personas estaban vivas. Unas trescientas habían muerto. A los tres supervivientes los llevaron a la cárcel. Vi todo esto desde donde estaba sentado.[11]

En los días siguientes, decenas de miles de civiles intentaron huir a pie de Mazar, en largas columnas, y los talibán mataron a muchos más con sus bombardeos aéreos.

El objetivo de los talibán era limpiar el norte de chiítas. El *mulá* Niazi, el jefe militar que ordenara el asesinato de Najibulá, fue nombrado gobernador de Mazar y, horas después de haber tomado la ciudad, los *mulás* talibán proclamaban desde las mezquitas de la ciudad que los chiítas tenían tres opciones: convertirse al Islam suní, marcharse al Irán chiíta o morir. Se prohibieron los servicios religiosos dirigidos por los chiítas en las mezquitas.

—El año pasado os rebelasteis contra nosotros y nos matasteis— declaró Niazi desde la mezquita central de Mazar—. Nos disparasteis desde vuestras casas. Ahora estamos aquí para hacer un trato con vosotros. Los hazaras no son musulmanes y ahora tenemos que matarlos. O bien aceptáis ser musulmanes o bien os vais de Afganistán. A donde quiera que vayáis os daremos alcance. Si subís, os haremos bajar tirándoos de los pies; si os escondéis debajo, os haremos salir tirándoos del pelo.[12]

Como dijo el historiador romano Tácito de la conquista romana

---

10. Informe de Human Rights Watch, «La matanza de Mazar-e-Sharif, Afganistán», noviembre de 1998.

11. Informe de Human Rights Watch arriba indicado.

12. Informe de Human Rights Watch arriba indicado.

de Bretaña, «el ejército romano creó la desolación y la llamó paz».

Sin observadores independientes que realizaran un recuento de las víctimas, era imposible calcular el número de muertos, pero más adelante la ONU y la Cruz Roja Internacional calcularon que murieron entre cinco y seis mil personas. Posteriormente se tuvo la certeza de que a lo largo de la ruta seguida por los talibán habían tenido lugar matanzas similares de uzbekos y tayikos, en Maimana y Shiberghan. Mi propio cálculo es que en julio y agosto mataron entre seis mil y ocho mil civiles, contando las fuertes bajas en las tropas antitalibán. Pero el objetivo de los talibán de aterrorizar a la población, a fin de que posteriormente no se alzaran contra ellos, seguiría sin cumplirse.

En Mazar, los talibán atacarían a otro grupo, un acto que iba a provocar una tormenta de protestas internacionales y que les pondría al borde de la guerra con Irán. Una pequeña unidad talibán dirigida por el *mulá* Dost Mohammed y en la que estaban integrados varios militantes paquistaníes del partido antichiíta Sipah-e-Sahaba, entró en el consulado iraní en Mazar, hacinó a once diplomáticos, miembros de los servicios secretos y un periodista, todos ellos iraníes, en el sótano y los abatieron a tiros. Anteriormente Teherán se había puesto en contacto con el gobierno de Paquistán para garantizar la seguridad de su consulado, porque los iraníes sabían que los funcionarios del ISI habían entrado en Mazar con los talibán. Los iraníes habían creído que les enviaban la unidad de Dost Mohammed para protegerlos, por lo que al principio los recibieron de buen grado.[13] Los talibán también habían capturado a cuarenta y cinco camioneros iraníes que transportaban armamento para los hazaras.

Primero, los talibán se negaron a admitir el paradero de los diplomáticos, pero luego, a medida que aumentaban las protestas internacionales y la cólera de los iraníes, admitieron la ejecución, añadiendo, sin embargo, que ésta no había obedecido a órdenes oficiales sino que había sido llevada a cabo por unos talibán renegados. Sin embargo, fuentes dignas de crédito dijeron que Dost Mohammed había hablado con el *mulá* Omar por radio para pregun-

13. Entrevistas con diplomáticos y funcionarios de los servicios secretos paquistaníes, así como diplomáticos iraníes y turcomanos, Asjabad e Islamabad, agosto de 1998.

tarle si debían matar a los diplomáticos, y Omar les dijo que sí. Tanto si era cierto como si no, los iraníes dieron crédito a esta versión. Irónicamente, más adelante Dost Mohammed acabaría encarcelado en Kandahar, porque se había traído a dos concubinas hazaras y su esposa se quejó al *mulá* Omar. Los talibán raptaron y tomaron como concubinas a unas cuatrocientas mujeres hazaras.[14]

La victoria de los talibán, su control de la mayor parte de Afganistán y su expectativa, alimentada por los funcionarios paquistaníes, de que ahora recibirían el reconocimiento internacional, constituyeron en parte el estímulo que llevó a su huésped, el disidente saudí Osama Bin Laden, a ser más audaz en su *yihad* declarada contra los Estados Unidos y la familia real saudí. El 7 de agosto de 1998, unos simpatizantes de Bin Laden volaron las embajadas de Estados Unidos en Kenia y Tanzania con un saldo de 224 muertos y 4.500 heridos. Estas acciones impulsaron a Estados Unidos a lanzar ataques con misiles contra los campos de adiestramiento de Bin Laden en el nordeste de Afganistán el 20 de agosto de 1998. Docenas de misiles de crucero alcanzaron seis blancos, mataron a veinte personas e hirieron a otras treinta. Portavoces norteamericanos afirmaron que Bin Laden había estado presente pero salió ileso del ataque. De hecho, las bajas árabes fueron escasas. La mayoría de los muertos eran paquistaníes y afganos que se adiestraban para combatir en la Cachemira controlada por la India.

Los talibán estaban indignados y organizaron manifestaciones en las ciudades afganas para protestar de los ataques. Funcionarios de la ONU fueron atacados por las turbas en varias ciudades. El *mulá* Omar execró personalmente a Clinton:

—Si el ataque contra Afganistán ha sido una decisión personal de Clinton, lo ha hecho para desviar la atención del mundo y la del pueblo norteamericano del vergonzoso asunto en la Casa Blanca que ha demostrado que Clinton es un mentiroso y un hombre sin decencia ni honor—dijo Omar, refiriéndose al asunto de Monica Lewinsky.

Omar insistió en que Bin Laden era un huésped no sólo de los talibán sino del pueblo de Afganistán, y que los talibán nunca lo en-

14. Comunicación personal de un funcionario internacional que entrevistó a internos en la prisión de Kandahar.

tregarían a Estados Unidos, y añadió Omar en esa ocasión, «el mayor terrorista del mundo».[15] Mientras los funcionarios de la ONU abandonaban Kabul debido a la creciente inseguridad, unos pistoleros mataron a un oficial italiano de la ONU e hirieron a un diplomático francés. Los dos pistoleros, Haq Nawaz y Salim, ambos de Rawalpindi, a quienes los talibán detuvieron y encarcelaron, eran militantes islámicos paquistaníes del grupo Harkat ul Ansar.

En lugar de tratar de apaciguar a sus críticos internacionales y a Irán, los talibán lanzaron una ofensiva sobre Bamiyan desde todas las direcciones, y la ciudad cayó el 13 de septiembre de 1998, después de que varios jefes hazaras se les rindieran. Karim Jalili y otros dirigentes del Wahadat, junto con gran parte de los ciudadanos, huyeron a las colinas en cuanto empezaron a entrar las tropas talibán. Esta vez, debido a los repetidos llamamientos internacionales para que se respetaran los derechos humanos, el *mulá* Omar ordenó a sus hombres que no atacaran a los civiles hazaras. Sin embargo, pocas semanas después de que llegaran los talibán se llevaron a cabo asesinatos en Bamiyan. En un pueblo cerca de la ciudad, mataron a cincuenta ancianos que se habían quedado allí cuando los habitantes más jóvenes huyeron.[16]

El 18 de septiembre, sólo cinco días después de que hubieran ocupado Bamiyan, ocurrió otra tragedia: los combatientes talibán dinamitaron la cabeza de la estatua de Buda más pequeña destrozándole la cara. Lanzaron cohetes contra la entrepierna de la estatua, dañaron sus lujosos pliegues y destruyeron los detallados frescos en las paredes del nicho que albergaba la estatua. Los dos Budas, la herencia arqueológica más importante de Afganistán, habían permanecido en pie durante casi dos mil años, y resistido los ataques de los mongoles. Ahora los talibán los destruían. Era un desmán que no podía justificarse en absoluto recurriendo a los mandatos del Islam.

Para los iraníes la caída de Bamiyan fue la gota que desbordó el vaso. Dijeron que tenían derecho a defenderse bajo la ley internacional y la Carta de Naciones Unidas, a emprender las acciones necesarias contra los talibán, exactamente el mismo argumento utili-

15. Reuters, «Taliban blame Clinton scam for attacks», 21 de agosto de 1998.
16. Comunicación personal desde Bamiyan.

zado por Washington para justificar su ataque con misiles. Al cabo de una semana, el dirigente supremo de Irán, el ayatolá Ali Jomenei, advirtió que iba a desencadenarse una guerra enorme que podría abismar a toda la región. Acusó a Paquistán de utilizar tropas y aviones en la captura de Bamiyan, lo que Islamabad negó. Las relaciones entre Irán y Paquistán llegaron a su punto más bajo, mientras Teherán se preparaba para la guerra. Setenta mil guardias revolucionarios iraníes, apoyados por tanques y aviones, iniciaron los ejercicios militares de mayor envergadura que se habían realizado jamás a lo largo de la frontera entre Irán y Afganistán. En octubre, unos 200.000 soldados del ejército regular iraní emprendieron otra serie de ejercicios en la frontera, mientras los talibán movilizaban a unos cinco mil combatientes para prevenir una inesperada invasión iraní.

Al tiempo que el Consejo de Seguridad de la ONU expresaba sus temores de un ataque iraní generalizado, envió nuevamente a Lakhdar Brahimi a la región. Las tensiones militares entre Irán y los talibán sólo se redujeron cuando Brahimi se reunió con el *mulá* Omar en Kandahar el 14 de octubre de 1998. Era la primera vez que Omar se reunía con un funcionario de la ONU o un diplomático extranjero que no fuese paquistaní. Omar accedió a liberar a todos los camioneros iraníes y a devolver los cadáveres de los diplomáticos iraníes a la vez que prometía mejorar las relaciones con la ONU.

El enfrentamiento de los talibán con Irán había dado a Masud el tiempo y el espacio necesarios para reagrupar sus fuerzas y los restantes combatientes uzbekos y hazaras, que no se habían rendido. Al mismo tiempo recibió nuevos suministros de armas, incluidos vehículos y helicópteros, enviados desde Rusia e Irán. Masud lanzó una serie de ataques relámpago bien coordinados en el nordeste y arrebató a los talibán una enorme extensión de territorio, junto con la delicada frontera de Afganistán con Tayikistán y Uzbekistán. Durante los meses de octubre y noviembre hubo unas dos mil bajas talibán, mientras las guarniciones desmoralizadas, mal abastecidas y atormentadas por el frío luchaban brevemente y se rendían a Masud. El 7 de diciembre de 1998 Masud convocó una reunión de todos los jefes militares que se oponían a los talibán en el valle del Panjshir. El derrumbe de los liderazgos hazara y uzbeko había dejado a Masud y sus tayikos en la cima del poder, y los jefes, entre ellos varios pashtunes importantes, nombraron a Masud comandante en jefe de todas las fuerzas antitalibán.

La ofensiva talibán, la matanza de hazaras y el enfrentamiento con Irán, junto con la crisis producida por el ataque de los misiles de crucero estadounidenses, habían socavado de una manera espectacular el frágil equilibrio de poder en la región. La limpieza radical de los talibán también había enfurecido a Rusia, Turquía y los estados de Asia Central, que culparon a Paquistán y Arabia Saudí por haber apoyado a los talibán. La intensa guerra verbal aumentó la polarización regional entre los dos bloques de estados. El 25 de agosto de 1998, los ministros de Asuntos Exteriores y Defensa de Kazajistán, Kirguizistán, Uzbekistán y Tayikistán, junto con funcionarios rusos, se reunieron en Tashkent para coordinar los planes conjuntos militar y político a fin de detener el avance de los talibán.

Las consecuencias de la intensificación bélica en la región fueron enormes: existía el peligro de una guerra entre Irán y los talibán que también podría absorber a Paquistán en el bando de los talibán; los inversores occidentales y las compañías petroleras temían efectuar nuevas inversiones en las naciones del Caspio; el peligro del fundamentalismo islámico se extendía a los estados de Asia Central ya económicamente empobrecidos, y el sentimiento antinorteamericano en toda la región iba en aumento; Paquistán se polarizaba cada vez más mientras que los partidos islámicos exigían la islamización.

La comunidad internacional seguía frustrada por la intransigencia de los talibán al negarse a establecer un gobierno de amplia base, cambiar su postura con respecto a las mujeres y aceptar unas normas de conducta diplomáticas. Las agencias de ayuda humanitaria de la ONU no podían regresar a Kabul. Washington estaba ahora obsesionado con la captura de Bin Laden y la negativa de los talibán a entregarlo. Incluso Arabia Saudí, un estrecho aliado que se sentía insultado por la protección que los talibán daban a Bin Laden, retiró su representación diplomática de Kabul y suspendió por completo la financiación oficial de los talibán, dejando a Paquistán como su único proveedor.

Estas frustraciones internacionales llevaron al Consejo de Seguridad de la ONU, el 8 de diciembre de 1998, a la resolución más dura sobre Afganistán. La resolución amenazaba con unas sanciones no especificadas contra los talibán por dar cobijo a terroristas internacionales, violar los derechos humanos, promover el tráfico de drogas y negarse a aceptar el alto el fuego. «El terrorismo que tiene su base en Afganistán se ha convertido en una plaga», dijo la representante de Estados Unidos, Nancy Soderberg.[17] Paquistán fue el único país que no apoyó la resolución, por considerarla sesgada, y por entonces Paquistán estaba tan internacionalmente aislado como los talibán.

A principios de 1999, la creciente presión de Naciones Unidas, Estados Unidos y otros países obligó a ambos bandos a sentarse de nuevo ante la mesa de negociaciones. El 11 de marzo de 1999, bajo los auspicios de la ONU, las delegaciones de los talibán y la oposición se reunieron para celebrar conversaciones en Ashjabab. Las conversaciones finalizaron con una nota de esperanza, pues ambos bandos accedieron a intercambiar prisioneros y seguir negociando. Pero en abril, el *mulá* Omar descartó las conversaciones acusando a Masud de duplicidad. De hecho, ambos bandos habían utilizado la tregua y las conversaciones para preparar una renovada ofensiva en primavera. El 7 de abril de 1999, Masud se reunió con el ministro de Defensa ruso, Igor Sergeyev, en Dushanbe, mientras Rusia anunciaba que construiría una nueva base militar en Tayikistán. Era evidente que parte del cometido de esa base sería incrementar la ayuda militar a Masud. Los mismos talibán se estaban equipando de nuevo y reclutaban más estudiantes en las *madrasas* paquistaníes. Masud y los hazaras lanzaron una serie de ataques en el nordeste y el Hazarajat. Con un espectacular movimiento inverso, las tropas del Wahadat reconquistaron Bamiyan el 21 de abril de 1999. El norte volvía a estar en llamas mientras la lucha se extendía y los esfuerzos de Estados Unidos por establecer la paz eran una vez más nulos.

A principios de 1998, Kofi Annan había advertido: «En un país de veinte millones de habitantes, 50.000 hombres armados convierten en rehén a toda la población».[18] Hacia finales de 1998, Annan

17. Informe del Consejo General de Seguridad, 8 de diciembre de 1998.
18. Nora Boustany, «Busy are the peacemakers», *Washington Post*, 10 de enero de 1998.

habló en un tono amenazador de «la perspectiva de una regionalización más profunda del conflicto», en la que Afganistán se había convertido en «el escenario para una versión del Gran Juego».[19] En vez de traer la paz, las victorias de los talibán y sus matanzas de los pueblos del norte sólo habían llevado a Afganistán todavía más cerca del borde de la fragmentación étnica.

Las sombrías predicciones de Annan parecieron confirmarse a fines de año, cuando Lakhdar Brahimi, el mediador de la ONU, anunció su dimisión. Culpó a los talibán de su intransigencia, al apoyo que les daban miles de estudiantes de las *madrasas* paquistaníes y la constante interferencia exterior. Su dimisión, presentada en octubre, siguió a dos ofensivas talibán en julio y septiembre, que intentaron expulsar a las fuerzas de Masud de la región de Kabul e interrumpir sus conexiones de suministros con Tayikistán en el norte.

Ambas ofensivas fracasaron, pero los talibán llevaron a cabo una sangrienta política de tierra quemada al norte de la capital, que ocasionó la huida de unas 200.000 personas y la devastación del valle de Shomali, una de las regiones más fértiles del país. Cuando llegó el invierno, decenas de miles de refugiados que, con las fuerzas de Masud, se habían cobijado en el valle del Panjshir y con los talibán en Kabul, experimentaron agudamente las carencias de alimentos y cobijo.

Tras la dimisión de Brahimi hubo una reacción mucho más dura por parte de la comunidad internacional. El 15 de octubre, el Consejo de Seguridad de la ONU impuso unánimemente unas sanciones limitadas a los talibán: prohibía los vuelos comerciales a y desde Afganistán e inmovilizaba las cuentas bancarias de los talibán en todo el mundo, mientras Washington aumentaba la presión sobre los talibán para que entregaran a Bin Laden. Los talibán se enfrentaban ahora a un aislamiento internacional absoluto y el golpe militar que tuvo lugar en Paquistán el 12 de octubre planteaba por primera vez la posibilidad de que ese país se distanciara de los talibán.

19. Informe del Consejo de Seguridad de la ONU, 9 de diciembre de 1998.

SEGUNDA PARTE

EL ISLAM Y LOS TALIBÁN

1

EL DESAFÍO AL ISLAM. EL NUEVO ESTILO DE FUNDAMENTALISMO DE LOS TALIBÁN

El Islam siempre ha tenido una importancia fundamental para los afganos corrientes. Tanto con el rezo de las plegarias cinco veces al día, como ayunando en el Ramadán o dando la *zakat*, una contribución islámica para los pobres, pocos pueblos musulmanes del mundo observan los rituales y la piedad del Islam con tal regularidad y emoción como los afganos. El Islam ha sido la base para la unidad de los pueblos diversos y multiétnicos de Afganistán, mientras que la *yihad* ha solido aportar el principal factor de movilización del nacionalismo afgano, durante la resistencia contra los británicos y los rusos.

Rico o pobre, comunista, rey o muyahidín importa poco. En 1988, cuando me reuní con el ex monarca Zahir Shah en Roma, él interrumpió discretamente la entrevista para entrar en la habitación contigua y dedicarse a la oración. Los ministros comunistas rezaban en sus despachos. Los guerreros muyahidín interrumpían la lucha para rezar. El *mulá* Omar se pasa horas sobre la estera de oraciones y, a menudo, se entrega a sus pensamientos estratégicos después de rezar. Ahmad Shah Masud hace pausas mientras dirige una batalla para rezar y, entonces, se sume en un profundo silencio espiritual mientras los cañones atronan y las comunicaciones radiofónicas llenan el aire.

Pero ningún afgano puede insistir en que el musulmán que está a su lado rece también. Tradicionalmente, el Islam ha sido muy tolerante en Afganistán, hacia otras sectas musulmanas y otras religiones y estilos de vida modernos. No se tiene noticia de que los *mulás* afganos hayan impuesto jamás el Islam a la gente, y sólo en fecha reciente el sectarismo se ha convertido en un problema político. Hasta 1922, hindúes, sijs y judíos desempeñaron un papel importante en la economía del país. Controlaban tradicionalmente el mercado del dinero en los centros urbanos y, cuando los reyes afganos iban a la guerra, solían tomarles capital en préstamo.

Después de 1992, la brutal guerra civil destruyó la antigua tolerancia y el consenso que caracterizaban a los afganos. La guerra civil ha dividido a las sectas y los grupos islámicos de un modo antes inimaginable para los afganos corrientes. La matanza de hazaras en Kabul perpetrada por Masud en 1995, la de talibán que llevaron a cabo los hazaras en Mazar en 1997, y la de hazaras y uzbekos a manos de los talibán en 1998 no tienen ningún precedente en la historia afgana y tal vez hayan dañado de manera irreparable el tejido anímico nacional y religioso del país. El programa talibán, intencionadamente contrario a los chiítas, ha denigrado al Islam y la unidad del país, mientras grupos minoritarios trataban de huir. Por primera vez en la historia de Afganistán, el factor unificador del Islam se ha convertido en un arma letal en manos de los extremistas, una fuerza de división, fragmentación y enorme sangría.

El 90 por 100 de los afganos pertenecen a la secta suní hanafi, la más liberal de las cuatro escuelas de pensamiento suní.[1] Las sectas minoritarias eran pocas y estaban diseminadas por la periferia del país. El islamismo chiíta predomina entre los hazaras en el Hazarajat, un puñado de tribus pashtunes, unos pocos clanes tayikos y algunos heratis. Los ismaelíes, seguidores del Agha Khan, siguen una rama del chiísmo. Siempre han vivido en el inaccesible nordeste, contiguo a las comunidades ismaelitas en las montañas del Pamir, que hoy constituyen el Tayikistán oriental y el norte de Paquistán. El Agha Khan nombró jefe de la comunidad al dirigente ismaelita Syed Nadir Shah Hussain, fallecido en 1971. Sus hijos han dirigido la comunidad ismaelita desde entonces y han jugado un papel importante en la alianza antitalibán. Los hindúes y sijs que llegaron acompañando como no combatientes al ejército británico en el siglo XIX, en 1998 habían abandonado el país en su mayor parte, lo mismo que los judíos bujaran, aunque quedaban algunas docenas de ellos.

El credo suní hanafi es en esencia no jerárquico y descentraliza-

---

1. Las cuatro escuelas de ley islámica que se desarrollaron en el siglo IX fueron habafi, maliki, shafi y hanbali. La hanafi se basaba en las prácticas acostumbradas y era la más fácil de seguir.

do, lo que ha causado a los gobernantes del siglo xx dificultades para incorporar sus dirigentes religiosos a unos sistemas estatales fuertemente centralizados. Pero durante siglos esto convino de manera admirable a la dispersa confederación afgana. El Islam tradicional en Afganistán creía en la conveniencia del mínimo gobierno, con una interferencia estatal tan escasa y tan pequeña como fuese posible. La tribu y la comunidad tomaban las decisiones cotidianas. Entre los pashtunes, los *mulás* de aldea, aunque en su mayor parte carentes de educación, aseguraban que la mezquita fuese el centro de la vida del pueblo. Los estudiantes o *talibs* estudiaban en las pequeñas *madrasas* diseminadas por las zonas tribales. En tiempos medievales Herat era el centro del sistema de *madrasas* de Afganistán, pero a partir del siglo xvii los estudiosos afganos viajaron a Asia Central, Egipto y la India para estudiar en las *madrasas* más renombradas a fin de unirse a las filas de los *ulema*.[2]

El Islam estaba también profundamente arraigado en Afganistán porque la ley de la *sharia* gobernaba los procedimientos legales desde 1925, cuando el rey Amanullah empezó a introducir un código legal civil y el estado se dedicó a adiestrar a los *ulema* para que llegaran a ser *qazis* o jueces islámicos. En 1946 se estableció una facultad de *sharia* en la Universidad de Kabul, que se convirtió en el centro principal para integrar el nuevo código civil con la *sharia*. Esta fusión de lo tradicional con lo moderno tuvo su epítome en Mohammed Musa Shafiq, el último primer ministro bajo la monarquía que fue derribada en 1973. Shafiq estudió en una *madrasa* y en la Facultad de la *sharia* en Kabul, tras lo cual fue a estudiar a la universidad neoyorquina de Columbia. En 1979, cuando los comunistas lo ejecutaron, su muerte fue muy llorada.[3]

En estas condiciones, no fue nada sorprendente que, en 1979, los *mulás* no se unieran a los partidos muyahidín islámicos radicales, sino a los partidos de base tribal más tradicional, como el Harakat

2. El programa de estudios de estas *madrasas* consiste en el aprendizaje del Corán de memoria, la interpretación del Corán, jurisprudencia islámica, ley islámica, vida y dichos del profeta Mahoma, difusión de la palabra de Dios, filosofía islámica, lengua árabe y matemáticas.

3. Ralph Magnus y Eden Naby, *Afghanistan, Mullah, Marx and Mujahid*, Harper Collins, India, 1998. Agradezco a los autores su perspicaz historia del Islam en Afganistán.

Inquilabi-Islami, dirigido por el *maulana* Mohammed Nabi Mohammedi, y el Hizb-e-Islami, a cuyo frente estaba el *maulvi* Younis Khalis. Ambos hombres eran *maulvis* que habían estudiado durante algún tiempo en la *madrasa* Haqqania de Paquistán y luego habían establecido sus propias *madrasas* dentro de Afganistán. Tras la invasión soviética, crearon organizaciones dispersas descentralizadas carentes de ideología y jerarquía, pero fueron rápidamente derrotados, debido al apoyo armamentístico que recibían los partidos islámicos más radicales por parte de la CIA y el ISI.

Otro factor moderador del Islam en Afganistán era la enorme popularidad del sufismo, la tendencia del Islam místico originada en Asia Central y Persia. La palabra sufí significa 'lana' en árabe y se refiere a las ásperas chaquetas de lana que usaban los primeros hermanos sufíes. Las órdenes sufíes, o *tariqah*, que significa 'el camino', constituyeron una reacción medieval contra la autoridad, el intelectualismo, la ley y los *mulás*, y por lo tanto tenían un inmenso atractivo para las gentes pobres y sin ningún poder. Los sufíes basaban su fe en la oración, la contemplación, las danzas, la música y las sesiones de agitación física o de giros vertiginosos, en una búsqueda permanente de la verdad. Estos rituales creaban un espacio espiritual interior al que no tenían acceso las personas ajenas a la secta. Hace siete siglos, el famoso viajero árabe Ibn Battuta describió así el sufismo: «El objetivo fundamental de la vida del sufí era atravesar los velos de la sensación humana que separan al hombre de la Divinidad, de manera que se comunique con Dios y sea absorbido por Él».[4]

Las dos principales órdenes sufíes de Afganistán, la Naqshbandiyah y la Qaderiyah, desempeñaron un papel esencial en la unión de la resistencia antisoviética, pues proporcionaban una red de asociaciones y alianzas al margen de los partidos muyahidín y los grupos étnicos. Los dirigentes de esas órdenes eran también prominentes. La familia Mujaddedi dirigía la orden Naqshbandiyah y durante siglos habían intervenido en la elección de los reyes en Kabul. En enero de 1979, los comunistas mataron brutalmente a se-

---

4. Ibn Battuta, *Travels in Asia and Africa: 1325-1354*, Rouledge y Kegan Paul, Londres, 1984. Véase también Ahmed Rashid, «The Revival of Sufism», *Far Eastern Economic Review*, 17 de diciembre de 1992.

tenta y nueve miembros de la familia, a fin de eliminar a unos rivales en potencia. Sin embargo, un superviviente, Sibghatullah Mujaddedi, estableció su propio partido de resistenia en Peshawar, el Jabha-i Najat Milli Afghanistan (Frente de Liberación Nacional de Afganistán), y se convirió en crítico feroz de los partidos radicales islámicos. En 1989 fue nombrado presidente del gobierno provisional afgano, y en 1992 llegó a ser el primer presidente muyahidín de Afganistán.

El *pir* Sayed Ahmad Gailani, jefe de la orden Qaderiyah y emparentado por su matrimonio con el ex monarca Zahir Shah, estableció el Mahaz-e-Milli (Frente Islámico Nacional de Afganistán) en Peshawar. Ambos dirigentes apoyaban a Zahir Shah y siguieron siendo los más moderados de todos los líderes muyahidín. También fueron apartados por el nexo entre la CIA y el ISI, por Hikmetyar, Masud y, más adelante, los talibán. Regresaron a la política en 1999, fundando un nuevo partido, el de la Paz y la Unidad Nacional, que intentó mediar entre los talibán y sus oponentes.

Antes de los talibán, el extremismo islámico nunca había florecido en Afganistán. Dentro de la tradición hanafi suní estaban los wahabbis, seguidores del estricto y austero credo wahabbi de Arabia Saudí. Iniciado por Abdul Wahab (1703-1792) como un movimiento para liberar a los beduinos árabes de la influencia del sufismo, la expansión del wahabbismo constituyó uno de los principales elementos de la política exterior saudí tras el *boom* del petróleo en la década de los setenta. Los wahabbis llegaron a Asia Central en 1912, cuando un natural de Medina, Sayed Shari Mohammed, estableció células wahabbi en Tashkent y el valle de Ferghana. Desde allí y desde la India británica, el credo viajó hasta Afganistán, donde tuvo un apoyo mínimo antes de la guerra.

Sin embargo, mientras las armas y el dinero de los saudíes fluían a los dirigentes wahabbis, adiestrados por los saudíes, que estaban entre los pashtunes, surgió un pequeño grupo de seguidores. En las primeras etapas de la guerra, los saudíes enviaron a un afgano radicado desde hacía largo tiempo en Arabia Saudí, Abdul Rasul Sayyaf, para que organizara un partido wahabbi, el Ittehad-e-Islami (Unidad Islámica), en Peshawar. Los afganos wahabbi, también llamados salafis, se oponían activamente tanto a los sufíes como a los partidos tribales de base tradicional, pero eran incapaces de difundir su mensaje porque desagradaban en extremo a los afganos corrientes, que consideraban extranjero su credo. Los muyahidín árabes, entre ellos Osama Bin Laden, quien se unió a la *yihad*, lograron un pequeño número de partidarios pashtunes, debido en gran parte a los abundantes fondos y armas a su disposición.

Gracias a la distribución de armamento por parte de la CIA y el ISI, el motor de la *yihad* estaba formado por los partidos islámicos radicales. En 1975, tanto Hikmetyar como Masud habían participado en un alzamiento sin éxito contra el presidente Mohammed Daud. Entonces esos radicales islámicos huyeron a Paquistán, donde las autoridades de Islamabad los protegieron, a fin de presionar a futuros gobiernos afganos. Así pues, cuando los soviéticos invadieron Afganistán en 1979, Paquistán ya controlaba a unos radicales islámicos eficaces que podían dirigir la *yihad*. El presidente Zia ul Haq insistió en que el grueso de la ayuda militar de la CIA fuese transferido a esos partidos, hasta que Masud se independizó y criticó duramente el control paquistaní.

Aquellos dirigentes islámicos pertenecían a una nueva clase de estudiantes universitarios (Hikmetyar estudió ingeniería en la Universidad de Kabul, Masud estudió en el Liceo Francés de la capital) que se inspiraban en el partido islámico más radical y politizado de Paquistán, el Jamaat-e-Islami. Éste, a su vez, se inspiraba en la Ikhwan ul Muslimeen, o Hermandad Musulmana, fundada en Egipto en 1928, con el objetivo de originar una revolución islámica y crear un estado islámico. El fundador de la Ikhwan, Hasan al-Banna (1906-1949), ejerció una gran influencia sobre Abul-Ala Maududdi (1903-1978), quien fundó el Jamaat paquistaní en 1941.

Los antiguos movimientos de la Ikhwan alrededor del mundo musulmán buscaban una revolución islámica en lugar de una revolución nacionalista o comunista para derribar al colonialismo. Esos islamistas se oponían a los *mulás* tradicionales, se negaban a comprometerse con la elite indígena neocolonial y querían un cambio político radical, que creara una verdadera sociedad islámica semejante a la constituida por el profeta Mahoma en La Meca y Medina, así como a enfrentarse a los desafíos planteados por el mundo moderno. Rechazaban el nacionalismo, el etnicismo, la segmentación tribal y las estructuras de clase feudales, en favor de un nuevo internacionalismo musulmán que reuniría al mundo musulmán o *ummah*.⁵ A tal fin, se establecieron partidos modernos muy centralizados, como el Jamaat paquistaní y el Hizb-e-Islami de Hikmetyar, organizados al estilo comunista, con un sistema de células, una reserva extrema, adoctrinamiento político e instrucción militar.

La mayor debilidad del modelo de la Ikhwan en el Islam político es su dependencia de un solo dirigente carismático, un emir, en lugar de una organización constituida de una manera más democrática para encabezarla. La obsesión del Islam radical no es la creación de instituciones, sino el carácter y la pureza de su dirigente, sus virtudes y cualificaciones y si su personalidad puede emular a la del profeta Mahoma. Así pues, estos movimientos presuponen la virtud islámica de los individuos, aun cuando esa virtud sólo se puede adquirir si una sociedad ya es realmente islámica.⁶ De modo invariable, como sucedió en el caso de Hikmetyar, este modelo permitía el florecimiento de la dictadura.

Sin embargo, en comparación con los talibán, esos islamicistas radicales eran relativamente modernos y progresistas. Apoyaban la educación de las mujeres y su participación en la vida social. Desarrollaban, o trataban de desarrollar, teorías sustentadoras de una economía islámica, un sistema bancario, relaciones exteriores y un sistema social más igualitario y justo. Pero el discurso islamicista radical adolecía de las mismas debilidades y limitaciones que el marxista afgano: como ideología global, rechazaban más que integraban las identidades social, religiosa y étnica que constituían la sociedad afgana y cuyas diferencias eran muy grandes. Tanto los comunistas como los islamicistas afganos querían imponer un cambio radical a una estructura social tradicional por medio de una revolución desde arriba. Deseaban acabar con el tribalismo y el etnicismo por decreto, una tarea imposible, y no estaban dispuestos a aceptar las complejas realidades sobre el terreno.

El fracaso político de los islamicistas afganos y su incapacidad de producir unas teorías de cambio basadas en la realidad es un fenómeno extendido en el mundo musulmán. El autor francés Olivier

5. Olivier Roy, *Afghanistan, from Holy War to Civil War*, Princeton University Press, 1995.

6. Olivier Roy, *The Failure of Political Islam*, I. B. Tauris, Londres, 1994.

Roy lo ha denominado «el fracaso del Islam político».[7] En el siglo XX las sociedades musulmanas se han visto divididas entre dos estructuras contradictorias. El clan, la tribu y el grupo étnico, por un lado, y el estado y la religión por el otro. Es el pequeño grupo contra el credo mayor o la tribu contra la *ummah*, que ha sido, más que el estado, el centro principal de lealtad y compromiso.[8] Los islamicistas afganos no lograron resolver esa dicotomía.

Los talibán irrumpieron como un movimiento islámico de reforma. En toda la historia musulmana, esta clase de movimientos han transformado tanto la naturaleza de la creencia como la vida social y política, a medida que las tribus musulmanas nómadas destruían otros imperios musulmanes, los transformaban y entonces eran urbanizados y más adelante destruidos. Este cambio político siempre ha sido posible gracias al concepto de la *yihad*. El pensamiento occidental, muy influido por las Cruzadas cristianas medievales, siempre ha presentado la *yihad* como una guerra islámica contra los infieles, pero la verdad es que se trata en esencia de la lucha interna del musulmán por convertirse en un ser humano mejor, perfeccionarse y ayudar a su comunidad. La *yihad* es también un campo de pruebas de la obediencia a Dios y de llevar a cabo sus mandamientos en la tierra. «La *yihad* es la lucha interior de la disciplina y el compromiso moral con el Islam y la acción política».[9]

El Islam también sanciona la rebelión contra un dirigente injusto, tanto si es musulmán como si no, y la *yihad* es el mecanismo movilizador para lograr el cambio. Así pues, la vida del profeta Mahoma ha llegado a constituir el modelo *yihadi* de la conducta musulmana y el cambio político impecables, pues el mismo Profeta se rebeló, con una profunda cólera religiosa y moral, contra la corrupta sociedad árabe en la que vivía. Por ello los talibán actuaban con el espíritu de la *yihad* del Profeta cuando atacaron a los rapaces señores de la guerra que estaban a su alrededor. Sin embargo, la *yihad* no sanciona que unos musulmanes maten a otros basándose

7. Roy, *The Failure of Political Islam.*
8. Samuel Huntingdon, *The Clash of Civilizations and the Remaking of the World Order*, Simon and Schuster, Nueva York, 1996.
9. Barbara Metcalf, «Islamic Revival in British India 1860-1900», Royal Book Company, Islamabad, 1982.

en el etnicismo o la secta, y esta interpretación de la *yihad* es lo que consterna a los musulmanes no pashtunes. Mientras los talibán afirman que están librando una *yihad* contra los musulmanes corruptos y malignos, las minorías étnicas consideran que están utilizando el Islam como una cobertura para exterminar a los grupos étnicos distintos a los pashtunes.

La interpretación que hacen los talibán del Islam, la *yihad* y la transformación social eran una anomalía en Afganistán, porque en el movimiento emergente no reverberaba ninguna de las principales tendencias islamicistas surgidas durante la guerra antisoviética. Los talibán no era ni islamicistas radicales inspirados por la Ikhwan ni sufíes místicos ni tradicionalistas. No encajaban en ningún lugar del espectro de ideas y movimientos que surgieron en Afganistán entre 1979 y 1994. Podría decirse que la degeneración y el derrumbe de la legitimidad de las tres tendencias (islamismo radical, sufismo y tradicionalismo), entregadas a una lucha por el poder patente y voraz, creó el vacío ideológico que llenarían los talibán. Éstos no representaban a nadie más que a sí mismos y no reconocían más Islam que el suyo propio, pero tenían una base ideológica, una forma extrema del deobandismo que predicaban los partidos islámicos paquistaníes en los campos de refugiados afganos de Paquistán. Los deobandis, una rama del Islam suní hanafi, habían mantenido su credo en Afganistán, pero la interpretación que de él hicieron los talibán no tenía ningún paralelo en todo el mundo musulmán.

Los deobandis surgieron en la India británica no como un movimiento reaccionario sino progresista, que reformaría y uniría a la sociedad musulmana mientras ésta se esforzaba por vivir entre los límites de un estado colonial dirigido por extranjeros que no eran musulmanes. Sus principales ideólogos fueron Mohammed Qasim Nanautawi (1833-1877) y Rashid Ahmed Gangohi (1829-1905), fundadores de la primera *madrasa* en Deoband, en la India central. La rebelión de 1857 constituyó una línea divisoria para los musulmanes indios, quienes habían encabezado la revuelta antibritánica y sufrido una gran derrota. Después de la rebelión aparecieron diversas tendencias filosóficas y religiosas entre los musulmanes indios, que trataban de restaurar la posición que habían tenido. Abarcaban desde los deobandis hasta los reformadores prooccidentales que establecieron centros como la Universidad Musulmana de Aligarh, basada en el modelo británico, donde se enseñaba el Islam, las artes liberales y las ciencias, de modo que los jóvenes musulmanes pudieran estar a la altura de sus dirigentes británicos y competir con la creciente elite hindú.

Todos esos reformadores consideraban la educación como la clave para la creación de un musulmán nuevo, moderno. Los deobandis se proponían instruir a una nueva generación de musulmanes cultos que restablecerían los valores islámicos basados en el aprendizaje intelectual, la experiencia espiritual, la *sharia* y el *tariaqath* o camino. Al enseñar a sus alumnos la interpretación de la *sharia* se proponían armonizar los textos clásicos de la ley islámica con las realidades actuales. Los deobandis tenían una visión restrictiva del papel de las mujeres, se oponían a toda forma de jerarquía en la comunidad musulmana y rechazaban el chiísmo, pero los talibán llevarían esas creencias a un extremo que los deobandis originales jamás habrían reconocido. Los deobandis establecieron *madrasas* en toda la India y los estudiantes afganos, que buscaban una mejor comprensión de la manera en que el Islam podría enfrentarse al colonialismo, ingresaron en ellas para estudiar. En 1879 había doce *madrasas* deobandi en la India y gran número de estudiantes afganos, a quienes allí se consideraba «pendencieros y de temperamento irascible».[10] En 1967, cuando Deoband celebró su primer centenario, había nueve mil *madrasas* deobandi en todo Asia meridional.

A principios del siglo XX, el gobierno afgano trató de cooperar con Deoband en la expansión de su proyecto de construir *madrasas* modernas controladas por el estado. En 1933, un grupo de *ulema* de la *madrasa* de Deoband visitó Kabul para asistir a la coronación del rey Zahir Shah; allí dijeron que Deoband «prepararía a *ulema* que, en las circunstancias cambiantes de la época, pudieran cooperar plenamente con los objetivos de los gobiernos libres del mundo islámico y demostraran trabajar sinceramente en favor del estado».[11] El estado afgano estableció unas pocas *madrasas* deobandi, pero no tuvieron una gran popularidad ni siquiera en el cinturón pashtún.

10. Metcalf, arriba citado.
11. Asta Olsen, *Islam and Politics in Afghanistan*, Curzon Press, Londres, 1995. Es el mejor libro sobre la relación histórica entre el Islam y el estado afgano.

Tras la creación de Paquistán, en 1947, las *madrasas* deobandi se desarrollaron con mucha más rapidez en el país. Los deobandis establecieron el JUI, un movimiento puramente religioso para propagar sus creencias y movilizar a la comunidad de creyentes. El *maulana* Ghulam Ghaus Hazarvi, su dirigente en la provincia fronteriza del noroeste, transformó el JUI en un partido político, con el resultado de que en seguida se dividió en varias facciones. El *maulana mufti* Mehmood, un dirigente dinámico, se puso al frente de la facción pashtún del JUI en la provincia fronteriza noroccidental y la remodeló de una manera populista. El JUI del *mufti* Mehmood desempeñó un papel destacado en las elecciones de 1970, movilizando el apoyo contra el gobierno militar. Difundió un programa islámico en veintidós puntos, que incluía un programa social progresista y una firme postura antinorteamericana y antiimperialista. La campaña del JUI estuvo marcada por una lucha enconada con el Jamaat-e-Islami, y el abismo entre los dos partidos islámicos más importantes persiste en la actualidad.[12]

La historia del JUI en Paquistán estaría aquí fuera de lugar, pero el credo deobandi se convertiría en la principal influencia religiosa e ideológica sobre los talibán. Durante la década de los ochenta, la política afgana de Paquistán se llevó a cabo con la ayuda del Jamaat-e-Islami y el Hibz-e-Islami de Hikmetyar, que eran también los principales rivales del JUI en Paquistán. La relación del ISI con el Jamaat-e-Islami era un importante instrumento político para la distribución de ayuda a los muyahidín. El JUI, dirigido ahora por el hijo del *mufti* Mehmood, el *maulana* Fazlur Rehman, no tuvo ningún papel político, mientras que a los pequeños grupos de muyahidín afganos partidarios de los deobandi no se les hacía en general ningún caso.

Sin embargo, el JUI utilizó este período para establecer centenares de *madrasas* a lo largo del cinturón pashtún, en la provincia fronteriza del noroeste y Beluchistán, donde ofrecía a los jóvenes paquistaníes y los refugiados afganos la oportunidad de recibir educación gratuita, alimento, cobijo e instrucción militar. Esas *madrasas* entrenarían a una nueva generación de afganos para el período posterior

---

12. Saeed Shafqat, *Civil Military Relations in Pakistan, from Z. A. Bhutto to Benazir Bhutto*, Westview Press, Estados Unidos, 1998.

a la invasión soviética. Aun cuando los deobandis no recibieron ningún apoyo político, el régimen militar del presidente Zia ul Haq fundó *madrasas* de todos los credos sectarios. En 1971 había sólo novecientas *madrasas* en Paquistán, pero al final de la era de Zia, en 1988, su número era de ocho mil y había 25.000 sin registrar que educaban a más de medio millón de estudiantes. Mientras el sistema educativo paquistaní dirigido por el estado se derrumbaba, esas *madrasas* se convirtieron en la única vía para que los muchachos de familias pobres recibieran algo parecido a una educación.[13]

La mayor parte de las *madrasas* se encontraban en zonas rurales y campos de refugiados afganos, y estaban dirigidas por *mulás* educados a medias y muy alejados del programa reformista original de la escuela deobandi. Su interpretación de la *sharia* estaba muy influida por el Pashtunwali, el código tribal de los pashtunes, mientras que los fondos de Arabia Saudí entregados a las *madrasas* y los partidos que simpatizaban con el credo wahabbi, como era el caso de los deobandis, ayudaban a esas *madrasas* a formar jóvenes militantes que eran muy sarcásticos con respecto a quienes habían librado la *yihad* contra los soviéticos. Después de que los muyahidín capturasen Kabul en 1992, el ISI siguió haciendo caso omiso de la creciente influencia del JUI sobre los pashtunes meridionales. El JUI estaba políticamente aislado en su propio terreno y siguió oponiéndose al primer gobierno de Benazir Bhutto (1988-1990) y el primer gobierno de Nawaz Sharif (1990-1993).

Sin embargo, en las elecciones de 1993 el JUI se alió con el ganador PPP (Partido del Pueblo de Paquistán), dirigido por Benazir Bhutto, y pasó a formar parte de la coalición gobernante.[14] El acceso del JUI a los corredores del poder por primera vez le permitió establecer estrechos lazos con el ejército, el ISI y el Ministerio del Interior, a cuyo frente se hallaba el general retirado Naseerullah Ba-

13. Informe de los servicios secretos presentado al gabinete del primer ministro Nawaz Sharid en 1992.

14. Una y otra vez el JUI sólo ha obtenido un pequeño número de escaños en la Asamblea Nacional y la Asamblea Provincial de Beluchistán. En las elecciones de 1988 el JUI obtuvo diez escaños en la Asamblea Provincial de Beluchistán, en las de 1990 seis escaños, en las de 1993 tres escaños y en las de 1997 siete escaños, con la ayuda de los votos talibán. En la Asamblea Nacional el JUI obtuvo cuatro escaños de Beluchistán en 1988, y dos en cada una de las elecciones de 1990, 1993 y 1997.

bar. Éste buscaba un nuevo grupo pashtún capaz de restablecer la suerte de los pashtunes en Afganistán y dar acceso al comercio paquistaní con Asia Central a través del sur de Afganistán, y el JUI le ofrecía esa oportunidad. El dirigente del JUI, el *maulana* Fazlur Rehman, fue nombrado presidente del Comité Permanente de la Asamblea Nacional para Asuntos Exteriores, un puesto que, por primera vez, le permitía ejercer influencia sobre la política exterior. Se valería de su posición para visitar Washington y las capitales europeas a fin de cabildear en favor de los talibán y Arabia Saudí, así como para visitar los estados del Golfo en busca de su ayuda financiera.

Sin una jerarquía centralizada ni la capacidad de cualquier *mulá* de renombre local o culto para abrir una *madrasa*, la tradición deobandi se dispersó en docenas de facciones disidentes y extremistas surgidas del tronco principal del JUI. La facción disidente más importante del JUI está dirigida por el *maulana* Samiul Haq, un líder político y religioso que ha sido miembro de la Asamblea Nacional y senador, y cuya *madrasa* se convirtió en un importante campo de formación para los dirigentes talibán. En 1999, por lo menos ocho ministros talibán se habían graduado en la Dar-ul-Uloom Haqqania de Haq, y varias docenas más de graduados servían como gobernadores talibán en las provincias, jefes militares, jueces y burócratas.[15] Younis Khalis y Mohammed Nabi Mohammedi, dirigentes de los partidos muyahidín tradicionales, estudiaron en Haqqania.

Haqqania se encuentra en Ajora Jatak, en la Provincia Fronteriza del Noroeste, y está formada por una serie de edificios diseminados junto a la carretera principal de Islamabad a Peshawar. Tiene un internado para 1.500 alumnos, una escuela de enseñanza media para mil alumnos no residentes y una docena de *madrasas* afiliadas más pequeñas. Fue creada en 1947 por el *maulana* Abdul Haq, padre de Samiul Haq, quien fue estudiante y maestro en Deoband. Haqqania ofrece una licenciatura en Letras que dura ocho años, consistente en estudios islámicos, y un doctorado tras otros dos años

---

15. Figuraban los *mulás* Jairjwa, ministro del Interior, Abbas, de Sanidad, Mutaqqi, de Informacion, Ahmed Jan, de Industria, Haqqani, de Asuntos Fronterizos, Qalamuddin, de la Policía Religiosa, Mansur, de Agricultura y Arif, viceministro de Finanzas. Véase el Apéndice para más detalles.

de estudio. Sus fuentes de ingresos son donaciones públicas y no cobra nada a los alumnos.

En febrero de 1999, Haqqania ofreció cuatrocientas nuevas plazas y recibió la impresionante cifra de 15.000 solicitudes, lo cual la convirtió en la *madrasa* más popular del norte de Paquistán. Samiul Haq, un hombre jovial pero piadoso, con un gran sentido del humor y una barba ondeante, rojiza, teñida con alheña, me dijo que su *madrasa* siempre ha reservado unas cuatrocientas plazas para los estudiantes afganos. Desde 1991 aceptan a sesenta alumnos de Tayikistán, Uzbekistán y Kazajistán, que suelen pertenecer a la oposición islámica en esos países y entran en Paquistán sin pasaporte ni visado.

Haq está aún ofendido por el caso omiso que durante tanto tiempo le hizo el ISI. «El ISI siempre apoyó a Hikmetyar y al *qazi* Hussain Ahmed [dirigente del Jamaat-e-Islami], mientras que a nosotros nos dejaban de lado, a pesar de que el 80 por 100 de los jefes que luchaban contra los rusos en las zonas pashtunes habían estudiado en Haqqania», me dijo cuando estábamos sentados sobre una áspera estera en su despacho, rodeados de estudiantes barbudos con formularios de solicitud de matrícula para el curso académico de 1999.[16] «Hikmetyar tenía el 5 por 100 del apoyo popular, pero el 90 por 100 de la ayuda militar del ISI. Nunca nos reconocieron, pero con la llegada de los talibán el apoyo del pueblo de Afganistán cayó en nuestro regazo», añadió, riéndose de buena gana.

—Antes de 1994 no conocía al *mulá* Omar, porque no había estudiado en Paquistán, pero quienes le rodeaban eran todos alumnos de Haqqania y venían con frecuencia a verme para hablar de lo que debían hacer. Yo les aconsejaba que no formaran un partido, porque el ISI todavía trataba de enfrentar a los partidos muyahidín para mantenerlos divididos. Les dije que debían crear un movimiento estudiantil. Cuando se inició el movimiento talibán, aconsejé al ISI que dejara que los estudiantes se hicieran cargo de Afganistán—siguió diciendo Haq.

Samiul Haq tiene un profundo respeto por el *mulá* Omar.

—Conocí a Omar cuando fui a Kandahar en 1996, y me sentí orgulloso de que le hubieran elegido como *Amir-ul Momineen*. No tie-

16. Entrevista con el *maulana* Samiul Haq, febrero de 1999.

ne dinero ni tribu ni pedigrí, pero le reverencian por encima de todos los demás, y por eso Alá lo eligió para que fuese su líder. Según el Islam, el hombre capaz de traer la paz puede ser elegido emir. Cuando la revolución islámica llegue a Paquistán no estará encabezada por los dirigentes viejos y ya sin validez como yo, sino por un hombre similar desconocido que surgirá de las masas.

Samiul Haq mantiene un contacto constante con Omar, le ayuda en las relaciones internacionales y le ofrece consejo sobre importantes decisiones basadas en la *sharia*. También es el principal organizador del reclutamiento de estudiantes paquistaníes para luchar con los talibán. Tras la derrota de éstos en Mazar en 1997, Omar le telefoneó pidiéndole ayuda. Haq cerró su *madrasa* y envió a todos los estudiantes a luchar junto con los talibán. Y después de la batalla de Mazar en 1988, Haq organizó una reunión entre los dirigentes talibán y una docena de *madrasas* en la Provincia Fronteriza del Noroeste, a fin de preparar refuerzos para el ejército talibán. Todas las *madrasas* accedieron a cerrar durante un mes y enviaron unos ocho mil soldados a Afganistán. La ayuda que los talibán reciben de las *madrasas* deobandi de Paquistán constituye un importante apoyo en el que pueden confiar, aparte del gobierno y las agencias de inteligencia.

Otra facción del JUI dirige el Jamiat-ul Uloomi Islamiyyah en la población de Binori, un suburbio de Karachi. Lo estableció el difunto *maulvi* Mohammed Yousuf Binori, y cuenta con ocho mil alumnos, incluidos centenares de afganos. Varios ministros talibán han estudiado allí. También funciona gracias a la ayuda de las donaciones de musulmanes en cuarenta y cinco países.

—Los fondos que obtenemos son una bendición de Alá—me dijo uno de los maestros, el *mufti* Jamil—. Estamos orgullosos de enseñar a los talibán y siempre rogamos por su éxito, pues han logrado poner en práctica las estrictas leyes islámicas.[17]

En 1997 Binori envió seiscientos estudiantes para que ayudaran a los talibán. En noviembre de ese año, los estudiantes de Binori se alborotaron en Karachi, tras el asesinato de tres de sus maestros. Se enfrentaron a la policía y destrozaron vehículos y tiendas de vídeo. También la emprendieron a golpes con los reporteros gráficos. Por

---

17. Revista *Herald*, «Binori madrassa», diciembre de 1997.

primera vez la mayor y más cosmopolita de las ciudades paquistaníes era escenario de disturbios al estilo talibán.

Otra facción extremista escindida del JUI es el Sipah-e-Sahaba Paquistán (SSP), el grupo antichiíta más virulento de Paquistán que cuenta con el apoyo de los talibán. En 1998, cuando el gobierno impuso medidas enérgicas al SSP, después de que éste hubiese causado una matanza de centenares de chiítas, sus dirigentes huyeron a Kabul, donde les ofrecieron refugio. Centenares de militantes del SSP se han adiestrado en el campo de entrenamiento de Khost, dirigido por los talibán y Bin Laden, que las fuerzas de Estados Unidos atacaron con misiles de crucero en 1998, y miles de miembros del SSP han luchado junto a los talibán.

El JUI obtendría enormes beneficios de sus protegidos talibán. Por primera vez el partido adquirió prestigio internacional e influencia como uno de los principales patrocinadores del radicalismo islámico. El gobierno paquistaní y el ISI ya no podían pasar por alto al partido, como tampoco podían hacerlo Arabia Saudí y los estados árabes del Golfo. Los talibán se apoderaron de los campamentos en el interior de Afganistán usados para el adiestramiento militar y como refugio de muyahidín no afganos, que anteriormente habían sido dirigidos por Hikmetyar, y los entregaron a grupos del JUI tales como el SSP. En 1996 los talibán entregaron el campamento de Badr, cerca de Khost, en la frontera entre Afganistán y Paquistán, al Harkat-ul-Ansar dirigido por Fazlur Rehman Jalil. Era éste otro grupo disidente del JUI, conocido por el extremismo de su militancia, que había enviado a algunos de sus miembros a luchar en Afganistán, Cachemira, Chechenia y Bosnia.[18] Al cabo de dos años, el campamento fue atacado con misiles de crucero norteamericanos.

Los lazos entre los talibán y ciertos grupos deobandis paquistaníes extremistas son firmes debido al terreno común que comparten. Varios dirigentes deobandis de ambos lados de la frontera tienen su origen en las tribus pashtunes durrani asentadas alrededor de Kandahar y Chaman, en Paquistán. La tradición deobandi se

18. Después de que la administración Clinton los clasificara como un grupo que apoyaba al terrorismo internacional en 1998, cambiaron su nombre por el de Harkat-ul-Mujaheddin.

opone a las estructuras tribales y feudales, de las que procede la desconfianza de los talibán hacia la estructura tribal y los jefes de clan, y que los talibán han excluido de todo papel de liderazgo. Talibán y deobandis se unen en su vehemente oposición a la secta chiíta e Irán. Ahora los deobandis paquistaníes desean que se produzca en Paquistán una revolución islámica al estilo talibán.

Es evidente que los talibán, con su rigidez, han rebasado la tradición deobandi de aprendizaje y reforma, al no aceptar la duda excepto como pecado y considerar el debate poco menos que herejía. Pero al actuar así han propuesto un modelo nuevo, radical y, para los gobiernos de la región, amenazante en extremo, de cualquier revolución islámica venidera. Hikmetyar y Masud no se oponen a la modernidad. En cambio, los talibán se oponen con vehemencia a la modernidad y no tienen ningún deseo de comprender o adoptar las ideas modernas del progreso o el desarrollo económico.

Los talibán tienen un conocimiento muy escaso de la historia afgana, la *sharia* y el Corán, así como de los desarrollos políticos y teóricos que han tenido lugar en el mundo musulmán durante el siglo XX. Mientras que el radicalismo islámico en el siglo XX ha dado lugar a una copiosa literatura política y de debate, los talibán carecen de esa perspectiva histórica y de tradición. No existe ningún manifiesto islámico talibán ni un análisis académico de la historia islámica y afgana. Su absorción del debate islámico radical en el mundo es mínima, y el sentido de su propia historia es incluso inferior. Esto ha ocasionado un oscurantismo que no permite el debate ni siquiera con otros musulmanes.

El nuevo modelo talibán de una revolución islámica purista ha tenido enormes repercusiones en Paquistán y, con un alcance más limitado, en las repúblicas de Asia Central. Paquistán, un estado ya de por sí frágil, asediado por una crisis de identidad, una economía tambaleante, divisiones étnicas y sectarias y una elite dirigente voraz que ha sido incapaz de proporcionar un buen gobierno, se enfrenta ahora al espectro de una nueva oleada islámica dirigida no por los partidos islámicos más antiguos, maduros y acomodadizos, sino por grupos neotalibán.

En 1998, los grupos talibán paquistaníes prohibían los televisores y vídeos en las ciudades a lo largo del cinturón pashtún, e imponían castigos de la *sharia* tales como la lapidación y la amputación de miembros, desafiando al sistema legal, mataban a los chiítas paquistaníes y obligan a la gente, sobre todo a las mujeres, a adaptarse al código indumentario y la forma de vida de los talibán. Así pues, el apoyo que Paquistán prestó a los talibán está volviendo para perturbar al país, aunque los dirigentes paquistaníes parezcan ajenos al desafío y sigan apoyando a los talibán. En Asia Central, especialmente en Tayikistán y Uzbekistán, la policía persigue a los militantes neotalibán en el valle de Fergana, que bordea ambos países.

Los talibán y quienes los apoyan presentan al mundo musulmán y a Occidente un nuevo estilo de extremismo islámico, que rechaza toda adaptación a la moderación musulmana y a la civilización occidental. La negativa talibán a comprometerse con las agencias humanitarias de la ONU o los países extranjeros donantes, o a comprometer sus principios a cambio del reconocimiento internacional y su rechazo de todas las elites dirigentes musulmanas por corruptas, ha exacerbado el debate en el mundo musulmán e inspirado a una generación más joven de militantes islámicos. Los talibán han dado un nuevo rostro y una nueva identidad al fundamentalismo islámico para el próximo milenio, negándose a aceptar cualquier compromiso y sistema político excepto el suyo propio.

2

LA SOCIEDAD SECRETA. LA ORGANIZACIÓN POLÍTICA Y MILITAR DE LOS TALIBÁN

Si hubo un solo motivo de ánimo y esperanza de paz para los afganos de a pie después de que los talibán se hicieran con el poder, fue el hecho de que gobernaban mediante una dirección política colectiva, que era consultiva y buscaba el consenso, en lugar del dominio de una sola persona. La *shura* talibán en Kandahar afirmaba que seguía el primitivo modelo islámico, en el que tras la discusión se establecía un consenso entre «los creyentes», y se consideraba importante que los dirigentes fuesen sensibles y accesibles al público. El modelo de la *shura* también se basaba de una manera considerable en la *jirga* tribal pashtún, o consejo en el que todos los jefes de clan participaban en las decisiones sobre asuntos importantes para la tribu. Durante mis primeras visitas a Kandahar, me impresionaron los debates, que a veces se prolongaban durante toda la noche, cuando tanto jefes militares como *mulás* y soldados rasos eran convocados para expresar su parecer, antes de que el *mulá* Omar tomara una decisión.

Muchos afganos también estaban impresionados porque, al principio, los talibán no exigieron el poder para ellos, sino que insistieron en que estaban restaurando la ley y el orden y que entregarían el poder a un gobierno formado por «buenos musulmanes». Sin embargo, entre 1994 y la toma de Kabul en 1996, la postura de los talibán cambió por completo y se volvieron sumamente centralistas, sigilosos, dictatoriales e inaccesibles.

A medida que el *mulá* Omar se volvía más poderoso e introvertido, se negaba a viajar para ver y entender el resto del país y conocer al pueblo sobre el que mandaba, la estructura de poder del movimiento desarrolló todos los defectos de sus predecesores muyahidín y comunistas. Además, a partir de 1996 los talibán dieron a conocer su deseo de convertirse en los únicos dirigentes de Afganistán, sin la participación de otros grupos. Sostenían que la diversidad étnica del país tenía una representación suficiente en el mismo movimiento talibán, y para demostrarlo se lanzaron a conquistar el resto del país.

Las esperanzas iniciales alimentadas por los talibán fueron el resultado directo de la degeneración del anterior liderazgo muyahidín. Durante la *yihad*, los dirigentes muyahidín radicados en Peshawar estaban muy divididos en facciones y llenos de personalismos. Líderes y señores de la guerra carismáticos, más que una organización, mantenían la unidad de los partidos. A medida que la guerra avanzaba, esos líderes se hicieron cada vez más dependientes de los fondos y el armamento aportados por Occidente, a fin de conservar la lealtad de sus jefes militares y guerrilleros. Dedicaban gran parte de su tiempo literalmente a comprar apoyos dentro de Afganistán, mientras reñían entre ellos en Peshawar.

Paquistán ayudaba a promover este proceso de desunión. En 1970, el general Zia ul Haq, al mando de tropas paquistaníes, ayudó al rey Hussein de Jordania en su lucha contra los palestinos. Había visto personalmente la amenaza que un movimiento guerrillero unido planteaba al estado que le había dado refugio. Al mantener un movimiento desunido, sin un líder único, Zia lograba que los dirigentes muyahidín dependieran de la generosidad de Paquistán y Occidente. Pero en 1989, cuando las tropas soviéticas se retiraban e Islamabad necesitó con suma urgencia una dirección muyahidín coherente que ofreciera una alternativa política al régimen comunista de Kabul, y de nuevo en 1992, cuando se derrumbó el régimen de Najibulá, la desunión entre los dirigentes muyahidín radicados en Peshawar era demasiado profunda para que fuese posible remediarla, incluso con importantes sobornos. Esta desunión calaría muy hondo y en el futuro tendría como consecuencia la incapacidad de Afganistán de lograr un gobierno de consenso.

El segundo elemento en el liderazgo de la resistencia antisoviética eran los mandos militares, los cuales se sintieron cada vez más frustrados por la desunión y la corrupción de los dirigentes de Peshawar y la facilidad con que eran rehenes de los suministros de capital y armamento. La misma naturaleza y las penalidades de la guerra exigían que cooperasen entre ellos, a pesar de la enemistad inveterada entre sus jefes de partido en Peshawar.

Existía un deseo apasionado de mayor unidad estructural entre los mandos militares. En julio de 1987 Ismael Khan organizó, en la provincia de Ghor, la primera reunión de mandos, a la que asistieron unos 1.200 jefes militares procedentes de todo Afganistán. Adoptaron veinte resoluciones, la más importante de las cuales consistía en la exigencia de que fuesen ellos, y no los dirigentes de Peshawar, quienes ejercieran el mando del movimiento político. «El derecho de determinar el futuro de Afganistán corresponde a los herederos de los mártires y los musulmanes de las trincheras, quienes luchan en frentes sangrientos y están dispuestos a sufrir el martirio. Nadie más está autorizado a tomar decisiones que determinen el destino de la nación».[1]

En julio de 1990, unos trescientos jefes militares se reunieron de nuevo en la provincia de Paktia, y en octubre lo hicieron en Badajshan. Sin embargo, en 1992, cuando los muyahidín competían por apoderarse de la capital, el etnicismo, las rivalidades personales y el ansia de entrar en Kabul antes que nadie desbarató su consenso. La batalla de Kabul provocó que salieran a la superficie las divisiones entre el norte y el sur, los pashtunes y los miembros de otras etnias. La incapacidad de Ahmad Shah Masud de comprometerse con los jefes militares pashtunes contrarios a Hikmetyar, incluso en 1992, cuando Masud se apoderó de Kabul, produjo una mella considerable en su reputación política. Nunca recuperaría la confianza de los pashtunes, hasta después de que los talibán hubieran conquistado el norte en 1998.

Un tercer nivel de liderazgo dentro del movimiento de resistencia eran las personas instruidas, intelectuales, hombres de negocios y tecnócratas que habían huido de Kabul y hallado refugio en Peshawar. Muchos conservaron su independencia y abogaron por la unidad entre todas las fuerzas de resistencia. Pero ni los partidos de Peshawar ni Afganistán concederían nunca un papel político serio a ese grupo de afganos educados. En consecuencia, muchos abandonaron Peshawar para trasladarse a otros países, aumentando así la diáspora de profesionales afganos. Su influencia en la política de su país era marginal y, cuando después de 1992 fueron necesarios

---

1. Radek Sikorski, *Dust of the Saints*, Chatto and Windus, Londres, 1989. Éste es el relato más completo sobre la reunión de los jefes.

para que ayudaran a reconstruir el país, no estuvieron disponibles.[2] Los *ulema* y maestros de *madrasa* pashtunes estaban diseminados en el movimiento de resistencia, algunos como dirigentes de partido en Peshawar, otros como mandos militares, pero no constituían una presencia unida y potente en la resistencia e, incluso, en 1992 su influencia individual se había desvanecido de una manera considerable. Los *ulema* estaban maduros para que los absorbiera un movimiento al estilo talibán.

Cuando surgieron los talibán, en 1994, sólo quedaban los viejos líderes de la resistencia, hostiles entre ellos y a los que el presidente Burhanuddin Rabbani no había conseguido unir. En las regiones pashtunes había un vacío de poder total, pues los señores de la guerra campaban a sus anchas en el sur. Los talibán tenían razón al considerar a los antiguos líderes muyahidín corruptos y superfluos. Aunque reverenciaban a ciertos dirigentes *ulema* que en el pasado fueron sus mentores, no les dieron ningún papel político en el movimiento. Tampoco agradaban a los talibán los jefes militares de tendencia independiente, a quienes culpaban del desplome de los pashtunes después de 1992. Mandos importantes que se rindieron a los talibán no fueron nunca promovidos dentro de la estructura militar talibán. También rechazaban por completo a los intelectuales y tecnócratas afganos, a quienes consideraban el producto de un sistema educativo al estilo occidental o soviético, que ellos detestaban.

La aparición de los talibán coincidió así con una yuxtaposición histórica afortunada, en la que la desintegración de la estructura de poder comunista era total, los dirigentes muyahidín estaban desacreditados y el liderazgo tribal tradicional había sido eliminado. Era relativamente sencillo para los talibán barrer los pocos restos del viejo liderazgo pashtún que quedaban. A partir de entonces los talibán no se enfrentarían a ninguna posibilidad de oposición política a su dominio por parte de los pashtunes. Ahora tenían la oportunidad de formar una organización más tribalmente democrática y fundamentada. Imbuidos del factor legitimador islámico, éste po-

2. Ralph Magnus y Eden Naby, *Afghanistan: Mullah, Marx and Mujahid*, Harper Collins, India, 1998. Agradezco a los autores que me hayan proporcionado esta útil división del liderazgo muyahidín.

dría haber respondido a las necesidades de la población, pero los talibán se revelaron incapaces y reacios a hacerlo.

Al mismo tiempo, se negaron a desarrollar un mecanismo que les permitiera incluir a los representantes de los grupos étnicos no pashtunes. Su posición predominante en las zonas pashtunes no podría repetirse en el norte, a menos que tuvieran la flexibilidad necesaria para unir el complejo mosaico de la nación afgana bajo un nuevo estilo de liderazgo colectivo. En cambio, lo que los talibán crearon en última instancia fue una sociedad secreta dirigida principalmente por kandaharis y de un talante tan misterioso, oculto y dictatorial como los Jémeres Rojos de Camboya o el Irak de Saddam Hussein.

El vértice del cuerpo decisorio talibán era la *shura* suprema, que seguía radicada en Kandahar, una ciudad que el mulá Omar ha abandonado una sola vez (para visitar Kabul en 1996) y a la que ha convertido en el nuevo centro de poder de Afganistán. En la *shura* dominaban los antiguos amigos y colegas de Omar, sobre todo pashtunes durranis, a los que se ha llegado a llamar los «kandaharis», aun cuando proceden las tres provincias de Kandahar, Helmand y Urozgan. La *shura* original estaba compuesta por diez miembros (véase el apéndice 2), pero jefes militares, jefes tribales y *ulema* intervenían en las reuniones de la shura, que era flexible y amorfa hasta el punto de que en ocasiones intervenían en ella hasta cincuenta personas.

De los diez miembros originales de la *shura*, seis eran pashtunes durranis y sólo uno, el *maulvi* Sayed Ghiasuddin, era un tayiko de Badajshan (había vivido durante largo tiempo en el cinturón pashtún). Esto bastó mientras los talibán avanzaban por el cinturón pashtún, pero tras la captura de Herat y Kabul, la *shura* dejó totalmente de ser representativa. La *shura* de Kandahar nunca ensanchó su base lo suficiente para incluir a pashtunes ghilzais y miembros de otras etnias, y ha seguido siendo un coto cerrado que no puede representar los intereses de toda la nación.

Otras dos *shuras* rinden cuentas a la de Kandahar. La primera es el gabinete de ministros en funciones radicado en Kabul, o *shura* de Kabul. La segunda es el consejo militar o *shura* militar. De los diecisiete miembros que la *shura* de Kabul tenía en 1998, ocho como mínimo eran durranis, mientras que tres eran ghilzais y sólo dos pertenecían a etnias distintas a la pashtún (véase el apéndice 2). La *shura* de Kabul se ocupa de los problemas cotidianos del gobierno, la ciudad y el frente militar de Kabul, pero las decisiones importantes se trasladan a la *shura* de Kandahar, donde se toman realmente las decisiones. Incluso decisiones secundarias tomadas por la *shura* de Kabul y su jefe, el *mulá* Mohammed Rabbani, como la autorización a viajar para los periodistas o los nuevos proyectos de ayuda de la ONU, a menudo han sido revocados por la *shura* de Kandahar. Pronto le resultó imposible a la *shura* de Kabul, que actuaba como gobierno de Afganistán, tomar cualquier decisión sin prolongadas consultas con Kandahar, lo cual retrasaba de manera interminable las decisiones.

En Kabul, Herat y, más adelante, Mazar, en ninguna de las cuales existía una mayoría pashtún, los representantes talibán tales como el gobernador, el alcalde, los jefes de policía y otros administradores de alto rango eran invariablemente pashtunes kandaharis que, o no hablan dari, la lengua franca de esas ciudades, o la hablaban mal. En esas *shuras* locales no interviene ningún ciudadano local importante. El único rasgo de flexibilidad que han demostrado los talibán son sus citas con los gobernadores de las provincias. De los once gobernadores que había en 1998, sólo cuatro de ellos eran kandaharis.[3] En el pasado, los gobernadores y funcionarios importantes procedían de la elite local y reflejaban la composición étnica local de la población. Los talibán rompieron con esta tradición y nombraron personal externo.

Sin embargo, los poderes políticos de los gobernadores talibán se han visto considerablemente reducidos. La escasez de fondos a su disposición, su incapacidad de llevar a cabo un desarrollo económico serio o de rehabilitar a los refugiados que regresaban de Paquistán e Irán daba a los gobernadores incluso menos papel político, económico o social. El *mulá* Omar también ha ejercido el control de los gobernadores y no les ha permitido formar una base de poder local. Los ha cambiado constantemente de lugar y enviado de nuevo al frente de combate como jefes militares.

---

3. Afganistán tiene 31 provincias (*wilayat*), al frente de cada una de las cuales hay un gobernador (*wali*). Cada provincia se divide en distritos (*uluswali*) y subdistritos (*alaqdari*). Kabul está dividida en *karts* y subdividida en distritos más pequeños llamados *nahia*.

Tras la derrota de Mazar en 1997, los jefes pashtunes ghilzais se mostraron cada vez más críticos por el hecho de que no les consultaban sobre cuestiones militares y políticas, pese a que ellos aportaban el grueso del potencial humano militar. Los talibán perdieron en Mazar unos tres mil de sus mejores soldados, 3.600 cayeron prisioneros y diez dirigentes murieron o fueron capturados. Así los talibán se vieron obligados a obtener nuevos reclutas de las tribus ghilzais de Afganistán oriental, pero no estaban dispuestos a cederles el poder político ni tampoco a incluirlos en la *shura* de Kandahar. En cuanto a los ghilzais, iba en aumento su rechazo a que los talibán los usaran como carne de cañón y se oponían al reclutamiento.

La estructura militar de los talibán está envuelta en un secretismo todavía mayor. El jefe de las fuerzas armadas es el *mulá* Omar, aunque no está en absoluto claro cuál es su posición o el papel que representa. Por debajo de Omar hay un jefe supremo de Estado Mayor y luego jefes de Estado Mayor del ejército y la fuerza aérea. Hay por lo menos cuatro divisiones de infantería y una división acorazada con base en Kabul. Sin embargo, no existe ninguna estructura militar clara con una jerarquía de oficiales y jefes, mientras que cambian continuamente de destino a los jefes de unidad. Por ejemplo, la fuerza expedicionaria Kunduz de los talibán, que era el único grupo en el norte tras la derrota de 1997 en Mazar, experimentó por lo menos tres cambios de jefes en el transcurso de tres meses, mientras que más de la mitad de las tropas eran retiradas, dirigidas al frente de Herat y sustituidas por soldados paquistaníes y afganos menos experimentados. La *shura* militar es un cuerpo flexible que planea la estrategia y puede llevar a cabo decisiones tácticas, pero no parece tener ningún poder para adoptar decisiones estratégicas. Omar decide la estrategia militar, los nombramientos clave y la distribución de los fondos para las ofensivas.

Aparte del reclutamiento general impuesto por los talibán, los jefes individuales de zonas pashtunes determinadas son responsables de reclutar a los hombres, de pagarles y ocuparse de sus necesidades mientras prestan servicio. La *shura* militar les proporciona los recursos para hacerlo: el dinero, el combustible, los alimentos, el transporte, las armas y las municiones. Hay un trasiego constante de familiares que se intercambian en el frente, pues se permite a los soldados pasar largos períodos en sus casas. El ejército regular talibán nunca ha contado con más de 25.000 o 30.000 hombres, si bien estas cifras podrían aumentar con rapidez antes de nuevas ofensivas. Al mismo tiempo, los alumnos de las *madrasas* paquistaníes, que en 1999 constituían cerca del 30 por 100 del potencial humano militar de los talibán, también servían durante breves períodos antes de regresar a sus casas y enviar a nuevos reclutas. Sin embargo, este estilo azaroso de alistamiento, que tanto contrasta con los 12.000 o 15.000 soldados regulares de Masud, no permite la creación de un ejército regular y disciplinado.

Lo cierto es que los soldados talibán se asemejan a una *lashkar*, o milicia tribal tradicional, cuyos antecedentes históricos entre las tribus pashtunes tienen una considerable antigüedad. La *lashkar* siempre se ha movilizado con rapidez por orden del monarca o para defender un territorio tribal e intervenir en hostilidades locales. Quienes se unían a la *lashkar* eran estrictamente voluntarios a quienes no se les pagaba salario alguno, pero que compartían el botín tomado al enemigo. Sin embargo, las tropas talibán tenían prohibido el saqueo y en el período inicial fueron notablemente disciplinadas cuando ocupaban nuevas ciudades, aunque esto terminó en 1997 tras la derrota de Mazar.

La mayoría de los luchadores talibán no perciben salario y corresponde al jefe pagar a los hombres una suma de dinero apropiada cuando van de permiso a sus casas. Quienes cobran un salario regular son los soldados profesionales entrenados extraídos del antiguo ejército comunista. Esos pashtunes tanquistas, artilleros, pilotos y mecánicos luchan en realidad como mercenarios, pues han servido en los ejércitos de quienquiera que domina Kabul.

Varios miembros de la *shura* militar son también ministros en funciones y crean un caos todavía mayor en la administración de Kabul. Así, el *mulá* Mohammed Abbas, ministro de Sanidad, fue el segundo en el mando de la fuerza expedicionaria talibán atrapada en el norte tras la derrota de Mazar en 1997. Lo retiraron de allí y enviaron a Herat para que organizara otra ofensiva y, finalmente, al cabo de seis meses, volvió a su cargo de ministro, dejando consternadas a las agencias de ayuda de la ONU con las que trataba. El *mulá* Ehsanullah Ehsan, gobernador del Banco Estatal, estuvo al frente de una fuerza de elite formada por unos mil kandaharis y logró que su actividad financiera recibiera escasa atención antes de que muriese en Mazar en 1997. El *mulá* Abdul Razaq, el gobernador de Herat que fue capturado en Mazar ese mismo año y más adelante liberado, ha encabezado ofensivas militares en todo el país desde 1994. Casi todos los miembros de las *shuras* de Kandahar y Kabul, excepto aquéllos con incapacidades físicas, han actuado como jefes militares en un momento u otro.

En cierto sentido, esto confiere una notable flexibilidad a la jerarquía talibán, pues todos actúan al mismo tiempo como administradores y generales, lo que los mantiene en contacto con sus soldados. Sin embargo, la administración talibán, sobre todo en Kabul, resulta muy perjudicada. Cuando un ministro está ausente, en el frente, no es posible tomar ninguna decisión en el ministerio. El sistema aseguraba que ningún ministro talibán llegara a ser diestro en su cometido ni creara una base de poder local gracias a la influencia política. El *mulá* Omar ordenaba que cualquier ministro que adquiría demasiado poder político fuese enviado de inmediato al frente. Pero el resultado de esta confusión era un país sin gobierno y un movimiento cuyos líderes no tenían unos papeles claramente definidos.

El excesivo secreto que caracteriza a los talibán ha sido uno de los principales causantes de la desconfianza que les profesa la gente en las ciudades, los medios de comunicación extranjeros, las agencias de ayuda y la comunidad internacional. Incluso después de la captura de Kabul, los talibán se negaron a explicar cómo pensaban establecer un gobierno representativo o fomentar el desarrollo económico. Que insistieran en el reconocimiento internacional cuando no existía ningún gobierno claramente delimitado no hizo más que incrementar las dudas de la comunidad internacional sobre la capacidad del gobierno. El portavoz de la *shura* de Kabul, sher Mohammed Stanakzai, un talibán ghilzai que hablaba inglés y era relativamente cortés, natural de la provincia de Logar y adiestrado como policía en la India, era el enlace talibán con las agencias de ayuda de la ONU y los medios de comunicación extranjeros. Sin embargo, en seguida resultó evidente que Stanakzai carecía de verdadero poder y ni siquiera tenía acceso directo al *mulá* Omar para transmitirle mensajes y recibir respuestas. En consecuencia, su trabajo carecía de sentido, pues las agencias de ayuda nunca sabían si sus mensajes llegaban a Omar.

Los talibán aumentaron la confusión al efectuar una purga en la burocracia de Kabul, cuyos mandos inferiores siguen en sus puestos desde 1992. Sustituyeron por pashtunes, tanto si estaban cualificados como si no, a todos los burócratas veteranos tayikos, uzbekos y hazaras. Como resultado de esta pérdida de personal experto, los ministerios, en su conjunto, dejaron de funcionar.

La ética laboral de los talibán en los ministerios es indescriptible. Por muy grave que sea la crisis militar o política, las oficinas del gobierno en Kabul y Kandahar sólo están abiertas cuatro horas al día, de ocho de la mañana a mediodía. Entonces los talibán se dispersan para dedicarse a la oración y hacer una larga siesta. Por la noche tienen largas reuniones sociales. En las mesas de los ministros no hay expedientes y en las oficinas del gobierno no hay público. Así pues, mientras centenares de cuadros militares y burócratas talibán colaboraban para obligar a la población masculina a dejarse largas barbas, no había nadie en los ministerios para responder a las consultas de la gente. El público dejó de esperar nada de los ministerios, mientras que la falta de representación local en las administraciones urbanas provocaba que los talibán aparecieran como una fuerza de ocupación más que administradores deseosos de congraciarse con los administrados.

Hasta la fecha los talibán no han dado ninguna indicación de cómo y cuándo establecerían un gobierno representativo más permanente, basado o no en una Constitución, y de qué manera estaría dividido el poder político. Cada dirigente talibán tiene opiniones distintas al respecto. Un ministro me dijo: «Los talibán están dispuestos a negociar con la oposición, pero con la única condición de que ningún partido político participe en las discusiones. La mayoría de los talibán proceden de partidos políticos y sabemos los conflictos que originan. El Islam está en contra de todos los partidos». Según otro: «Al final, cuando estemos en paz, el pueblo podrá seleccionar su gobierno, pero primero es preciso desarmar a la oposición». Otros querían un gobierno talibán exclusivo.[4]

Después de 1996, el poder estuvo totalmente concentrado en

---

4. A cada oportunidad durante mis visitas a Kabul, pedía a los ministros sus opiniones sobre el futuro gobierno de los talibán. No había dos ministros que tuvieran la misma opinión, y era evidente que pensaban muy poco en la cuestión.

manos del *mulá* Omar, mientras que las consultas a la *shura* de Kandahar eran cada vez más infrecuentes. Wakil, el confidente de Omar, lo hizo patente: «Las decisiones se basan en el consejo del *Amir-ul Momineen*. Nosotros no tenemos necesidad de consultas, y creemos que esto concuerda con la *sharia*. Aceptamos la opinión del emir aunque nadie más la comparta. No habrá un jefe de estado, sino un *Amir-ul Momineen*. El *mulá* Omar será la primera autoridad y el gobierno no podrá poner en práctica ninguna decisión con la que él no esté de acuerdo. Las elecciones generales son incompatibles con la *sharia* y, en consecuencia, las rechazamos».[5]

Para poner en práctica sus decisiones, el *mulá* Omar confió menos en el gobierno de Kabul y cada vez más en los *ulema* kandaharis y la policía religiosa de Kabul. El *maulvi* Said Mohammed Pasanai, presidente del Tribunal Supremo islámico de Kandahar, quien enseñó a Omar los elementos básicos de la *sharia* durante la *yihad*, se convirtió en uno de los principales consejeros de Omar. Afirmaba ser el responsable de haber puesto fin al desorden imperante en el país por medio de los castigos islámicos. En 1997 me dijo: «Tenemos jueces que presiden trece tribunales supremos en trece provincias, y en todas partes hay paz y seguridad para la gente».[6] El octogenario Pasanai añadió que él había aplicado castigos islámicos durante casi medio siglo en los pueblos de su región y que había orientado a los muyahidín a aplicar la *sharia* durante la *yihad*.

El Tribunal Supremo islámico de Kandahar se convirtió en el tribunal más importante del país debido a su proximidad a Omar. El tribunal nombraba jueces islámicos, *qazis*, así como ayudantes de los jueces, en las provincias, y una o dos veces al año los hacía reunirse a todos en Kandahar para hablar de los casos y la aplicación de la ley *sharia*. Un sistema paralelo existe en Kabul, donde radican el Ministerio de Justicia y el Tribunal Supremo de Afganistán. El Tribunal Supremo de Kabul se ocupa de unos cuarenta casos a la semana y comprende ocho departamentos especializados en la legislación relativa al comercio, los negocios, las leyes penales y públicas, pero es evidente que no tiene los mismos poderes que el Tribunal Supremo

5. *Al-Majallah*, 23 de octubre de 1996. Entrevista concedida a una revista árabe.
6. Entrevista con el autor. Kandahar, marzo de 1997.

de Kandahar. Según el ministro de Justicia, el *maulvi* Jalilullá Maulvizada, «todas las leyes están siendo islamizadas. Las leyes incompatibles con el Islam se eliminan. Tardaremos varios años en revisar todas las leyes y cambiarlas o eliminarlas».

El empeoramiento de la situación económica y la alienación política en las zonas controladas por los talibán, junto con las grandes pérdidas militares que han sufrido, provocaron la intensificación de las divisiones internas. En enero de 1997, los talibán se enfrentaron a una rebelión en el mismo centro de Kandahar, debido al reclutamiento obligatorio. Al menos cuatro reclutadores talibán murieron a manos de aldeanos que se negaban a unirse al ejército. Los talibán fueron expulsados de numerosas ciudades cercanas a Kandahar tras unos tiroteos en los que hubo víctimas en ambos bandos.[7] Los más viejos del lugar decían que cuando los jóvenes se alistaban al ejército estaban enfrentándose a la muerte. «Los talibán habían prometido la paz, y en cambio no nos han dado más que guerra», me dijo un viejo aldeano.[8] En junio, los talibán ejecutaron a dieciocho desertores del ejército en la prisión de Kandahar.[9] Hubo movimientos similares contra el reclutamiento en las provincias de Wardak y Paktia. El reclutamiento obligatorio ha aumentado la impopularidad de los talibán y les ha forzado a obtener más reclutas de las *madrasas* paquistaníes y los refugiados afganos instalados allí.

Entre tanto, las diferencias que hervían a fuego lento entre las *shuras* de Kandahar y Kabul se incrementaron de una manera espectacular en abril de 1998, tras la visita a Kabul de Bill Richardson, el representante diplomático de Estados Unidos. El *mulá* Rabbani, jefe de la *shura* de Kabul, decidió poner en práctica los puntos del programa de Richardson, pero al día siguiente, el *mulá* Omar rechazó el acuerdo desde Kandahar. Rabbani se tomó uno de sus periódicos permisos de larga duración y hubo rumores de que estaba bajo arresto. En octubre de 1998, los talibán detuvieron a más de sesenta personas en Jalalabad, la ciudad más grande en el este de Afganistán, basándose en que ex oficiales militares leales al general

7. *The Nation*, «Four killed in revolt against Taliban», 10 de enero de 1998.
8. Entrevistas realizadas en Kandahar con cooperantes internacionales que conocían a las autoridades del pueblo. Islamabad, febrero de 1998.
9. Entrevista con un ex interno en la prisión de Kandahar.

Shahnawaz Tanai, el general pashtún que en 1990 desertó del ejército de Najibulá y se unió a los muyahidín, habían intentado dar un golpe de estado. Los oficiales pashtunes de ese general habían apoyado a los talibán desde 1994 y muchos sirvieron en el ejército talibán.[10] En diciembre, los talibán mataron a un estudiante e hirieron a varios más durante los disturbios en la Facultad de Medicina de la Universidad de Nangarhar, en Jalalabad. En la ciudad se produjeron huelgas y protestas contra los talibán.

El creciente descontento en Jalalabad parecía instigado por quienes apoyaban al *mulá* Rabbani, más moderado, quien había organizado una base política en la ciudad. Los poderosos mercaderes de Jalalabad que dirigían el negocio del contrabando desde Paquistán también deseaban una actitud más liberal por parte de los talibán. Tras los incidentes de Jalalabad, la superioridad ordenó de nuevo al *mulá* Rabbani que se desplazara desde Kabul a Kandahar y se perdió de vista durante varios meses. En 1998, la *shura* de Kabul era partidaria de una política talibán moderada, de manera que las agencias de la ONU pudieran regresar a Afganistán y fluyera a las ciudades una mayor ayuda internacional. Los dirigentes talibán de las *shuras* de Kabul y Jalalabad percibían el creciente descontento público por el aumento de los precios, la falta de alimentos y el recorte de la ayuda humanitaria. Sin embargo, el *mulá* Omar y los dirigentes de Kandahar se negaron a permitir una expansión de las actividades de ayuda de la ONU, y acabaron por obligar a marcharse a la organización internacional.

En el invierno de 1998-1999, soldados talibán cometieron varios actos de saqueo y robo, lo que reflejaba la creciente indisciplina causada por las penurias económicas. En el peor de tales incidentes, ocurrido en Kabul en enero de 1999, seis soldados talibán sufrieron la amputación del brazo y el pie izquierdos por saquear. Entonces las autoridades colgaron los miembros amputados de los árboles en el centro de la ciudad, a la vista del público, hasta que se pudrieran. Aunque las diferencias internas hicieron aumentar las especulaciones sobre un grado importante de debilidad en el seno del movimiento talibán, que podría desembocar en una guerra civil,

10. AFP, «Taliban arrest dozens of alleged coup plotter», 23 de octubre de 1998.

la posición suprema y los poderes incrementados del *mulá* Omar le permitían conservar un dominio absoluto del movimiento.

Así pues, los talibán, como los muyahidín antes que ellos, habían recurrido al gobierno de un solo hombre sin ningún mecanismo organizativo para acomodar a otros grupos étnicos o distintos puntos de vista. La lucha entre talibán moderados y partidarios de la línea dura tenía lugar en la clandestinidad, y no había ningún dirigente talibán que estuviera dispuesto a contradecir a Omar u oponerse a él. Es más que probable que semejante situación acabe por ocasionar una explosión en el seno del movimiento talibán, una guerra civil entre unos y otros talibán que sólo puede dividir de nuevo a los pashtunes y ocasionar más sufrimiento al pueblo.

3

UN GÉNERO DESAPARECIDO. LAS MUJERES, LOS NIÑOS Y LA CULTURA TALIBÁN

Nadie quiere ver nunca el interior del sencillo despacho del *maulvi* Qalamuddin en el centro de Kabul. De todos modos, la mitad de la población nunca lo verá, porque el *maulvi* no permite a las mujeres que entren en el edificio. Qalamuddin es miembro de la tribu pashtún, hombre de gran corpulencia, pies y manos enormes, nariz larga y gruesa, ojos negros y una poblada barba negra cuyo extremo toca la superficie de la mesa cuando habla. Su aspecto físico y su nombre atemorizan en toda la ciudad. Es el jefe de la policía religiosa de los talibán, y el torrente de reglas que emite desde su despacho ha cambiado de un modo espectacular el estilo de vida de la población de Kabul, en otro tiempo despreocupada, y ha obligado a las mujeres a desaparecer por completo de las calles.

El *maulvi* Qalamuddin dirige el Amar Bil Maroof Wa Nahi An al-Munkar, o Departamento de Promoción de la Virtud y Prevención del Vicio, pero él mismo prefiere traducirlo por Departamento de Observancia Religiosa. En las calles, la gente se limita a llamar a los miles de jóvenes fanáticos del departamento, que patrullan con látigos, largos palos y Kaláshnikovs, la policía religiosa e, incluso, los denomina de maneras más despectivas. El día que lo visité, porque había hecho la excepción de conceder una entrevista, en el verano de 1997, acababa de emitir nuevas regulaciones que prohibían a las mujeres usar tacón alto, hacer ruido con los zapatos al andar y maquillarse. «Se prohíben los vestidos elegantes y los adornos de las mujeres en los hospitales. Las mujeres están obligadas a comportarse con dignidad, a caminar con tranquilidad y abstenerse de golpear con los zapatos en el suelo, pues produce ruido», decía el edicto. La manera en que los fanáticos podían ver el maquillaje e incluso los zapatos de las mujeres, todas ellas enfundadas en la *burkha* de la cabeza a los pies, era un misterio (véase el apéndice 1).

El nuevo edicto formalizaba restricciones anteriores a las mujeres en el campo laboral, pero ahora también les prohibían trabajar para las agencias de ayuda humanitaria occidentales excepto en el sector médico. El edicto seguía diciendo: «No se permite a las mujeres trabajar en ningún campo excepto en el sector médico. Las que trabajen en ese sector, no se sentarán en un vehículo al lado del conductor. Ninguna mujer afgana tiene derecho a trasladarse en un mismo vehículo con extranjeros». La educación de los niños en Kabul también está paralizada porque la mayoría de los enseñantes son mujeres y ahora no pueden trabajar. Toda una generación de niños afganos está creciendo sin ninguna educación. Miles de familias cultas han huido de Kabul y se han instalado en Paquistán, tan sólo porque sus hijos ya no pueden recibir educación.

Algo nervioso pregunté a Qalamuddin qué era lo que justificaba la prohibición talibán de que las mujeres trabajaran y fuesen a la escuela.

—Nuestro pueblo nos culpará si no educamos a las mujeres, y acabaremos por darles educación, pero de momento tenemos graves problemas—respondió. Como tantos otros *mulás*, y a pesar de su tamaño, sorprende al hablar en un tono de voz muy bajo, y tuve que esforzarme para captar sus palabras—. Existen problemas de seguridad. No hay normas para el transporte por separado, y por ahora no hay edificios escolares y servicios independientes para educar a las mujeres. Perdimos dos millones de personas en la guerra contra los soviéticos porque no teníamos la ley de la *sharia*. Luchamos por ella y ahora ·esta organización la pondrá en práctica.—Y añadió enérgicamente—: La llevaré a cabo pase lo que pase.

· Cuando los talibán hicieron su entrada en Kabul, la policía religiosa golpeaba a hombres y mujeres en público por no dejarse barbas de suficiente longitud o no llevar la *burkha* como es debido.

—Recomendamos a nuestro personal que no golpee a la gente en las calles. Tan sólo aconsejamos a la gente que se comporte de acuerdo con la *sharia*. Por ejemplo, si uno se dispone a dar marcha atrás y va a chocar con otro coche, tan sólo le advertimos que no dé marcha atrás en ese momento.—Qalamuddin sonrió, claramente satisfecho de su metáfora moderna.

El Departamento de Observancia Religiosa sigue el modelo de una organización similar en Arabia Saudí y ha reclutado a centenares de jóvenes, muchos de los cuales sólo tienen una educación mínima en *madrasas* de Paquistán. El departamento es también el servicio de información más eficaz de los talibán, una curiosa regresión al KHAD, la enorme agencia de inteligencia dirigida por el régimen comunista en la década de los ochenta. El KHAD, que más adelante cambió su nombre por WAD, empleaba entre quince y treinta mil espías profesionales y tenía además cien mil informadores a sueldo.[1] Qalamuddin admite que cuenta con miles de informadores en el ejército, los ministerios, los hospitales y las agencias de ayuda occidentales. «Todo nuestro personal tiene experiencia en los asuntos religiosos. Somos una organización independiente y no aceptamos consejos del Ministerio de Justicia ni del Tribunal Supremo acerca de lo que debemos hacer. Estamos a las órdenes del emir *mulá* Mohammed Omar».

Los edictos de Qalamuddin se emiten regularmente por Radio Shariat (antes Radio Kabul) y cubren todos los aspectos del comportamiento social de la población (véase el apéndice 1). Uno de ellos se refiere a la asistencia a los acontecimientos deportivos, que al principio los talibán habían prohibido. El edicto ordena: «Cuando los espectadores alienten a los deportistas deberán cantar *Allah-o-Akbar* [Dios es grande] y abstenerse de aplaudir. Si el partido coincide con la hora de la oración deberá interrumpirse. Jugadores y espectadores ofrecerán sus plegarias en congregación». Hacer volar cometas, que fue uno de los pasatiempos preferidos de los kabulíes en primavera, sigue prohibido, así como la práctica de cualquier deporte por parte de las mujeres.

Para los talibán, poner en duda la validez de esos edictos, que no están refrendados por el Corán, equivale a dudar del mismo Islam, aun cuando la primera tarea del profeta Mahoma fue la de emancipar a las mujeres. Ferdinand Braudel ha escrito: «La prueba suprema e inequívoca del Islam fue la emancipación de las mujeres; empezaron por proclamarla y luego, más lentamente, la fueron realizando».[2] Pero los talibán ni siquiera permitieron a los periodistas musulmanes que pusieran en tela de juicio esos edictos o discutie-

---

1. Barnett Rubin, *The Fragmentation of Afghanistan: State Formation and Collapse in the International System*, Yale University Press, 1995.

2. Ferdinand Braudel, *A History of Civilizations*, Penguin Books, Londres, 1993.

ran sus interpretaciones del Corán. A los miembros de las organizaciones de ayuda extranjeras se limitaron a decirles: «Vosotros no sois musulmanes, por lo que no tenéis derecho a discutir sobre asuntos islámicos». Los talibán tenían razón, su interpretación del Islam era correcta y todos los demás estaban equivocados y eran ejemplos de la debilidad humana y la falta de piedad. El fiscal general del Estado, *maulvi* Jalilulá Maulvizada, dijo que «la Constitución es la *sharia*, por lo que no necesitamos ninguna constitución. El pueblo ama el Islam y por eso apoya a los talibán y aprecia lo que estamos haciendo».[3]

Sin embargo, la difícil situación de las mujeres y de la sociedad afgana en general comenzó mucho antes de que llegaran los talibán. Veinte años de guerra continua habían destruido a la sociedad civil afgana, la comunidad de clanes y la estructura familiar que constituían un alivio importante en un paisaje económico por lo demás severo. Los parámetros de la vida humana en Afganistán figuran entre los peores del mundo. La tasa de mortalidad infantil es de 163 defunciones por mil nacimientos (18 por 100), la más alta del mundo, si la comparamos con la media de 70/1000 en otros países en vías de desarrollo. La cuarta parte de los niños mueren antes de cumplir los cinco años, mientras que en otros países subdesarrollados fallece una décima parte de la población infantil.

En cuanto a los fallecimientos durante el parto, la cifra es también escalofriante: 1.700 madres de cada 100.000. La esperanza de vida tanto de hombres como de mujeres es de cuarenta y tres o cuarenta y cuatro años, en comparación con sesenta y un años en otros países en vías de desarrollo. Sólo el 29 por 100 de la población tiene acceso a los servicios sanitarios, y el 12 por 100 dispone de agua potable, en comparación con el 80 y el 70 por 100, respectivamente, en los estados en vías de desarrollo. Los niños mueren de enfermedades comunes, como el sarampión y la diarrea, porque no hay instalaciones sanitarias ni agua limpia.[4]

El analfabetismo era un gran problema antes de que aparecieran los talibán, y afectaba al 90 por 100 de las chicas y al 60 por 100 de los muchachos. Había enormes extensiones del Afganistán rural

3. Entrevista con Maulvizada, Kabul, junio de 1997.
4. PNUD Country Development Indicators, 1995.

donde las escuelas fueron destruidas durante la guerra y no quedaba en pie ni una sola. Así pues, la política talibán discriminatoria de sexo no hizo más que empeorar una crisis progresiva. Tres meses después de la captura de Kabul, los talibán cerraron sesenta y tres escuelas de la ciudad, lo cual afectó a 103.000 niñas, 148.000 muchachos y 11.200 maestros, 7.800 de los cuales eran mujeres.[5] Cerraron la Universidad de Kabul y enviaron a casa a unos diez mil estudiantes, cuatro mil de ellos mujeres. En diciembre de 1998, la UNICEF informó de que el sistema educativo del país se hallaba en un estado de colapso total, y que nueve de cada diez niñas y dos de cada tres niños no iban a la escuela.[6]

El mundo exterior apenas se preocupó por la difícil situación del pueblo afgano. Mientras que en la década de los ochenta la guerra de Afganistán atrajo atención y ayuda, en cuanto los soviéticos retiraron sus tropas en 1989 Afganistán desapareció de la pantalla de radar de la atención internacional. La ayuda cada vez menor de los ricos países donantes, que ni siquiera alcanzaba los requisitos presupuestarios mínimos de la ayuda humanitaria, se convirtió en un escándalo.

En 1996, la ONU había solicitado 124 millones de dólares para su programa de ayuda anual destinado a Afganistán, pero a fines de ese año el país sólo había recibido 65 millones. En 1997, pidió 133 millones y sólo recibió 56, es decir, el 42 por 100, y al año siguiente pidió 157 millones y sólo recibió 53, el 34 por 100. En 1999 la ONU redujo de un modo drástico su solicitud: sólo 113 millones de dólares. Según Barnett Rubin, «si hoy la situación de Afganistán tiene un feo aspecto, no se debe a que el pueblo afgano sea feo. Afganistán no es sólo el espejo de los afganos, sino del mundo. Como dice un viejo proverbio persa: "Si no te gusta la imagen reflejada en el espejo, no rompas el espejo, rómpete la cara"».[7]

Cuando las mujeres de Kabul se miraban en el espejo, incluso antes de que los talibán tomasen la ciudad, sólo veían desesperación. En 1996 conocí a Bibi Zohra en una diminuta panadería de

5. Declaración de UNOCHA, octubre de 1996.
6. Declaración de UNICEF, 11 de diciembre de 1998.
7. Barnett Rubin, *The Fragmentation of Afghanistan: State Formation and Collapse in the International System.*

Kabul. Era una viuda que estaba al frente de un grupo de mujeres que confeccionaban *nan* (el pan sin levadura que comen todos los afganos) para viudas, huérfanos y personas discapacitadas. Unos cuatrocientos mil habitantes de Kabul dependían de esas panaderías financiadas por el PMA, con unas veinticinco mil familias cuyos cabezas de familia eran viudas de guerra y otras siete mil a cargo de hombres discapacitados. La choza de barro de Zohra estaba llena de marcas dejadas por la metralla y agujeros de balas. Primero la habían destruido los cohetes lanzados por las fuerzas de Gulbuddin Hikmetyar en 1993 y, dos años después, la bombardearon los talibán.

La mujer, con seis hijos y sus padres a los que mantener, había donado al PMA parte del pequeño solar donde se alzó su casa, para que instalaran una panadería.

—Mire mi cara, ¿no ve marcada en ella la tragedia de nuestras vidas y nuestro país?—me preguntó—. La situación empeora cada día que pasa. Nos hemos convertido en mendigos que dependemos de Naciones Unidas para sobrevivir. Esa no es la manera de ser de los afganos. Las mujeres están agotadas, deprimidas, abrumadas. Sólo esperamos que llegue la paz, rezamos por ello a cada momento.

La situación de los hijos de Bibi Zohra y otros niños era todavía peor. En un terreno de juegos instalado por la organización «Save the Children» en el complejo de viviendas semiderruido de Microyan, unos niños enflaquecidos jugaban sin alegría en los columpios recién instalados. Era un terreno de juegos sembrado de recordatorios de la guerra, cartuchos de proyectiles artilleros, un tanque destruido con un gran agujero donde estuvo la torreta y árboles desmochados por los cohetes.

—Las mujeres y los niños soportan lo más arduo del conflicto— me dijo Sofie Elieussen, la directora de «Save the Children»—. Las mujeres tienen que enfrentarse a la falta de alimentos y la desnutrición de sus hijos; sufren de histeria, traumas y depresiones porque no saben cuándo ocurrirá el próximo ataque con cohetes. ¿Cómo pueden reaccionar los niños a la disciplina o el afecto materno cuando han visto a los adultos matarse entre ellos y las madres son incapaces de satisfacer sus necesidades básicas? Tal es la tensión, que los niños ni siquiera confían entre ellos, y los padres han dejado de comunicarse con sus hijos e, incluso, de intentar explicarles lo que está pasando.

Un estudio de la población infantil de Kabul realizado por la UNICEF, bajo la supervisión de la doctora Leila Gupta, reveló que la mayoría de los niños habían presenciado actos de violencia extrema y no esperaban sobrevivir. Dos tercios de los niños entrevistados habían visto morir a alguien en un ataque con cohetes, habían visto los cadáveres o los fragmentos de cuerpos diseminados. Más del 70 por 100 habían perdido a un miembro de su familia y ya no confiaban en los adultos.

—Todos sufren al recordar las escenas vividas, tienen pesadillas y se sienten solos. Muchos afirmaban que tenían la sensación de que ya no valía la pena vivir—me dijo la doctora Gupta.

La guerra había destruido todas las normas de vida familiar. Cuando los niños dejan de confiar en sus padres o éstos no pueden proporcionarles seguridad, dejan de estar anclados en el mundo real.

La guerra afectaba a los niños mucho más que en cualquier otro conflicto civil del mundo. Todos los señores de la guerra habían utilizado soldados adolescentes, algunos de sólo doce años, y muchos de ellos eran huérfanos sin ninguna esperanza de tener familia, educación y trabajo, y cuya única salida era ingresar en el ejército. Los talibán, con sus vinculaciones a las *madrasas* paquistaníes, alentaban a miles de niños a alistarse y luchar. Unidades enteras estaban formadas por chiquillos, que cargaban las baterías artilleras, transportaban munición, vigilaban las instalaciones y luchaban. Es significativo que un gran esfuerzo internacional llevado a cabo en 1998 para limitar la edad mínima de los soldados a los dieciocho años, en lugar de los quince, que era el límite de edad en vigor, tropezara con la resistencia de Estados Unidos, Paquistán, Irán y Afganistán. Según un informe publicado en 1999 por Amnistía Internacional, había en todo el mundo 300.000 niños alistados como soldados.[8] La penosa situación de las mujeres y los niños empeoraría mucho más después de que los talibán tomasen Kabul.

Todas las mujeres kabulíes con las que hablé en 1995 y 1996 (entonces los periodistas podían reunirse y hablar con las mujeres en la calle, en tiendas y oficinas) sabían que la precariedad de sus vi-

8. «In The Firing Line: War and Children's Rights», Amnistía Internacional, 1999.

das no haría más que empeorar si los talibán se hacían con Kabul. Una de estas mujeres era Nasiba Gul, una asombrosa mujer soltera de veintisiete años que aspiraba a participar en el mundo moderno. En 1990 se había licenciado por la Universidad de Kabul, y tenía un buen empleo en una ONG. Vestida con falda larga y zapatos de tacón alto, pocas veces se molestaba en cubrirse la cara y sólo se ponía un pequeño pañuelo a la cabeza cuando se desplazaba por la ciudad.

—Los talibán quieren pisotear a las mujeres en el polvo—me dijo Nasiba—. Ninguna mujer, ni siquiera la más pobre o la más conservadora desea que los talibán gobiernen en Afganistán. El Islam dice que las mujeres son iguales a los hombres y que se las debe respetar, pero las acciones de los talibán hacen que la gente se vuelva incluso en contra del Islam.

Los temores de Nasiba estaban justificados, pues cuando los talibán tomaron Kabul, las mujeres dejaron de verse en público. Nasiba se vio obligada a abandonar su trabajo y se marchó a Paquistán.

Los dirigentes talibán procedían de las provincias meridionales pashtunes más pobres, más conservadoras y menos cultas de Afganistán. En el pueblo del *mulá* Omar las mujeres siempre habían llevado velo, y las chicas no iban a la escuela porque ésta no existía. Omar y sus colegas trasladaron su propio medio, su propia experiencia, o la falta de ella, con las mujeres, a la totalidad del país, y justificaron su política basándola en el Corán. Durante cierto tiempo, algunas agencias de ayuda afirmaron que ésa era la tradición cultural afgana y que era preciso respetarla. Pero en un país con etnias y niveles de desarrollo tan diversos, no existía un criterio universal de tradición o cultura con respecto al papel de las mujeres en la sociedad. Tampoco ningún dirigente afgano anterior a los talibán había insistido en códigos de presentación personal que exigían largas barbas a los hombres y la utilización de la *burkha* por parte de las mujeres.

El resto de Afganistán no se parecía ni remotamente al sur. Los pashtunes del este, fuertemente influidos por los pashtunes paquistaníes, se enorgullecían de enviar a sus hijas a la escuela, y muchos siguieron haciéndolo pese al dominio de los talibán, estableciendo escuelas en los pueblos o enviando a sus familias a Paquistán. Allí, organismos de ayuda como el Comité Sueco, mantenían unas seiscientas escuelas de enseñanza primaria con 150.000 alumnos, tres mil de los cuales eran chicas. Cuando los dirigentes tribales pashtunes exigieron educación para las niñas, los gobernadores talibán no pudieron oponerse.[9] En los campos de refugiados afganos en Paquistán estudiaban decenas de miles de muchachas pashtunes. Fuera del cinturón pashtún, todos los demás grupos étnicos fomentaban con vigor la educación femenina. La fuerza de Afganistán radicaba en su diversidad étnica, y las mujeres tenían tantos papeles en la sociedad como tribus y nacionalidades existían.

Las ciudades afganas eran incluso más diversas. Kandahar fue siempre una ciudad conservadora, pero en otro tiempo la elite femenina de Herat hablaba el francés como segunda lengua y copiaban las modas de la corte del sha en Teherán. El 40 por 100 de las mujeres de Kabul trabajaban, tanto bajo el régimen comunista como el gobierno muyahidín posterior a 1992. Mujeres con una educación incluso mínima y un empleo cambiaban su indumentaria tradicional por faldas, zapatos de tacón alto y maquillaje. Iban al cine, practicaban deportes, bailaban y cantaban en las bodas. Debería haber bastado el sentido común para convencer a los talibán de que, si querían ganarse el afecto y la lealtad de la gente, deberían suavizar su política con respecto a las mujeres de acuerdo con las realidades existentes en las regiones que controlaban. En cambio, consideraban a Kabul como un antro de iniquidad, una Sodoma y Gomorra donde era preciso golpear a las mujeres para que se adaptaran a las normas de conducta de los talibán. Y para éstos los norteños eran unos musulmanes impuros a los que debían islamizar de nuevo a la fuerza.

La actitud intolerante de los talibán estaba también conformada por su propia dinámica política interna y el carácter del personal que integraba sus filas. Los reclutas (los huérfanos, los desarraigados, el lumpen proletariado de la guerra y los campos de refugiados) se habían criado en una sociedad totalmente masculina. En el ambiente de las *madrasas*, el dominio de las mujeres y su práctica exclusión era un símbolo poderoso de virilidad y una reafirmación del

9. Fange Anders, «Difficulties and opportunities. Challenges of Aid in Afghanistan». Documentos para la Conferencia de Estocolmo sobre Afganistán, 24 de febrero de 1999.

compromiso de los estudiantes con la *yihad*. Negarles un papel a las mujeres daba a los talibán una especie de falsa legitimidad entre aquellos elementos. Como dijo Simi Wali, director de una ONG afgana: «Este conflicto contra las mujeres tiene sus raíces en las creencias políticas y las ideologías, no en normas islámicas o culturales. Los talibán son una nueva generación de varones musulmanes producto de una cultura de guerra, que han pasado gran parte de su vida adulta separados por completo de sus comunidades. En la sociedad afgana, las mujeres han sido utilizadas tradicionalmente como instrumentos para regular la conducta social y, por lo tanto, son símbolos importantes en la cultura afgana».[10]

Los dirigentes talibán me dijeron una y otra vez que si daban a las mujeres mayor libertad o la oportunidad de ir a la escuela, perderían el apoyo de sus soldados, a quienes desilusionarían unos mandos que habían puesto en peligro los principios porque se sentían presionados. Decían también que las posibilidades de encuentros sexuales debilitarían y trastornarían a los reclutas, que ya no lucharían con el mismo entusiasmo. Así pues, la opresión de las mujeres se convirtió en un hito del radicalismo islámico talibán con el objetivo de «limpiar» la sociedad y mantener alta la moral de sus tropas. La discriminación de las mujeres se convirtió en el elemento principal de la resistencia talibán a la ONU y los intentos de los gobiernos occidentales para que aceptaran un compromiso y moderasen su política. Comprometerse con Occidente sería una derrota, indicaría que estaban equivocados desde el principio, mientras que mantener una actitud de desafío sería una señal de victoria.

Los talibán partidarios de la línea dura dieron la vuelta al argumento del mundo exterior e insistieron en que era Occidente quien debía moderar su posición para dar cabida a los talibán, en vez de ser éstos quienes reconocieran los derechos humanos universales. El fiscal general del Estado, el *maulvi* Jalilulá Maulvizada, declaró: «Digamos cuál es la clase de educación que quieren Naciones Unidas. Se trata de una gran política infiel que da tal obscena libertad a las mujeres que las llevaría al adulterio y anunciaría la destrucción

10. Sima Wali, «Statement on Afghanistan» en la reunión del Congreso de Estados Unidos sobre los Derechos Humanos, 30 de octubre de 1997. Wali dirige la agrupación Refugee Women in Development.

del Islam. Todo país musulmán donde el adulterio llega a ser corriente queda destruido y sufre el dominio de los infieles, porque los hombres se vuelven como las mujeres y éstas no pueden defenderse. Quien se dirija a nosotros debe hacerlo dentro del marco islámico. El sagrado Corán no puede adaptarse a los requisitos de otras gentes, son éstas las que deberían adaptarse a los requisitos del sagrado Corán».[11] Los talibán no podían explicar cómo una religión profundamente arraigada como el Islam corría tal peligro de destrucción a manos de los adúlteros.

Todos los pashtunes tribales seguían también el pashtunwali, un código social que daba a la *jirga* o consejo tribal el derecho a juzgar basándose en un cuerpo de leyes y castigos tradicionales, sobre todo cuando se trataba de disputas por la propiedad de la tierra, mujeres y crímenes. Los pashtunes siempre han difuminado la línea entre el pashtunwali y la *sharia*, y lo cierto es que los castigos impuestos por los talibán procedían más del primero que de la segunda. Pero el pashtunwali se practicaba en grados diversos, de menor a mayor extensión en el cinturón pashtún, y ciertamente no gobernaba las prácticas de otros grupos étnicos. El hecho de que los talibán estuvieran decididos a imponer por la fuerza la ley pashtunwali-sharia a esos grupos étnicos no hacía más que profundizar la división étnica en el país. Los que no eran pashtunes lo consideraban un intento de imponer las leyes pashtunes kandaharis a todo el país.

No existía ninguna condición política en la que los talibán estuvieran dispuestos a comprometerse. Después de cada derrota militar, ponían en práctica con la mayor brutalidad su política de discriminación sexual, basándose en la creencia de que unas medidas más duras contra las mujeres mantendría alta la moral de los soldados derrotados. Y a cada victoria hacían lo mismo, porque era preciso mostrar a las poblaciones recién conquistadas el poderío talibán. La política de «compromiso» con los talibán para que se moderasen, propuesta por la comunidad internacional, no daba ningún resultado, y la insistencia en que, una vez finalizada la guerra, se proporcionara educación a las mujeres fue careciendo cada vez más de sentido. La toma de Herat en 1995 fue el primer indicador para los afganos y el mundo exterior de que los talibán no iban a re-

11. Entrevista con Maulvizada, Kabul, junio de 1997.

ducir su discriminación de las mujeres. Herat, el centro del Islam medieval en toda la región, era una ciudad de mezquitas y *madrasas*, pero tenía una tradición islámica antigua y liberal. Era el hogar de las artes y los oficios islámicos, la pintura en miniatura, la música, la danza, la confección de alfombras y numerosos relatos sobre sus formidables y hermosas mujeres.

Los heratíes cuentan todavía la historia de la reina Gowhar Shad, nuera del conquistador Taimur, quien trasladó la capital timúrida de Samarkanda a Herat en 1405, tras la muerte de Taimur. Un día, acompañada por doscientas hermosas damas de honor, de «labios de rubí», la reina inspeccionó un complejo formado por una mezquita y una *madrasa* que se alzaba en las afueras de Herat. Se había pedido a los estudiantes de la *madrasa* (los *talibán*) que se marcharan del recinto mientras la reina con su séquito llevaba a cabo su inspección, pero un estudiante se había quedado dormido en su habitación. Le despertó una dama de honor de belleza exquisita. Cuando regresó al lado de la reina, la dama jadeaba y estaba despeinada, debido a los esfuerzos de una actividad amorosa apasionada, por lo que fue descubierta. En vez de castigar a la dama o al estudiante, la reina ordenó que todas sus damas de honor se casaran con los estudiantes, en una ceremonia general, a fin de bendecirlos y asegurar que evitaran la tentación en el futuro. Dio a cada estudiante ropas y un salario, y ordenó que los esposos se reunieran una vez a la semana, siempre que ellos estudiaran con ahínco. Era la clase de relato que compendiaba la tradición liberal y humana del Islam y la educación de la *madrasa* en Herat.

Los talibán no tenían ningún conocimiento de la historia y las tradiciones de Herat, y en cuanto llegaron a la ciudad ordenaron que las mujeres no salieran de sus casas. Prohibieron a la gente que visitara los santuarios de los santos sufíes que abundan en Herat. Los talibán cerraron todas las escuelas de niñas y pusieron así fin al esfuerzo realizado durante años por los muyahidín del jefe militar Ismael Khan para educar a la población. También cerraron la mayor parte de las escuelas de niños, puesto que la mayoría del personal docente era femenino. Establecieron la segregación en los pocos hospitales que funcionaban, cerraron las casas de baños y prohibieron a las mujeres acudir al bazar. Todo esto tuvo como resultado que las mujeres heratíes fuesen las primeras en rebelarse contra los excesos de los talibán. El 17 de octubre de 1996, más de un centenar de mujeres protestaron ante la sede del gobernador contra el cierre de las casas de baños. La policía religiosa talibán las golpeó antes de detenerlas. Entonces fueron de casa en casa advirtiendo a los hombres que prohibieran salir del hogar a sus mujeres.

Los medios de comunicación internacionales y Naciones Unidas prefirieron hacer caso omiso de estos hechos en Herat, pero varias ONG occidentales comprendieron las profundas implicaciones que tenían para sus actividades futuras. Tras un largo debate interno e infructuosas negociaciones con los talibán en Herat, la UNICEF y la organización «Save the Children» suspendieron sus programas educativos en Herat debido a la exclusión de las niñas.[12] La suspensión de estos programas de ayuda no disuadió a los talibán, quienes se dieron cuenta en seguida de que otras agencias de Naciones Unidas no estaban dispuestas a enfrentarse a ellos por su política de discriminación de las mujeres. Además, habían conseguido dividir a la comunidad de organizaciones de ayuda humanitaria. La política de la ONU era caótica, porque las agencias no habían sabido negociar desde una plataforma común. A medida que cada agencia de la ONU trataba de cerrar su propio trato con los talibán, la ONU ponía en riesgo sus principios, mientras que las restricciones impuestas por los talibán a las mujeres no hacían más que aumentar. El jefe de una ONG europea me dijo: «La ONU está en una pendiente resbaladiza. Cree que por medio de pequeños compromisos podrá satisfacer tanto a la comunidad internacional como a los talibán. En realidad no está satisfaciendo a nadie».[13]

El mundo sólo tomó conciencia de lo que significaba esa política talibán de discriminación de la mujer en 1996, tras la toma de Kabul. La ONU no podía pasar por alto el asunto después de que los medios de comunicación internacionales informaran ampliamente de la ejecución del ex presidente Najibulá y el trato que daban a las mujeres de Kabul. Las declaraciones de protesta de dirigentes como el secretario general de la ONU, Boutros-Ghali, los directores de UNICEF, la UNESCO, el ACNUR y el Comisionado Europeo para los Derechos Humanos no tuvieron ninguna respuesta por parte de

---

12. UNICEF emitió un comunicado oficial el 10 de noviembre de 1995 y «Save the Children» el 8 de marzo de 1996.   13. Entrevista, Kabul, junio de 1996.

los talibán.[14] Éstos cerraron los salones de belleza y las peluquerías femeninas de Kabul, así como las casas de baños para mujeres, el único lugar donde había agua caliente. Se ordenó a los sastres que no tomaran las medidas de las mujeres para hacerles ropa, pero ellos memorizaron las medidas de sus clientas habituales. Se destruyeron las revistas de moda. Una periodista norteamericana escribió: «Píntate las uñas, haz una foto de una amiga, toca la flauta, aplaude rítmicamente, invita a un desconocido a tomar el té y habrás violado un edicto talibán».[15]

Hasta la ocupación de Kabul, no se había tenido en cuenta la desastrosa falta de política por parte de la ONU, pero entonces se convirtió en un escándalo y la organización internacional recibió severas críticas de los grupos feministas. Finalmente, las agencias de la ONU se vieron obligadas a adoptar una postura común. Hicieron una declaración que hablaba de «mantener y promover la igualdad y la dignidad intrínsecas del conjunto de la población» y de «no discriminar entre los sexos, las razas, los grupos étnicos o las religiones».[16] Pero el mismo documento de la ONU decía también que «las agencias internacionales tienen un gran respeto por las costumbres y las culturas locales». Era un compromiso clásico de Naciones Unidas que permitía a los talibán dar largas al asunto, prometiendo que autorizarían la educación de las mujeres una vez establecida la paz. Sin embargo, en octubre de 1996, la ONU se vio obligada a suspender ocho proyectos remunerativos para las mujeres de Kabul, porque ya no se les permitía trabajar en ellos.

Durante el año y medio siguiente tuvo lugar una ronda tras otra de negociaciones infructuosas entre la ONU, las ONG, los gobiernos occidentales y los talibán, y al final de ese período resultó claro que una camarilla de *ulema* partidarios de la línea dura talibán en Kandahar estaban decididos a librarse por completo de la ONU. Los talibán apretaron todavía más las tuercas. Cerraron las escuelas

---

14. Nancy Hatch Dupree, «Afghan women under the Taliban», en *Fundamentalism Reborn? Afghanistan and the Taliban* (William Maley, ed., C. Hurst, Londres, 1998). Es el mejor ensayo sobre el problema del trato que los talibán dan a las mujeres.

15. Carla Power, «City of Secrets», *Newsweek,* 13 de julio de 1998. El hermoso y trágico reportaje de Power, escrito con un extraordinario discernimiento, ejerció una gran influencia sobre las feministas norteamericanas.

16. Declaración de UNOCHA, 31 de octubre de 1996.

nacionales para niñas cuya actividad habían permitido hasta entonces e impidieron que las mujeres asistieran a los hospitales generales. En mayo de 1997 la policía religiosa golpeó a cinco miembros femeninos de la ONG estadounidense Care International, y entonces exigieron que todos los proyectos de ayuda recibieran el visto bueno no sólo del ministerio pertinente, sino también de los ministerios de Interior, Sanidad, Policía y el Departamento de Promoción de la Virtud y Prevención del Vicio. A esto siguió la exigencia de que todas las musulmanas empleadas en organismos humanitarios que acudieran a Afganistán estuviesen acompañadas de un familiar masculino. Finalmente, en julio de 1997, los talibán insistieron en que las treinta y cinco agencias de la ONU y las ONG abandonaran sus sedes y se instalaran en un recinto seleccionado previamente, en el solar que ocupó el edificio del destruido Politécnico. La Unión Europea suspendió la ayuda humanitaria, y la ONU y las ONG abandonaron Kabul.

La penosa situación de las mujeres afganas ocultaba a menudo el hecho de que a la población masculina no le iba mucho mejor bajo el dominio talibán, sobre todo a los que no eran pashtunes. A todos los varones de Kabul se les dio sólo un mes y medio para que se dejaran crecer la barba, aun cuando algunos grupos étnicos, como los hazaras, no tienen, entre sus rasgos físicos, el de un considerable desarrollo del pelo facial. La longitud de la barba no podía ser inferior a la de un puño de hombre. Surgieron chistes, como el que decía que el principal negocio de importación y exportación afgano era el pelo facial masculino, o el de que los hombres no necesitaban visado para viajar a Afganistán, pues les bastaba con la barba. La policía religiosa, provista de tijeras, se apostaba en las esquinas para cortar los cabellos largos y, en ocasiones, golpear a los infractores. Los hombres tenían que llevar el *shalwar*, unos pantalones muy holgados, por encima del tobillo, y todo el mundo estaba obligado a rezar las plegarias cinco veces al día.

Los talibán también apretaron las clavijas a los homosexuales. Los pashtunes de Kandahar eran conocidos por sus relaciones con muchachos. Que los señores de la guerra violaran a jovencitos fue uno de los principales motivos del *mulá* Omar para la movilización de los talibán. Pero la homosexualidad siguió existiendo, y los castigos eran extravagantes si no inhumanos. En abril de 1998, a dos soldados sorprendidos en prácticas homosexuales los golpearon sin misericordia y entonces, atados, los pasearon por Kabul en una camioneta de caja descubierta, los rostros ennegrecidos con aceite de motor. Los hombres acusados de sodomía se enfrentaban al castigo «islámico», desconocido hasta entonces, de perecer bajo un muro que derriban sobre ellos.

En febrero de 1998, a tres hombres condenados por sodomía en Kandahar los llevaron a la base de un enorme muro de barro y ladrillo y, por medio de un tanque, lo derribaron sobre ellos. Permanecieron enterrados bajo los escombros media hora, pero uno de ellos logró sobrevivir. «Su eminencia el *Amir-ul Momineen* [el *mulá* Omar] asistió al acto de castigar con la *sharia* los tres sodomitas en Kandahar», decía *Anis*, el periódico talibán.[17] En marzo de 1998 dos hombres fueron ejecutados por el mismo procedimiento en Kabul. «Nuestros expertos religiosos no se ponen de acuerdo sobre la clase de castigo adecuado a la homosexualidad», dijo el *mulá* Mohammed Hassan, resumiendo así la clase de debates a que se dedicaban los talibán. «Algunos dicen que deberíamos llevar a esos pecadores al tejado de un edificio alto y arrojarlos al vacío, mientras otros opinan que deberíamos cavar un hoyo al lado de un muro, introducirlos y entonces derribar el muro encima de ellos».[18]

Los talibán también prohibieron toda forma concebible de entretenimiento, que de todos modos siempre escaseaba en un país pobre y lleno de privaciones como Afganistán. A los afganos les entusiasmaba el cine, pero las películas, la televisión, los vídeos, la música y el baile fueron prohibidos. «Naturalmente, comprendemos que la gente necesita cierta diversión, pero pueden ir a los parques y ver las flores, gracias a lo cual aprenderán acerca del Islam», me dijo el *mulá* Mohammed Hassan. Según el ministro de Educación, el *mulá* Abdul Hanifi, los talibán «se oponen a la música porque crea una tensión en la mente y obstaculiza el estudio del Islam».[19] Las canciones y el baile se prohibieron en las bodas, que durante siglos

17. AFP, «One survives Taliban death sentence for sodomy», 28 de febrero de 1998.

18. John Burns, «With sugared tea and caustic rules, an Afghan leader explains himself», *New York Times*, 24 de noviembre de 1996.

19. AP, «Taliban restrict music», 18 de diciembre de 1996.

habían sido grandes acontecimientos sociales con los que se ganaban la vida centenares de músicos y bailarines. La mayoría de ellos huyeron a Paquistán.

A nadie se le permitía colgar cuadros, retratos o fotografías en las paredes de sus casas. Uno de los principales artistas de Afganistán, Mohammed Mashal, de 82 años, quien estaba pintando un enorme mural que mostraba quinientos años de la historia de Herat, se vio obligado a contemplar cómo los talibán enjalbegaban su obra. En una palabra, los talibán no reconocían la misma idea de cultura. Prohibieron el Nawroz, la celebración tradicional del Año Nuevo afgano, tachándola de antiislámica. El Nawroz es un festival de primavera que señala el primer día del calendario solar persa, cuando la gente visita las tumbas de sus familiares. Los nuevos dirigentes impidieron a la fuerza que siguieran haciéndolo. Prohibieron el Día del Trabajo, el 1 de mayo, porque era una festividad comunista; durante algún tiempo también prohibieron el Muharram, el mes islámico chiíta de duelo e, incluso, restringieron cualquier atisbo festivo en la Eid, la principal celebración musulmana del año.

La mayoría de los afganos se sentían desmoralizados por el hecho de que el mundo islámico no emprendiese la tarea de condenar el extremismo de los talibán. Paquistán, Arabia Saudí y los estados del golfo Arábigo nunca han hecho una sola declaración sobre la necesidad de la educación femenina o de que los derechos humanos estén vigentes en Afganistán. Tampoco han puesto nunca en tela de juicio la interpretación de la *sharia* que hacen los talibán. Los países musulmanes de Asia también guardaron silencio. Resulta sorprendente que fuese Irán el país que hiciera la defensa más férrea de los derechos de las mujeres bajo el Islam. «Con su política fosilizada, los talibán impiden que las niñas asistan a la escuela y que las mujeres trabajen fuera de sus casas, y todo ello en nombre del Islam. ¿Qué podría ser peor que cometer violencia, la estrechez de miras, la limitación de los derechos de las mujeres y la difamación del Islam?», planteó el ayatolá Ahmad Jannati ya en 1996.[20] Las críticas iraníes de la política talibán aumentaron de forma espectacular tras las muertes de sus diplomáticos en Mazar, en 1998.

20. Reuters, «Iranian leader accuses Taliban of defaming Iskm», 4 de octubre de 1996.

En Mazar se encuentra la tumba de Rabia Balkhi, una hermosa y trágica poetisa medieval. Fue la primera mujer de su tiempo que escribió poesía amorosa en persa, y murió trágicamente después de que su hermano le cortara las venas de las muñecas como castigo por haberse acostado con un amante esclavo. Rabia escribió su último poema con su propia sangre mientras agonizaba. Durante siglos jóvenes uzbekos de ambos sexos visitaron su tumba y la veneraron como a una santa. Allí rezaban por el éxito de sus amores. Cuando los talibán ocuparon Mazar, prohibieron las visitas a la tumba. El amor, incluso para una santa medieval, estaba ahora prohibido.

4

LA RIQUEZA DE LA HEROÍNA. LAS DROGAS Y LA ECONOMÍA TALIBÁN

A sólo tres kilómetros del centro de la ciudad de Kandahar, los campos de adormidera se extienden hasta el horizonte. En la primavera de 1997, los campesinos trataban con sumo cuidado las hojas tiernas y verdes, parecidas a la lechuga, de las plantas sembradas pocas semanas atrás. Removían el suelo de una manera meticulosa para eliminar los hierbajos, rociaban fertilizante y reparaban las zanjas de riego destruidas por el ejército soviético en la década de los ochenta, para proporcionar agua a los campos. Al cabo de unas semanas, las hojas se transformarían en una flor de color rojo brillante que florecería hasta que los pétalos se desprendieran para revelar una cápsula endurecida.

Cuatro meses después de haber plantado las semillas de adormidera, las cápsulas estarían a punto para abrirlas con unas delgadas hojas de fabricación casera y extraerles el líquido dorado. El campesino apretaría cada cápsula con los dedos hasta que rezumara una sustancia viscosa de un blanco lechoso. Al día siguiente el opio se solidificaría, formando una goma parda que sería raspada con una paleta. Esta operación se repetiría a intervalos de pocos días, hasta que la planta dejara de producir goma. Recogerían el opio en bruto, formarían con él una especie de tortas y lo mantendrían humedecido en bolsas de plástico hasta que llegaran los traficantes. El opio de mejor calidad, que generalmente se obtiene en tierras bien regadas, es de un color marrón oscuro y tiene una textura pegajosa. Se le llama *tor* y es la sustancia que lubrica las finanzas de todos los señores de la guerra afganos, pero en especial de los talibán.[1]

---

1. Agradezco las entrevistas con funcionarios del Programa de Control de Drogas de las Naciones Unidas (UNDCP) en Islamabad por su ayuda al hablarme del cultivo de opio.

—No podríamos estar más agradecidos a los talibán—dijo Wali Jan, un anciano campesino desdentado mientras desherbaba su campo—. Los talibán han traído la seguridad y ahora podemos cultivar en paz la adormidera.—Y añadió—: Necesito la cosecha para mantener a mi familia de catorce miembros.

El objetivo de los talibán de restablecer la paz y la seguridad en el campo se ha revelado enormemente beneficioso para los cultivadores de opio. En su pequeña parcela Wali Jan produce cada año cuarenta y cinco kilos de opio en bruto y gana unos 1.300 dólares, una pequeña fortuna para los campesinos afganos. Wali Jan sabe que la heroína refinada alcanza cincuenta veces ese precio en Londres o Nueva York, pero se siente más que satisfecho con lo que tiene. Los resultados de este flujo de dinero son evidentes por doquier, pues en los pueblos de alrededor de Kandahar la reconstrucción es superior a la de cualquier otro lugar de Afganistán.

Los talibán han dado una aprobación islámica a los campesinos como Wali Jan para que incluso cultiven más opio, aun cuando el Corán prohíbe a los musulmanes producir y tomar sustancias tóxicas. Abdul Rashid, el jefe de la fuerza de control antinarcótico de los talibán en Kandahar explicó claramente la naturaleza de su singular tarea. Está autorizado a prohibir de manera estricta el cultivo del hachís «porque lo consumen los afganos y musulmanes». Pero, con un dejo de sarcasmo, me dijo: «El opio es permisible porque lo consumen los *kafirs* [no creyentes] de Occidente y no los afganos y musulmanes». Existen otros imperativos políticos para permitir que florezca el cultivo de adormidera. «Dejamos que la gente cultive adormidera porque los campesinos consiguen buenos precios. No podemos obligarles a cultivar trigo, porque si les obligáramos a interrumpir el cultivo de adormidera habría un levantamiento contra los talibán. Por eso cultivamos opio y obtenemos el trigo de Paquistán».[2]

El gobernador Mohammed Hassan justificó esta original política con otro ardid: «Las drogas son malignas y nos gustaría sustituir la adormidera por otra cosecha rentable, pero eso no es posible de momento, porque no tenemos el reconocimiento internacional». En el

2. Entrevistas, Kandahar, mayo de 1997. Véase también Ahmed Rashid, «Drug the infidels», *Far Eastern Economic Review*, mayo de 1997.

transcurso de los dos años siguientes, el *mulá* Omar ofrecería periódicamente a Estados Unidos y la ONU el cese del cultivo de adormidera, si los talibán obtenían el reconocimiento internacional. Era la primera vez que un movimiento que controlaba el 90 por 100 de un país ofrecía semejante opción a la comunidad internacional.

Los talibán se percataron en seguida de la necesidad de formalizar la economía de las drogas para conseguir ingresos. Tras la toma de Kandahar declararon que eliminarían todas las drogas, y ese anuncio estimuló lo suficiente a los diplomáticos norteamericanos para establecer un contacto inmediato con ellos. Sin embargo, al cabo de pocos meses los talibán comprendieron que necesitaban los ingresos aportados por la adormidera y que, si prohibían su cultivo, enojarían a los campesinos. Empezaron a cobrar un impuesto islámico llamado *zakat* a todos los traficantes de opio. Según el Corán, los musulmanes deberían entregar a los pobres el 2,5 por 100 de sus ingresos disponibles en concepto de *zakat*, pero los talibán no tuvieron ningún escrúpulo religioso al quedarse con el 20 por 100 del valor de un camión cargado de opio como *zakat*. Por su parte, los jefes individuales y los gobernadores provinciales cobraron sus propios impuestos a fin de mantener sus arcas llenas y alimentar a los soldados. Algunos de ellos se convirtieron en auténticos traficantes de opio o utilizaron a sus familiares para que actuaran como intermediarios.

Entre tanto, las medidas enérgicas de los talibán contra el hachís, sustancia básica en la dieta de los camioneros afganos, eran eficaces en extremo y demostraban que unas medidas similares contra el opio se podían llevar a la práctica de un modo igualmente estricto. En dos almacenes de Kandahar se almacenaban centenares de sacos de hachís confiscados a cultivadores y traficantes. La gente corriente se declaraba demasiado asustada para consumir hachís después de que los talibán lo hubieran prohibido. Para quienes seguían haciéndolo clandestinamente, los talibán habían ideado una nueva manera de curar su adicción. «Cuando detenemos a contrabandistas de hachís o drogadictos, los interrogamos y golpeamos sin piedad para averiguar la verdad», me dijo Abdul Rashid. Y añadió: «Entonces los metemos en agua fría durante muchas horas, dos o tres veces al día. Es una cura muy buena».[3] Rashid entró en los cala-

---

3. *Ibid.*

bozos y sacó a varios drogadictos detenidos para que hablaran conmigo, quienes convinieron sin vacilación en que la terapia de choque de los talibán era eficaz. «Cuando me azotan o estoy metido en agua fría me olvido por completo del hachís», me dijo Bakht Mohammed, un tendero y traficante de hachís condenado a tres meses de cárcel.

Entre 1992 y 1995 Afganistán había producido de 2.200 a 2.400 toneladas métricas de opio al año, rivalizando con Birmania como el principal productor mundial de opio en bruto. En 1996 Afganistán produjo 2.250 toneladas métricas. Funcionarios del Programa de Control de Drogas de las Naciones Unidas (UNDCP) informaron de que, en 1996, tan sólo la provincia de Kandahar produjo ciento veinte toncladas métricas de opio cosechadas en campos de adormidera que tenían una extensión de 3.160 hectáreas, un incremento asombroso desde 1995, cuando en 2.460 hectáreas se produjeron sólo setenta y nueve toneladas métricas. Entonces, en 1997, cuando el control de los talibán se extendió a Kabul y más al norte, la producción de opio de Afganistán experimentó el asombroso aumento del 25 por 100, hasta alcanzar 2.800 toneladas métricas. Las decenas de millares de refugiados pashtunes que llegaban desde Paquistán a las zonas controladas por los talibán cultivaban sus tierras para que dieran la cosecha más fácil y lucrativa a su alcance.

Según el UNDCP, los campesinos recibían menos del 1 por 100 de los beneficios totales generados por el tráfico de opio, y otro 2,5 por 100 se quedaba en Afganistán y Paquistán, en manos de los traficantes, mientras que el 5 por 100 recaía en los países por los que pasaba la heroína en dirección a Occidente. El resto de los beneficios correspondían a los traficantes y distribuidores de Europa y Estados Unidos. Incluso con esta tasa baja de beneficios, según un cálculo conservador, un millón aproximado de campesinos afganos ganan más de cien millones de dólares al año con el cultivo de la adormidera. Así pues, los talibán obtenían como mínimo veinte millones de dólares en impuestos, e incluso más por otros conceptos.

Desde 1980, todos los señores de la guerra muyahidín han utilizado el dinero de la droga para ayudar a financiar sus campañas militares y llenarse los bolsillos. Han comprado casas y negocios en Peshawar, han renovado su flota de todoterrenos y abierto cuentas en bancos extranjeros. Se han negado a admitir públicamente que traficaban con drogas, pero siempre culpaban a sus rivales muyahidín de hacer eso. Sin embargo, nadie había sido tan descarado, o sincero, al declarar que no se proponían controlar las drogas, como los talibán. En 1997, el UNDCP y los expertos de Estados Unidos calcularon que el 96 por 100 de la heroína afgana procedía de zonas bajo el dominio talibán.

Los talibán habían hecho algo más que limitarse a expandir la zona disponible para la producción de opio. Sus conquistas también habían ampliado considerablemente las rutas comerciales y de transporte. Varias veces al mes convoyes fuertemente armados de camionetas Toyota abandonaban la provincia de Helmand, donde se cultiva cerca del 50 por 100 del opio afgano, y emprendían un largo viaje por carreteras polvorientas. Algunos convoyes se dirigían al sur, a través de los desiertos de Beluchistán, hasta ciertos puertos en la costa paquistaní de Makran, mientras que otros entraban en Irán occidental, bordeaban Teherán y viajaban hasta Turquía oriental. Otros convoyes iban al noroeste, a Herat y Turkmenistán. En 1997, los traficantes empezaron a transportar opio por vía aérea en aviones de carga, desde Kandahar y Jalalabad a puertos del Golfo tales como Abu Dhabi y Sharjah.

Asia Central fue la región más afectada por el tráfico de la heroína afgana. La mafia rusa, que tenía vínculos con Afganistán establecidos durante la ocupación soviética, utiliza sus redes para transportar la heroína por Asia Central, Rusia y el Báltico hasta llegar a Europa. Tayikistán y Kirguizistán han creado importantes rutas del opio y ellos mismos se han convertido en importantes productores de la droga. Mientras que anteriormente el opio afgano era refinado en laboratorios de Paquistán, las enérgicas medidas que se instauraron en ese país y la nueva diversificación de las rutas estimularon a los traficantes a instalar sus propios laboratorios en el interior de Afganistán. El anhídrido acético, una sustancia química necesaria para convertir el opio en heroína entraba de contrabando en Afganistán a través de Asia Central.

Resulta irónico que el gran incremento de la producción de heroína no tuviera lugar en Afganistán, sino en Paquistán. Este país se había convertido en uno de los principales productores de opio en la década de los ochenta, con unas ochocientas toneladas métricas al año, es decir, el 70 por 100 del suministro mundial de heroína hasta 1989. Un inmenso tráfico de narcóticos se había desarrollado bajo el paraguas legitimador de la línea de suministro proporcionada clandestinamente por la CIA y el ISI a los muyahidín afganos. «Durante la década de los ochenta, la corrupción, las operaciones clandestinas y los narcóticos se entrelazaron de tal manera que resulta difícil separar el tráfico de narcóticos de Paquistán de las cuestiones más complejas de la seguridad regional y la lucha de los insurgentes», decía un memorable estudio efectuado en 1992 sobre el fracaso de la política estadounidense con respecto a los narcóticos.[4] Como sucedió en Vietnam, donde la CIA prefirió hacer caso omiso al tráfico de drogas que llevaban a cabo las guerrillas anticomunistas a las que la CIA financiaba, así también en Afganistán Estados Unidos prefirió dejar de lado la creciente connivencia entre los muyahidín, los traficantes de drogas paquistaníes y los elementos militares.

Los ejemplos de esta connivencia que salió a la luz en los años noventa eran sólo la punta del iceberg. En 1983, el jefe del ISI, el general Akhtar Abdur Rehman, tuvo que expulsar a todo el personal del ISI en Quetta, debido a su implicación en el tráfico de drogas y la venta de armamento proporcionado por la CIA y con destino a los muyahidín.[5] En 1986, el comandante Zahooruddin Afridi fue sorprendido cuando conducía por la carretera de Karachi a Peshawar con doscientos veinte kilos de heroína pura, la mayor interceptación de droga en la historia de Paquistán. Dos meses después, un oficial de la fuerza aérea, el teniente Jalilur Rehman, fue capturado en la misma ruta con otros doscientos veinte kilos de heroína. El oficial confesó con serenidad que aquélla era su quinta misión. El valor que tan sólo esas dos capturas tenían en el mercado de Estados Unidos era de seiscientos millones de dólares, equivalente a la suma total de la ayuda norteamericana a Paquistán aquel año. Ambos oficiales fueron retenidos en Karachi hasta que, misteriosamente, se fugaron de la cárcel. «Los casos de Afridi y Rehman señalan la

4. Lawrence Lifschultz, «Pakistan, the Empire of Heroin», en Alfred McCoy y Alan Block, *op. cit.*

5. Barnett Rubin, *The Fragmentation of Afghanistan, State Formation and Collapse of the International System,* Yale University Press, 1995.

existencia de una banda de traficantes de heroína en el seno del ejército y el ISI vinculado a Afganistán», escribió Lawrence Lifschultz.[6]

A lo largo de los años ochenta, la Drugs Enforcement Administration (DEA) de Estados Unidos contó con diecisiete agentes a dedicación plena en Paquistán, que identificaron a cuarenta grandes bandas de traficantes de heroína, algunas de ellas dirigidas por altos funcionarios del gobierno. Ni una sola de las bandas fue desarticulada durante ese período. Existía con toda evidencia un conflicto de intereses entre la CIA, que no deseaba revelaciones embarazosas sobre los vínculos establecidos por el narcotráfico entre los «heroicos» muyahidín y los funcionarios y traficantes paquistaníes y la DEA. Varios agentes de la DEA pidieron que los asignaran a otros puestos y uno por lo menos presentó su dimisión porque la CIA se negaba a permitirles que cumplieran con sus obligaciones.

Durante la *yihad*, tanto los muyahidín como los oficiales del ejército comunista de Kabul aprovecharon la oportunidad. La logística de sus operaciones era de lo más sencillo. Los convoyes de asnos, camellos y camiones que transportaban armas a Afganistán regresaban vacíos. Ahora transportaban opio en bruto. Los sobornos de la CIA y el ISI pagados a los jefes pashtunes para permitir el paso de los convoyes de armamento por las zonas tribales, no tardaron en servir también para que esos mismos jefes tribales permitieran el paso de la heroína por las mismas rutas de regreso a Paquistán. La Célula Logística Nacional, una compañía de transporte de armamento por carretera, que llevaba armas de la CIA desde el puerto de Karachi a Peshawar y Quetta, era usada con frecuencia por traficantes bien relacionados para transportar heroína a Karachi, desde donde se exportaba. El tráfico de heroína en la década de los ochenta no habría sido posible sin el conocimiento, si no la connivencia, de funcionarios en el nivel superior del ejército, el gobierno y la CIA. Todo el mundo hizo caso omiso para dedicarse a la tarea más importante de derrotar a la Unión Soviética. El control de las drogas no figuraba en el programa de nadie.

Hubo que esperar a 1992, cuando el general Asif Nawaz fue

6. Lawrence Lifschulz, «Pakistan, the Empire of Heroin», en Alfred McCoy y Alan Block, *op. cit.*

nombrado jefe del ejército de Paquistán, para que los militares iniciaran un esfuerzo conjunto a fin de extirpar a la mafia de los narcóticos que se había formado en las fuerzas armadas paquistaníes. Sin embargo, el dinero de la heroína ya había penetrado en la economía, la política y la sociedad paquistaníes. Las agencias antinarcóticos occidentales radicadas en Islamabad seguían la pista a los señores de la droga, quienes se convirtieron en miembros de la Asamblea Nacional durante los primeros gobiernos de la primera ministra Benazir Bhutto (1998-1990) y Nawar Sharif (1990-1993). Los señores de la droga pagaron a los candidatos a puestos importantes tanto del Partido del Pueblo Paquistaní, de Bhutto, como de la Liga Musulmana de Paquistán, de Sharif. El dinero blanqueado procedente de la droga financió cada vez más la industria y el comercio, y la economía sumergida, que representaba entre el 30 y el 50 por 100 del total de la economía paquistaní, estaba fuertemente subvencionado por el dinero procedente de la droga.

Sólo tras la retirada soviética de Afganistán aumentó la presión de Estados Unidos y Occidente sobre Islamabad para que redujera la producción de opio en Paquistán. Durante la década siguiente (1989-1999), Occidente proporcionó a Paquistán unos cien millones de dólares en ayuda para combatir el narcotráfico. El cultivo de adormidera se redujo de un modo drástico, y pasó de ochocientas a veinticuatro toneladas en 1997 y a dos toneladas en 1999. Los proyectos de sustitución de cosechas en la Provincia Fronteriza del Noroeste tuvieron un gran éxito. Sin embargo, los traficantes y la mafia del transporte no se marcharon y recibieron un estímulo considerable con la llegada de los talibán y el aumento consiguiente de la producción de heroína en Afganistán. Paquistán ya no era un productor de heroína, pero se convirtió en una ruta de transporte esencial para las exportaciones de heroína de los talibán. Los mismos traficantes, camioneros, *madrasas* y contactos en el gobierno y la cadena de armamento, combustible y alimentos que servía a los talibán también canalizaba las drogas, tal como lo hiciera el flujo de armas a los muyahidín en la década de los ochenta.

Paquistán estaba retrocediendo a los malos hábitos. En febrero de 1998, la administración Clinton acusó a Islamabad de hacer muy poco para reducir la producción y las exportaciones de heroína. Estados Unidos se negó a certificar que Paquistán estaba reduciendo la producción de narcóticos, pero renunció a tomar medidas por razones de seguridad nacional.[7] Sin embargo, el problema de las drogas ya no se limitaba a Paquistán y Afganistán. Mientras las rutas de exportación se multiplicaban en todas las direcciones, había un aumento espectacular del consumo de drogas en la región. En 1998, el 58 por 100 de los opiáceos se consumía en la misma región, y sólo el 42 por 100 se exportaba.[8] Paquistán, donde no había adictos a la heroína en 1979, tenía 650.000 en 1986, tres millones en 1991 y, según se calcula, cinco millones en 1999. La adicción a la heroína y el dinero del narcotráfico originaron violaciones de la ley y el orden, así como desempleo, y permitieron que se armaran ciertos grupos sectarios extremistas.

En 1998, el gobierno de Irán admitió que el número de adictos era de un millón doscientos mil, pero unos altos funcionarios de Teherán me dijeron que la cifra real se aproximaba a tres millones, a pesar de que Irán tenía una de las políticas antinarcótico más duras del mundo, y cualquiera sorprendido con unos pocos gramos de heroína se enfrentaba automáticamente a la pena de muerte.[9] Y, sin embargo, Irán se había esforzado mucho más que Paquistán por mantener a raya la amenaza de las drogas. Desde los años ochenta, Irán había perdido 2.500 hombres de sus fuerzas de seguridad en operaciones militares para detener a los convoyes que transportaban drogas desde Afganistán. Después de que Irán cerrase sus fronteras con Afganistán, durante las tensiones con los talibán, en septiembre de 1998, en unas pocas semanas las fuerzas de seguridad iraníes capturaron cinco toneladas de heroína en la frontera. Los talibán se enfrentaban a una crisis financiera de grandes proporciones, puesto que el cierre de la frontera significaba la caída en picado de las exportaciones de heroína y de los ingresos por impuestos.

Los adictos a la heroína también aumentaron en Uzbekistán, Tayikistán, Turkmenistán y Kirguizistán, pues formaban parte de la cadena de exportación de la heroína. En 1998, los guardianes en la

7. Ahmed Rashid, «Dangerous liaisons», *Far Eastern Economic Review*, 16 de abril de 1998.
8. Entrevistas con funcionarios de UNDCP y DEA, marzo de 1998.
9. Entrevistas con funcionarios iraníes, Teherán, marzo de 1998. Ahmed Rashid: «Dangerous liaisons».

frontera entre Tayikistán y Afganistán confiscaron una tonelada de opio y doscientos gramos de heroína. En enero de 1999, el presidente de Tayikistán, Imomali Rajmanov, reveló en una conferencia internacional que la droga de contrabando se introducía en su país desde Afganistán a razón de una tonelada diaria y que la adicción iba en aumento. Las autoridades uzbekas informaron de que durante 1998 se había producido un incremento del 11 por 100 de las drogas procedentes de Afganistán.

Presencié la venta de heroína a plena luz del día, ante hoteles de cinco estrellas en Ashjabab, la capital de Turkmenistán, y en el interior de los hoteles vi llamativos mafiosos turcos y rusos con sus amigas aún más llamativas que hablaban de sus viajes a la frontera afgana «para hacer negocios». En 1997, las autoridades capturaron dos toneladas de heroína y treinta y ocho de hachís. En 1999, Turkmenistán, con su política conciliadora hacia los talibán, se había convertido en la principal ruta de exportación de heroína afgana, y funcionarios turcos corruptos se beneficiaban del tráfico.[10] En enero de 1999, el presidente Askar Akayev de Kirguizistán me dijo que su país era «una de las principales rutas del tráfico de drogas y responsable del aumento de la delincuencia». Según Akayev, la guerra contra las drogas no se ganaría hasta que hubiera paz en Afganistán, y la guerra civil se había convertido en el factor más desestabilizador de la región.[11]

El problema de la heroína procedente de Afganistán está afectando ahora a la política y la economía de toda la región. Debilita a las sociedades, distorsiona la economía de unos estados ya frágiles de por sí y crea una nueva elite del narcotráfico que contrasta con la pobreza creciente de la población. «Las drogas están determinando la política de esta región como no había ocurrido hasta ahora», manifestó un embajador occidental en Islamabad. «Ahora equiparamos este problema a otras amenazas graves, como la del fundamentalismo islámico, el terrorismo y el posible derrumbe económico de algunos de esos países», añadió.[12]

---

10. Observatoire Geopolitique de Drogues, París, «Report on Turkmenistan», marzo de 1999.
11. Entrevista con el presidente Akayev en Davos, Suiza, 29 de enero de 1999.
12. Entrevista con el embajador, Islamabad, mayo de 1998.

Este empeoramiento de la situación hizo que la comunidad internacional intentara conversar con los talibán. Al cabo de seis meses de negociaciones secretas, en octubre de 1997 el UNDCP concluyó un acuerdo con ellos. Los talibán accedieron a erradicar el cultivo de adormidera si la comunidad internacional aportaba los fondos de ayuda necesarios para que los campesinos se dedicaran a cultivos alternativos. Pino Arlacchi, el director del UNDCP solicitó a los donantes veinticinco millones de dólares para financiar un programa de diez años destinado a la eliminación de la adormidera en las zonas controladas por los talibán. «La heroína afgana constituye el 80 por 100 del suministro de la droga a Europa, y el 50 por 100 del suministro mundial», dijo Arlacchi, entusiasmado.[13] Según el UNDCP, mediante esc programa se introducirían nuevos cultivos comerciales, se mejoraría el riego, se construirían nuevas factorías y se costearía el personal encargado de imponer la ley.

Pero los talibán no llevaron ese acuerdo a la práctica y, tras la retirada de las agencias de la ONU de Afganistán en 1998, quedó en suspenso. Al cabo de seis meses, Arlacchi era menos optimista cuando me dijo: «Afganistán es uno de los lugares más difíciles y cruciales del mundo, pero se necesita un acuerdo político más amplio antes de que sea posible controlar la producción de drogas».[14] La relación de países ricos que apoyaban la iniciativa del UNDCP tampoco era muy esperanzadora. Entre 1993 y 1997, el UNDCP pidió 16,4 millones de dólares a donantes internacionales para la labor contra los narcóticos en Afganistán, y sólo recibió la mitad de esa suma.

Los impuestos sobre las exportaciones de opio se convirtieron en el soporte principal de los ingresos y la economía de guerra de los talibán. En 1995, el UNDCP calculaba que las exportaciones de droga de Paquistán y Afganistán obtenían unos cincuenta billones de rupias (1,35 billones de dólares) al año. En 1998, las exportaciones de heroína habían duplicado su valor y eran de tres billones de dólares. El dinero procedente de las drogas se empleaba en armamento, munición y combustible para la guerra. Proporcionaba alimentos y ropas para los soldados y pagaba los salarios, el trans-

13. Informe del UNDCP, 25 de octubre de 1998.
14. Entrevista con Pino Arlacchi en Davos, enero de 1999.

porte y las prebendas que los dirigentes talibán concedían a sus luchadores. Lo único que puede decirse en favor de los talibán es que, al contrario que en el pasado, estos ingresos no parecían llenar los bolsillos de sus dirigentes, que seguían llevando una clase de vida frugal en extremo. Sin embargo, enriquecían extraordinariamente a los traficantes afganos y paquistaníes.

Junto con el tráfico de drogas, el contrabando tradicional afgano desde Paquistán y ahora desde los estados del Golfo, se expandió bajo el dominio talibán y causó estragos económicos en los estados vecinos. El Afghan Transit Trade (ATT), descrito con detalle en el capítulo cuarto de la tercera parte de esta obra, es la fuente de ingresos oficiales más importante para los talibán, y se calcula que genera unos tres billones de dólares anualmente para la economía afgana. Los funcionarios de aduanas en Kandahar, Kabul y Herat se niegan a revelar sus ganancias diarias, pero cada día pasan unos trescientos camiones por Kandahar, camino de Irán y Asia Central, a través de Herat, y otros doscientos camiones cruzan Jalalabad y Kabul hacia el norte, por lo que esas ganancias son considerables. El comercio ilegal de bienes de consumo, alimentos y combustibles a través de Afganistán está debilitando las industrias, reduciendo los ingresos estatales y ocasionando periódicas escaseces de alimentos en los estados vecinos, cuya economía resulta afectada de una manera como nunca se dio durante la *yihad*.

Los ingresos que obtienen los talibán por las tasas de aduanas procedentes del contrabando se canalizan a través del Banco Estatal de Afganistán, que está tratando de establecer sucursales en todas las capitales de provincia. Pero no existe una contabilidad que muestre el dinero que entra y adónde va a parar. Estos ingresos «oficiales» no cuentan para el presupuesto de guerra, que acumula y gasta directamente el *mulá* Omar en Kandahar, y que procede de los ingresos por el tráfico de drogas, la ayuda de Paquistán y Arabia Saudí y otras donaciones. «Tenemos ingresos por las aduanas, la minería y el *zakat*, pero hay algunas otras fuentes de ingresos para el esfuerzo de guerra que no pasan por el Banco Estatal de Afganistán», admitió el *maulvi* Arifulá Arif, viceministro de Hacienda.[15]

Como el *mulá* Omar dirige la guerra con sus arcas de hojalata

---

15. Entrevista con Arif, Kabul, mayo de 1997.

llenas de dinero, que tiene debajo de la cama, preparar un presupuesto nacional es prácticamente imposible... aun cuando hubiera expertos disponibles, y no los hay. El Ministerio de Hacienda no cuenta con ningún economista ni banquero cualificado. El ministro y sus ayudantes son *mulás* con una educación de *madrasa*, y los burócratas que tenían conocimientos fueron sometidos a purgas. Para juzgar la escasez de los fondos oficiales baste decir que en 1997 el Ministerio de Hacienda había fijado un presupuesto por el equivalente de cien mil dólares para toda la administración del país y los programas de desarrollo para el año financiero, de febrero de 1997 a enero de 1998. En realidad, esa cantidad sólo cubría los salarios de los funcionarios.

Algunos de los *mulás* negociantes integrados en el movimiento talibán intentan fomentar la industria y la inversión extranjera, pero estos esfuerzos no parecen tener un apoyo serio por parte de los dirigentes. «Queremos desarrollar Afganistán como un estado moderno, y tenemos enormes recursos en minerales, petróleo y gas que deberían interesar a los inversores extranjeros», me dijo el *maulvi* Ahmed Jan, ministro de Minas e Industria, quien dejó su negocio de alfombras en Arabia Saudí para unirse a los talibán y dirigir las industrias de Afganistán. «Antes de que controláramos el sur, no había ninguna fábrica que funcionara en el país. Ahora hemos abierto de nuevo las minas y las fábricas de alfombras con la ayuda de los mercaderes paquistaníes y afganos», añadió. Convino en que pocos miembros de la poderosa *shura* de Kandahar se interesaban por los asuntos económicos, pues todos estaban demasiado atareados con la guerra.[16]

Como un incentivo para la inversión de los extranjeros, en particular los mercaderes paquistaníes, Ahmed Jan ofrecía gratuitamente tierras a todo el que estuviera dispuesto a construir una nueva fábrica. Pero con el desmoronamiento de la infraestructura del país, todo inversor debería tender sus propias carreteras y aportar la energía eléctrica y la vivienda. Sólo unos pocos mercaderes transportistas radicados en Peshawar y Quetta, que ya se dedican al contrabando o al lucrativo negocio ilegal de la madera desde Afganistán, parecen interesarse por proyectos como la minería.

16. Entrevista con Jan, Kabul, mayo de 1997.

No queda en el país ninguna clase culta o profesional. Con las diversas oleadas de refugiados que han abandonado las ciudades desde 1992, todos los profesionales cultos, instruidos, incluso los operadores de teléfonos, electricistas y mecánicos, se han marchado. La mayoría de los talibán que dirigen los departamentos de finanzas y economía, así como el sector social, son *mulás* comerciantes, hombres de negocios, transportistas y contrabandistas, quienes sólo ven el motivo fundamental de la construcción del país en la perspectiva de expandir el mercado para el contrabando y el negocio del transporte con camiones a través de la región.

Uno de ellos es el *mulá* Abdul Rashid, un hombre de aspecto fiero, jefe militar de Helmand, quien ganó notoriedad en abril de 1997, cuando capturó una patrulla militar paquistaní que había entrado en territorio afgano desde la provincia de Beluchistán persiguiendo a una banda de contrabandistas de drogas. Rashid detuvo a los soldados y los envió a Kandahar, lo cual motivó una querella con Paquistán. Este hombre también dirige la mina de mármol propiedad de los talibán en Helmand. La mina, que emplea a quinientos hombres provistos de picos, carece de ingenieros en minería, equipamiento, electricidad y pericia. Las técnicas mineras de Rashid se limitan a usar explosivos para dinamitar (y estropear) el mármol.

El apetito talibán de inversiones extranjeras tuvo primero el acicate de la competencia entre dos compañías petrolíferas, Bridas de Argentina y la norteamericana Unocal, que rivalizaban por influir en los talibán a fin de construir un gasoducto desde Turkmenistán a Paquistán a través del sur de Afganistán (véanse los capítulos 1 y 2 de la tercera parte). El gasoducto atrajo a algunos hombres de negocios aventureros y dispuestos a aceptar riesgos. Entre ellos figuraban comerciantes afganos y paquistaníes, los cuales construyeron bombas para la extracción de petróleo en Kandahar y a lo largo de la ruta de Herat. También prometieron que construirían carreteras. En 1999, un grupo radicado en Estados Unidos proporcionó a los talibán una red de teléfonos móviles entre Kabul y Kandahar. Tales actividades hicieron poco por establecer de nuevo una economía regular. Su único propósito era mejorar el negocio del contrabando y facilitar la vida a mercaderes y transportistas.

Desde luego, las inversiones extranjeras serias e incluso la ayuda para iniciar la reconstrucción no se producirán hasta que la guerra haya terminado y exista un gobierno capaz de asegurar un mínimo de estabilidad y lealtad por parte de la gente. Entre tanto, Afganistán es como un agujero negro económico que emite oleadas de inseguridad y caos a una región que ya se enfrenta a múltiples crisis económicas. La infraestructura de Afganistán está en ruinas. Las comodidades básicas disponibles en cualquier país subdesarrollado son inexistentes. No hay agua corriente, la electricidad escasea, faltan teléfonos, carreteras transitables y suministros regulares de energía. Hay graves carencias de agua, alimentos y vivienda, así como otras necesidades básicas. Lo que está disponible es demasiado caro para que la mayoría de la gente pueda permitírselo.

La colocación de millones de minas durante la guerra ha creado graves problemas de realojamiento en las ciudades y el campo, donde las minas obstaculizan la agricultura y el riego de las zonas más fértiles. Desde 1979, 400.000 afganos han muerto y un número similar han resultado heridos a causa de explosiones de minas. Nada menos que el 13 por 100 de las familias afganas tienen algún familiar muerto o herido en accidentes provocados por minas, y todos los meses más de trescientas personas mueren o sufren mutilaciones. Aunque unos cuatro mil desactivadores de minas que trabajan para la ONU y otras ONG intentar eliminar las minas del país en la medida de lo posible, probablemente transcurrirá otra década antes de que se haya eliminado el peligro de las minas en las grandes ciudades. En 1998, tras seis años de trabajo intensivo, en Kabul hay todavía trescientos veinte kilómetros cuadrados de un total de ochocientos en los que no se han desactivado las minas.[17]

Aparte de las minas, la batalla diaria para la mayoría de los kabulíes estriba en conseguir una cantidad suficiente de los mugrientos billetes de banco afganos para pagar los alimentos diarios. Aunque las tiendas están llenas de género traído de contrabando desde

17. Oficina de la ONU para la eliminación de minas en Afganistán. Durante varios años la ONU y las ONG afirmaron que había más de diez millones de minas en Afganistán. En 1997 dijeron que ésa era una cifra exagerada, que al ritmo a que iban los trabajos de eliminación, tardarían cinco mil años en desaparecer. Ahora el Banco Mundial financia un examen más detallado, pero se calcula que varios miles de kilómetros cuadrados están todavía cuajados de minas. Sólo el 19 por 100 de ese territorio, sobre todo en las grandes ciudades, fue limpiado entre 1992 y 1999.

Irán y Paquistán, la gente no tiene dinero para comprarlo. El salario de los cirujanos afganos que no han huido de Kabul es el equivalente de cinco dólares al mes, y sólo sobreviven gracias a los subsidios de la Cruz Roja Internacional. Los salarios medios oscilan entre uno y tres dólares al mes. Como resultado de la tremenda pobreza y la falta de trabajo, un gran porcentaje de la población urbana depende por completo de las agencias de la ONU para su supervivencia básica y los subsidios alimentarios. La mitad de la población de Kabul, cuyo total es de un millón doscientos mil habitantes, recibe alguna ayuda alimentaria de las agencias humanitarias occidentales.

Esto plantea un perenne dilema a la ONU, a saber, si la ayuda humanitaria que presta no hace más que mantener el conflicto bélico, puesto que proporciona a los señores de la guerra la excusa para no responsabilizarse de la población civil. Los talibán insistían continuamente en que ellos no eran responsables de la población y de que Alá proveería. Sin embargo, el sufrimiento de los afganos corrientes no haría más que aumentar si la ONU y las ONG interrumpieran sus operaciones de ayuda y, en particular, dejaran de alimentar a los grupos vulnerables, tales como las viudas y los huérfanos.

En 1998 la situación económica empeoró visiblemente: tres terremotos devastadores afectaron el norte de Afganistán; el asedio talibán del Hazarajat condujo a una extensa hambruna en el centro de Afganistán; las inundaciones en Kandahar sumergieron pueblos y cosechas y, en agosto, la población urbana sufrió el infortunio de la retirada de las agencias de ayuda tras los ataques norteamericanos con misiles. La desnutrición era visible en las calles de Kabul durante el gélido invierno de 1998-1999, cuando pocos podían permitirse siquiera una comida al día o calentar sus hogares. No obstante, había signos de esperanza, con sólo que llegase la paz. El PMA calculó que la producción de cereales para 1998 sería de 3,85 millones de toneladas, un 5 por 100 más que en 1997, y el mejor año de producción desde 1978.

Estos datos reflejaban la mejora de la ley y el orden en las zonas rurales bajo dominio talibán, la ausencia de lucha y el retorno de los refugiados para cultivar sus tierras. Aunque hay todavía 1,2 millones de refugiados afganos en Paquistán y 1,4 millones en Irán, entre 1992 y 1999 más de cuatro millones de refugiados regresaron a sus casas. No obstante, en 1998 los talibán y las agencias de la ONU tuvieron que importar 750.000 toneladas de trigo para que las ciudades compensaran la escasez de alimentos. Es evidente que los talibán no crearon la desolación económica en Afganistán, sino que más bien la heredaron de la guerra civil que libraron todas las facciones después de 1992. Pero ninguna de las facciones, incluidos los talibán han prestado la menor atención a las necesidades de la población civil.

Así pues, no es sorprendente que los países occidentales estén padeciendo la «fatiga del donante», la renuncia a aportar más dinero para ayuda humanitaria, cuando la guerra civil no tiene trazas de finalizar y los señores de la guerra son tan irresponsables. «El grado de sufrimiento experimentado por el pueblo afgano es horrendo», dijo Alfredo Witschi-Cestari, coordinador de la ONU para Afganistán hasta 1998. «A medida que transcurren los años, los fondos llegan cada vez con mayor lentitud y conseguimos menos de la mitad del dinero que pedimos».[18] A los señores de la guerra no les preocupa ni remotamente planificar la reconstrucción del país. El agujero negro económico de Afganistán se está agrandando y absorbe cada vez más a su propia población y a los pueblos de la región.

18. Entrevista con Cestari, Islamabad, junio de 1997.

5

LA *YIHAD* GLOBAL. LOS AFGANOS ÁRABES
Y OSAMA BIN LADEN

En Torkham, el puesto fronterizo a la entrada del puerto de montaña de Khyber, entre Afganistán y Paquistán, una simple cadena separa ambos países. En el lado paquistaní están los exploradores fronterizos, uniformados con elegancia. Son paramilitares vestidos con *shalwar kameezes* grises y turbantes. Era el mes de abril de 1989, y la retirada soviética de Afganistán acababa de completarse. Yo regresaba a Paquistán por carretera desde Kabul, pero el puesto fronterizo estaba cerrado. Fatigado por el viaje, me tendí en la hierba, junto al lado afgano de la frontera, y esperé.

De repente, por la carretera que se extendía a mis espaldas, llegó un rugiente camión lleno de muyahidín y se detuvo. Pero los hombres que iban a bordo no eran afganos, sino una mezcla de árabes de piel clara, centroasiáticos de ojos azules y rostros atezados de aspecto chino, con turbantes enrollados de cualquier manera y *shalwar kameezes* que les sentaban mal. Iban provistos de cartucheras y sostenían Kaláshnikovs. Con excepción de un afgano, que actuaba como intérprete y guía, ni uno solo de los treinta extranjeros hablaba pushto, dari ni siquiera urdu. Mientras esperábamos que abrieran la frontera, nos pusimos a hablar.

El grupo estaba formado por moros filipinos, uzbekos del Asia Central soviética, árabes de Argelia, Egipto, Arabia Saudí y Kuwait y uighurs de Sinchiang, en China. Su escolta era miembro del Hizb-e-Islami de Gulbuddin Hikmetyar. Se estaban entrenando en un campamento cerca de la frontera, iban de permiso de fin de semana a Peshawar y esperaban con ilusión recibir correo de sus familias, cambiarse de ropa y comer bien. Habían acudido para luchar en la *yihad* con los muyahidín y entrenarse en el manejo de las armas.

Aquella noche, la primera ministra Benazir Bhutto había ofrecido una cena a los periodistas en Islamabad. Entre los invitados figuraba el teniente general Hameed Gul, jefe del ISI y el ideólogo islámico más ferviente en el ejército tras la muerte de Zia. El general Gul se sentía exultante por la retirada soviética. Le pregunté si no estaba jugando con fuego al invitar a musulmanes radicales de países islámicos, que eran en apariencia aliados de Paquistán. ¿No serían aquellos radicales causantes de disensiones en sus países haciendo que peligrara la política exterior de Paquistán? El general replicó: «Estamos librando una *yihad* y ésta es la primera brigada internacional islámica de la era moderna. Los comunistas tienen sus brigadas internacionales, Occidente tiene la OTAN, ¿por qué los musulmanes no podemos unirnos y formar un frente común?». Ésta fue la primera y única justificación que jamás me han dado de lo que ya se llamaba los afganos árabes, aun cuando ninguno era afgano y muchos no eran árabes.

Tres años antes, en 1986, el jefe de la CIA, William Casey, había acelerado la guerra contra la Unión Soviética al tomar tres medidas importantes pero, en aquel entonces, altamente secretas. Había convencido al Congreso norteamericano para que proporcionara a los muyahidín misiles antiaéreos Stinger con los que abatir a los aviones soviéticos y aportara asesores estadounidenses que entrenarían a los guerrilleros. Hasta entonces no se había empleado directamente en el esfuerzo de guerra armas de fabricación estadounidense o personal norteamericano. La CIA, el MI6 británico y el ISI también habían convenido un plan provocativo para lanzar ataques guerrilleros en las repúblicas socialistas soviéticas de Tayikistán y Uzbekistán, la parte musulmana más expuesta a los ataques del estado soviético, desde donde las tropas soviéticas en Afganistán recibían los suministros. La tarea fue asignada al líder muyahidín favorito del ISI, Gulbuddin Hikmetyar. En marzo de 1997, pequeñas unidades cruzaron el río Amu Daria desde las bases en el norte de Afganistán y lanzaron sus primeros ataques con cohetes contra pueblos de Tayikistán. La noticia regocijó a Casey, y en su siguiente viaje a Paquistán cruzó la frontera de Afganistán con el presidente Zia, para pasar revista a los grupos muyahidín.[1]

En tercer lugar, Casey prometió el apoyo de la CIA a una vieja iniciativa del ISI para reclutar musulmanes radicales de todo el

---

1. Entrevistas con ministros del gobierno paquistaní en la época de Zia.

mundo, que acudirían a Paquistán y lucharían con los muyahidín afganos. El ISI había fomentado esa acción desde 1982 y ahora todos los demás participantes tenían razones para apoyar la idea. El presidente Zia se proponía consolidar la unidad islámica, convertir a Paquistán en el dirigente del mundo musulmán y promover la oposición islámica en Asia Central. Washington quería demostrar que todo el mundo musulmán luchaba contra la Unión Soviética al lado de los afganos y de sus benefactores norteamericanos. Por último, los saudíes veían una oportunidad tanto para promover el wahabbismo como para librarse de sus contrariados radicales. Ninguno de los participantes en el juego reconocía que esos voluntarios tuvieran sus propios objetivos y que acabarían por desviar el odio que sentían hacia los soviéticos hacia sus propios regímenes y los norteamericanos.

Paquistán ya había dado instrucciones a todas sus embajadas en el extranjero para que facilitaran visados, sin hacer preguntas, a cualquier persona que quisiera ir a luchar con los muyahidín. En Oriente Medio, la Hermandad Musulmana, la Liga del Mundo Musulmán, radicada en Arabia Saudí, y los radicales islámicos palestinos organizaron a los reclutas y los pusieron en contacto con los paquistaníes. El ISI y el Jamaat-e-Islami paquistaní establecieron comités de recepción para recibir, albergar y entrenar a los militantes que llegaran, y entonces les estimulaban a unirse a los grupos muyahidín, de ordinario el Hizb-e-Islami. Los fondos para esa empresa procedían directamente de los servicios secretos saudíes. El francés Olivier Roy lo describe como «una empresa colectiva entre los saudíes, la Hermandad Musulmana y el Jamaat-e-Islami, reunidos por el ISI».[2]

Entre 1982 y 1992, unos treinta y cinco mil radicales musulmanes de cuarenta y tres países islámicos de Oriente Medio, África del Norte y Oriental, Asia Central y Extremo Oriente tuvieron su bautismo de fuego con los muyahidín afganos. Decenas de miles de musulmanes radicales extranjeros llegaron para estudiar en los centenares de nuevas *madrasas* que el gobierno militar de Zia empezó a financiar en Paquistán y a lo largo de la frontera afgana. Finalmen-

2. Olivier Roy, *Afghanistan, from Holy War to Civil War*, Princeton University Press, 1995.

te, más de cien mil musulmanes radicales tendrían un contacto directo con Paquistán y Afganistán y serían influidos por la *yihad*.

En los campamentos próximos a Peshawar y en Afganistán, esos radicales se encontraron por primera vez y estudiaron, se entrenaron y lucharon juntos. Fue la primera oportunidad que tenía la mayoría de ellos de aprender acerca de los movimientos islámicos en otros países, y forjaron unos vínculos tácticos e ideológicos que les serían de gran utilidad en el futuro. Los campamentos se convirtieron en la práctica en universidades del futuro radicalismo islámico. Ninguno de los servicios de inteligencia implicados quiso tener en cuenta las consecuencias de reunir a miles de radicales islámicos procedentes de todo el mundo. Zbigniew Brzezinski, ex consejero de la Seguridad Nacional norteamericana planteó: «¿Qué era más importante en la visión mundial de la historia? ¿Los talibán o la caída del imperio soviético?».[3] Los ciudadanos de Estados Unidos sólo comprendieron las consecuencias en 1993, cuando militantes islámicos entrenados en Afganistán hicieron estallar una bomba en el World Trade Center de Nueva York, que mató a seis personas e hirió a mil.

Samuel Huntington escribió: «La guerra dejó tras ella una inestable coalición de organizaciones islamistas empeñadas en promover el Islam contra todas las fuerzas no musulmanas. Dejó también un legado de pericia y luchadores experimentados, campamentos de entrenamiento e instalaciones logísticas, complejas redes de relaciones personales y entre organizaciones que trascendían el Islam, una considerable cantidad de equipamiento militar, que incluía entre trescientos y quinientos misiles Stinger de procedencia inexplicada y, lo que era más importante, una embriagadora sensación de poder y confianza en sí mismos por lo que habían logrado y el enérgico deseo de obtener otras victorias».[4]

La mayoría de esos radicales razonaba que, si la *yihad* afgana había derrotado a una superpotencia, la Unión Soviética, ¿no podría derrotar también a la otra, Estados Unidos, y a sus propios regímenes? La lógica de esta argumentación se basaba en la sencilla pre-

---

3. Roy, *ibid.*
4. Samuel Huntington, *The Clash of Civilizations and the Remaking of World Order*, Simon and Schuster, Nueva York, 1996.

misa de que la *yihad* islámica por sí sola había puesto de rodillas a los soviéticos. Las múltiples razones internas que condujeron al derrumbe del sistema soviético, y de las que la *yihad* era tan sólo una más, se obviaron convenientemente. Así pues, mientras que Estados Unidos consideraba el desmoronamiento del estado soviético como el fracaso del sistema comunista, muchos musulmanes lo veían exclusivamente como una victoria del Islam. Esta creencia era estimulante para los militantes y evocaba de un modo profundo la expansión musulmana mundial en los siglos VII y VIII. Argumentaban que sería posible forjar una nueva *ummah* islámica mediante los sacrificios y la sangre de otra generación de mártires y más victorias como aquélla.

Entre esos miles de reclutas extranjeros había un joven estudiante saudí, Osama Bin Laden, hijo del magnate de la construcción yemení Mohammed Bin Laden, amigo íntimo del difunto monarca Faisal y cuya empresa había amasado una riqueza fabulosa gracias a los contratos para renovar y ampliar las sagradas mezquitas de La Meca y Medina. Desde hacía largo tiempo el ISI había deseado que el príncipe Turki Bin Faisal, jefe del Istakbarat, el Servicio de Inteligencia saudí, aportara un príncipe real para dirigir el contingente saudí, a fin de mostrar a los saudíes el compromiso de la familia real con la *yihad*. Hasta entonces sólo los saudíes más pobres, estudiantes, taxistas y beduinos tribales habían llegado a luchar. Pero no había ningún príncipe saudí mimado que estuviera dispuesto a soportar penalidades en las montañas afganas. Aunque Bin Laden no era de sangre real, estaba lo bastante próximo a la realeza y, desde luego, era lo bastante rico para encabezar el contingente saudí. Bin Laden, el príncipe Turki y el general Gul llegarían a tener una firme amistad y serían aliados en una causa común.

El centro de los llamados afganos árabes eran las oficinas de la Liga Musulmana Mundial y la Hermandad Musulmana, en Peshawar, dirigida por Abdulá Azam, un palestino jordano a quien Bin Laden conoció en la universidad, en Yidda, y a quien reverenciaba como su dirigente. Azam y sus dos hijos murieron en Peshawar, a causa de una bomba, en 1989. Durante la década de los ochenta Azam había forjado estrechos vínculos con Hikmetyar y Abdul Rasul Sayyaf, el erudito islámico afgano, a quien los saudíes habían enviado a Peshawar para que promoviera el wahabbismo. El capital saudí fluyó a Azam y al *Makhtab al Khidmat*, o Centro de Servicios que había creado en 1984 para atender a los nuevos reclutas y recibir donaciones de organismos benéficos islámicos. Las donaciones de la Inteligencia saudí, la Luna Roja saudí, la Liga Musulmana Mundial, así como las donaciones privadas de príncipes y mezquitas saudíes fueron canalizadas a través del Makhtab. Al cabo de una década, el Makhtab aparecería en el centro de una red de organizaciones radicales que ayudó a realizar el atentado en el World Trade Center y los bombardeos de las embajadas norteamericanas en África en 1998.

Hasta su llegada a Afganistán, nada extraordinario había ocurrido en la vida de Bin Laden. Nacido alrededor de 1957, era el decimoséptimo de los cincuenta y siete hijos engendrados por su padre yemení y una madre saudí, una de las muchas esposas de Mohammed Bin Laden. Estudió para obtener un máster de administración comercial en la Universidad Rey Abdul Aziz de Yidda, pero pronto se decantó por los estudios islámicos. Es alto y delgado, mide metro noventa y cinco, tiene largos miembros y una barba abundante, y destacaba por encima de sus compañeros, quienes le recordaban como un hombre tranquilo y devoto, pero difícilmente destinado a hacer grandes cosas.[5]

El padre de Bin Laden había apoyado la lucha afgana y ayudado a financiarla, por lo que cuando el joven decidió participar en ella su familia respondió con entusiasmo. Viajó a Peshawar por primera vez en 1980 y conoció a los dirigentes muyahidín. A menudo regresaba con donaciones saudíes para la causa, hasta que, en 1982, decidió instalarse en Peshawar. Trajo consigo ingenieros y maquinaria pesada para la construcción de carreteras y almacenes destinados a los muyahidín. En 1986 ayudó a construir el complejo del túnel de Khost, un gran depósito de armamento, instalación de entrenamiento y centro médico para los muyahidín, financiado por la CIA y a gran profundidad bajo las montañas cercanas a la frontera con Paquistán. Por primera vez Bin Laden instaló en Khost su propio campo de entrenamiento para los afganos árabes, quienes veían cada vez más a aquel saudí larguirucho, rico y carismático como su dirigente.

5. Entrevistas personales con los amigos de Bin Laden en Arabia Saudí y Londres en 1992, 1993 y 1999.

Bin Laden dijo más adelante: «Para contrarrestar a esos rusos ateos, los saudíes me eligieron como su representante en Afganistán. Me instalé en Paquistán, en la región fronteriza afgana. Allí recibí a los voluntarios que llegaban del reino saudí y de todos los países árabes y musulmanes. Establecí mi primer campamento, donde esos voluntarios eran entrenados por oficiales paquistaníes y norteamericanos. Estados Unidos aportaba las armas y los saudíes el dinero. Descubrí que no era suficiente luchar en Afganistán, sino que teníamos que luchar en todos los frentes, contra la opresión comunista u occidental».[6]

Más tarde Bin Laden afirmó haber tomado parte en emboscadas contra las tropas soviéticas, pero sobre todo utilizó su riqueza y las donaciones saudíes para construir proyectos muyahidín y difundir el wahabbismo entre los afganos. Tras la muerte de Azam, en 1989, se puso al frente de la organización de Azam y estableció la Al Qaeda o Base Militar como un centro de servicios para los afganos árabes y sus familiares, y para forjar entre ellos una alianza de amplia base. Con la ayuda de Bin Laden, varios millares de militantes árabes habían establecido bases en las provincias de Kunar, Nuristán y Badajshan, pero sus prácticas wahabbi extremas desagradaban profundamente a la mayoría de los afganos. Además, al aliarse con los muyahidín pashtunes pro wahabbi más extremistas, los afganos árabes se enemistaron con los pashtunes y los musulmanes chiítas.

Más adelante, Ahmed Shah Masud criticó a los afganos árabes. En 1997, después de que los talibán lo hubieran expulsado de Kabul, comentó: «Mi facción de la *yihad* no tuvo buenas relaciones con los afganos árabes durante los años de *yihad*. En cambio, ellos tuvieron muy buenas relaciones con las facciones de Abdul Rasul Sayyaf y Gulbuddin Hikmetyar. En 1992, cuando mi facción entró en Kabul, los afganos árabes lucharon en las filas de las fuerzas de Hikmetyar contra nosotros. Les pediremos (a los árabes) que abandonen nuestro país. Bin Laden hace más mal que bien».[7]

En 1990 Bin Laden se sintió desilusionado por las querellas internas de los muyahidín y regresó a Arabia Saudí para trabajar en el

6. AFP, «Laden planned a global Islamic revolution in 1995», 27 de agosto de 1998.

7. *Al-Ahram*, «Interview with Masud», por Yahya Ghanim, 19 de agosto de 1997.

negocio familiar. Fundó una organización benéfica para veteranos afganos árabes, unos cuatro mil de los cuales se habían establecido en La Meca y Medina, y dio dinero a las familias de los que habían muerto. Tras la invasión de Kuwait por parte de Irak, cabildeó para que la familia real organizara la defensa popular del reino y constituyera una fuerza de veteranos de guerra afganos para luchar contra Irak. Sin embargo, el rey Fahd invitó a los norteamericanos, lo que ofendió profundamente a Bin Laden. Mientras los 540.000 soldados estadounidenses empezaban a llegar, Bin Laden criticó abiertamente a la familia real y cabildeó para que los *ulema* saudíes lanzaran *fatwas*, o sentencias religiosas, contra los que no eran musulmanes y habían instalado bases en el país.

La crítica de Bin Laden se incrementó después de que unos veinte mil soldados estadounidenses permanecieran en sus bases de Arabia Saudí tras la liberación de Kuwait. En 1992 tuvo una violenta reunión con el ministro del Interior, el príncipe Naif, a quien llamó traidor al Islam. Naif se quejó al rey Fahd y Bin Laden fue declarado persona non grata. Sin embargo, seguía teniendo aliados en la familia real, a los que también desagradaba Naif, mientras que él mantenía sus vínculos con los servicios de inteligencia saudíes y el ISI.

En 1992, Bin Laden fue a Sudán para participar en la revolución islámica emprendida por el carismático dirigente sudanés Hassan Turabi. Las críticas constantes de Bin Laden acabaron por irritar tanto a la familia real saudí que, en 1994, dieron el paso sin precedentes de revocar su ciudadanía. En Sudán, con su riqueza y sus contactos, Bin Laden reunió a su alrededor a más veteranos de la guerra afgana, todos ellos disgustados por la victoria norteamericana sobre Irak y la actitud de las elites dirigentes árabes, que permitían quedarse en el Golfo a los militares estadounidenses. La presión norteamericana y saudí contra Sudán por dar cobijo a Bin Laden iba en aumento, y las autoridades sudanesas le pidieron que se marchara.

Bin Laden regresó a Afganistán en mayo de 1996, en un vuelo charter, con un séquito formado por docenas de militantes árabes, guardaespaldas y familiares, incluidos tres esposas y trece hijos. Aterrizó en Jalalabad, donde vivió protegido por la *shura* de la ciudad, hasta que los talibán tomaron Kabul y Jalalabad en septiembre de

1996. En agosto de ese mismo año había lanzado su primera declaración de *yihad* contra los norteamericanos, de quienes dijo que habían ocupado Arabia Saudí. «No es posible derribar los muros de la opresión y la humillación si no es con una lluvia de balas», decía su declaración. Entabló amistad con el *mulá* Omar y en 1997 se trasladó a Kandahar y se puso bajo la protección de los talibán.

Por entonces la CIA había establecido una célula especial para controlar sus actividades y sus vínculos con otros militantes islámicos. En agosto de 1996, un informe del Departamento de Estado norteamericano indicaba que Bin Laden era «uno de los patrocinadores financieros más importantes de las actividades del extremismo islámico en el mundo». Según ese informe, Bin Laden financiaba los campamentos terroristas en Somalia, Egipto, Sudán, Yemen, Egipto y Afganistán. En abril de 1996, el presidente Clinton firmó la ley antiterrorista que permitía a Estados Unidos inmovilizar los bienes de las organizaciones terroristas. Esta ley se utilizó por primera vez para bloquear el acceso de Bin Laden a su fortuna, que según los cálculos oscilaba entre doscientos cincuenta y trescientos millones de dólares.[8] Al cabo de unos meses, los servicios secretos egipcios declararon que Bin Laden entrenaba a un millar de militantes, una segunda generación de afganos árabes, para que llevaran a cabo una revolución islámica en los países árabes.[9]

A principios de 1997, la CIA formó un grupo que llegó a Peshawar para tratar de apoderarse de Bin Laden y llevárselo de Afganistán. Los norteamericanos alistaron a afganos y paquistaníes para que les ayudaran, pero suspendieron la operación. La actividad norteamericana en Peshawar ayudó a persuadir a Bin Laden de que debía trasladarse a los límites más seguros de Kandahar. El 23 de febrero de 1998, durante una reunión en el campamento original de Khost, todos los grupos asociados con Al Qaeda firmaron un manifiesto bajo la égida del «Frente Islámico Internacional para la *yihad* contra Judíos y Cruzados». El manifiesto decía que «durante más de siete años Estados Unidos ha ocupado las tierras del Islam en el más

8. Carol Giacomo, «US lists Saudi businessman as extremist sponsor», *Washington Evening Post*, 14 de agosto de 1996.

9. AFP, «Bin Laden training young Islamists, alleges Egypt», 18 de febrero de 1997.

sagrado de los lugares, la península arábiga, saqueando sus riquezas, dando órdenes a sus dirigentes, aterrorizando a sus vecinos y
convirtiendo sus bases en la península en una punta de lanza con la
lucha contra los pueblos musulmanes vecinos».

En esa reunión se promulgó una *fatwa*. «La decisión de matar a
los norteamericanos y sus aliados, civiles y militares, es un deber individual de todo musulmán que pueda hacerlo en cualquier país
donde sea posible». Ahora Bin Laden había formulado un plan de
acción que no sólo tenía la mira puesta en la familia real saudí o los
norteamericanos, sino que llamaba a la liberación de todo el Oriente Medio musulmán. En 1998, mientras la guerra aérea de los norteamericanos contra Irak se intensificaba, Bin Laden convocó a todos los musulmanes a enfrentarse con estadounidenses y británicos,
a luchar y matarlos.[10]

Sin embargo, los atentados con bombas en las embajadas norteamericanas en Kenia y Tanzania, ocurridos en agosto de 1998 y que
mataron a doscientas veinte personas, fueron los actos que hicieron
de Bin Laden un nombre conocido tanto en el mundo musulmán
como en Occidente. Sólo trece días después de haber acusado a Bin
Laden del ataque, Estados Unidos respondió con el lanzamiento de
setenta misiles de crucero contra los campamentos de Bin Laden alrededor de Khost y Jalalabad. Fueron alcanzados varios campamentos entregados por los talibán a grupos radicales afganos árabes y
paquistaníes. El campamento de Al Badr, controlado por Bin Laden
y los campamentos de Khalid bin Walid y Muawia, dirigidos por el
Harakat ul Ansar paquistaní, fueron los blancos principales. Harakat utilizó sus campamentos para adiestrar a los militantes que lucharían contra las tropas indias en Cachemira. En el ataque murieron siete personas ajenas al conflicto, tres yemeníes, dos egipcios,
un saudí y un turco. También murieron siete paquistaníes y veinte
afganos.

En noviembre de 1998, Estados Unidos ofreció una recompensa de cinco millones de dólares por la captura de Bin Laden. Las declaraciones de éste, en el sentido de que tenía el deber islámico de
adquirir armas químicas y nucleares y usarlas contra Estados Uni-

10. Dilip Hiro, «Islamic militants, once en couraged by the US, now threaten
it», *The Nation*, Nueva York, 15 de febrero de 1999.

dos, galvanizó todavía más a los norteamericanos. «Sería un pecado que los musulmanes no intentaran poseer las armas que impedirán a los infieles infligirles daño. La hostilidad hacia Estados Unidos es un deber religioso, y confiamos en que será recompensado por Dios», había dicho Bin Laden.[11]

Pocas semanas después de los ataques contra las embajadas africanas, la administración Clinton había demonizado a Bin Laden hasta el extremo de culparle de todas las atrocidades cometidas contra Estados Unidos en el mundo musulmán en los últimos tiempos. Un tribunal neoyorquino formuló un auto de acusación contra él. Lo hacían responsable de las dieciocho bajas americanas en Mogadiscio (Somalia) en 1993, las muertes de cinco soldados en un ataque con bombas perpetrado en Riad, en 1995, y las muertes de otros diecinueve soldados americanos en Dhahran, en 1996. También sospechaban de su intervención en los bombardeos de Aden, en 1992, en el atentado en el World Trade Center, en 1993, en un complot tramado en 1994 para matar al presidente Clinton en Filipinas y en un plan para volar una docena de aviones civiles norteamericanos, en 1995.[12] Era grande el escepticismo, incluso entre los expertos norteamericanos, respecto a que Bin Laden estuviera implicado en muchas de estas operaciones.[13]

Pero la administración Clinton hacía lo imposible por desviar la atención del público, mientras atravesaba el lodazal del asunto Monica Lewinsky, y por ello necesitaba una explicación de utilidad general y sencilla de los actos terroristas inexplicados. Bin Laden se convirtió en el centro de lo que Washington promulgó como una conspiración global contra Estados Unidos. Lo que Washington no estaba dispuesto a admitir era que la *yihad* afgana, con el apoyo de la CIA, había engendrado docenas de movimientos fundamentalistas en el mundo musulmán, dirigidos por militantes que tenían motivos de queja, no tanto contra los norteamericanos, sino contra sus propios regímenes corruptos e incompetentes. Ya en los años 1992

---

11. Revista *Time*, «Interview with Bin Laden», 11 de enero de 1999.
12. Revista *Time*, «Inside the hunt for Osama», 21 de diciembre de 1998.
13. Revista *Newsweek*, «Making a symbol of terror», 1 de marzo de 1999. El artículo, que utiliza fuentes norteamericanas, cuestiona que Bin Laden estuviera involucrado en todos esos actos terroristas.

y 1993, dirigentes egipcios y argelinos del más alto nivel habían aconsejado a Washington que reanudara los contactos diplomáticos con Afganistán, a fin de lograr una paz que pondría fin a la presencia de los afganos árabes. Washington hizo caso omiso de las advertencias y siguió pasando por alto a Afganistán a pesar de que la guerra civil en ese país se intensificaba.[14]

Los temores de los argelinos estaban justificados, pues la primera gran irrupción de luchadores procedentes de las filas de afganos árabes tuvo lugar en Argelia. En 1991, el Frente Islámico de Salvación (FIS) ganó la primera ronda en las elecciones parlamentarias, obteniendo cerca del 60 por 100 de los escaños correspondientes a todo el país. El ejército argelino canceló los resultados, en enero de 1992 declaró el gobierno presidencial y, al cabo de dos meses, comenzó una terrible guerra civil que, en 1999, había costado la vida a unas setenta mil personas. La táctica del FIS fue superada por la Yihad Islámica, más extremista, que en 1995 cambió su nombre por el de Grupo Islámico Armado (GIA). El GIA estaba dirigido por afganos argelinos (veteranos argelinos de la guerra afgana), que eran neowahabbis y establecieron un programa que sumiría a Argelia en un baño de sangre, desestabilizaría el norte de África y conduciría al crecimiento del extremismo islámico en Francia. Argelia fue sólo un anticipo de lo que estaba por llegar. En Egipto hubo atentados con bombas y se dedujo que los miembros de los grupos islámicos que los perpetraron eran veteranos egipcios entrenados en Afganistán.

Bin Laden conocía a muchos de los autores de esos actos violentos cometidos en distintos lugares del mundo musulmán, porque habían vivido y luchado juntos en Afganistán. Su organización, centrada en el apoyo a los veteranos de la guerra afgana y sus familiares, mantenía contactos con ellos. Es posible que financiara algunas de sus operaciones, pero es improbable que supiera lo que se proponían todos ellos o qué programas tenían para sus respectivos países. Bin Laden siempre ha estado inseguro dentro de la arquitectura del Islam. No es ni un estudioso islámico ni un maestro, por lo que legalmente no puede lanzar *fatwas*, aunque lo hace. En Occidente, sus llamamientos de «Muerte a América» se han interpreta-

14. Entrevistas con diplomáticos y políticos argelinos y egipcios realizadas en Islamabad entre 1992 y 1993.

do como *fatwas*, aunque no tienen ningún peso moral en el mundo musulmán.

Los afganos árabes que lo conocieron durante la *yihad* dicen que no era un intelectual ni expresaba claramente lo que es preciso hacer en el mundo musulmán. En este sentido no era ni el Lenin de la revolución islámica ni su ideólogo internacionalista, como lo fue el Che Guevara con respecto a la revolución en el tercer mundo.

Los antiguos asociados de Bin Laden lo describen como un hombre muy impresionable, siempre necesitado de mentores, hombres más conocedores que él tanto del Islam como del mundo moderno. A la larga lista de mentores durante su juventud se sumaron más tarde el doctor Aiman al-Zawahiri, jefe de la prohibida Yihad Islámica de Egipto, y los dos hijos del jeque Omar Abdel Rehman, el predicador ciego egipcio que actualmente se encuentra encarcelado en Estados Unidos por el atentado en el World Trade Center y que había dirigido el prohibido El Gamaa Islamiyya en Egipto. Gracias a la *yihad* afgana, también conocía a figuras importantes del Frente Islámico Nacional de Sudán, Hezbolá del Líbano y Hamas, el movimiento radical islámico palestino de Gaza, en Cisjordania. En Kandahar estaba en compañía de chechenos, bangladeshis, filipinos, argelinos, kenianos, paquistaníes y musulmanes americanos de raza negra, muchos de los cuales eran cultos y estaban mejor informados que Bin Laden, pero que no podían salir de Afganistán porque figuraban en las listas de búsqueda y captura norteamericanas. Lo que necesitaban era apoyo económico y un refugio que Bin Laden les proporcionó.

Después de los atentados con bombas en África, Estados Unidos lanzó una operación auténticamente global. Más de ochenta militantes islámicos fueron detenidos en una docena de países. Las capturas de militantes se extendieron en un arco que iba desde Tanzania, Kenia, Sudán y Yemen hasta Paquistán, Bangladesh (Bengala), Malasia y las Filipinas.[15] En diciembre de 1998, las autoridades indias detuvieron a militantes de Bangladesh por planear un ataque contra el consulado norteamericano en Calcuta. Siete hombres de nacionalidad afgana, que utilizaban pasaportes italianos falsos, fue-

15. *Global Intelligence Update*, «Bangladesh Movement highlights new Pan-Islamic identity», 27 de enero de 1999.

ron detenidos en Malasia y acusados de intentar el inicio de una campaña de atentados con bombas.[16] Según el FBI, los militantes de Yemen que secuestraron a dieciséis turistas occidentales, en diciembre de 1998, fueron financiados por Bin Laden.[17] En febrero de 1999, las autoridades de Bangladesh dijeron que Bin Laden había enviado un millón de dólares al Harkat-ul-Jihad (HJ) de Dhaka, algunos de cuyos miembros se habían entrenado en Afganistán y luchado allí. Dirigentes del HJ dijeron que querían convertir Bangladesh en un estado islámico al estilo talibán.[18]

A millares de kilómetros de distancia, en Nuakchot, la capital de Mauritania, África occidental, detuvieron a varios militantes que también habían sido formados por Bin Laden en Afganistán y de los que se sospechaba que planeaban atentar con bombas.[19] Entre tanto, durante el juicio de ciento siete miembros de Al-Jihad ante un tribunal militar en El Cairo, miembros de los servicios secretos egipcios declararon que Bin Laden había financiado el Al-Jihad.[20] En febrero de 1999, la CIA afirmó que, gracias al control por medio de satélite de la red de comunicaciones de Bin Laden, habían impedido que sus seguidores llevaran a cabo siete atentados con bombas contra instalaciones de Estados Unidos en Arabia Saudí, Albania, Azerbaiyán, Tayikistán, Uganda, Uruguay y Costa de Marfil, e hicieron hincapié en el radio de acción de los veteranos afganos. En 1999 la administración Clinton destinó 6,7 billones de dólares a combatir el terrorismo, mientras que el presupuesto del FBI contra el terrorismo pasaba de 18 millones a 286, y la agencia destinaba 2.650 agentes a la tarea, el doble del número que había en 1998.

Pero fueron Paquistán y Arabia Saudí, los patrocinadores originales de los afganos árabes, quienes más padecieron cuando las ac-

---

16. *Global Intelligence Update*, «Possible Bin Laden group attempts transit through Malaysia», 13 de enero de 1999.

17. Tim Reid, «Yemeni Kidnappings were revenge for Iraq bombing», *Daily Telegraph*, 3 de enero de 1999. El FBI afirmó que los yemeníes tenían ordenadores portátiles y equipo de comunicación, y que estaban en contacto directo con Bin Laden.

18. AFP, «Bin Laden may be targeting Bangladesh», 19 de febrero de 1999.

19. AFP, «Suspected Bin Laden supporters held in Mauritania», 5 de marzo de 1999.

20. AFP, «Osama bankrolled Egypt's Jihad», 15 de febrero de 1999.

tividades de éstos tuvieron repercusiones. En marzo de 1998, tres militantes árabes y dos tayikos fueron abatidos tras un tiroteo prolongado durante treinta y seis horas entre ellos y la policía, en un campo de refugiados afgano cerca de Peshawar. Pertenecían al grupo Tafkir, que era wahabbi radical, y planeaban atacar con bombas una reunión de jefes de estado islámicos en Islamabad.

Con el estímulo de Paquistán, los talibán y Bin Laden, los afganos árabes se habían afiliado al partido paquistaní Harkat-ul-Ansar para luchar contra las tropas indias en Cachemira. Los auténticos militantes cachemires se sentían insultados por la incorporación de árabes que introducían normas al estilo wahabbi en el valle de Cachemira. En 1996, el gobierno norteamericano había declarado a Ansar una organización terrorista, y ésta, posteriormente, cambió su nombre por el de Harkat-ul-Mujaheddin. Todas las víctimas paquistaníes de los ataques norteamericanos con misiles contra Khost pertenecían a Ansar. En 1999, Ansar dijo que impondría un estricto código indumentario wahabbi en el valle de Cachemira, y prohibió los pantalones tejanos y las chaquetas. El 15 de febrero de 1999 hirieron con armas de fuego a tres operadores de televisión por cable cachemires, por haber retransmitido emisiones occidentales a través de satélite. Hasta entonces Ansar había respetado las tradiciones liberales de los musulmanes cachemires, pero las actividades de los afganos árabes hirieron la legitimidad del movimiento cachemir y dieron a la India un éxito de propaganda.[21]

Paquistán se enfrentó a un problema cuando Washington instó al primer ministro Nawaz Sharif a que prestara su ayuda para detener a Bin Laden. Los estrechos contactos del ISI con Bin Laden y el hecho de que ayudaba a financiar e instruir a militantes cachemires que utilizaban los campamentos de Khost, le planteó a Sharif un dilema durante su visita a Washington, en diciembre de 1998. Sharif eludió el asunto, pero otros funcionarios paquistaníes fueron más descarados y recordaron a sus colegas norteamericanos que ambos habían colaborado como comadronas en el nacimiento de figuras

21. AFP, «Kashmir militant group issues Islamic dress order», 21 de febrero de 1999. Los diplomáticos paquistaníes estaban cada vez más preocupados por las actividades de los wahabbis en Cachemira. Entrevistas con diplomáticos, Islamabad, marzo de 1999.

políticas como Bin Laden en la década de los ochenta y los talibán en los años noventa. El mismo Bin Laden señaló, en una entrevista, el continuo apoyo de ciertos elementos de los servicios secretos paquistaníes: «En cuanto a Paquistán, existen ciertos departamentos gubernamentales que responden, por la gracia de Dios, a los sentimientos islámicos de las masas paquistaníes. Esto se refleja en una corriente de simpatía y en la cooperación. Sin embargo, otros departamentos del gobierno han caído en la trampa de los infieles. Rogamos a Dios que los haga volver al camino recto».[22]

El apoyo que ciertos elementos del gobierno dieron a Bin Laden era otra contradicción de la política afgana paquistaní, que exploramos con detalle en el capítulo cuarto de la tercera parte de esta obra. Estados Unidos era el aliado más fiel de Paquistán y tenía profundos vínculos con los militares y el ISI, pero tanto los talibán como Bin Laden proporcionaban refugio e instalaciones de entrenamiento a los militantes cachemires apoyados por Paquistán, e Islamabad estaba poco interesado en la interrupción de esa ayuda. Aun cuando los norteamericanos intentaron una y otra vez persuadir al ISI para que cooperase en la detención de Bin Laden, el ISI se negó a hacerlo, aunque sí les prestó su ayuda para detener a varios seguidores de Bin Laden. Sin la ayuda de Paquistán, Estados Unidos no podía confiar en el éxito de los comandos enviados con la misión de apresar al dirigente, como tampoco efectuar unos bombardeos más precisos, pues para ello necesitaban el territorio paquistaní. Al mismo tiempo, Estados Unidos no se atrevía a denunciar el apoyo que Paquistán prestaba a los talibán, porque aún confiaba en la cooperación del ISI para capturar a Bin Laden.

El problema era todavía peor para los saudíes. En julio de 1998, el príncipe Turki había visitado Kandahar, y pocas semanas después llegaron allí cuatrocientas camionetas nuevas, todavía con las placas de matrícula de Dubai, destinadas a los talibán. Los saudíes también facilitaron capital para que en otoño los talibán conquistaran el norte del país a golpe de talonario. Hasta los atentados en África y a pesar de la presión de Estados Unidos para que pusieran fin al apoyo que prestaban a los talibán, los saudíes siguieron financiando a los talibán y guardaron silencio sobre la necesidad de extraditar a Bin

22. Revista *Time*, «Interwiew with Bin Laden», 11 de enero de 1999.

Laden.[23] La verdad acerca del silencio de los saudíes era incluso más complicada. Los saudíes preferían dejar en paz a Bin Laden en Afganistán, porque si los norteamericanos lo detenían y juzgaban, quedaría al descubierto la profunda relación que Bin Laden seguía teniendo con miembros de la familia real que eran simpatizantes y elementos de los servicios secretos saudíes, lo cual podría resultar muy embarazoso. Los saudíes querían a Bin Laden o muerto o cautivo de los talibán, pero en ningún caso que cayese en manos de los norteamericanos.

Tras los ataques a las embajadas estadounidenses en África en agosto de 1998, aumentó la presión de Estados Unidos sobre los saudíes. El príncipe Turki visitó de nuevo Kandahar, esta vez para persuadir a los talibán de que entregaran a Bin Laden. Durante su encuentro, el *mulá* Omar se negó a hacerlo y ofendió al príncipe Turki insultando a la familia real saudí. El mismo Bin Laden describió lo sucedido durante esa reunión: «Él [el príncipe Turki] pidió al *mulá* Omar que nos entregara a nuestro país o nos expulsara de Afganistán. No es en absoluto competencia del régimen saudí venir aquí y pedir la entrega de Osama Bin Laden. Eso es exactamente como si Turki viniera en calidad de enviado del gobierno norteamericano».[24] Enfurecidos por los insultos de los talibán, los saudíes suspendieron las relaciones diplomáticas con ellos y aparentemente dejaron de prestarles toda ayuda, aunque no retiraron el reconocimiento del gobierno talibán.

Por entonces, Bin Laden había llegado a ejercer una considerable influencia sobre los talibán, algo que no siempre había sido así. El contacto de los talibán con los afganos árabes y su ideología panislámica fue inexistente hasta 1996, cuando los talibán capturaron Kabul. Paquistán tuvo una gran responsabilidad en la presentación de Bin Laden a los dirigentes talibán en Kandahar, porque quería conservar los campos de entrenamiento para los militantes cachemires, que estaban ahora en manos de los talibán. La persuasión de Paquistán, los cuadros militares talibán mejor educados,

---

23. Entrevistas con altos funcionarios paquistaníes, Islamabad, de diciembre de 1998 a marzo de 1999. Véase también Tim Mcgirk, «Guest of Honour», revista *Time*, 31 de agosto de 1998.

24. Revista *Time*, «Interview with Bin Laden», 11 de enero de 1999.

que tenían también unas ideas panislámicas, y el señuelo de los beneficios económicos que aportaría Bin Laden alentaron a los dirigentes talibán a reunirse con él y entregarle de nuevo los campamentos de Khost.

En parte por su propia seguridad y en parte para tenerlo controlado, en 1997 los talibán efectuaron el traslado de Bin Laden a Kandahar. Allí vivió al principio como huésped de pago. Construyó una casa para la familia del *mulá* Omar y proporcionó fondos a otros dirigentes talibán. Prometió pavimentar la carretera desde el aeropuerto de Kandahar a la ciudad y construir mezquitas, escuelas y presas, pero sus obras cívicas nunca se iniciaron, y sus cuentas corrientes fueron intervenidas. Mientras Bin Laden vivía con su familia, servidores y militantes de la manera más lujosa en una enorme mansión de Kandahar, la conducta arrogante de los afganos árabes que llegaron con él y el hecho de que no llevaran a la práctica ninguno de sus proyectos cívicos les valió el antagonismo de la población local. Los kandaharis veían a los dirigentes talibán, más que al pueblo, como beneficiarios de la generosidad árabe.

Bin Laden se congració todavía más con los dirigentes al enviar varios centenares de afganos árabes para que participaran en las ofensivas que los talibán realizaron entre 1997 y 1998 en el norte del país. Esos guerreros wahabbis ayudaron a los talibán en las matanzas de los hazaras chiítas en el norte. Varios centenares de afganos árabes, que tenían su base en la guarnición militar de Rishkor, en las afueras de Kabul, lucharon en el frente de Kabul contra Masud. Cada vez más, la visión del mundo que tenía Bin Laden parecía dominar el pensamiento de los dirigentes talibán veteranos. Las conversaciones prolongadas durante toda la noche entre Bin Laden y los dirigentes talibán dieron su fruto. Hasta su llegada, los mandos talibán no habían sido especialmente hostiles a Estados Unidos u Occidente, y se habían limitado a exigir el reconocimiento de su gobierno.

Sin embargo, tras los ataques en África, los talibán se mostraron cada vez más vocingleros contra los norteamericanos, la ONU y los regímenes saudí y musulmanes de todo el mundo. Sus declaraciones reflejaban de manera creciente el lenguaje de desafío que Bin Laden había adoptado y que no era un rasgo talibán original. A medida que se intensificaba la presión de Estados Unidos sobre los talibán para que expulsaran a Bin Laden, aquellos decían que se trataba de un invitado y que expulsar a los invitados iba en contra de la tradición afgana. Cuando pareció que Washington planeaba otro ataque militar contra Bin Laden, los talibán trataron de cerrar un trato con Washington, para permitirle abandonar el país a cambio del reconocimiento de Estados Unidos. Así pues, hasta el invierno de 1998 los talibán vieron a Bin Laden como una persona beneficiosa, una ficha de canje que les permitiría negociar con los norteamericanos.

El Departamento de Estado de Estados Unidos estableció una conexión telefónica vía satélite para hablar directamente con el *mulá* Omar. Los funcionarios de Afganistán, ayudados por un traductor pushto, sostuvieron largas conversaciones con Omar, en las que ambos bandos exploraron las diversas opciones, pero fue en vano.[25] A principios de 1999, los talibán empezaron a comprender que no era posible llegar a ningún compromiso con los norteamericanos y sopesaron el riesgo que representaba Bin Laden. En febrero de 1999, Estados Unidos estableció una fecha límite para la entrega de Bin Laden si no querían enfrentarse a las consecuencias de no hacerlo, y esto forzó a los talibán a hacerle desaparecer discretamente de Kandahar. Esta jugada les valió un respiro, pero el problema estaba todavía lejos de resolverse.

Los afganos árabes habían trazado un círculo completo. Desde que eran simples apéndices de la *yihad* afgana y la Guerra Fría en la década de los ochenta, en la de 1990 habían pasado al centro del escenario para los afganos, los países vecinos y Occidente. Estados Unidos pagaba ahora el precio de haber hecho caso omiso de Afganistán entre 1992 y 1996, cuando los talibán proporcionaban refugio al movimiento fundamentalista islámico más hostil y militante al que el mundo se enfrentaba tras el fin de la Guerra Fría. Afganistán era ahora un auténtico puerto seguro para el internacionalismo y el terrorismo islámicos, y tanto los norteamericanos como el resto de Occidente no sabían cómo enfrentarse a él.

25. Entrevistas con importantes diplomáticos norteamericanos, Islamabad, enero de 1999.

TERCERA PARTE

EL NUEVO «GRAN JUEGO»

1

DICTADORES Y BARONES DEL PETRÓLEO.
LOS TALIBÁN Y ASIA CENTRAL, RUSIA, TURQUÍA
E ISRAEL

En 1996, en Ashjabab, la capital de Turkmenistán, se completó la construcción de un aeropuerto internacional de grandes dimensiones. El enorme y lujoso edificio de la terminal fue diseñado para acomodar al esperado aflujo de líneas aéreas occidentales en aquella república desértica rica en petróleo y gas natural, pero lo cierto es que en ella resuena el silencio. Al cabo de unos meses fue parcialmente clausurado, porque el mantenimiento era demasiado caro, y el resto, con sólo unas pocas llegadas de vuelos a la semana, apenas se usaba incluso en 1999.

En 1995, en la localidad de Sarajs, situada en la frontera entre Turkmenistán e Irán, se terminó de construir una nueva estación de ferrocarril, cuyas paredes y los mostradores de expedición de billetes eran de mármol. El viento aullador lanzaba la arena rojiza contra el edificio, al que lamían también las dunas del Karakum o desierto de Arena Negra, y el calor era asfixiante. La estación se encontraba en el extremo turcomano de una nueva línea férrea construida por los iraníes y que enlaza Meshad, en el nordeste de Irán, con Ashjabab, el primer enlace de comunicaciones directas entre Asia Central y los países musulmanes con el sur, setenta años después de que se hubieran interrumpido. Sin embargo, con sólo dos trenes de carga y pasajeros semanales procedentes de Irán, la estación permanece cerrada la mayor parte de la semana.

Las comunicaciones con el mundo exterior eran de la máxima prioridad para todas las repúblicas de Asia Central, una vez obtenida su independencia en diciembre de 1991, pero casi una década después da la impresión de que hubo más caravanas de camellos en la legendaria Ruta de la Seda que en la actualidad. Esos monumentos a la extravagancia, la ambición ostentosa y los sueños no realizados fueron obra del presidente de los turcomanos, Saparmurad Niyazov, quien dedica una porción escasa de las maltrechas finanzas del país al bienestar de sus 4,2 millones de habitantes, pero una mucho mayor al floreciente culto a su personalidad. Sin embargo, esos espejismos del desierto también representan las esperanzas todavía insatisfechas de que Turkmenistán se convierta, como Niyazov ya dijo en diciembre de 1991, en «el nuevo Kuwait».[1]

Desde su independencia, Turkmenistán, como otras repúblicas de Asia Central ricas en petróleo, ha esperado en vano que sus riquezas naturales llegaran a los mercados exteriores. Rodeado de países potencialmente celosos y hostiles, Rusia, Irán, Afganistán y Uzbekistán, los estados de Asia Central han maniobrado sin cesar para que se construyeran oleoductos y gasoductos que pusieran fin a su aislamiento, los liberasen de la dependencia económica de Rusia y les proporcionaran capital para reflotar sus economías tras la devastación acarreada por el desmoronamiento de la Unión Soviética. Durante setenta años, todos sus lazos de comunicación (carreteras, líneas férreas y oleoductos) se construyeron hacia el este, en dirección a Rusia. Ahora querían establecer vínculos con el mar Arábigo, el océano Índico, el Mediterráneo y China.

En los últimos años se ha hablado con demasiada exageración de los recursos energéticos del mar Caspio y de Asia Central, la que a partir de ahora llamaremos región del Caspio, formada por Kazajistán, Turkmenistán, Azerbaiyán y Uzbekistán. A comienzo de los años noventa, Estados Unidos calculaba que las reservas petrolíferas del mar Caspio oscilaban entre cien y ciento cincuenta billones de barriles (mb). Esa cifra estaba muy inflada, y hoy se calcula que las posibles reservas son menos de la mitad e, incluso, de sólo cincuenta mb. Las reservas de petróleo comprobadas que tiene la región del Caspio oscilan entre dieciséis y treinta y dos mb, mientras que las de Estados Unidos son de veintidós mb y las del mar del Norte de diecisiete mb. Esto significa que el Caspio tiene entre diez y quince menos del total de las reservas de Oriente Medio.

Sin embargo, la región del Caspio era posiblemente la última región petrolífera del mundo inexplorada y sin explotar, y su apertura entusiasmó sobremanera a las compañías petroleras internacionales. Las compañías occidentales se interesaron primero por

1. Entrevista del autor con el presidente Niyazov, Asjabab, diciembre de 1991.

Siberia occidental, en los años 1991 y 1992, luego por Kazajistán, en 1993-1994, por Azerbaiyán entre 1995 y 1997 y, finalmente, por Turkmenistán, entre 1997 y 1999. Entre 1994 y 1998, veinticuatro compañías de trece países firmaron contratos en la región del Caspio. Kazajistán cuenta con las mayores reservas de petróleo, calculadas en 85 mb, pero unas reservas demostradas de sólo diez a dieciséis mb. Azerbaiyán tiene unas posibles reservas petrolíferas de veintisiete mb, y sólo entre cuatro y once mb demostrados, mientras que Turkmenistán, con unas posibles reservas de treinta y dos mb, sólo tiene un mb y medio demostrado.

En cuanto a las reservas de gas en la región del Caspio, se calculan entre 236 y 337 billones de pies cúbicos (bpc), mientras que las reservas de Estados Unidos son de 300 bpc. Turkmenistán ocupa el undécimo lugar entre las reservas de gas mundiales, con 159 bpc de posibles reservas de gas; Uzbekistán tiene 110 bpc y Kazajistán 88 bpc. Azerbaiyán y Uzbekistán tienen 35 bpc cada una.[2]

Los dirigentes de Asia Central se obsesionaron con los oleoductos y gasoductos proyectados, las rutas potenciales y la geopolítica que las rodeaba. En 1996, la región del Caspio produjo un millón de barriles de petróleo por día (b/d), de los que sólo se exportaron 300.000, sobre todo de Kazajistán. Sin embargo, sólo la mitad (130.000 b/d) se exportó al exterior de la antigua Unión Soviética. La producción del Caspio aún representaba sólo alrededor del 4 por 100 de toda la producción mundial de petróleo. En 1996, la producción de gas natural de la región totalizó 3,3 bpc, pero sólo 0,8 bpc se exportaron fuera de la Unión Soviética, sobre todo desde Turkmenistán. La necesidad de gasoductos era urgente, casi desesperada.

La arrebatiña por el petróleo y la influencia de las grandes potencias en el Caspio ha sido comparada con la situación de Oriente Medio en la década de los veinte. Pero en la actualidad Asia Central se encuentra en una ciénaga todavía más completa de intereses en competencia. Las grandes potencias (Rusia, China y Estados Unidos), los países vecinos (Paquistán, Afganistán y Turquía), los mismos estados de Asia Central y los participantes más poderosos de to-

2. Departamento de Energía de Estados Unidos, «The Caspian Sea Region», octubre de 1997.

dos, las compañías petroleras, compiten en lo que denominé en un artículo publicado en 1997 «El nuevo "Gran Juego"». Esta denominación cuajó y la adoptaron los gobiernos, los expertos y las compañías petroleras.[3]

Visité Asia Central por primera vez en 1989, cuando estaba en vigor la perestroika del presidente Gorbachov. Convencido de que la cuestión étnica en Afganistán estallaría tras la retirada de las tropas soviéticas, deseaba entender los orígenes étnicos de los uzbekos, turcomanos y tayikos afganos y ver sus lugares de procedencia. Regresé con frecuencia a la región, exploré los vastos panoramas y la sopa étnica y política que se hizo más compleja y volátil con el desmoronamiento de la Unión Soviética. Casualmente me encontraba en Ashjabab el 12 de diciembre de 1991, cuando tuvo lugar allí la reunión de los dirigentes de Asia Central, para tratar del desmembramiento de la Unión Soviética y la independencia de sus países respectivos.

Todos ellos eran nacionalistas a desgana, muy temerosos ante las perspectivas de perder la seguridad y el apoyo del sistema estatal soviético, así como la perspectiva de enfrentarse por sí solos al mundo exterior. Al cabo de unos meses, cuando sus economías se vinieron abajo, resultó evidente la importancia de sus recursos petrolíferos y la necesidad de oleoductos. Entablaron conversaciones con las compañías petroleras occidentales, al tiempo que seguían las negociaciones entre Kazajistán y la compañía norteamericana Chevron. El resultado de mis visitas posteriores fue un libro sobre Asia Central, pero como Afganistán se desintegraba inmerso en una guerra civil, llegué a la conclusión de que las repercusiones del conflicto incidirían en Asia Central y de que el asunto de los oleoductos determinaría la geopolítica futura de la región.[4]

La denominación nuevo «Gran Juego» tenía connotaciones históricas. A fines del siglo XIX, los británicos que estaban en la India y la Rusia zarista libraron una guerra no declarada por la competencia y la influencia: cada potencia quería contener a la otra en Asia

3. Ahmed Rashid, «The New Great Game. The Battle for Central Asia's Oil», *Far Eastern Economic Review*, 10 de abril de 1997.

4. Ahmed Rashid, *The Resurgence of Central Asia, Islam or Nationalism?*, Zed Books, Londres, 1994.

Central y Afganistán. En 1898, Lord Curzon, antes de su nombramiento como virrey de la India, escribió: «Turkestán, Afganistán, el Transcaspio, Persia... para muchos estos nombres sólo evocan una gran lejanía o un recuerdo de extrañas vicisitudes y moribunda aventura romántica. Confieso que para mí son piezas de un tablero de ajedrez sobre el que se juega una partida por el dominio del mundo».[5] Aquellos imperios eran expansivos: los británicos que avanzaban a través de la India y penetraban en Afganistán y los ejércitos del zar que conquistaban Asia Central.

El centro de gravedad de ambas potencias era Afganistán. Los británicos temían que el avance ruso en Harat desde la región turcomana amenazara al Beluchistán británico, mientras que el oro de Moscú podía volver a los dirigentes de Kabul contra los británicos. Los rusos temían que los británicos debilitaran paulatinamente su posición en Asia Central al apoyar las revueltas de las tribus musulmanas y a los dirigentes de Bujara y Kokand. Como sucede hoy, la verdadera batalla se libraba por las comunicaciones, pues ambos imperios tenían grandes proyectos para el tendido de vías férreas. Los rusos las tendieron a través de Asia Central hasta sus fronteras con Afganistán, Persia y China, donde los británicos las tendieron a través de la India hasta su frontera con Afganistán.

El Gran Juego actual se da también entre imperios que se expanden y contraen. Mientras una Rusia debilitada y en bancarrota trata de conservar las que todavía considera sus fronteras en Asia Central y controlar el flujo de petróleo del Caspio a través de oleoductos que atraviesan Rusia, Estados Unidos se introduce en la región ofreciendo la construcción de oleoductos que no pasarían por Rusia. Irán, Turquía y Paquistán están construyendo sus propios sistemas de comunicación con la región y quieren ser la ruta preferente de los oleoductos que en el futuro se dirijan al este, el oeste o el sur. China quiere asegurar la estabilidad de su inquieta región de Xinjiang, poblada por los mismos grupos étnicos musulmanes que habitan Asia Central, lograr la energía necesaria para alimentar su rápido crecimiento económico y expandir su influencia política en una región fronteriza crítica. Los estados de Asia Central tienen sus

5. Anthony Verrier, *Francis Younghusband and the Great Game,* Jonathan Cape, Londres, 1991.

propias rivalidades, preferencias e imperativos estratégicos. Por encima de todo esto se produce la feroz competencia entre las compañías petroleras de Estados Unidos, Europa y Asia.

Pero, como sucedía en el siglo XIX, la inestabilidad de Afganistán y el avance de los talibán estaban creando una nueva dimensión de esa rivalidad global y convirtiéndose en un importante fulcro del nuevo Gran Juego. Los estados y las compañías tenían que decidir si se enfrentaban o cortejaban a los talibán, y si éstos pondrían obstáculos o prestarían su ayuda al tendido de gasoductos que, procedentes de Asia Central, llegarían a los nuevos mercados del sur asiático.

Afganistán había mantenido confinada durante siglos al Asia Central. El territorio que hoy comprende el Tayikistán, el sur de Uzbekistán y el norte de Afganistán fue un territorio contiguo durante siglos, gobernado de manera intermitente por emires o reyes desde Bujara o Kabul. El emir de Bujara dependía de los mercenarios afganos para su ejército. Jefes tribales perseguidos, bandidos y *mulás* buscaban refugio en los territorios colindantes, cruzando una frontera inexistente. (Así, la decisión que tomó Tayikistán en 1997 de entregar la base aérea de Kuliab, en el sur de Tayikistán, a Ahmad Shah Masud, para que pudiera recibir suministros militares desde Irán y Rusia, no fue más que una continuación de estos vínculos del pasado.) La contigüidad de Afganistán con Asia Central llegó a su fin tras la Revolución rusa de 1917, cuando la Unión Soviética cerró las fronteras con sus vecinos musulmanes del sur. La reapertura de esas fronteras en 1991 anunció el comienzo del nuevo Gran Juego.

Hoy en día Afganistán limita con Turkmenistán, Tayikistán y Uzbekistán, pero sólo el primero de esos estados posee grandes recursos energéticos. A lo largo de las montañas del Pamir, los cinco millones de tayikos comparten una abrupta frontera de algo más de mil kilómetros con Afganistán, dividida por el río Amu Daria. La cuarta parte de la población afgana es de origen tayiko. Hay más tayikos diseminados por otras repúblicas de Asia Central, y 200.000 viven en la provincia china de Xinjiang. Los tayikos, único grupo étnico importante de Asia Central que no es de origen turco, descienden de las primeras tribus persas que habitaron Asia Central entre 1500 y 2000 a. C., pero a las que más tarde una serie de invasiones turcas procedentes de Mongolia empujaron a la periferia.

En la antigüedad, Tayikistán fue el centro militar y económico de la región. Era un portal de entrada para la Ruta de la Seda y los invasores turcos que, en su avance hacia el oeste, penetraron en Irán, Rusia y Europa, mientras que por el sur entraban en Afganistán y la India. En 1868, Rusia se anexionó la parte superior del Tayikistán actual y pasó a formar parte de la provincia de Turkestán controlada por Rusia. En 1884, cuando el Gran Juego se intensificaba, británicos y rusos delimitaron la frontera entre Afganistán y Asia Central, cuando Rusia se anexionó el sur de Tayikistán.

Después de que Stalin creara las cinco repúblicas de Asia Central, en los años 1924 y 1925, trazando arbitrariamente líneas en un mapa, entregó a Uzbekistán Bujara y Samarkanda, los dos centros principales de la cultura y la historia tayika, y así creó una rivalidad entre las dos repúblicas que ha hervido a fuego lento desde entonces. El Tayikistán moderno no representa en absoluto a la población ni a los centros económicos de la gloriosa antigüedad tayika. Stalin creó también la región autónoma de Gorno-Badajshan, en las montañas del Pamir, que contiene el 44 por 100 del territorio de Tayikistán, pero sólo el 3 por 100 de la población. Mientras que los tayikos son musulmanes suníes, Gorno-Badajshan contiene diversos grupos étnicos pamires, muchos de los cuales son musulmanes chiítas, entre ellos los ismaelitas, una secta chiíta seguidora del Agha Khan, que también habitan en la contigua región afgana de Badajshan.

Pocos meses después de la Revolución de 1917, en toda el Asia Central surgieron grupos guerrilleros musulmanes que opusieron resistencia a los bolcheviques. Éstos los llamaron *basmachis*, un término despectivo que significa 'bandido'. El movimiento representaba al Islam, el nacionalismo y el anticomunismo. Sesenta años después la misma inspiración motivó a los muyahidín en Afganistán. En 1919, los británicos, decididos a socavar el poder soviético, ayudaron a los basmachis, pagando a los dirigentes de Kabul para que les enviaran caravanas de camellos cargados de armamento y munición. Centenares de basmachis tayikos se refugiaron en el norte de Afganistán, mientras su lucha proseguía hasta 1929, cuando fueron finalmente aplastados por los bolcheviques. El juego se repitió en la década de los ochenta, cuando Estados Unidos estimuló a los muyahidín afganos para que pasaran a Asia Central y atacaran los puestos del ejército soviético. A menudo las fuerzas soviéticas en Afganistán llamaban *basmachis* a los muyahidín.

Tayikistán siguió siendo una república subdesarrollada y pobre en la periferia de la Unión Soviética. Su presupuesto dependía de los subsidios de Moscú. Después de 1991 surgieron las tensiones entre uzbekos y tayikos y las rivalidades entre clanes tayikos. La guerra civil resultante (1992-1997) entre el gobierno neocomunista y una serie de fuerzas islámicas devastaron al país. Una vez más, miles de rebeldes y refugiados tayikos hallaron refugio en el norte de Afganistán, mientras que las tropas rusas apoyaron a las fuerzas del gobierno tayiko. En 1993, el presidente Boris Yeltsin declaró que la frontera tayikoafgana era «en efecto la frontera de Rusia», y que los veinticinco mil soldados rusos estacionados allí defenderían a Rusia.[6] Era una reafirmación del papel de Moscú en Asia Central.

Finalmente, el gobierno neocomunista y la oposición islámica en Tayikistán accedieron a un acuerdo de paz por intermedio de la ONU, pero ninguno de los dos bandos fue capaz de promover una identidad nacional a los fragmentados clanes tayikos. Estas divisiones internas y el hecho de que «carecía de servicios de inteligencia autóctonos para elaborar un nacionalismo que estableciera el vínculo del pueblo con la tierra y entre ellos», dejó al país vulnerable a las influencias de Afganistán.[7] Finalmente, ambos bandos enfrentados en una guerra civil cooperaron con Masud, quien para muchos tayikos se convirtió en un símbolo del nacionalismo tayiko, puesto que luchaba contra los talibán. Éstos contribuyeron a aumentar la buena imagen de Masud, al acusarle de intentar dividir a Afganistán y crear un «Gran Tayikistán», anexionando a Tayikistán la provincia afgana de Badajshan. Masud niega tales propósitos. Para Tayikistán, los talibán representaban un fundamentalismo islámico reñido con el espiritualismo moderado, sufí, de Asia Central, mientras que el expansionismo pashtún estaba totalmente en desacuerdo con las aspiraciones tayikas.

La militancia islámica en Uzbekistán, alimentada en parte por Afganistán, es el desafío más grave con que se encuentra el presidente Islam Karimov. Los uzbekos, la raza más numerosa, agresiva e

6. Barnett Rubin, «Russian hegemony and state breakdown in the periphery: Causes and consecuences of the civil war in Tajikistan», en Barnett Rubin y Jack Snyder, *Post Soviet Political Order, Conflict and State Building*, Routledge, Londres, 1998.
7. Barnett, *ibid.*

influyente de la región, ocupan hoy la zona islámica de importancia decisiva, el centro neurálgico de la política en Asia Central. Uzbekistán tiene fronteras con todas las repúblicas de Asia Central y Afganistán. Sus principales ciudades, Samarkanda y Bujara, han albergado a innumerables civilizaciones a lo largo de dos mil quinientos años y se han convertido en el segundo centro de la sabiduría islámica después de Arabia. La Bujara medieval contaba con trescientas sesenta mezquitas y ciento trece *madrasas*, y ya en 1900 había diez mil estudiantes que se formaban en un centenar de *madrasas*. El valle de Fergana, con una longitud de cuatrocientos kilómetros, asociado desde antiguo con la sabiduría islámica y una militancia como la de los basmachis, es la región agrícola más rica de Asia Central y el centro de la oposición islámica a Karimov.

La genealogía de los uzbekos se remonta a los mongoles de Gengis Kan, una de cuyas ramas, el clan Shaybani, conquistó en 1500 el Uzbekistán moderno y el norte de Afganistán. Mahmud Ibn Wali, un historiador del siglo XVI, describió a los antiguos uzbekos como «afamados por su mala naturaleza, su rapidez, audacia y arrojo», gentes a las que deleitaba su imagen de proscritos.[8] Poco ha cambiado desde entonces el deseo de poder e influencia de los uzbekos. Uzbekistán es la mayor de las repúblicas de Asia Central, con una población de veintidós millones de habitantes. Unos seis millones de uzbekos viven en las restantes repúblicas de Asia Central, formando importantes minorías en tres de ellas (Tayikistán, Turkmenistán y Kazajistán), por lo que Karimov cuenta con aliados étnicos para llevar a cabo su programa de dominio de la región. Unos dos millones de uzbekos viven en el norte de Afganistán, como resultado de las migraciones anteriores y simultáneas a la rebelión basmachi. Otros 25.000 uzbekos habitan en la provincia china de Xinjiang.

Mucho antes de que las tropas soviéticas se retirasen de Afganistán, Moscú y Tashkent cultivaban a los uzbekos afganos para crear un «cordón sanitario» secular controlado por los uzbekos en el norte de Afganistán, que opusiera resistencia a cualquier toma del poder por parte de los muyahidín. Esa política tuvo éxito durante casi una década. El general Rashid Dostum controlaba seis provincias y,

---

8. Edward Allworth, *The Modern Uzbeks from the 14th Century to the Present*, Hoover Institute Press, 1990.

con la ayuda militar de Moscú y Tashkent, contuvo a los muyahidín y, más adelante, a los talibán. Entre tanto, después de 1994, Karimov dirigió el intento de forjar una alianza antitalibán entre las repúblicas de Asia Central y Rusia. Sin embargo, tras la caída de Mazar, en 1998, la política de Karimov se vino abajo y los talibán se convirtieron en los vecinos inmediatos de Uzbekistán. Desde entonces, la influencia de esta república en Afganistán se ha reducido considerablemente, pues Karimov no estaba dispuesto a dar su apoyo a Masud, que es tayiko.

Karimov también ha intentado sin éxito intervenir en Tayikistán, donde el 24 por 100 de la población es uzbeka. En 1992, Karimov prestó apoyo militar al gobierno tayiko, que había tomado medidas enérgicas contra los rebeldes islámicos. En 1996, cuando los adversarios habían entablado conversaciones de paz, Karimov trató de forzar a ambos bandos para que dieran un papel más importante a la minoría uzbeka, apoyando los alzamientos uzbekos en el norte de Tayikistán. Karimov sigue oponiéndose al intento tayiko de formar una administración aliada entre el gobierno y los rebeldes, porque eso revelaría a los islamistas bajo una luz favorable, una lección que se filtraría a la propia población frustrada de Uzbekistán.

Karimov dirige un estado policial autoritario y controlado, y cita las guerras civiles en Afganistán y Tayikistán para justificar la represión en su país. La oposición más importante a Karimov procede de los grupos islámicos radicales clandestinos, algunos de ellos wahabbis, parapetados en el valle de Fergana. En la década de los ochenta muchos de esos militantes uzbekos estudiaron secretamente en Arabia Saudí y Paquistán, o se entrenaron en campamentos muyahidín afganos. Más adelante establecieron vínculos con los talibán.

Karimov ha aprobado las leyes más severas de todas las repúblicas de Asia Central contra el fundamentalismo islámico, desde las limitaciones a la educación de las *madrasas* a la longitud de las barbas, y ha culpado de toda la conflictividad a los wahabbis, un término general que las autoridades uzbekas utilizan cada vez más para referirse a todo el activismo islámico. Pero la mitad de la población uzbeka tiene menos de dieciocho años, el desempleo y la inflación son de grandes proporciones, y el malestar entre la juventud uzbeka va en aumento. El régimen no reconoce la insatisfacción social y económica de los jóvenes. Aun cuando Uzbekistán sea el estado más poderoso de Asia Central, se enfrenta a la polarización política y religiosa más intensa. Las fallidas incursiones de Karimov en Afganistán y Tayikistán no han hecho más que estimular la militancia islámica.

Sin embargo, Uzbekistán es uno de los grandes participantes en el nuevo Gran Juego. Produce suficiente petróleo y gas para el consumo nacional y pronto será un país exportador. Inicialmente, las compañías petroleras dejaron de lado a Uzbekistán cuando bregaban por firmar contratos con los vecinos de Tashkent. Karimov estaba al mismo tiempo envidioso y celoso de su éxito en la atracción de inversiones extranjeras, a pesar de que él se negaba a suavizar los controles del estado para atraer a los inversores occidentales. A medida que Tashkent se convierta en exportador de energía, los intereses creados harán que trate de influir en el establecimiento de rutas de los oleductos que beneficien a Uzbekistán, pero también actuará como un aguafiestas, decidido a que sus vecinos no prosperen y ser así más influyente en la región.

El medio millón de turcomanos con que cuenta Afganistán llegaron también como resultado de la guerra civil de los años veinte en la Unión Soviética. La primera migración a Afganistán fue la de la tribu esari, a principios del siglo XIX, a la que siguió la tribu tekke, después de que fracasara su rebelión contra los bolcheviques. Turkmenistán es un territorio desolado, desértico y montañoso, habitado por las tribus nómadas turcomanas que, tras presentar una feroz resistencia, fueron sometidas por los conquistadores turcos, persas y, finalmente, rusos. Antes del siglo XIX, las fronteras carecían de sentido para los turcomanos, que migraban libremente por la región. Unos 300.000 turcomanos viven todavía en Irán, 170.000 en Irak, 80.000 en Siria y varios miles en Turquía.

La tribu de los tekke es la mayor de las turcomanas. Iniciaron la resistencia a los avances rusos por su territorio en 1870, y en 1881 destrozaron a un ejército ruso en el fuerte de Geok Tepe, que estaba en un oasis. Al año siguiente, sufrieron las represalias de una fuerza rusa que mató a seis mil jinetes turcomanos. En 1916, bajo el mando del líder carismático Mohammed Qurban Junaid Khan, los turcomanos iniciaron otra larga y sangrienta resistencia, primero contra la Rusia zarista y luego contra los bolcheviques, resistencia que prosiguió hasta que fueron derrotados en 1927, cuando Qurban se refugió en Afganistán.

Durante toda la era soviética, Moscú hizo caso omiso de Turkmenistán. La república tenía las tasas de desempleo y de mortalidad infantil más elevadas, y el nivel de industrialización más bajo de cualquiera de las repúblicas soviéticas, aparte de Tayikistán.[9] Mientras que Moscú invertía en la industria siberiana del petróleo y el gas, dejaba de lado las reservas petrolíferas potenciales de Turkmenistán. Sin embargo, el 47 por 100 de los ingresos de Turkmenistán en 1989 procedían de la venta de 3,2 bpc de gas natural a otras repúblicas soviéticas. La ruptura de la Unión Soviética convirtió a los clientes de Turkmenistán en unos estados empobrecidos e independientes que no podían pagar sus facturas. En diciembre de 1991, el ministro de Asuntos Exteriores, Avde Kuliyev, me dijo: «No tenemos la menor idea de quién comprará ahora nuestro gas y cómo lo pagará».[10]

El dilema de Turkmenistán era que se encontraba emparedado entre: Irán, inaceptable para Estados Unidos como ruta de los gasoductos; Afganistán, atrapado en una guerra civil; y Rusia, que quería limitar las exportaciones de gas de Turkmenistán a Occidente, porque competían con las propias exportaciones del gas siberiano ruso. En 1992, Ucrania, Armenia y luego incluso Rusia se negaron a pagar sus facturas de importación de gas turcomano. Rusia tenía un dominio absoluto de la situación, puesto que todo el gas turcomano se enviaba a través de la vasta red de gasoductos de la ex Unión Soviética, ahora propiedad de Rusia. El presidente Niyazov interrumpió los suministros de gas a sus vecinos, después de que Turkmenistán acumulase un billón de dólares en facturas impagadas, y la producción de gas turcomano en 1994 se redujo a 0,73 bpc, menos de la cuarta parte que cinco años atrás.

Aunque Estados Unidos había tomado la firme decisión de aislar a Irán, Turkmenistán no podía permitirse hacer lo mismo, porque Irán era la salida más próxima y más accesible al sur y el mar. Ni-

---

9. En 1989 el desempleo en Turkmenistán era del 18,8 por 100, la mortalidad infantil de 54 por 1000, y ascendía a 111 por 1000 en ciertas regiones desérticas, es decir, diez veces superior a la de Europa Occidental, el trabajo infantil estaba generalizado y el 62 por 100 de la población padecía ictericia o hepatitis debido al inadecuado sistema sanitario. La cuarta parte de los hospitales carecía de agua corriente y electricidad. Véase Ahmed Rashid, *The resurgence of central Asia, Islam or Nationalism?*.   10. Entrevista con Kuliyev, Asjabab, diciembre de 1991.

yazov cortejó sagazmente a Estados Unidos al tiempo que buscaba la ayuda de Teherán para construir carreteras y vías férreas. En diciembre de 1997, los iraníes completaron la construcción de un gasoducto de unos doscientos kilómetros entre el campo petrolífero de Korpedzhe, en el oeste de Turkmenistán, y Kord-Kuy, en el nordeste de Irán. El gas turcomano que fluye por ese gasoducto se consume en el norte de Irán.[11] Ése es todavía el único gasoducto nuevo construido entre Asia Central y el mundo exterior tras casi una década de intentos.

Niyazov también cortejó a las compañías petroleras occidentales para que construyeran gasoductos que lo liberarían de la red de gasoductos rusa. En abril de 1992, Turkmenistán, Turquía e Irán convinieron en tender un gasoducto que llegaría a Turquía y Europa, con un coste de 2,5 billones de dólares. Ese gasoducto no llegó a construirse y, posteriormente, sufrió diversas variaciones, pues Estados Unidos intentaba bloquear cualquier ruta a través de Irán. Finalmente, en febrero de 1999, Turkmenistán firmó otro acuerdo, esta vez con un consorcio norteamericano, para construir un gasoducto entre Turkmenistán y Turquía que se extendería por debajo del Caspio, hasta Azerbaiyán, y evitaría Irán.[12]

Mientras la economía de su país se desmoronaba, Niyazov buscó rutas de exportación alternativas. En 1994, sobre las mesas de dibujo había planes para gasoductos de ocho mil kilómetros de longitud, que iban al este, hacia China, y tendrían un coste superior a veinte billones de dólares, pero el proyecto se encuentra aún en fase de estudio.[13] También en 1994, Bridas, la compañía petrolera argentina que tenía concesiones en Turkmenistán, propuso construir un gasoducto que cruzaría Afganistán y proveería de gas a Paquis-

11. Durante los tres primeros años (1998-2000), el 58 por 100 del gas suministrado se dedicará a pagar a Irán los 190 millones de dólares que costó la construcción del gasoducto. Se planea que las exportaciones desde Korpedzhe, que llegaron a cuarenta millones de metros cúbicos a fines de 1998, asciendan a ciento sesenta millones al año en el 2000.

12. El consorcio estaba encabezado por PSG International, una sociedad conjunta de dos empresas norteamericanas, Betchel Enterprises y General Electric Capital Structures Finance Group.

13. La empresa japonesa Mitsubishi y la norteamericana Exxon están preparando un estudio de factibilidad.

tán y la India. La compañía norteamericana Unocal aprobó, con el apoyo de Washington, un gasoducto similar en 1995. La batalla entre las dos compañías por construir este gasoducto, explorada en los dos capítulos siguientes, absorbió a los talibán y los demás señores de la guerra. De este modo Afganistán se convirtió en el fulcro de la primera batalla del nuevo Gran Juego.

Débil, empobrecido y sin fuerza militar con la que defender sus largas fronteras con Irán, Afganistán y su rival, Uzbekistán, Turkmenistán optó por una política exterior de neutralidad, que proporcionó a los turcomanos la justificación para mantener su distanciamiento de Rusia y evitar ser absorbidos por los pactos económicos y militares que surgieron tras la ruptura de la Unión Soviética. La neutralidad también permitía a Ashjabab no verse obligada a tomar partido en el conflicto afgano, algo que enojó a Moscú y Tashkent, pues Turkmenistán rechazó unirse a la alianza antitalibán. Ashjabab había proporcionado combustible diesel al régimen comunista de Afganistán, hasta la caída de Kabul en 1992. Procedió a hacer lo mismo para Ismael Khan, quien controló Herat hasta 1995, y más adelante para los talibán. Mientras que el consulado turcomano de Herat mantenía buenas relaciones con los talibán, su consulado en Mazar hacía lo mismo con la alianza antitalibán. Turkmenistán era la única república de Asia Central que cortejaba a los talibán en lugar de enfrentarse a ellos.

Como sus homólogos de Asia Central, Niyazov era un duro dirigente autócrata que no permitía ninguna oposición política, censuraba a los medios de comunicación y mantenía la economía sometida al control estatal. Desarrolló un vulgar culto a la personalidad, al modo de Stalin, y sus retratos y estatuas estaban por doquier. Dedicó todo un departamento del gobierno a difundir las imágenes del presidente. Al igual que su rival, Karimov, Niyazov era huérfano. Ambos se criaron en orfanatos comunistas y se afiliaron a sus respectivos Partidos Comunistas a edad temprana. Ascendieron hasta ocupar el secretariado general bastante antes de la independencia. Su educación, su crianza y sus lealtades pertenecían al extinto sistema comunista, pero ambos aprendieron a participar con habilidad en el nuevo Gran Juego.

Ningún país de la región se ha beneficiado más de la ruptura de la Unión Soviética que Turquía. Durante siglos, Rusia ha sido el enemigo más poderoso de Turquía. Desde fines del siglo XVII a la Primera Guerra Mundial, Turquía y Rusia libraron una docena de guerras, y su rivalidad impulsó a Turquía a integrarse en la OTAN a intentar ser miembro de la Unión Europea. Sin embargo, la independencia de las repúblicas de Asia Central hizo recordar a Turquía su legado histórico mucho más antiguo.

Hasta 1991, el panturquismo (la idea de una patria turca que se extendiera desde el Mediterráneo hasta China) fue un sueño romántico que abrigaban unos pocos eruditos turcos y apenas figuraba en el programa de política exterior turca. De repente, después de 1991, el panturquismo se convirtió en una realidad alcanzable y parte integral de la política exterior turca. Ahora los dialectos turcos se hablaban en un cinturón contiguo, accesible y vasto, que se extendía desde Estambul, a través del Cáucaso y Asia Central, hasta la región china de Xinjiang. Las repúblicas de Asia Central veían a Turquía como un modelo por su desarrollo económico, musulmán pero secular, mientras que Turquía deseaba expandir su influencia en la región y convertirse en un actor principal en el escenario mundial.

Turquía empezó a enviar una ayuda cuantiosa a las repúblicas de Asia Central y el Cáucaso: estableció vuelos directos a sus capitales, les dirigió programas de televisión vía satélite, ofreció miles de becas para estudiantes, entrenó a sus diplomáticos, soldados y banqueros e inició una cumbre panturca anual. Entre 1992 y 1998 las compañías turcas invirtieron más de 1,5 billones de dólares en la región, con lo que Turquía se convirtió en el más importante inversor estatal. Turquía comprendió también que para ser eficaz en Asia Central tenía que apaciguar a Rusia, cosa que hizo comprando gas ruso y expandiendo el comercio con Rusia, que ascendió de 1,9 billones de dólares en 1990 a 4,1 billones en 1997.[14] En 1997, el rechazo de la Unión Europea a la solicitud turca de ingresar como miembro enojó a los turcos, pero también les impulsó a estrechar vínculos con Estados Unidos, Rusia, Israel y Asia Central.

Turquía se ha convertido en uno de los principales participantes en el Gran Juego. Su necesidad de energía y el deseo de extender su influencia llevaron a los gobiernos sucesivos a esforzarse para llegar

14. James Pettifer, *The Turkish Labyrinth: Ataturk and the New Islam*, Penguin Books, 1997.

a ser la principal ruta de exportación de la energía de Asia Central. En el verano de 1997, Estados Unidos y Turquía patrocinaron conjuntamente la idea de un «corredor de transporte» para tender un oleoducto principal desde Bakú, en Azerbaiyán, a través de Georgia y el Cáucaso, hasta el puerto turco de Ceyhan, en el Mediterráneo. Se animaría a Kazajistán y Turkmenistán a que enviaran su petróleo por ese oleoducto. Estados Unidos argumentó que eso proporcionaría a la costosa y larga ruta de Bakú a Ceyhan los volúmenes de petróleo necesarios para que el proyecto fuese financieramente viable.[15] Estados Unidos quería que Turkmenistán construyera un gasoducto bajo el mar Caspio, que avanzaría luego a lo largo del corredor entre Bakú y Ceyhan hasta Europa.

Estados Unidos también recomendó a Kazajistán que se comprometiera a construir un oleoducto similar bajo el mar Caspio, a fin de enviar el petróleo kazako por el corredor entre Bakú y Ceyhan. Dos grandes consorcios petroleros occidentales, en Tenghiz y Karachagnak, explotaban las vastas reservas petrolíferas de Kazajistán, mientras que China estaba desarrollando una tercera región petrolífera alrededor de Uzen.[16] Kazajistán tenía ya planeada una ruta para el oleoducto desde Tenghiz al puerto ruso de Novorossiysk, en el mar Negro, y Chevron la estaba desarrollando, pero la ruta de Bakú a Ceyhan ofrecería una alternativa que evitaba Rusia.

La Compañía Internacional de Operaciones de Azerbaiyán (AIOC), compuesta por casi una docena de compañías petroleras de todo el mundo, que dominaba el desarrollo petrolífero de Azerbaiyán, era contraria a la ruta de Bakú a Ceyhan, debido a su coste excesivo, a que era demasiado larga y, además, cruzaría la inestable región kurda de Turquía.[17] En 1998 era evidente que los planes nor-

15. Petroleum Finance Company, «The Baku-Ceyhan Pipeline», Washington, mayo de 1998.

16. La empresa conjunta Tenghiz-Chevoil es la mayor inversión dirigida por Estados Unidos en la antigua Unión Soviética. Agrupa a Chevron, Mobil y Arco a través de LukArco, y la participación estadounidense es del 72 por 100. En septiembre de 1993 se firmó el contrato de participación en la producción de Tenghiz-Chevroil.

17. AIOC está encabezada por BP-Amoco e incluye las empresas norteamericanas Amerada Hess, Exxon, Pennzoil y Unocal, con una participación total estadounidense del 24 por 100. Las otras empresas son Statoil, Itochu, DeltaHess, Ramco, Socar y TPAO.

teamericanos para desarrollar la ruta de Afganistán se retrasarían y que el corredor entre Bakú y Ceyhan se convertiría en el aspecto principal de la política de Washington acerca de la región del Caspio.

La controversia sobre la ruta de Bakú a Ceyhan se prolongó durante dos años, hasta fines de 1998, cuando los precios internacionales del petróleo cayeron debido a la baja repentina de la demanda motivada por la crisis económica asiática. Los precios del petróleo descendieron a un mínimo récord de trece dólares por barril, en comparación con los veinticinco dólares de 1997, lo que provocó que fuese antieconómico explotar de inmediato el petróleo de Asia Central, cuya producción y transporte eran caros. El precio por barril que debía tener el petróleo de Asia Central para no obtener beneficios pero tampoco pérdidas era de unos dieciocho dólares.[18] Aunque la ruta de Bakú a Ceyhan ya no era comercialmente viable, Washington siguió intentando su construcción, y se convirtió en el punto principal de la política norteamericana en Asia Central.

Turquía había apoyado a los muyahidín afganos en la década de los ochenta, pero su papel seguía siendo limitado. No obstante, al tiempo que Ankara desarrollaba una política exterior panturca, empezó a apoyar activamente a las minorías turcas de Afganistán, tales como los uzbekos. Ankara aportó apoyo financiero al general Dostum y en dos ocasiones le proporcionó un hogar en el exilio. Turquía se opuso con vehemencia a los talibán, quienes habían creado nuevas tensiones con su estrecho aliado, Paquistán. Además, la amenaza talibán había facilitado un mayor entendimiento de Turquía con su rival regional, Irán.

Turquía también desempeñó un papel en el cambio de la política israelí con Afganistán. Turquía e Israel habían desarrollado unos estrechos lazos militares y estratégicos tras los acuerdos de Oslo, en 1933. Los israelíes y, lo que era más importante, ciertos *lobbies* judíos de Estados Unidos, no criticaron inicialmente a los talibán.[19] Alineándose con el Departamento de Estado norteamericano, Israel

---

18. Cuesta unos cinco dólares producir un barril de petróleo del Caspio, mientras que el de Arabia Saudí cuesta 1,5. Los costes de transporte añadirían otros cinco dólares por barril.

19. Grupos judíos norteamericanos tales como B'nai B'rith y el Congreso Judío Americano adoptaron una firme postura pública contra Irán.

veía a los talibán como una fuerza antiiraní que se podía utilizar para socavar la influencia iraní en Afganistán y Asia Central. Además, el gasoducto de Unocal a través de Afganistán impediría a Irán desarrollar sus propios gasoductos desde Asia Central.

El Mossad, servicio de inteligencia israelí, estableció un diálogo con los talibán por medio de las oficinas de enlace que éstos tenían en Estados Unidos y con las compañías petroleras. El ISI paquistaní apoyó este diálogo. Aun cuando Paquistán no reconociera a Israel, durante la *yihad* afgana el ISI había establecido vínculos con el Mossad por medio de la CIA. Con el apoyo inicial de Turquía, Israel estableció también unos estrechos lazos diplomáticos y económicos con Turkmenistán, Uzbekistán y Kazajistán. Empresas israelíes invirtieron en la agricultura, la industria petrolífera y las comunicaciones.

Pero al tiempo que cambiaba la política de Estados Unidos hacia los talibán, también lo hacía la de Israel, pues los talibán dieron refugio a Bin Laden y estimularon el tráfico de drogas. Turquía convenció a Israel de que los talibán eran una amenaza para la seguridad de la región y podían exportar a Asia Central el fundamentalismo islámico. Al tiempo que el proyecto de Unocal se evaporaba e Israel se percataba de la aversión que sus aliados de Asia Central y Turquía sentían hacia los talibán, el Mossad inició contactos con la alianza antitalibán. Ahora Israel estaba interesado en que los talibán no se hicieran con el control de todo Afganistán, aunque seguía sospechando del apoyo que Ahmad Shah Masud recibía de Irán. Tanto los talibán como la Alianza del Norte se acusarían mutuamente de recibir apoyo israelí.

Cuando se produjo la caída de los precios del petróleo, en 1999, Irán siguió siendo el comodín del nuevo Gran Juego. Irán ocupa el segundo lugar del mundo en reservas de gas y tiene más de 93 billones de barriles en reservas probadas, con una producción actual de 3,6 millones de barriles por día. Mientras que los proyectos de oleoductos quedaban en suspenso debido a los bajos precios del petróleo, Irán intervino para instar a las repúblicas de Asia Central que exportaran su petróleo a través de un oleoducto directo de norte a sur hasta el Golfo a través de Irán. Podría construirse por una fracción del coste de los nuevos oleoductos a través de Turquía, porque Irán contaba ya con una extensa red de oleoductos y sólo tenía que añadir ramales para conectar a Irán con Azerbaiyán. Ali Majedi, viceministro del Petróleo iraní, declaró en Teherán: «La ruta iraní para transportar el petróleo de Asia Central es la más segura, la más económica y la más fácil. El coste total sería de 300.000 dólares para Irán, mientras que el coste de un oleoducto a través de Turquía sería de tres billones de dólares».[20] Por otra parte, Irán competía también con Turkmenistán para construir un gasoducto y exportar gas a la India y Paquistán, una ruta mucho más atractiva, porque evitaría pasar por Afganistán.[21]

En la primera fase de su programa, Irán propuso cambiar su crudo por el de Asia Central. Desde 1998, el crudo de Kazajistán y Turkmenistán se transporta a través del mar Caspio hasta el puerto iraní de Neka, en ese mar, donde se refina y consume en Irán. A cambio Irán permitió a las compañías el transporte de petróleo desde los puertos iraníes en el Golfo. Como los proyectos de oleoductos estaban pospuestos indefinidamente, este sistema atrajo a las compañías petroleras, que, pese a la presión norteamericana para que no lo hicieran, empezaron a negociar más cambalaches con Irán. En mayo de 1998 las dos compañías estadounidenses, Chevron y Mobil, que tienen concesiones de petróleo en Kazajistán y Turkmenistán, solicitaron a la administración Clinton una licencia para realizar trueques con Irán, una iniciativa que puso en un brete a Washington y que se convertiría en un pleito de ensayo para el futuro de las sanciones de Estados Unidos contra Irán.[22]

En última instancia, la seguridad necesaria para construir oleoductos desde Asia Central a Asia Meridional dependía del fin de la guerra civil afgana. Lakhdar Brahimi, el mediador de la ONU para

20. Entrevista en Teherán, 26 de abril de 1998.
21. La compañía australiana BHP y Royal Dutch Shell estaban muy interesadas, cada una por su lado, en construir el gasoducto, y BHP presentó un estudio de factibilidad a Irán y Paquistán en 1998. El gas sería enviado desde el yacimiento iraní de Pars Sur, en el Golfo.
22. Los dos principales consorcios occidentales que actualmente producen petróleo en Asia Central están dominados por empresas norteamericanas. El yacimiento de Tenghiz, en Kazajistán occidental (70 por 100 de Chevron/Mobil) y la Azerbaiyan International Operating Company (40 por 100 de Amoco/Unocal/Pennzoil/Exxon) en el mar Caspio, podría producir potencialmente 1,4 millones de barriles por día en el año 2010. Otras empresas conjuntas tales como la del yacimiento de Karachagnak en Kazajistán, con un 20 por 100 de participación de Texaco, y los intereses de Mobil en Turkmenistán también necesitarán salidas para la exportación.

Afganistán, me dijo: «Las repúblicas de Asia Central tienen dos problemas con Afganistán. Uno es el miedo y el otro la oportunidad. Miedo cuando esos países nuevos y todavía frágiles se dan cuenta de que el conflicto afgano no puede contenerse indefinidamente dentro de sus fronteras: o se resuelve o afectará a las repúblicas de Asia Central. Estas quieren evitar toda clase de aventuras por parte de Kabul, ya sea el fundamentalismo islámico, ya el terrorismo o las drogas. La oportunidad estriba en que, como son países sin salida al mar que quieren romper su dependencia de Rusia, miran al sur en busca de oleoductos, gasoductos y rutas de comunicación. Quieren que el gobierno de Kabul sea responsable y un buen vecino. Quieren abrir sus fronteras, no cerrarlas».[23]

A pesar del descenso de los precios del petróleo y la desesperada situación económica de Rusia, la lucha de voluntades entre Estados Unidos y Rusia dominará la competencia por los oleoductos en el futuro. Rusia persiste en mantener a Estados Unidos fuera de Asia central, que es su patio trasero. En 1998, el presidente Yeltsin declaró: «Vemos sin poder evitarlo el tumulto que se arma en ciertos países europeos por los recursos energéticos del Caspio. Algunos tratan de excluir a Rusia del juego y socavar sus intereses. La llamada guerra de los oleoductos en la región forma parte de ese juego».[24] Al mantener hirviendo el conflicto en Afganistán, Rusia hace que la región siga inestable y así tiene la excusa para permanecer militarmente en las repúblicas de Asia Central.

Ahora Estados Unidos desea estabilidad, pues le preocupan las repercusiones de la prolongada guerra afgana sobre su propia política en Asia Central. En marzo de 1999, Stephen Sestanovich, consejero especial del Departamento de Estado norteamericano sobre los estados de la ex Unión Soviética, declaró: «Los dirigentes de los países de Asia Central están nerviosos a causa de la inestabilidad en Afganistán y Tayikistán. Temen una expansión de la influencia iraní y el aumento del extremismo violento en sus países».[25] Sólo el fin de

---

23. Entrevista con Lakhdar Brahimi, Lahore, 8 de abril de 1998.

24. Stephen Kinzer, «Caspian competitors in race for power on sea of oil», *New York Times*, 24 de enero de 1999.

25. Frank Csongos, «Official outlines US policy», RFE/RL Newservice, 18 de marzo de 1999.

la guerra civil afgana proporcionaría a las repúblicas de Asia Central y a las compañías petroleras la confianza necesaria para seguir adelante con los proyectos de oleoductos hacia el sur asiático, y eso no parece probable a corto plazo.

LA IDEALIZACIÓN DE LOS TALIBÁN (I)
LA BATALLA POR LOS OLEODUCTOS (1994-1996)

Carlos Bulgheroni fue el primer contacto de los talibán con el mundo exterior de las altas finanzas, la política petrolífera y el nuevo Gran Juego. Este argentino, presidente de la compañía Bridas, imaginó la conexión de los campos de gas de su empresa en Turkmenistán con Paquistán y la India, y creó así una franja de conexiones de infraestructura que podría permitir la paz en Afganistán e incluso entre la India y Paquistán.

Al igual que los magnates del petróleo norteamericanos y británicos en la primera mitad del siglo XX, quienes consideraron el negocio del petróleo como una extensión de la política global y, en consecuencia, exigieron el derecho a influir en la política exterior, Bulgheroni era un hombre dominado por una idea. Entre 1995 y 1996, abandonó su negocio en Sudamérica y pasó nueve meses viajando en su jet privado y visitando a los señores de la guerra en Afganistán, así como Islamabad, Ashjabab, Moscú y Washington, para convencer a los dirigentes de que su gasoducto era una posibilidad realista. Sus colaboradores estaban igualmente estimulados, si no por el mismo sueño, al menos por la inagotable capacidad de trabajo de su jefe.

Bulgheroni descendía de una familia muy unida de inmigrantes italianos en Argentina. Encantador, erudito, un magnate de la industria filosófico, podía hablar durante horas del desmoronamiento de Rusia, el futuro de la industria petrolera o el fundamentalismo islámico. En 1948 su padre, Alejandro Ángel, estableció Bridas como una pequeña empresa de servicios para la nueva industria petrolífera argentina. Carlos y su hermano, Alejandro Bulgheroni, que era vicepresidente de Bridas, internacionalizaron la compañía en 1978, y Bridas se convirtió en la tercera gran compañía independiente de petróleo y gas en América Latina. Pero hasta su llegada a Turkmenistán, Bridas no tenía experiencia de trabajo en Asia.

¿Qué había impulsado a aquellos tres argentinos a cruzar medio mundo para viajar por Afganistán? Tras la descomposición de la Unión Soviética, Bridas se había aventurado en Siberia occidental. «Pero había demasiados problemas con los oleoductos y los impuestos, de modo que, cuando Turkmenistán se abrió al exterior, allá nos fuimos», me dijo Bulgheroni durante la única entrevista que ha concedido sobre el papel de Bridas en Afganistán.[1] En 1991, Bridas corrió un enorme riesgo cuando se convirtió en la primera compañía occidental que solicitaba un contrato de arriendo en Turkmenistán. En aquel entonces las compañías occidentales consideraron que esa decisión era una locura. Turkmenistán estaba lejos, rodeado de tierra, y no había aprobado leyes que protegieran a los inversores extranjeros. «Otras compañías petroleras se alejaron de Turkmenistán asustadas porque creyeron que allí sólo había gas y no tenían idea de cómo comercializarlo», dijo Bulgheroni. «Nuestra experiencia en el descubrimiento de gas y su transporte por gasoductos a través de las fronteras hasta múltiples mercados en América Latina me convenció de que podíamos hacer lo mismo en Turkmenistán». El presidente Niyazov se sintió halagado por la atención que le dedicaba Bulgheroni, cuando ningún otro ejecutivo occidental del petróleo le visitaba siquiera, y los hombres trabaron una estrecha amistad.

En enero de 1992 concedieron a Bridas el yacimiento petrolífero de Yashlar, al este de Turkmenistán, cerca de la frontera afgana, y al nordeste del enorme yacimiento de gas de Daulatabad, descubierto por los soviéticos. Al año siguiente, en febrero de 1993, concedieron a Bridas el yacimiento petrolífero de Keimir, al oeste del país, cerca del mar Caspio. Como primero y único postulante en Turkmenistán, Bridas obtuvo unas condiciones favorables: el 50 por 100 de los beneficios en Yashlar y el 75 por 100 en Keimir. Bulgheroni manifestó: «Queríamos desarrollar nuevos depósitos de petróleo y gas porque entonces Rusia no podría poner objeciones a los

---

1. Entrevisté durante varios días a Carlos Bulgheroni en Islamabad en junio de 1997, y nuevamente en la localidad suiza de Davos el 30 de enero de 1999. En ambas ocasiones hablamos por extenso y confidencialmente. Creo que éstas son las únicas ocasiones en que ha hablado largo y tendido con un periodista sobre el gasoducto de Afganistán. Las siguientes citas de Bulgheroni han sido extraídas de esas dos entrevistas.

nuevos hallazgos, como ocurriría si nos limitábamos a desarrollar los viejos campos de la era soviética».

Bridas invirtió unos cuatrocientos millones de dólares en la exploración de sus contratos de arrendamiento, una suma astronómica en aquellos primeros tiempos para una pequeña compañía petrolera, cuando ni siquiera las grandes compañías intervenían en Asia Central. Bridas empezó a exportar petróleo desde su yacimiento de Keimir en 1994, con una producción de 16.800 barriles por día. En julio de 1995, en el cálido y árido desierto de Karakum, Bridas encontró oro: un enorme nuevo yacimiento de gas en Yashlar con unas reservas calculadas en veintisiete billones de pies cúbicos, más del doble de las reservas totales de gas de Paquistán. «Al contrario que el petróleo, el gas necesita un mercado accesible e inmediato, por lo que nos pusimos a idear uno», dijo José Luis Sureda, gerente de transporte de gas de Bridas, un ingeniero robusto y resistente que, en los meses siguientes, recorrería Afganistán explorando posibles rutas.[2]

—Tras el descubrimiento de Yashlar, queríamos que parte del gas fuese al norte a través de los viejos gasoductos rusos, pero deseábamos encontrar mercados alternativos, que estaban o bien en China o bien en el Asia meridional—dijo Bulgheroni—. Un gasoducto a través de Afganistán podía ser un negocio que contribuiría a la paz, difícil pero posible—añadió.

En noviembre de 1994, cuando los talibán capturaron Kandahar, Bulgheroni persuadió a Niyazov para que estableciera un grupo de trabajo que estudiara la factibilidad de un gasoducto a través de Afganistán hasta Paquistán.

Cuatro meses después había persuadido a la primera ministra de Paquistán, Benazir Bhutto, para que uniera sus fuerzas a Niyazov. El 16 de marzo de 1995, Paquistán y Turkmenistán firmaron un memorándum que permitía a Bridas preparar un estudio previo de factibilidad del proyectado gasoducto. «Este gasoducto será el portal de Paquistán a Asia Central, creará enormes posibilidades», me dijo Asif Zardari, el marido de Bhutto, y añadió que el control de la ruta que seguiría el gasoducto por parte de los talibán hacía viable el

2. Entrevista con Sureda, Islamabad, 27 de febrero de 1997.

proyecto. Detrás de la mesa de su despacho, Zardari tenía un gran mapa de la ruta y lo señaló orgullosamente.[3]

Por entonces, el ejército paquistaní y el ISI apoyaban a los talibán para que abrieran una ruta meridional de transporte a través de Kandahar y Herat hasta Turkmenistán. Al mismo tiempo, Paquistán también estaba negociando con Qatar e Irán para obtener suministros de gas a través de dos gasoductos independientes, pero en términos geoestratégicos, dados los constantes intereses de Islamabad en Afganistán y Asia Central, la propuesta de Bridas ofrecía las mayores oportunidades.[4]

Bridas propuso construir un gasoducto de 1.400 kilómetros desde su yacimiento de Yashlar, cruzando el sur de Afganistán, hasta Sui, en la provincia de Beluchistán, donde se originan las reservas de gas y la red de gasoductos. Más adelante el gasoducto podría extenderse hasta el mercado todavía mayor de la India, a través de Multán. Bridas proponía un gasoducto de acceso abierto, de modo que, a la larga, otras compañías y distintos países pudieran transportar su gas por él. Esta posibilidad era especialmente atractiva para los señores de la guerra afganos, puesto que Afganistán tenía yacimientos de gas en el norte que, en el pasado, suministraron gas a Uzbekistán, pero que habían sido clausurados. Bulgheroni llegó para cortejar a los señores de la guerra afganos. Durante la entrevista que le hice, me dijo: «Me reuní con todos los dirigentes: Ismael Khan en Herat, Burhanuddin Rabbani y Masud en Kabul, Dostum en Mazar y los talibán en Kandahar. Me recibieron muy bien en todas partes, porque tenían que reconstruir el país y necesitaban inversiones extranjeras».

En febrero de 1996 Bulgheroni informó a Bhutto y Niyazov de que «hemos firmado acuerdos con los señores de la guerra que nos aseguran el derecho de paso».[5] Ese mes, Bulgheroni firmó un acuerdo por treinta años con el gobierno afgano, entonces presidido por Burhanuddin Rabbani, para que Bridas, junto con un consorcio internacional que crearía, construyera y se ocupara del funcionamien-

---

3. Entrevista con Zardari, Islamabad, 1 de mayo de 1995.

4. La propuesta de Qatar era un gasoducto submarino a través del golfo de Beluchistán. La compañía australiana BHP propuso construir un gasoducto terrestre desde el sur de Irán a Beluchistán.

5. Entrevistas con diplomáticos paquistaníes, Islamabad, junio de 1996.

to de un gasoducto. Bridas entabló negociaciones con otras compañías petroleras, entre las que se contaba Unocal, la decimosegunda entre las grandes compañías petroleras de Estados Unidos, que poseía una considerable experiencia en Asia y tenía compromisos con Paquistán desde 1976.

Pero ahora Bridas se enfrentaba a grandes problemas en Turkmenistán. Los asesores de Niyazov le habían convencido de que Bridas estaba explotando a Turkmenistán y, en septiembre de 1994, el gobierno bloqueó las exportaciones de petróleo procedentes de Keimir y exigió una nueva negociación de su contrato con Bridas. En enero de 1995, cuando Bridas accedió a reducir su parte en un 10 por 100, de modo que quedó fijada en el 65 por 100, el asunto pareció resuelto. Cuando Bridas descubrió gas en Yashlar, Niyazov y sus ayudantes se negaron a participar en las celebraciones de Bridas y exigieron negociar de nuevo los contratos de Yashlar y Keimir. Niyazov impidió que Bridas desarrollara el yacimiento de Yashlar y también detuvo sus exportaciones de petróleo desde Keimir. Esta vez Bridas dijo que no se movería de los contratos originales que Turkmenistán estaba obligado a respetar.

Niyazov era un dictador al estilo comunista que entendía poco de las leyes y los contratos internacionales, o no le interesaban. Pero había otras razones para que Niyazov apretara las tuercas a Bridas en aquel preciso momento. Unocal expresaba su interés por construir su propio gasoducto, utilizando los yacimientos petrolíferos existentes de Turkmenistán en Daulatabad, cuyos beneficios corresponderían íntegramente a ese país, y Niyazov vio que Unocal podía convertirse en el medio para lograr que una gran empresa norteamericana y la administración Clinton participaran en el desarrollo de Turkmenistán. Niyazov necesitaba a los norteamericanos y emprendió un exhaustivo diálogo con diplomáticos de Estados Unidos. Los norteamericanos tenían necesidad de apoyarle si querían evitar que se hiciera dependiente de Irán. Niyazov visitó la ONU y convocó a Bridas y Unocal en Nueva York. Allí, el 21 de octubre de 1995, ante los conmocionados ejecutivos de Bridas, Niyazov firmó un acuerdo con Unocal y su socio, la compañía Delta Oil, propiedad de Arabia Saudí, para construir un gasoducto a través de Afganistán. Un ejecutivo de Bridas comentó después: «Estábamos escandalizados y, cuando nos dirigimos a Niyazov, él se limitó a volverse y dijo: "¿Por qué no construyen ustedes un segundo gasoducto?"».[6]

Presente en la ceremonia de la firma se hallaba Henry Kissinger, el ex secretario de Estado norteamericano y por entonces asesor de Unocal. Mientras Kissinger pensaba en una ruta a través de Afganistán, bromeó diciendo que el trato parecía «el triunfo de la esperanza sobre la experiencia». Sin embargo, Bridas no estaba dispuesto a abandonar, y la primera batalla del «nuevo Gran Juego» había empezado. Más adelante, Mario López Olaciregul, gerente de Bridas, comentó: «Somos tan sólo una compañía petrolera que trata de desarrollar los recursos de un país, pero nos hemos involucrado en un "Gran Juego" ajeno, en el que las grandes potencias se ponen mutuamente como un trapo».[7]

Unocal propuso un gasoducto desde Daulatabad, con unas reservas de gas de veinticinco bpc, hasta Multan, en el centro de Paquistán. Unocal estableció el consorcio CentGas, con una contribución del 75 por 100, y dio a Delta el 15 por 100, a la compañía de gas de propiedad estatal rusa Gazprom el 10 por 100 y a la compañía de propiedad estatal Turkmenrosgaz el 5 por 100. Unocal firmó un segundo acuerdo, todavía más ambicioso, muy atractivo para toda la región. El proyecto CAOPP (Central Asia Oil Pipeline Project) de Unocal consideraba un oleoducto de 1.690 kilómetros desde Chardzhev, en Turkmenistán, hasta una terminal petrolífera en la costa de Paquistán, que produciría un millón de barriles de petróleo diarios para la exportación. Los oleoductos de la era soviética existentes—desde Surgut y Omsk, en la Siberia rusa, a Chymkent, en Kazajistán, y Bujara, en Uzbekistán—podían aportar su petróleo al CAOPP y distribuirlo desde toda Asia Central a Karachi.

Según Robert Todor, vicepresidente ejecutivo de Unocal, «la estrategia consiste en aprovechar la amplia red de oleoductos existentes para extender todo el sistema regional hasta la costa, permitiendo así que los productores de Rusia, Kazajistán, Uzbekistán y Turkmenistán accedieran a los mercados asiáticos en desarrollo. Habría un pasillo comercial a través de Asia Central».[8] A fin de evitar que se repi-

6. Entrevista con ejecutivos de Bridas, Islamabad, 27 de febrero de 1997.
7. Ejecutivos de Bridas me citaron los comentarios de Kissinger en Islamabad, en febrero de 1997. La entrevista con Olaciregul tuvo lugar por las mismas fechas.
8. Entrevista con Tudor, Islamabad, 27 de febrero de 1997.

tieran los problemas de Chevron con Rusia y Kazajistán, desde el principio Unocal cortejó a Moscú. El petróleo de Siberia tendría una nueva salida meridional al mar, mientras que Gazprom participaba en el gasoducto. «No tenemos un problema ruso, sólo un problema afgano; es una situación en la que todos salimos ganando», me dijo Henry de la Rosa, gerente de Unocal en Turkmenistán.[9]

El interés repentino de la administración Clinton y de Unocal por Turkmenistán y Afganistán no era accidental, pues le había precedido un significativo cambio de la política estadounidense hacia Asia Central. Entre 1991 y 1995 Washington había apoyado estratégicamente a Kazajistán y Kirguizistán como los dos estados que no tardarían en llevar a cabo la liberalización económica y política, lo que daría más facilidades a las empresas norteamericanas para invertir en ellos. Kazajistán aún poseía armamento nuclear, restos de la era soviética, así como enormes reservas de petróleo, gas y minerales, por lo que los presidentes Bush y Clinton cortejaron personalmente al presidente kazako, Nursultan Nazarbayev. Pero hacia 1995 cada vez se consideraba más a Nazarbayev como un fiasco, dada la tremenda corrupción de su gobierno y su talante progresivamente dictatorial.

En 1993, Kazajistán había entregado su armamento nuclear a Rusia y, como el 40 por 100 de la población era de origen ruso y abiertamente hostil al gobierno, Nazarbayev se vio obligado a inclinarse ante las necesidades de la seguridad rusa y las exigencias económicas. Durante cuatro años Kazajistán no pudo persuadir a Rusia para que permitiera a Chevron transportar el petróleo de Tenghiz hasta Europa por los oleoductos rusos. La frustrada compañía Chevron, que en 1991 prometió invertir cinco mil millones de dólares en Tenghiz había reducido su compromiso y, en 1995, sólo invirtió setecientos millones de dólares.[10]

Durante este período (1991-1995), Estados Unidos dejó de lado a Tayikistán, envuelto en una guerra civil, mientras que el De-

9. Entrevista con De la Rosa, Ashjabab, 22 de enero de 1997.
10. Los rusos se mostraron más dispuestos a dejarse convencer en abril de 1996, pero sólo después de que Chevron concediera a Rusia el 24 por 100 de participación en el consorcio para construir un oleoducto evaluado en 1,5 miles de millones de dólares para transportar petróleo desde Tenghiz a Novorossiysk, en el mar Negro. Más tarde Mobil adquirió el 25 por 100 de la participación de Chevron en Tenghiz.

partamento de Estado norteamericano consideraba inaceptables a Uzbekistán y Turkmenistán, gobernados por dos dictadores. Además, por entonces el subsecretario de Asuntos Exteriores estadounidense encargado de la política hacia la antigua Unión Soviética era el prorruso Strobe Talbott, y a Washington no le interesaba enemistarse con Moscú y hacer que peligraran sus intereses permanentes en Asia Central. Talbott se proponía incorporar a Rusia a la OTAN y no crear problemas en las relaciones entre ambos países al invadir el patio trasero de Rusia.

Sin embargo, a medida que Rusia se deslizaba en el caos, los gestores de la política exterior norteamericana, las camarillas judía e israelí en Washington y las compañías petroleras estadounidenses, todos los cuales deseaban poner en práctica una política de múltiples dimensiones hacia la antigua Unión Soviética, atacaron encarnizadamente la política prorrusa de Talbott. La que ellos querían era una política que les permitiera explotar los recursos del mar Caspio, ayudar a los estados del Caspio a obtener su independencia de Rusia y lograr que pasaran al campo occidental. Las compañías petroleras norteamericanas, que habían encabezado en las primeras incursiones de Estados Unidos en la región, ahora deseaban tener más voz en la toma de decisiones políticas.

A comienzos de 1995, varias importantes compañías petroleras norteamericanas constituyeron en Washington un grupo privado de Compañías Petroleras en el Extranjero para promover sus intereses en el Caspio. Unocal formaba parte del grupo y contrataron a ex políticos de las administraciones Bush y Carter para que cabildearan en su favor en Washington.[11] Los representantes del grupo se reunieron con Sheila Heslin, experta en energía del Consejo Nacional de Seguridad (NSC) y, luego, en el verano de 1995, con su jefe, el asesor del NSC Samuel Berger. Éste había formado un comité gubernamental de las diversas agencias encargado de formular la

11. Los contratados por las compañías petroleras que trabajaban en el Caspio eran Zbigniew Brzezinski, un ex asesor de NSC, el ex subsecretario de Defensa Richard Armitage, el ex jefe de Estado Mayor John Sununu, el ex dirigente de la mayoría en el Senado, Howard Baker y los ex secretarios de Estado Lawrence Eagleburger y Henry Kissinger.

política hacia el Caspio y que incluía a varios departamentos del gobierno y la CIA.[12]

El interés estratégico de Washington y las compañías petroleras de Estados Unidos en el Caspio era creciente, y Washington empezó a tratar con arrogancia a Rusia. Los beneficiarios inmediatos fueron Uzbekistán y Turkmenistán. Washington había frustrado un único intento de los cabilderos norteamericanos para promover a Niyazov. En marzo de 1993, Niyazov había contratado a un ex asesor del NSC, Alexander Haig, y lo llevó a Washington para que intentara persuadir a las compañías norteamericanas de que invirtieran en Turkmenistán y ablandaran la postura de Estados Unidos sobre los oleoductos a través de Irán. La visita terminó en fracaso y Niyazov no pudo entrevistarse con dirigentes estadounidenses. Pero en 1995, Washington se dio cuenta de que si mantenía a Niyazov distanciado, éste no tendría más alternativa que pedir ayuda a Irán. La penosa situación económica de Turkmenistán empeoró debido a su incapacidad de vender el gas que producía. Para Estados Unidos, la perspectiva de un gasoducto a través de Afganistán no era sólo atractiva porque evitaba Irán, sino también porque era una indicación del apoyo a Turkmenistán, Paquistán y los talibán, mientras que desairaba claramente a Rusia e Irán.

Estados Unidos no podía adquirir influencia estratégica en Asia Central sin Uzbekistán, el mayor y más poderoso de los estados y el único capaz de enfrentarse resueltamente a Rusia. Ambos se cortejaron cautamente. Karimov apoyó los planes de la OTAN para formar un batallón de la organización en Asia central, un lance al que Rusia se oponía con vehemencia. En 1997, un airado diplomático ruso me dijo en Ashjabab: «No aceptaremos a la OTAN en nuestro patio trasero. Estados Unidos debe reconocer que Asia Central permanecerá dentro del "extranjero cercano", la esfera rusa de influencia».[13] Las compañías norteamericanas estaban interesadas por los depósitos minerales de Uzbekistán, y el comercio entre ese país y Estados Unidos floreció de súbito y su volumen se multiplicó por ocho entre 1995 y 1997. En junio de 1996, Karimov efectuó su primer viaje a

---

12. El grupo de trabajo incluía funcionarios de los departamentos de Estado, Energía, Comercio, la CIA y el NSC.

13. Entrevista con un diplomático, Ashjabab, enero de 1997.

Washington. La doctora Shireen Hunter escribió: «Hacia finales de 1995 Occidente y, de manera más notable, Estados Unidos habían elegido claramente Uzbekistán como el único contrapeso viable tanto del hegemonismo ruso renovado como de la influencia iraní».[14]

Así pues, se estaban formando dos coaliciones en la región. Estados Unidos se alineó con Uzbekistán, Turkmenistán y Azerbaiyán, al tiempo que estimulaban a sus aliados (Israel, Turquía y Paquistán) para que invirtieran allí, mientras Rusia conservaba el dominio de Kazajistán, Kirguizistán y Tayikistán. Ahora, cuando se intensificaba la batalla por los recursos del Caspio, Estados Unidos estaba preparado para enfrentarse a Rusia. Según la doctora Martha Brill Olcott, una de las principales expertas norteamericanas en Asia Central, «si bien es cierto que los responsables de la política exterior de Estados Unidos no desean una Rusia hegemónica, los costes potenciales de esa hegemonía resultan mucho mayores si Rusia es capaz de imponer las condiciones y limitar el acceso occidental a las últimas reservas conocidas de petróleo y gas en el mundo. Por pequeña que fuese la intervención norteamericana en este asunto provocaría grandes recelos en los rusos».[15]

Por mi parte, hasta el verano de 1996 no empecé a investigar esta historia que iba prolongándose. La captura repentina de Kabul por los talibán en septiembre de 1996 fue un estímulo para que intentara dar respuesta a dos interrogantes con los que se debatían muchos reporteros occidentales sin llegar a ninguna conclusión. ¿Apoyaban los norteamericanos a los talibán, directa o indirectamente, a través de Unocal o de sus aliados Paquistán y Arabia Saudí? ¿Y qué era lo que incitaba esa gran polarización regional entre Estados Unidos, Arabia Saudí, Paquistán y los talibán, por un lado, e Irán, Rusia, lòs estados de Asia Central y la alianza antitalibán por el otro? Mientras algunos trataban de averiguar si había un resurgimiento de la antigua conexión entre la CIA y el ISI, de los tiempos de la *yihad* afgana, para mí estaba claro que la estrategia acerca de los oleoductos se había convertido en la fuerza impulsora tras el interés de Washington por los talibán, que a su vez provocaba una contrarreacción de Rusia e Irán.

14. Shireen Hunter, *Central Asia since Independence*, Praeger, 1996.
15. Entrevista con Olvott, Ashjabab, 27 de mayo de 1997.

Pero esa exploración era como entrar en un laberinto, donde nadie decía la verdad ni divulgaba sus motivos o intereses verdaderos. Era un trabajo de detective más que de periodista, porque había pocas pistas. Incluso el acceso a los auténticos jugadores era difícil, porque quienes impulsaban el plan de acción no eran los políticos y diplomáticos, sino las sigilosas compañías petroleras y los servicios secretos de los estados de la zona. Las compañías petroleras eran las más sigilosas, un legado de la feroz competencia a la que se entregaban en todo el mundo. Explicar dónde perforarían a continuación o qué ruta preferían para el tendido de un oleoducto o, incluso, con quién habían almorzado sus ejecutivos una hora antes, revelaría el juego al enemigo, es decir, las compañías petroleras rivales.

Los ejecutivos de Bridas nunca informaban a la prensa y sólo en muy contadas ocasiones una discreta oficina de relaciones públicas radicada en Londres efectuaba declaraciones. Unocal era más abordable, pero sus ejecutivos estaban aleccionados para que dieran respuestas insulsas que no revelaban nada. Sin embargo, existía una marcada diferencia entre las dos compañías, que afectaría a sus futuras relaciones con los talibán. Bridas era una pequeña empresa familiar cuyos ejecutivos, educados en la tradición europea, se interesaban por la política, la cultura, la historia y las relaciones personales del país y las personas con quienes trataban. Los ejecutivos de Bridas conocían a fondo todos los recovecos del «Juego» y se tomaban la molestia de explorar los vínculos étnicos, tribales y familiares de los dirigentes con los que se reunían.

Unocal era una corporación enorme que contrataba ejecutivos para que dirigieran su negocio petrolero global. Los enviados a la región, con pocas excepciones, se interesaban más por el trabajo que por el entorno político en el que vivían. Mientras los ingenieros de Bridas se pasaban horas tomando té con miembros de las tribus en el desierto cuando exploraban rutas, los de Unocal se desplazaban en avión y aceptaban sin discusión lo que les decían los señores de la guerra afganos, cuya volubilidad era notoria. Los afganos dominaban desde antiguo el arte de decir a su interlocutor lo que quería escuchar y entonces decir exactamente lo contrario a su próximo invitado. Unocal también estaba en desventaja porque su política hacia los talibán no se desviaba de la línea estadounidense y, por consiguiente, Unocal sermoneaba a los talibán sobre lo que deberían hacer. Bridas no tenía tales escrúpulos y estaba dispuesta a firmar un acuerdo con los talibán, aun cuando ningún estado los reconocía como el gobierno legítimo.

Unocal tendía a depender más de la embajada norteamericana en Islamabad, así como de los servicios secretos paquistaní y turcomano, para informarse de lo que sucedía o estaba a punto de suceder, en vez de hacer acopio de su propia información. Cuando se publicaron mis artículos sobre la rivalidad entre Bridas y Unocal y los vericuetos del Gran Juego, al principio ambas compañías me consideraron un espía que trabajaba en secreto para la otra compañía. Unocal mantuvo esa creencia, incluso, después de que Bridas hubiera comprendido que era sólo un periodista curioso que se ocupaba de Afganistán desde hacía demasiado tiempo para que se conformara con unas declaraciones insustanciales. Tuve que viajar durante siete meses, hacer más de cien entrevistas y sumergirme por completo en la literatura del negocio petrolero, del que no sabía nada, para escribir finalmente el reportaje que publicó la *Far Eastern Review* en abril de 1997.

En julio de 1997, Strobe Talbott pronunció un discurso que se convertiría en la referencia de la política norteamericana en la región: «Se ha puesto de moda proclamar o, por lo menos, predecir una repetición del "Gran Juego" en el Cáucaso y Asia Central. De ello se deduce, por supuesto, que la fuerza impulsora en la región, alimentada y lubricada por el petróleo, será la competencia de las grandes potencias. Nuestro objetivo consiste en evitar y desalentar activamente ese resultado atávico. Dejemos a Rudyard Kipling y a George McDonald Fraser donde deben estar, en los estantes de la historia. El Gran Juego protagonizado por el Kim de Kipling y el Flashman de Fraser era absolutamente improductivo». Pero Talbott también sabía que el Juego estaba en marcha e hizo una sombría advertencia a los jugadores, incluso mientras afirmaba que la prioridad máxima de Washington era la resolución del conflicto: «Si los conflictos internos y fronterizos arden a fuego lento y se inflaman, la región podría convertirse en un criadero de terrorismo, un foco de extremismo religioso y político y un campo de batalla donde se librará una guerra sin paliativos».[16]

16. Strobe Talbott, «Deepning US engagement with the States of Central Asia

La decisión de Niyazov de firmar un acuerdo con Unocal enfureció a Bulgheroni quien, en febrero de 1996, presentó ante los tribunales del condado de Fort Bend, cerca de la localidad tejana de Houston, una demanda contra Unocal y Delta. Bridas exigía una indemnización de quince mil millones de dólares, alegando «obstrucción solapada de las relaciones comerciales en pespectiva» y que «Unocal, Delta, Miller [el vicepresidente de Unocal, Marty Miller] y posiblemente otras personas se han dedicado a una conspiración civil contra Bridas». En su declaración, Bridas afirmó que «había revelado a Miller su plan estratégico para la construcción y utilización del oleoducto. Bridas invitó a Unocal a considerar la posibilidad de crear una empresa conjunta».[17] En una palabra, Bridas acusaba a Unocal de haberle robado la idea.

Más adelante, Bulgheroni me explicó cómo se sentía. «Los ejecutivos de Unocal llegaron a esta región porque les invitamos. Queríamos que vinieran y los trajimos con nosotros a Turkmenistán. Al principio en Estados Unidos consideraban este gasoducto una idea ridícula y no se interesaban por Afganistán ni Turkmenistán». Bridas también inició un arbitraje contra Turkmenistán en la Cámara Internacional de Comercio, por incumplimiento de contrato en tres casos distintos relacionados con el bloqueo que Turkmenistán impuso a sus yacimientos de Yashlar y Keimir.

Unocal sostenía que su propuesta era diferente, porque no afectaba al yacimiento de Yashlar sino al de Daulatabad. En una carta, más adelante sometida al tribunal, John Imle, presidente de Unocal, le había escrito a Bulgheroni que, según las autoridades de Turkmenistán, el gobierno no tenía ningún acuerdo con Bridas, por lo que Unocal se consideraba libre para hacer lo que creyera conveniente.[18] Imle explicó: «Sostuvimos que el proyecto CentGas

17. Caso núm. 94.144 depositado en el Tribunal de Distrito del condado de Fort Bend, Texas. El demandante es Bridas Corporation y los demandados Unocal Corporation, Marty Miller y Delta Oil Company.

18. Carta enviada por John Imle a Carlos Bulgheroni el 11 de octubre de 1995 y que Bridas sometió al tribunal. En ella decía que «Unocal contará exclusivamente con el gobierno con respecto a los proyectos potenciales de gasoducto desde Turk-

and the Caucasus: A Roadmap for the Future». Discurso pronunciado en Washington, 21 de julio de 1997.

se diferenciaba por completo del de Bridas. Nunca propusimos comprar gas de reservas naturales existentes y transportarlo a través de un gasoducto para su exportación. Bridas proponía transportar el gas desde su yacimiento de Yashlar [...] el proyecto CentGas no impide a Bridas construir un gasoducto para transportar y comercializar su propio gas».[19]

La administración Clinton intervino entonces a favor de Unocal. En marzo de 1996, el embajador norteamericano en Paquistán, Tom Simmons, tuvo una gran discusión con Bhutto al pedirle que retirase el apoyo de Paquistán a Bridas para dárselo a Unocal. «Bhutto apoyaba a Bridas y Simmons la acusó de extorsión cuando la presidente defendía a esa empresa», dijo un ayudante de Bhutto presente en la reunión. «Ella estaba furiosa con Simmons». Y un ministro del gabinete añadió: «Bhutto le exigió a Simmons una disculpa por escrito y la obtuvo».[20]

En el curso de dos viajes a Paquistán y Afganistán, en abril y agosto de 1996, la subsecretaria de Estado norteamericana para el Sudeste Asiático, Robin Raphel, también se expresó a favor del proyecto de Unocal. «Tenemos una compañía americana interesada en construir un gasoducto desde Turkmenistán hasta Paquistán», dijo Raphel durante una conferencia de prensa en Islamabad, el 21 de abril de 1996. Y añadió: «Este proyecto de gasoducto será muy beneficioso para Turkmenistán, Paquistán y Afganistán». En agosto, Raphel visitó las capitales de Asia Central y Moscú, donde lanzó el mismo mensaje. El apoyo abierto de Estados Unidos al proyecto de Unocal reforzó las sospechas que ya tenían Rusia e Irán, que se convencieron todavía más de que la CIA apoyaba a los talibán. En diciembre de 1996, un importante diplomático iraní me confió dis-

---

19. Entrevista con John Imle en la localidad suiza de Davos, 31 de enero de 1995. Le envié a Imle treinta preguntas y él me hizo llegar por escrito las respuestas a algunas, mientras que otras las respondió verbalmente.

20. Entrevisté al ayudante y el ministro en distintas ocasiones durante los meses de enero y febrero de 1997. También entrevisté a Benazir Bhutto acerca del incidente y ella lo confirmó, pero sin citarlo.

---

menistán a Paquistán, y que el Gobierno no ha llegado a ningún acuerdo que pudiera imposibilitar u obstaculizar de alguna manera cualesquiera proyectos de gasoducto estudiados por Unocal y Turkmenistán».

cretamente que los saudíes y la CIA habían canalizado dos millones de dólares para los talibán, a pesar de que no existían pruebas que confirmaran tales sospechas. Pero las acusaciones se multiplicaron en todos los frentes después de que Estados Unidos y Unocal cometieran varios errores.

En septiembre de 1996, cuando los talibán tomaron Kabul, Chris Taggert, una ejecutiva de Unocal, manifestó a las agencias de noticias que el proyecto de gasoducto iba a ser más fácil de realizar, puesto que los talibán se habían hecho con Kabul, una declaración de la que Unocal se apresuró a desdecirse, pues implicaba que la compañía favorecía la conquista talibán. Sólo unas semanas antes Unocal había anunciado que prestaría ayuda humanitaria, a modo de «primas» a los señores de la guerra afganos, cuando hubieran accedido a formar un consejo entre ellos para supervisar el proyecto del gasoducto. Una vez más, esto significaba que Unocal estaba dispuesta a dar dinero a los señores de la guerra.

Entonces, unas horas después de que los talibán tomasen Kabul, el Departamento de Estado norteamericano anunció que establecería relaciones diplomáticas con los talibán, enviando un funcionario a Kabul... anuncio del que también se apresuró a retractarse. Glyn Davies, portavoz del Departamento de Estado, dijo que Estados Unidos no tenía nada que objetar a los pasos dados por los talibán para imponer la ley islámica, que los talibán estaban en contra de la modernidad más que de Occidente. Los congresistas norteamericanos intervinieron poniéndose de parte de los talibán. «El aspecto positivo de lo que ha sucedido es que una de las facciones por lo menos parece capaz de organizar un gobierno en Afganistán», dijo el senador Hank Brown, quien apoyaba el proyecto de Unocal.[21] Más adelante los azorados diplomáticos de Estados Unidos me

21. Michael Dobbs, «Kabul's fall to end the anarchy», *Washington Post*, 29 de septiembre de 1996. El senador Brown, como presidente del Subcomité de Relaciones Exteriores del Senado sobre Oriente Próximo y Asia meridional, había invitado a Washington a todos los señores de la guerra para celebrar una mesa redonda de tres días de duración, entre los días 25 y 27 de junio de 1996. Diplomáticos paquistaníes en Washington me dijeron que Unocal había pagado los pasajes aéreos de algunos de los participantes afganos. Brown era uno de los pocos legisladores norteamericanos que en aquel entonces se interesaba por Afganistán, en parte porque apoyaba el proyecto de Unocal.

explicaron que la apresurada declaración se hizo sin consultar con la embajada norteamericana en Islamabad.

Pero el daño causado era enorme. Las meteduras de pata de Unocal y la confusión en el Departamento de Estado convencieron más a Irán, Rusia, las repúblicas de Asia Central, la alianza antitalibán y la mayoría de los paquistaníes y afganos de que la asociación de Estados Unidos y Unocal apoyaba a los talibán y deseaba una victoria total de éstos, aun cuando tanto las autoridades estadounidenses como la empresa petrolera afirmaran que no tenían favoritos en Afganistán. Algunos ministros paquistaníes, deseosos de demostrar que Estados Unidos apoyaba la postura de los talibán y Paquistán, filtraron a los periodistas paquistaníes que Washington apoyaba a los talibán.

La región entera estaba llena de rumores y especulaciones. Incluso las agencias de noticias, siempre neutrales, intervinieron con sus sospechas. La agencia Reuters comunicó lo siguiente: «Ciertamente los talibán parecen plegarse a la política norteamericana de aislar a Irán, formando un firme amortiguador suní en la frontera de Irán y aportando una seguridad potencial a las rutas comerciales y los oleoductos que acabaría con el monopolio que tiene Irán de las rutas comerciales en el sur de Asia Central».[22]

Bridas todavía tenía que superar considerables dificultades para seguir en la carrera. Sus yacimientos de gas y petróleo en Turkmenistán estaban bloqueados. Carecía tanto de acuerdos con Turkmenistán para comprar gas y exportarlo a través de un gasoducto, como con Paquistán para venderlo. Con la ayuda de Estados Unidos y de Paquistán, Unocal cortejaba ahora a los talibán. Sin embargo, Bridas siguió manteniendo sus oficinas en Ashjabab y Kabul, aun cuando Niyazov trataba de expulsarlos. «Bridas está descartada— me dijo en Ashjabab Murad Nazdjanov, ministro del Petróleo y el Gas turcomano—. Hemos concedido el gasoducto afgano a Unocal. Nuestro gobierno ya no trabaja con Bridas».[23]

Bridas tenía una ventaja con los talibán. Les había dicho que no necesitaba financiación para el proyecto mediante instituciones de

22. Reuters, «US sending envoy to Taliban», Washington, 1 de octubre de 1996.
23. Entrevista con Nazdjanov, Ashjabab, 22 de enero de 1997.

crédito internacionales, lo que exigiría primero un gobierno en Kabul reconocido internacionalmente. En cambio, Bridas había establecido la empresa TAP Pipelines, una sociedad al 50 por 100 con la compañía saudí Ningarcho, muy próxima al príncipe Turki, el jefe de los servicios secretos saudíes. Bridas afirmó que podría conseguir de los saudíes el 50 por 100 de la financiación para construir la porción afgana del gasoducto, y el resto de un consorcio internacional que formarían y que construiría los extremos menos arriesgados del gasoducto en Paquistán y Turkmenistán. Un ejecutivo de Bridas explicó: «Efectuaremos una completa separación entre nuestros problemas con el gobierno de Turkmenistán y el contrato del gasoducto afgano. Crearemos dos consorcios, uno para construir la línea afgana y otro para construir los extremos paquistaní y turcomano de la línea».[24] Así pues, Bridas se ofrecía para ponerse a trabajar de inmediato en el gasoducto, sin condiciones previas. Sólo necesitaba algún acuerdo entre las facciones afganas, pero ni siquiera podría conseguir eso.

Por otro lado, la posición de Unocal estaba estrechamente vinculada a la política norteamericana en Afganistán, la de que no construiría el gasoducto ni discutiría las condiciones comerciales hasta que hubiera un gobierno reconocido en Kabul, de manera que el Banco Mundial y otras instituciones pudieran prestar dinero para el proyecto. John Imle comentó: «Desde el principio aclaramos a todos los partidos que la capacidad de obtener financiación para el proyecto era esencial, que las facciones afganas tendrían que unirse y constituir un gobierno en funcionamiento que fuese reconocido por las instituciones de crédito para que el proyecto pudiera tener éxito».[25] La verdadera influencia de Unocal sobre los talibán estribaba en que su proyecto acarreaba la posibilidad del reconocimiento de Estados Unidos, que ellos ansiaban conseguir.

24. Entrevista con un ejecutivo de Bridas, Islamabad, junio de 1997. Bridas sostuvo conversaciones con las compañías petroleras Mobil, Amoco y Coastal en Estados Unidos, a fin de conseguir el apoyo de una gran compañía petrolera norteamericana para compensar los vínculos de Unocal con el gobierno estadounidense. Bridas hablaba también con compañías petroleras británicas, francesas y de Malasia para que se unieran a su consorcio, y así contrarrestar la oposición de Rusia a su proyecto de gasoducto.   25. Entrevista con Imle en Davos, el 29 de enero de 1999.

Tanto Bridas como Unocal cortejaban ahora a las potencias regionales que tenían influencia sobre los talibán, en especial los saudíes. En sus discusiones con los talibán, Bridas sacaba gran provecho de sus fuertes vínculos con el príncipe Turki. Bulgheroni comentó: «Los saudíes habían participado durante muchos años en la *yihad* afgana y estaban convencidos de que aquel gasoducto ayudaría realmente al proceso de paz. Para no ser menos, Unocal tenía su propia conexión saudí. Badr Al'Aiban, el presidente de Delta Oil está relacionado con la familia real saudí, sobre todo con el príncipe coronado Abdulá in Abdul Aziz, mientras que el hermano de Badr, Mosaed Al'Aiban, pertenecía a la corte del rey Fahd. Así pues, la competencia entre Unocal y Bridas también reflejaba la competencia en el seno de la familia real saudí.

Por otra parte, Estados Unidos y Unocal se habían ganado la voluntad de Paquistán. Tras la disolución del gobierno de Bhutto en 1996, el nuevo primer ministro, Nawaz Sharif, su ministro del Petróleo, Chaudry Nisar Ali Khan, el ejército y el ISI apoyaron sin reservas a Unocal. Paquistán quería un apoyo norteamericano de los talibán más directo, y acució a Unocal para que iniciara cuanto antes la construcción con el fin de legitimar a los talibán. En esencia, Estados Unidos y Unocal aceptaron el análisis y los objetivos del ISI, es decir, que una victoria talibán en Afganistán facilitaría mucho la tarea de Unocal y apresuraría el reconocimiento por parte de Estados Unidos.

Paquistán no sólo quería que Estados Unidos reconociera a los talibán, sino que también tenía una necesidad imperiosa de nuevas fuentes suministradoras de gas. Éste constituye el 37 por 100 del consumo energético de Paquistán, y los yacimientos mayores en la zona de Sui, en Beluchistán, se estaban agotando. Con unas reservas comprobadas de veintidós billones de pies cúbicos, Paquistán se enfrentaba a un consumo de 0,7 bpc al año y un aumento anual de la demanda de otro 0,7 bpc anual. Hacia el año 2010 Paquistán se enfrentaría a un déficit anual de 0,8 bpc de gas al año. Las otras opciones de Islamabad (un gasoducto desde Irán o bien desde Qatar) estaban paralizadas por falta de fondos. Paquistán también tenía una acuciante necesidad de suministros más baratos de petróleo asegurados. En 1996 importó petróleo por valor de dos mil millones de dólares, equivalentes al 20 por 100 del total de sus importaciones. La producción de petróleo nacional había pasado de 70.000 barriles por día a comienzos de los años noventa, a sólo 58.000 b/d en 1997. El oleoducto propuesto por Unocal no sólo suministraría a Paquistán, sino que también convertiría el país en un gran eje de las exportaciones petrolíferas de Asia Central a los mercados asiáticos.

El presidente Niyazov también quería que Unocal iniciara de inmediato la construcción y acució a Paquistán para que obligara a los talibán a aceptar la propuesta de Unocal. El cortejo de Estados Unidos por parte de Niyazov empezaba a rendir dividendos. En enero de 1997, Turkmenistán firmó un acuerdo con el gigante petrolero norteamericano Mobil y Monument Oil de Gran Bretaña para efectuar prospecciones petrolíferas en una gran extensión del oeste de Turkmenistán. Era el primer contrato petrolífero que Turkmenistán firmaba con una compañía norteamericana importante, pues Unocal aún no había efectuado una inversión directa en Turkmenistán.

En noviembre de 1996 Bridas dijo haber firmado un acuerdo con los talibán y el general Dostum para construir el oleoducto, mientras que Burhanuddin Rabbani ya había aceptado. Esto hizo cundir el pánico en Unocal y Paquistán. El 9 de diciembre de 1996, el ministro de Asuntos Exteriores paquistaní, Najmuddin Sheikh visitó al *mulá* Omar en Kandahar para persuadirle de que aceptara la propuesta de Unocal, pero Omar no se comprometió en firme. A la manera afgana clásica, los talibán habían jugado sus cartas diestramente, manteniéndose reservados y esquivos mientras obligaban a Unocal y Bridas a incrementar sus ofertas. Los talibán no sólo estaban interesados en percibir una renta por la ruta que seguiría el oleoducto y que podía ser de cien millones de dólares al año, sino que también querían que las compañías petroleras construyeran carreteras, suministros de agua, líneas telefónicas y tendidos eléctricos.

En privado, varios dirigentes talibán dijeron que preferían a Bridas, porque ésta no les planteaba exigencias, mientras que Unocal les instaba a mejorar su imagen con respecto a los derechos humanos y a iniciar conversaciones con la alianza antitalibán, el punto principal de la política norteamericana. Además, Unocal se enfrentaba a un creciente movimiento feminista en Estados Unidos, que exigía que el país y Unocal suspendieran las conversaciones con los talibán. También la ONU se mostraba crítica. Yasushi Akashi, subsecretario de la ONU para Asuntos Humanitarios, me confesó: «La interferencia exterior en Afganistán se relaciona ahora por completo con la batalla por los oleoductos y gasoductos. Existe el temor de que esas compañías y las potencias regionales paguen una renta a los talibán para llevar a cabo sus objetivos».[26]

Ambas compañías insistían en que su oleoducto traería la paz, pero ningún banco occidental financiaría semejante obra en un país en guerra consigo mismo. «Quienes participan en el juego de la política acerca del oleoducto no deben olvidar que la paz puede aportar un oleoducto, pero que éste no puede aportar la paz», dijo Robert Ebel.[27] El Gran Juego había adquirido una nueva dimensión.

26. Entrevista con Akashi en Ashjabab, el 22 de enero de 1997.

27. Robert Ebel, «Energy Choices in the Near Abroad. The Haves and Havenots face the future», Centro de Estudios Estratégicos e Internacionales, Washington, abril de 1997.

3

LA IDEALIZACIÓN DE LOS TALIBÁN (II)
LA BATALLA POR LOS OLEODUCTOS.
ESTADOS UNIDOS Y LOS TALIBÁN (1997-1999)

Las atractivas secretarias argentinas de la sede central bonaerense de Bridas habían recibido instrucciones de prescindir de sus habituales minifaldas y ponerse vestidos de longitud apropiada y blusas de manga larga, a fin de mostrar sus miembros lo menos posible. Se esperaba la llegada a Buenos Aires de una delegación talibán. Cuando llegaron, en febrero de 1997, Bridas los trató a cuerpo de rey, los llevaron a visitar los lugares de interés y los trasladaron en avión a través del país para que conocieran las operaciones de perforación y los gasoductos de Bridas y visitaran el gélido extremo meridional del continente.

Al mismo tiempo, otra delegación talibán experimentaba una clase distinta de choque cultural. Estaba en Washington, donde se había reunido con funcionarios del Departamento de Estado y Unocal, y cabildeaban para conseguir el reconocimiento de su gobierno por parte de Estados Unidos. A su regreso, las dos delegaciones se detuvieron en Arabia Saudí, visitaron La Meca y se reunieron con el jefe de los servicios secretos saudíes, el príncipe Turki. Los talibán le dijeron que aún no habían decidido cuál de las ofertas realizadas por las dos compañías iban a aceptar. Habían aprendido con rapidez a jugar el Gran Juego desde todos los ángulos.[1]

Ambas compañías intensificaron sus esfuerzos por cortejar a los talibán. Bridas recibió un impulso en enero de 1997, cuando la Cámara Internacional de Comercio emitió una orden judicial provisoria, que comunicaba a Turkmenistán que permitiera a Bridas rea-

---

1. Ambas compañías habían formado *lobbies* con los talibán. El 27 de febrero de 1997, el *mulá* Mohammed Sadeq, que había visitado Buenos Aires, me dijo: «Todavía no hemos decidido a cuál de las compañías aceptaremos, pero preferimos Bridas. Tenemos confianza en ellos porque son neutrales».

nudar sus exportaciones de petróleo desde el yacimiento de Keimir. Pero el presidente Niyazov hizo caso omiso de la decisión y se negó a comprometerse con Bridas. En marzo de 1997 esta compañía abrió una oficina en Kabul y Bulgheroni llegó para entrevistarse con los dirigentes talibán.

En realidad, Bridas empezó a negociar un contrato con los talibán. Tres ejecutivos de la empresa requirieron varias semanas de minucioso trabajo a lo largo del verano para negociar el documento de ciento cincuenta páginas con doce *mulás* talibán, entre los que no se hallaba ningún experto técnico, salvo un licenciado en ingeniería sin experiencia. Los talibán carecían de expertos en petróleo y gas, y pocos eran capaces de hablar un inglés adecuado, por lo que el contrato se tradujo a la lengua dari. Un importante ejecutivo de Bridas me dijo: «Lo estamos revisando línea a línea, de modo que nadie pueda acusarnos de que intentamos embaucar a los talibán. Haremos que los grupos de la oposición aprueben el mismo contrato, de modo que sea un acuerdo aceptado por todo el arco político afgano».[2] Unocal había declinado negociar un contrato hasta que hubiera un gobierno reconocido en Kabul.

Entre tanto, Unocal había donado 900.000 dólares al Centro de Estudios Afganos de la Universidad de Omaha, en el estado norteamericano de Nebraska, dirigido por Thomas Gouttierre, un veterano estudioso de Afganistán. El centro estableció un programa de instrucción y ayuda humanitaria para los afganos, e inauguró una escuela en Kandahar dirigida por Gerald Boardman, quien en los años ochenta había dirigido la oficina en Peshawar de la Agencia Norteamericana para el Desarrollo Internacional, que proporcionaba ayuda a los muyahidín a ambos lados de la frontera. La escuela empezó a formar a unos cuatrocientos profesores afganos, así como electricistas, carpinteros y montadores de tuberías para que ayudaran a Unocal en el tendido del oleoducto. Unocal hizo también otros regalos a los talibán, tales como un fax y un generador que causaron un escándalo cuando se tuvo noticia de ellos meses después.

Cualquier cosa que Unocal diera a los talibán reforzaba el convencimiento que tenían la alianza antitalibán, Irán y Rusia de que la compañía los financiaba. Unocal negó con vehemencia las acusa-

2. Entrevista con un ejecutivo de Bridas, Islamabad, junio de 1997.

ciones. Más adelante, me concretaron cuánto habían gastado en el proyecto. «Hemos calculado que gastamos aproximadamente entre quince y veinte millones de dólares en el proyecto CentGas, incluida ayuda humanitaria para los daños causados por un terremoto, formación de personal y algún equipamiento, como un fax y un generador», me dijo John Imle, el presidente de la compañía, en 1999.[3]

El papel de Delta también aumentó las sospechas en el exterior. Al principio Unocal había estimulado a Delta Oil, dado su origen saudí y sus contactos con los talibán, para que cortejara a las facciones afganas. En vez de contratar a saudíes eminentes para que hicieran el trabajo, Delta contrató a un norteamericano, Charles Santos, para que sirviera como enlace con los afganos. Desde 1988, Santos había trabajado de vez en cuando como mediador de la ONU en Afganistán, a pesar de que otros dos mediadores de la organización le criticaron diciendo que estaba demasiado próximo al gobierno de Estados Unidos y tenía un programa personal. Santos se había convertido en el asesor político del mediador de la ONU, Mehmood Mestiri, quien encabezó el desastroso esfuerzo de mediación de Naciones Unidas en 1995, cuando los talibán se encontraban a las puertas de Kabul. Santos desagradaba ya en grado sumo a todos los dirigentes afganos, en especial a los talibán, cuando Delta le contrató, y nadie confiaba en él. Fue un error y Unocal lamentó más adelante la decisión, cuando Santos no logró ningún avance con los afganos pese a sus repetidos viajes al país.

Mientras se producían tensiones entre Unocal y Delta debido a la incapacidad de esta última empresa para ganarse el favor de los afganos, Unocal organizó su propio equipo de expertos para asesorar a la empresa sobre Afganistán. Contrató a Robert Oakley, el ex embajador de Estados Unidos en Paquistán y más adelante enviado especial en Somalia. Oakley había desempeñado un papel esencial en la aportación de ayuda norteamericana a los muyahidín en la década de los ochenta, pero eso no le hacía grato a los afganos porque posteriormente Estados Unidos se retiró de Afganistán. Muchos afganos y paquistaníes lo consideraban arrogante y despótico, y en Islamabad, durante su labor como embajador, recibió el apodo de El

3. Entrevista con John Imle en Davos, 31 de enero de 1999.

Virrey. Oackley viajó a Moscú e Islamabad a fin de conseguir apoyo para el proyecto y ayudó a Unocal en la contratación de otros expertos: Gouttierre, Boardman, Zalmay Jalilzad, un norteamericano de origen afgano que trabajó para la Rand Corporation, y Martha Brill Olcott, experta en Asia Central.

Que una empresa norteamericana contratara a ex funcionarios del gobierno o profesores estadounidenses no era nada extraño. Todas las compañías petroleras de Estados Unidos que participaban en el Gran Juego estaban haciendo lo mismo a fin de cabildear en Washington, e incluso contrataban a figuras de las administraciones Reagan y Bush más importantes que las de Unocal. Pero esto era algo que no se comprendía en la región, que despertaba mucha suspicacia y reforzaba la especulación de que Unocal era un medio del que se servía el gobierno de Estados Unidos y de que se estaba recreando la red de expertos en Afganistán, gubernamentales y de la CIA, que actuó en los años ochenta.

Unocal también se enfrentaba ahora a enormes problemas con el presidente Niyazov, quien estaba más alejado que nunca de la realidad. Se negaba a aceptar los problemas planteados por la lucha constante en Afganistán e instaba a Unocal a iniciar el trabajo lo antes posible. Cuando los aterrados funcionarios del Ministerio de Asuntos Exteriores trataban de explicarle que era imposible iniciar la construcción en medio de una guerra civil, él los hacía callar a gritos. «Queremos el oleoducto—me dijo Niyazov, enojado—. Vinculamos nuestros proyectos mayores a la paz y la estabilidad en Afganistán».[4] Posteriormente, los funcionarios turcomanos también temieron informar tan sólo a su jefe de las malas noticias que llegaban del frente afgano, y Niyazov se aisló todavía más de la realidad.

A pesar de estos problemas Unocal siguió adelante. En mayo de 1997, durante una cumbre regional que se celebraba cada año en Ashjabab, Paquistán, Turkmenistán y Unocal firmaron un acuerdo por el que Unocal se comprometía a conseguir la financiación y establecer la limitación de los gastos del proyecto en diciembre de 1997, mientras que la construcción daría comienzo a principios de

4. Entrevista con el presidente Niyazov, Ashjabab, 22 de enero de 1997. Turkmenistán albergó una reunión del Foro Internacional de Ayuda a Afganistán promovida por la ONU para tratar de conseguir un mayor papel en Afganistán.

1998. El ISI había informado a Estados Unidos y Turkmenistán de que los talibán estaban a punto de tomar Mazar-e-Sharif, la fortaleza septentrional de la oposición. Sin embargo, al cabo de dos semanas los talibán fueron expulsados de Mazar con centenares de bajas, y la lucha se intensificó en todo Afganistán. Una vez más, la excesiva dependencia de los análisis del ISI había puesto en un brete a Estados Unidos.

En la primera reunión del grupo de trabajo de CentGas en Islamabad, tras la derrota de Mazar, Marty Miller, el vicepresidente de Unocal, expresó serias dudas de que Unocal pudiera cumplir con el plazo, establecido en diciembre de 1997. El 5 de junio de 1997, durante una conferencia de prensa, Miller me dijo: «No sabemos con certeza cuándo se iniciará el proyecto. Depende de la paz en Afganistán y de un gobierno con el que podamos hablar. Podría ser a fines de este año, el año próximo o dentro de tres años, o tal vez, si la lucha prosigue, podría ser como un pozo que no rinde suficiente crudo para ser económicamente provechoso». Paquistán y Turkmenistán se vieron obligados a firmar un nuevo contrato con Unocal que extendía a un año más, hasta diciembre de 1998, el plazo de la compañía para iniciar el proyecto. La mayoría de los observadores consideraron que, incluso con esta ampliación del plazo, creer que se podría comenzar en esa fecha era demasiado optimista.

Por entonces, cundía en Washington un creciente escepticismo acerca de que Paquistán y los talibán pudieran conseguir la unificación de Afganistán. En consecuencia, Estados Unidos empezó a explorar otras opciones para ayudar a Turkmenistán a distribuir su gas. Con una espectacular inversión de su política, en julio de 1997 Estados Unidos anunció que no pondrían objeciones a un gasoducto entre Turkmenistán y Turquía que cruzaría Irán. Washington sostuvo que su decisión no significaba una vuelta atrás en su régimen de sanciones contra Irán. Sin embargo, mientras las compañías petroleras europeas y asiáticas bregaban por penetrar en el mercado iraní, las compañías petroleras norteamericanas vieron una oportunidad e intensificaron la presión sobre la administración Clinton para suavizar las sanciones de Estados Unidos contra Teherán.[5]

5. Tres compañías europeas estaban involucradas en el gasoducto entre Turquía y Turkmenistán: Snamprogetti de Italia, Gas de France y Royal Dutch Shell.

La oportunidad de transportar petróleo y gas del Caspio a través de Irán hacía que un impredecible conducto por Afganistán fuese todavía menos viable. La decisión de Washington fue un duro golpe para Unocal y un claro recordatorio a Islamabad de que el apoyo de Estados Unidos era veleidoso en el mejor de los casos y que se estaba agotando el tiempo para que los talibán unificaran el país por medio de la conquista. Además, Irán y BHP Petroleum de Australia anunciaron que patrocinarían un gasoducto de 2.570 kilómetros, con un coste de más de dos mil millones de dólares, que transportaría dos mil millones de pies cúbicos de gas al día desde el sur de Irán a Karachi y, más adelante, a la India. La ventaja de ese gasoducto, que competiría directamente con Unocal, estribaba en que pasaría por un territorio que no había sido devastado por una guerra civil.

El 16 de octubre de 1997, el primer ministro Nawaz Sharif realizó una visita de un solo día a Ashjabab, para hablar con Niyazov acerca del proyecto de Unocal. El resultado fue que Unocal, Paquistán y Turkmenistán firmaron un acuerdo provisional sobre los precios para la importación de gas turcomano, según el cual los talibán recibirían quince centavos de dólar por mil pies cúbicos como tarifa de tránsito por el tendido del gasoducto a través de su territorio.[6] Por entonces las decisiones de Sharif y Niyazov, quienes hacían caso omiso de la lucha, estaban rodeadas de un aura de irrealidad. Los talibán estaban enfurecidos porque no se les consultaba sobre el precio del gas y exigieron una tarifa de tránsito más elevada.

El 25 de octubre de 1997, la compañía Unocal anunció un consorcio de CentGas ampliado, constituido por compañías petroleras de Japón, Corea del Sur y Paquistán.[7] Sin embargo, el intento de Unocal de cortejar a los rusos había fallado. Aunque el 10 por 100

6. El desglose del trato daba un dólar a Turkmenistán por suministrar el gas, entre 65 y 85 centavos a Unocal como costes de transporte y quince centavos a los talibán en concepto de derechos. Esto habría significado para los talibán unos 105 millones de dólares al año, pero ellos lo rechazaron.

7. El nuevo consorcio CentGas anunciado el 25 de octubre de 1997 presentaba esta participación: Unocal 46,5 por 100; Delta Oil, 15 por 100; Turkmenistán, 7 por 100; Itochu (Japón), 6,5 por 100; Indonesia Petroleum (Japón), 6,5 por 100; Crescent Group (Paquistán), 3,5 por 100 y Hyundai Engineering and Construction, Co. (Corea del Sur), 5 por 100. El 10 por 100 de las acciones se reservaron para Gazprom.

de las acciones de CentGas estaban reservadas a Gazprom, el gigante del gas ruso se negó a firmar, mientras Moscú criticaba el patronazgo norteamericano de los talibán y el debilitamiento de la influencia rusa en Asia Central.[8] Rem Vyakhirev, el presidente de Gazprom, declaró que Rusia no permitiría que Turkmenistán o Kazajistán exportaran su petróleo y su gas por conductos que no pertenecían a Rusia. Vyakhirev declaró: «Abandonar el propio mercado [...] sería, como mínimo, un crimen contra Rusia».[9]

Los funcionarios norteamericanos ya habían dejado clara su política antirrusa. Sheila Heslin, la experta en energía del NSC, explicó: «La política de Estados Unidos consistía en promover el rápido desarrollo de la energía del Caspio [...] Lo hicimos así con la finalidad concreta de promover la independencia de esos países ricos en petróleo, esencialmente para romper el monopolio que tenía Rusia del control sobre el transporte de petróleo desde aquella región y, con franqueza, para promover la seguridad de la energía occidental por medio de la diversificación del suministro».[10]

Bridas permaneció en la carrera, esta vez con un socio poderoso al que ni siquiera Washington podía oponerse. En septiembre de 1997, Bridas vendió el 60 por 100 de la participación de su compañía en América Latina al gigante petrolero norteamericano Amoco, y planteó así la posibilidad de que esta compañía pudiera influir en Niyazov para que liberase los bienes inmovilizados de Bridas en Turkmenistán. Bridas invitó a una delegación talibán encabezada por el *mulá* Ahmad Jan, el ex comerciante de alfombras y ahora ministro de Industria, para que visitaran por segunda vez Buenos Aires en septiembre. Las autoridades paquistaníes no permitieron que los talibán emprendieran el vuelo desde Peshawar hasta que también hubieran accedido a visitar Unocal. En noviembre de 1997, otra delegación talibán, encabezada por el *mulá* tuerto Mohammed Ghaus, llegó a Houston para reunirse con los representantes de Unocal.

8. Tras la retirada de Gazprom, se reorganizó la participación en CentGas: Unocal, 54,11 por 100; Delta Oil, 15 por 100; Turkmenistán, 7 por 100; Indonesia Petroleum (Japón), 7,22 por 100; CIECO TransAsia Gas Ltd. (Japón), 7,22 por 100; Hyundai Ltd. (Corea del Sur), 5,556 por 100; Crescent Group (Paquistán), 3,89 por 100.

9. Reuters, 9 agosto de 1997. Citado por el periódico *Dawn*.

10. Sheila Heslin, testimonio en una sesión del Senado sobre las actividades para recaudar fondos, 17 de septiembre de 1997.

Los alojaron en un hotel de cinco estrellas y visitaron el zoo, los supermercados y el centro espacial de la NASA. Cenaron en casa de Marty Miller y admiraron su piscina y su espaciosa y cómoda mansión. Entonces se entrevistaron con funcionarios en el Departamento de Estado, donde una vez más solicitaron el reconocimiento de Estados Unidos.[11]

Tras la pausa invernal en Afganistán, en la primavera de 1998 se reprodujeron los conflictos armados y el proyecto les pareció a ambas empresas tan lejano como siempre. En marzo, Marty Miller dijo en Ashjabab que el proyecto había sido suspendido de manera indefinida porque no era posible financiarlo mientras continuara la guerra. Niyazov rabiaba de impaciencia, y Unocal solicitó un nuevo plazo, después de diciembre de 1998, para establecer los límites de la financiación. Unocal también se enfrentaba a crecientes problemas en Estados Unidos. En junio de 1998, durante la reunión anual de los accionistas, algunos de éstos se opusieron al proyecto debido al tratamiento que los talibán daban a las mujeres afganas. Los grupos feministas norteamericanos empezaron a reunir el apoyo del público contra los talibán y Unocal.

A lo largo de 1998 se intensificó la presión feminista sobre Unocal. En septiembre de ese año, un grupo de activistas de los Verdes pidió al fiscal general de California que disolviera Unocal por delitos contra la humanidad y el medio ambiente, y por las relaciones de la empresa con los talibán. Unocal calificó las acusaciones de «ridículas». Primero, intentó contrarrestar a las feministas y, luego, mostró reserva al tratar de responder a las acusaciones. La batalla estaba perdida, porque eran mujeres americanas y no extranjeras quienes querían respuestas a una cuestión que ahora contaba con el apoyo de la administración Clinton.

John Imle declaró: «Estamos en desacuerdo con ciertos grupos feministas norteamericanos sobre la manera en que Unocal debería reaccionar a esta cuestión [...] somos invitados en países que tienen dèrechos soberanos y sus propias creencias políticas, sociales y religiosas. Ninguna empresa, y entre ellas la nuestra, puede resolver por sí sola estas cuestiones. Marcharnos de Afganistán, ya sea aban-

11. Caroline Lees, «Oil barons court Taliban in Texas», *Sunday Telegraph*, 14 de diciembre de 1997.

donando el proyecto del gasoducto o los proyectos de ayuda humanitaria, no ayudaría a solucionar el problema».[12]

El bombardeo norteamericano de los campamentos de Bin Laden en agosto de 1998 obligó a Unocal a retirar su personal de Paquistán y Kandahar, y, por último, en diciembre de ese año, a retirarse formalmente del consorcio de CentGas, por cuyo establecimiento tanto se había esforzado. El desplome de los precios del petróleo en todo el mundo, que afectó a la industria petrolera mundial, también golpeó duramente a Unocal. La empresa se retiró de un proyecto de oleoducto en Turquía, cerró sus oficinas en Paquistán, Turkmenistán, Uzbekistán y Kazajistán, y anunció una caída del 40 por 100 en su plan de gastos para 1999, debido a los bajos precios del petróleo. La única victoria de Unocal en aquellos días difíciles fue la que logró sobre Bridas. El 5 de octubre de 1998, el Tribunal del Distrito de Texas falló en contra de la demanda de Bridas contra Unocal, por quince mil millones de dólares, basándose en que la disputa se regía por las leyes de Turkmenistán y Afganistán, no por la ley de Texas.

Ahora la mayor preocupación de Estados Unidos era la captura de Bin Laden, y de momento parecía haber terminado una fase del Gran Juego. Era evidente que ninguna compañía petrolera norteamericana podría construir un conducto para gas o petróleo a través de Afganistán con cuestiones pendientes como el trato que los talibán daban a las mujeres, Bin Laden y la lucha incesante. Unocal debería haberlo visto con claridad mucho antes, pero no fue así, porque los talibán y Paquistán siempre les habían prometido una victoria rápida. Bridas se mantuvo en la carrera, pero haciendo un papel de lo más discreto en los siguientes y difíciles meses. Aun cuando el proyecto había sido prácticamente cancelado, Paquistán insistía en tratar de mantenerlo vivo. En abril de 1999, en una reunión que tuvo lugar en Islamabad, Paquistán, Turkmenistán y los talibán trataron de resucitar el proyecto y dijeron que buscarían un nuevo patrocinador de CentGas, pero por entonces nadie quería relacionarse con Afganistán y los talibán e inversores extranjeros se mantenían al margen de Paquistán.

Según Paul Starobin, la estrategia norteamericana en Asia Cen-

12. Entrevista con Imle en Davos, 29 de enero de 1999.

tral era «un haz de confusiones», mientras que Martha Brill Olcott la consideraba «arrogante, chapucera, ingenua y peligrosa». El escritor Robert Kaplan dijo de la región que era una «frontera de anarquía».[13] No obstante, Estados Unidos, que ahora apoyaba fervientemente el oleoducto entre Bakú y Ceyhan, a pesar del descenso de los precios del petróleo y la negativa de las compañías petroleras a invertir, insistía en la creencia de que era preciso construir los conductos de gas y petróleo sin una visión estratégica o la resolución del conflicto en la región.

Tras aportar armamento y munición por un valor de miles de millones de dólares a los muyahidín, Estados Unidos empezó a apartarse del problema afgano después de que las tropas soviéticas completaran su retirada en 1989. El alejamiento se apresuró en 1992, cuando cayó Kabul. Washington concedió a sus aliados en la región, Paquistán y Arabia Saudí, rienda suelta para solucionar la consiguiente guerra civil afgana. Para los afganos corrientes, la retirada de Estados Unidos del escenario constituyó una traición en toda regla, mientras que la negativa de Washington a utilizar la presión internacional para ayudar a establecer un acuerdo entre los señores de la guerra se consideró una traición doble. Otros afganos estaban enfurecidos con Estados Unidos por dar a Paquistán mano libre en Afganistán. La ausencia estratégica de Estados Unidos permitía a todas las potencias regionales, incluidas las repúblicas de Asia Central, que acababan de obtener la independencia, que apoyaran a los señores de la guerra rivales, e intensificaba así la guerra civil y garantizaba su prolongación. La ayuda militar estadounidense a los muyahidín nunca fue sustituida por la ayuda humanitaria internacional, que podría haber inducido a los señores de la guerra a hacer las paces y reconstruir el país.

Tras el final de la Guerra Fría, la falta de un marco estratégico obstaculizó la política de Washington en la región formada por Afganistán, Paquistán, Irán y Asia Central. Estados Unidos se ocupaba de los problemas a medida que iban surgiendo, sin orden ni concierto y fragmentariamente, en lugar de aplicar a la zona una visión

13. Paul Starobin, «El nuevo Gran Juego», *National Journal*, 12 de marzo de 1999. La cita de Kaplan procede de su libro, *The Ends of the Earth: A Journey to the Frontiers of Anarchy*, Vintage Books, 1997.

coherente y estratégica. Hay varias fases claras en la política de Estados Unidos hacia los talibán, en las que impera la política interior norteamericana o el intento de llevar a cabo soluciones rápidas en lugar de una política estratégica.

Entre 1994 y 1996, Estados Unidos apoyó políticamente a los talibán a través de sus aliados, Paquistán y Arabia Saudí, sobre todo porque Washington consideraba a los talibán como antiiraníes, antichiítas y prooccidentales. Estados Unidos olvidó convenientemente el programa fundamentalista islámico de los talibán, la represión de las mujeres y la consternación que creaban en Asia Central, en gran parte porque a Washington no le interesaba la complejidad de la verdadera situación. Entre 1995 y 1997 el apoyo de Estados Unidos estuvo impulsado aún en mayor medida por su apoyo al proyecto de Unocal, aun cuando en aquel entonces Estados Unidos carecía de un plan estratégico para acceder a la energía de Asia Central y creía que los gasoductos podían construirse sin que se hubieran resuelto las guerras civiles regionales.

El cambio de la política norteamericana desde 1997 hasta la fecha tuvo su impulso inicial en la eficaz campaña de las feministas norteamericanas contra los talibán. Como sucedía siempre con el programa de Clinton, los problemas políticos interiores pesaban más que la política exterior y los deseos de los aliados. Clinton sólo se percató del problema afgano cuando las mujeres americanas llamaron a su puerta. En las elecciones de 1996, el presidente y su esposa habían confiado mucho en el voto de las mujeres, y también confiaron en su apoyo durante el culebrón protagonizado por Monica Lewinsky. No podían permitirse irritar a las norteamericanas liberales. Además, una vez Hollywood se involucró (sus estrellas liberales tuvieron un papel esencial en la financiación y el apoyo de la campaña de Clinton, y el vicepresidente Albert Gore estaba deseoso de conservar el apoyo de los actores para su propia apuesta electoral), era imposible que el mundo percibiera una actitud blanda de Estados Unidos con respecto a los talibán.

En 1998 y 1999 el apoyo de los talibán a Bin Laden, su negativa a avalar el proyecto de Unocal y comprometerse con sus adversarios y el nuevo gobierno moderado de Irán aportaron nuevos motivos para que Estados Unidos se mostrara duro con los talibán. En 1999 «la captura de Bin Laden» se convirtió en el principal objetivo de la política de Washington, aunque hacía caso omiso del nuevo radicalismo islámico que Afganistán estaba alentando y que, a la larga, produciría Bin Ladens a docenas. Sin embargo, aunque tardíamente, por primera vez Estados Unidos apostaba realmente por la paz y daba pleno apoyo a los esfuerzos de mediación de la ONU para poner fin a la guerra.

En la política estadounidense han pesado en exceso las suposiciones erróneas. La primera vez que hablé con los diplomáticos en la embajada de Estados Unidos en Islamabad, tras la aparición de los talibán en 1994, se mostraron entusiasmados. Los talibán habían dicho a la sucesión de diplomáticos norteamericanos que visitaron Kandahar que Irán les desagradaba, que rebajarían el cultivo de adormidera y la producción de heroína, que se oponían a todos los forasteros que quedaban en Afganistán, incluidos los afganos árabes, y que no deseaban hacerse con el poder ni dirigir el país. Ciertos diplomáticos de Estados Unidos los consideraban benefactores mesiánicos, como cristianos renacidos del llamado Cinturón Bíblico norteamericano. Estaban seguros de que los talibán satisfarían los objetivos esenciales de Estados Unidos en Afganistán, «eliminar las drogas y los malhechores», como dijo uno de ellos. La ingenuidad de esa esperanza era patente, dada la base social de los talibán y el hecho de que ni ellos mismos sabían qué representaban ni si deseaban ostentar el poder estatal.

En 1995, cuando los talibán tomaron Herat y expulsaron de las escuelas a miles de niñas, Estados Unidos no efectuó la menor crítica. En realidad, junto con el ISI paquistaní, los norteamericanos consideraron que la caída de Herat ayudaba a Unocal y apretaba la soga alrededor de Irán. El objetivo que tenía Washington de utilizar a los talibán para bloquear Irán era también miope, porque enfrentaría a Irán con Paquistán, a suníes contra chiítas y a pashtunes contra no pashtunes. Barrett Rubin escribió: «Sean cuales fueren los méritos de la política de aislamiento hacia Irán en la lucha contra el terrorismo, incapacitan a Estados Unidos en Afganistán».[14] Irán, ya paranoico acerca de los complots de la CIA para socavarlo, redobló sus esfuerzos por demostrar el apoyo que la CIA daba a los talibán

14. Barnett Rubin, «US Policy in Afghanistan», *Muslim Politics Report*, Council of Foreign Relations, Nueva York, enero de 1997.

mientras incrementaba su entrega al armamento de la alianza anti-talibán. «La política de Estados Unidos nos está obligando a unirnos a Rusia y la alianza antitalibán contra Paquistán, Arabia Saudí y los talibán», dijo un diplomático iraní.[15]

Algunos diplomáticos norteamericanos, preocupados por la falta de dirección en Washington o Afganistán, han admitido que no hubo ninguna política norteamericana coherente, excepto aceptar lo que querían Paquistán y Arabia Saudí. En un informe confidencial del Departamento de Estado, fechado en 1996 y escrito poco antes de que los talibán tomasen Kabul, algunas de cuyas partes he leído, los analistas decían que, si el movimiento talibán se expandía, Rusia, India e Irán apoyarían a la alianza antitalibán y la guerra continuaría; que Estados Unidos habría de enfrentarse al dilema entre apoyar a su antiguo aliado, Paquistán, y tratar de evitar la hostilidad de India y Rusia, con quienes Estados Unidos trataba de mejorar sus relaciones. En semejante situación, conjeturaba el Departamento de Estado, Estados Unidos no podía confiar en que llegaría a tener una política coherente hacia Afganistán. En un año electoral, una política afgana coherente tampoco era particularmente necesaria.

Había otro problema. El interés por Afganistán en Washington era escaso. Robin Raphel, la subsecretaria de Estado norteamericana para el sur de Asia y, en aquel entonces, principal realizadora de la política de Washington con respecto a Afganistán, admitió en privado que había poco interés por sus iniciativas en ese país más arriba de la cadena de mando en Washington. El secretario de Estado, Warren Christopher, no mencionó a Afganistán ni una vez durante todo su mandato. Raphel intentó lanzar la idea de un embargo de armas internacional contra Afganistán, por medio del Consejo de Seguridad de la ONU, pero obtuvo escaso apoyo por parte de la Casa Blanca. En mayo de 1996, Raphel logró que se aceptara un debate sobre Afganistán en el Consejo de Seguridad de la ONU, el primero que se celebraba en seis años. Y en el mes de junio, el senador Hank Brown, con el apoyo de Raphel, convocó unas sesiones sobre Afganistán en el Senado y celebró una conferencia de tres días en Washington con dirigentes de las facciones

15. Entrevista con un diplomático iraní, Islamabad, enero de 1997.

afganas y legisladores norteamericanos, en cuya financiación participó Unocal.[16]

Raphel reconocía los peligros que presentaba Afganistán. En mayo de 1996 manifestó al Senado norteamericano: «Afganistán se ha convertido en un canal de drogas, delitos y terrorismo que puede socavar a Paquistán y los estados vecinos de Asia Central, y que tendrá un impacto más allá de Europa y Rusia». Añadió que los campos de entrenamiento en Afganistán exportaban terrorismo.[17] Pero la perseverancia de Raphel se convirtió en una diplomacia fragmentaria, porque no estaba sostenida por un compromiso serio de Estados Unidos con la región.

En septiembre de 1996, cuando los talibán tomaron Kabul, la CIA, estimulada de nuevo por los análisis del ISI, consideraron que era posible una conquista talibán del país y que el proyecto de Unocal podía fructificar. Estados Unidos guardó silencio sobre la represión de las mujeres por parte de las autoridades de Kabul y el dramático incremento de la lucha, y en noviembre Raphel pidió a todos los estados que establecieran compromisos con los talibán y no los aislaran. «Los talibán controlan más de las dos terceras partes del país—argumentó—son afganos, naturales del país, y han demostrado su capacidad de permanencia. El verdadero origen de su éxito ha sido la buena disposición de muchos afganos, sobre todo pashtunes, para trocar la lucha y el caos interminables por la paz y la seguridad, aunque sea con severas restricciones sociales». Y añadió: «Aislar a los talibán no redunda en beneficio de Afganistán ni de ninguno de los aquí presentes».[18]

Varios comentaristas norteamericanos preocupados observaron la incongruencia de la política del país en aquellos momentos:

16. Aunque Paquistán apoyaba públicamente el embargo de armas, el ISI advirtió a la CIA en privado de que esa medida complicaría su acción de armar a los talibán y retrasaría la victoria de éstos y el proyecto de Unocal. Estados Unidos todavía apoya el embargo de armas, pero posteriormente la administración Clinton no ha insistido en ese punto. Diplomáticos paquistaníes me dijeron que Unocal había pagado los pasajes a varios portavoces afganos para que asistieran a la reunión de Hank Brown.

17. Robin Raphel, testimonio ante el Subcomité de Relaciones Exteriores del Senado sobre Oriente Próximo y Asia meridional, 11 de mayo de 1996.

18. Robin Raphel, texto del discurso al finalizar la reunión de la ONU sobre Afganistán, obtenido por el autor, 18 de noviembre de 1996.

«Aunque Estados Unidos clama contra las continuas violaciones de los derechos humanos, todavía no ha explicado con detalle una política clara hacia el país y no ha tomado una firme postura pública contra la injerencia en Afganistán de sus amigos y antiguos aliados, Arabia Saudí y Paquistán, cuya ayuda, financiera y de otro tipo, permitió a los talibán tomar Kabul».[19]

Estados Unidos y Unocal querían creer que los talibán ganarían y aceptaron el análisis paquistaní que les daba la victoria. Los políticos norteamericanos más ingenuos confiaban en que los talibán emularían las relaciones entre Estados Unidos y Arabia de los años veinte. Un diplomático comentó: «Probablemente el movimiento talibán se desarrollará como lo hicieron los saudíes. Habrá cosas como Aramco, oleoductos y un emir, no tendrán parlamento y se aplicará rigurosamente la *sharia*. Todo eso es tolerable para nosotros».[20] Dados sus recelos, no resultó inesperado que la alianza anti-talibán, Irán y Rusia percibieran el proyecto de Unocal como un ramal de la política exterior de Estados Unidos y la CIA, y como la clave del apoyo norteamericano a los talibán. Los vínculos de Unocal con el gobierno estadounidense se convirtieron en tema de copiosas especulaciones. El comentarista Richard Mackenzie escribió que la CIA y el ISI informaban con regularidad a Unocal.[21]

La empresa petrolera ni admitió ni negó haber recibido el apoyo del Departamento de Estado, como lo habría hecho cualquier empresa en un país extranjero, pero negó toda vinculación con la CIA. John Imle, el presidente de Unocal, me dijo: «Puesto que Unocal era la única compañía norteamericana participante en el con-

19. Barnett Rubin, «US Policy in Afghanistan», Informe de Política Musulmana, Consejo de Relaciones Exteriores, Nueva York, enero de 1997.

20. Entrevista con un diplomático estadounidense, Islamabad, 20 de enero de 1997. Aramco era el consorcio de compañías petroleras de Estados Unidos que controlaba la explotación del petróleo saudí hasta que el gobierno saudí lo nacionalizó.

21. «Aunque la CIA no se embarcó en una nueva operación afgana por sí sola, analistas del servicio de inteligencia norteamericano informaron por extenso a los ejecutivos de Unocal. Unocal y Delta contrataron como asesores a todos los miembros disponibles del círculo interno de norteamericanos involucrados en las operaciones afganas durante los años de la *yihad*». Richard Mackenzie, «Estados Unidos y los talibán», en William Maley (ed.), *Fundamentalism Reborn? Afghanistan and the Taliban*, C. Hurst, Londres, 1998.

sorcio CentGas, el apoyo del Departamento de Estado a esa ruta se convirtió, de hecho, en un apoyo a CentGas y Unocal. Al mismo tiempo, el gobierno norteamericano conocía bien el criterio de neutralidad política de Unocal».[22] El fracaso de Unocal consistió en que jamás desarrolló una relación con las facciones afganas, que eran independientes de los gobiernos de Estados Unidos y Paquistán.

Existía un problema mayor. Hasta julio de 1997, cuando Strobe Talbott pronunció su discurso en Washington, Estados Unidos careció de un plan estratégico para acceder a la energía de Asia Central. Las compañías petroleras estadounidenses se enfrentaban a lo que no podían hacer, en lugar de lo factible, puesto que se les había prohibido tender oleoductos a través de Irán y Rusia. Finalmente, cuando Washington anunció su política de «un corredor de transporte» desde el Caspio a Turquía (evitando Rusia e Irán), las compañías petroleras se mostraron reacias a secundar el proyecto, debido a los costes y la turbulencia en la región. El problema esencial que Estados Unidos no quería abordar era el logro de la paz, pues hasta que no cesaran las guerras civiles en Asia Central y el Caspio (Afganistán, Tayikistán, Georgia, Chechenia, Nagorno-Karabaj, el problema kurdo) y se llegara a un consenso amplio con Irán y Rusia, construir gasoductos no sería seguro ni comercialmente factible, pues a cada paso Irán y Rusia los bloquearían o incluso sabotearían.

Irán y Rusia estaban interesados en mantener la inestabilidad de la región, armando a la alianza antitalibán, de modo que los planes norteamericanos para construir un gasoducto nunca podrían tener éxito. Incluso hoy existe confusión en Estados Unidos sobre la cuestión crítica de si desean salvar las economías deprimidas de Asia Central, permitiéndoles exportar energía a la manera que esos países prefieran, o mantener a Irán y Rusia bloqueados en lo que respecta a los gasoductos.

Estados Unidos y Unocal se enfrentaban en Afganistán a unos sencillos interrogantes: ¿Era preferible dejar que Paquistán y Arabia Saudí entregaran a los talibán y obtener un consenso afgano temporal a la manera anticuada mediante la reconquista del país? ¿O era preferible para Estados Unidos buscar la paz y lograr la unión

22. Entrevista con John Imle en Davos, 29 de enero de 1999.

de los grupos étnicos y las facciones de Afganistán para formar un gobierno de base amplia, que podría asegurar una estabilidad duradera? Aunque la política a grandes rasgos de Washington consistía en apoyar a un gobierno de ancha base y multiétnico en Kabul, durante algún tiempo Estados Unidos creyó en los talibán y, cuando dejó de hacerlo, no estuvo dispuesto a frenar a Paquistán y Arabia Saudí.

Aunque no existía un presupuesto de la CIA para proporcionar armas y munición a los talibán, y a pesar de que Unocal no les canalizaba apoyo militar, lo cierto era que contaban con el apoyo de Estados Unidos a través de sus aliados tradicionales, Paquistán y Arabia Saudí, pues se aceptaba que proporcionaran armamento y financiaran a los talibán. En 1998, el diplomático norteamericano de mayor rango que se ocupaba de Afganistán, comentó: «Estados Unidos accedió a apoyar a los talibán debido a nuestros vínculos con los gobiernos paquistaní y saudí que los apoyaban. Pero ya no lo hacemos y les hemos dicho categóricamente que necesitamos un acuerdo».[23] En Washington tal vez no había un plan de acción encubierto, sino que precisamente faltaba un plan de acción. El primero implica planificación, financiación y toma de decisiones, pero nada de esto tiene lugar en los niveles superiores de la política norteamericana sobre Afganistán.

El cambio de actitud de Washington acerca de los talibán, a fines de 1997, se debió también a la crisis política y económica que deterioraba Paquistán. Funcionarios norteamericanos empezaron a expresar sus temores de que las drogas, el terrorismo y la amenaza fundamentalista islámica que planteaban los talibán pudieran trastornar a Paquistán, su antiguo y ahora decididamente frágil aliado. Estados Unidos advirtió a Paquistán de los crecientes peligros que arrostraba, pero los norteamericanos se sintieron frustrados por la negativa del ISI a presionar a los talibán para que fuesen más flexibles en las cuestiones políticas y el trato que daban a las mujeres.

La primera expresión pública del cambio norteamericano se debió a la secretaria de Estado, Madeleine Albright, durante su visita a Islamabad en noviembre de 1997. En los escalones del ministerio

23. Entrevista con un funcionario norteamericano, Islamabad, 27 de enero de 1998.

de Asuntos Exteriores paquistaní calificó de «viles» a los talibán por su manera de tratar a las mujeres. En el interior, advirtió a los funcionarios paquistaníes de que su país se estaba quedando aislado en Asia central, lo que debilitaba la influencia de Estados Unidos en la región. Pero el régimen de Sharif seguía en desacuerdo consigo mismo: quería convertirse en un canal de energía para Asia Central, quería la paz en Afganistán, pero insistía en que la mejor manera de conseguirlo sería una victoria talibán. Paquistán no podía lograr esa victoria, el acceso a Asia Central, la amistad con Irán y el final del terrorismo al estilo de Bin Laden, todo al mismo tiempo. Era una política contraproducente, engañosa y contradictoria que Paquistán se negaba incluso a reconocer.

El cambio de la política norteamericana se debió también a los grandes cambios ocurridos en Washington. A comienzos de 1997 el severo y desafortunado secretario de Estado Warren Christopher fue sustituido por Madeleine Albright, cuya experiencia personal durante su infancia en Europa central aseguraba que los derechos humanos ocuparan un lugar prominente en su programa. Un nuevo equipo de diplomáticos norteamericanos empezaron a tratar con Afganistán en Washington e Islamabad, y el nuevo subsecretario estadounidense para Asia meridional, Karl Inderfurth, que había sido periodista, conocía Afganistán y su relación con Albright era mucho mejor que la de Raphel con Christopher.

A la crítica en privado de Albright a los planes de acción paquistaníes y la crítica en público de los talibán, siguió la visita del embajador de Estados Unidos en la ONU, Bill Richardson, a Islamabad y Kabul, en abril de 1998. Pero como Paquistán no realizaba una verdadera presión sobre los talibán, limitándose a aconsejarles para que trataran a Richardson con el debido protocolo, el viaje resultó poco más que un ejercicio de relaciones públicas. Al cabo de unas horas el *mulá* Omar rescindió los acuerdos de Richardson con los talibán. La única consecuencia positiva del viaje fue que convenció a Irán de que ahora Estados Unidos veía a Teherán como un asociado con quien dialogar en futuras conversaciones de paz afganas; se reducían así las tensiones entre Estados Unidos e Irán por causa de Afganistán.

Como sucediera con las iniciativas de Raphel en 1996, Estados Unidos parecía meter los dedos en las arenas movedizas afganas, pero no quería ninguna responsabilidad auténtica. No deseaba tomar partido ni verse involucrado en los entresijos de los acuerdos de paz. Los paquistaníes se dieron cuenta de esta debilidad e intentaron negar la presión de Estados Unidos. El ministro de Asuntos Exteriores, Gohar Ayub, execró a los norteamericanos poco antes de la llegada de Richardson: «Están pensando en poner títeres allí [en Kabul]—dijo Ayub durante una visita a Tokio—. Es una gente que revolotea de fiesta en fiesta, y no surten mucho efecto porque no tienen ningún apoyo en Afganistán».[24]

Las tensiones norteamericanas con Paquistán se incrementaron notablemente tras los ataques de Bin Laden contra las embajadas de Estados Unidos en África, perpetrados en agosto de 1998. El hecho de que el ISI hubiera contribuido a la presentación de Bin Laden a los talibán en 1996 y mantenido contactos con él, pero que ahora se negara a prestar ayuda a los norteamericanos para capturarlo, creó grandes dificultades en la relación. El tono estadounidense se hizo mucho más duro. En enero de 1999, Strobe Talbott, subsecretario de Estado, declaró: «Parece existir una interacción generalizada y peligrosa entre la política de Paquistán y la agitación en el interior de Afganistán. Con la aparición de los talibán hay motivos crecientes para temer que el extremismo militante, el oscurantismo y el sectarismo se contagiarán a los países contiguos. Ninguno de ellos tiene más que perder que Paquistán si la "talibanización" se extendiera más».[25]

Pero los norteamericanos no estaban dispuestos a criticar en público el apoyo que los saudíes prestaban a los talibán, aunque en privado insistían para que Arabia Saudí empleara su influencia sobre los talibán para entregar a Bin Laden. Incluso los congresistas norteamericanos presentaban ahora las frustrantes contradicciones de la política norteamericana. «He pedido que se diga si esta administración tiene o no una política oculta que ha fortalecido a los talibán y ha permitido a este brutal movimiento mantenerse en el po-

24. AFP, «US wants puppet government in Afghanistan», 11 de marzo de 1998. Ayub se refería a un intento norteamericano fallido de hablar con personajes pashtunes neutrales que podrían desempeñar un papel en la suavización de los talibán partidarios de la línea dura.

25. Strobe Talbott, discurso pronunciado en la Universidad de Stanford, California, el 23 de enero de 1999, US Information Service.

der—manifestó el congresista Dana Rohrabacher en abril de 1999—. Estados Unidos tiene una relación muy estrecha con Arabia Saudí y Paquistán, pero por desgracia, en vez de aportar liderazgo, dejamos que dirijan nuestras acciones».[26]

El problema de Paquistán radicaba en que Washington había demonizado a Bin Laden hasta tal extremo que éste se había convertido en un héroe para muchos musulmanes, sobre todo en Paquistán. La política de Estados Unidos volvía a revelarse incapaz de abarcar más de una cuestión a la vez, y se concentraba exclusivamente en la captura de Bin Laden, en lugar de abordar los problemas más amplios del terrorismo afincado en Afganistán y el proceso de paz. Washington parecía tener un plan de acción para atrapar a Bin Laden, pero no una política con respecto a Afganistán. Estados Unidos, que había apoyado a los talibán, ahora pasaba al otro extremo y los rechazaba por completo.

El rechazo de los talibán por parte de Estados Unidos se debió en gran parte a la presión del movimiento feminista. Activistas afganas como Zieba Shorish-Shamley habían persuadido al grupo Mayoría Feminista para que encabezara una campaña de firmas a fin de movilizar el apoyo para las mujeres afganas y obligar a Clinton a tomar partido contra los talibán. Trescientos grupos feministas, sindicatos y grupos pro derechos humanos aportaron sus firmas. La campaña obtuvo un gran impulso propagandístico cuando Mavis Leno, esposa del cómico Jay Leno, ofreció cien mil dólares. «Estados Unidos es en cierta medida responsable de las condiciones en que viven las mujeres afganas. Durante años nuestro país ha proporcionado armas a los grupos muyahidín para luchar contra los soviéticos», dijo la señora Leno en una sesión del congreso, en marzo de 1998.[27]

Con la ayuda de Leno, tras la entrega de los Oscars en 1999, la Mayoría Feminista organizó una gran fiesta a favor de las mujeres afganas a la que acudieron muchos astros de la pantalla. «La guerra

26. Dana Rohrabacher, «US Policy towards Afghanistan», Subcomité de Relaciones Exteriores del Senado sobre Asia meridional, Washington, 14 de abril de 1999.

27. Testimonio de Mavis Leno ante el Comité de Relaciones Exteriores del Senado sobre la situación de *apartheid* de las mujeres en Afganistán, 2 de marzo de 1998.

de los talibán contra las mujeres se ha convertido en la última *cause célèbre* en Hollywood», publicó el *Washington Post*. «El Tíbet ha pasado de moda. Afganistán está en el candelero».[28] Leno era famosa en una cultura dominada por la celebridad, y sus opiniones llegaron lejos. Hillary Clinton, deseosa de conseguir el apoyo de las feministas para su futura carrera política, firmó un acuerdo tras otro condenando a los talibán. «Cuando la llamada policía religiosa golpea salvajemente a las mujeres por no ir cubiertas del todo o por hacer ruido al andar, sabemos que el objetivo no es sólo la paliza física, sino la destrucción del espíritu de esas mujeres», dijo la señora Clinton durante un discurso pronunciado en 1999.[29] La política norteamericana parecía haber trazado un círculo completo, desde la aceptación incondicional de los talibán hasta su rechazo no menos incondicional.

28. Sharon Waxman, «A cause unveiled. Hollywood women have made the plight of Afghan women their own», *Washington Post*, 30 de marzo de 1999.
29. AP, 28 de abril de 1999.

4

AMO O VÍCTIMA.
LA GUERRA AFGANA DE PAQUISTÁN

En los últimos días de junio de 1998 se produjo un pandemónium en los ministerios de Finanzas y Asuntos Exteriores de Paquistán. Importantes funcionarios iban apresuradamente desde los dos ministerios hasta el secretariado del primer ministro, con abultados portafolios que necesitaban las firmas de varios ministros. Al cabo de pocos días, el 30 de junio, expiraría el año fiscal 1997-1998 y comenzaría el nuevo. Cada ministro trataba de agotar sus fondos para el año actual y conseguir del ministerio de Finanzas unas cuotas superiores para el próximo año. Pocas semanas atrás (el 28 de mayo), Paquistán había probado seis ingenios nucleares, tras las pruebas efectuadas por la India, y Occidente había impuesto sanciones a ambos países. Esta acción punitiva causó una importante crisis monetaria en Paquistán y empeoró la profunda recesión que atenazaba a la economía desde 1996.

Sin embargo, el 28 de junio, el ministerio de Finanzas, pese a su escasez de fondos, autorizó el pago de trescientos millones de rupias (seis millones de dólares) en concepto de salarios para la administración talibán en Kabul. La asignación permitiría al ministerio de Asuntos Exteriores dedicar cincuenta millones de rupias al mes, durante los próximos seis meses, a pagar los salarios de los dirigentes afganos. El ministerio tuvo que ocultar ese dinero en su propio presupuesto y el de otros ministerios, de modo que no apareciese en las partidas del presupuesto para 1998-1999 y no estuviera a la vista de los inquisitivos donantes internacionales, quienes exigían drásticas reducciones de los gastos del gobierno para salvar la economía afectada por la crisis.

Se calcula que en el año fiscal 1997-1998 Paquistán aportó a los talibán ayuda por valor de treinta millones de dólares.[1] Esta ayuda

1. Entrevistas con ministros y burócratas en junio de 1998. Gran parte de la in-

incluía 600.000 toneladas de trigo, diesel, petróleo y queroseno costeados en parte por Arabia Saudí, armas y municiones, bombas ariel, mantenimiento y repuestos para su equipo militar de la era soviética, como tanques y artillería pesada, reparación y mantenimiento de la fuerza aérea talibán y operaciones en el aeropuerto, construcción de carreteras, suministro eléctrico en Kandahar y salarios. Paquistán también facilitó a los talibán la compra de armas a Ucrania y Europa del Este. El dinero destinado a los salarios no solía utilizarse con ese fin y se empleaba directamente en el esfuerzo de guerra. En aquel entonces a los oficiales talibán que estaban en Kabul no se les pagaba cada mes. Oficialmente Paquistán negaba que estuviera apoyando a los talibán.

Este flujo de ayuda era un legado del pasado. Durante los años ochenta, el ISI manejó los miles de millones de dólares que llegaban de Occidente y los estados árabes para ayudar a los muyahidín. Con el estímulo y el apoyo técnico de la CIA, ese dinero también había sido empleado para llevar a cabo una enorme expansión del ISI. Este organismo indujo a centenares de oficiales del ejército a que tuvieran en observación no sólo los servicios secretos de Afganistán, sino también los de la India y Paquistán, así como la política interior, la economía, los medios de comunicación y todos los aspectos de la vida social y cultural.

La CIA proporcionó la tecnología más avanzada, con instrumentos que permitían al ISI controlar todas las llamadas telefónicas que se producían en el país. El ISI se convirtió en los ojos y oídos del régimen militar del presidente Zia y, hacia 1989, era el ente más poderoso de Paquistán para el control de la política y las acciones relacionadas con el exterior. Una y otra vez pasaría por encima de los gobiernos y el parlamento, en aquellos aspectos de la política exterior que consideraba esenciales para la seguridad nacional del país. Esos aspectos eran, principalmente, las relaciones con la India y Afganistán.

Durante la década de los noventa el ISI trató de mantener su control exclusivo de la política paquistaní con respecto a Afganis-

---

formación que sigue la reunieron para mí funcionarios civiles y militares entre 1995 y 1999. Véase Ahmed Rashid, «Pakistan and the Taliban», en William Maley (ed.), *Fundamentalism Reborn? Afghanistan and the Taliban*, C. Hurst, Londres, 1998.

tán. No obstante, al final de la Guerra Fría despojó al ISI de sus fondos y, debido a la grave crisis económica de Paquistán, su presupuesto secreto quedó notablemente reducido, Más importante todavía era que los recursos menguantes del ISI se canalizaban ahora hacia otra guerra de desgaste, esta vez a favor de los habitantes de Cachemira que se habían revelado contra la India en 1989.

Durante el segundo mandato de la primera ministra Benazir Bhutto (1993-1996), el ministro del Interior retirado, general Naserulá Babar, promocionó a los talibán. Quería que el ISI dejara de intervenir en la política afgana. Tanto Bhutto como Babar recelaban en sumo grado del poder y los recursos del ISI, que éste había utilizado para fomentar el descontento contra Bhutto en su primer mandato, lo cual condujo a la destitución de la primera ministra en 1990. Además, el ISI había dudado inicialmente acerca del potencial de los talibán, pues todavía prestaban su apoyo a Gulbuddin Hikmetyar y tenían pocos fondos para apoyar un movimiento de estudiantes afganos. Babar convirtió en «civil» el apoyo a los talibán. Creó la Célula para el Desarrollo del Comercio Afgano en el Ministerio del Interior, con la finalidad aparente de coordinar los esfuerzos para facilitar una ruta comercial a Asia Central, aunque su principal tarea consistía en proporcionar apoyo logístico a los talibán, no por medio de fondos secretos sino desde los presupuestos de los ministerios.

Babar ordenó a Telecomunicaciones de Paquistán que tendiera una red telefónica para los talibán, que formaría parte de la cobertura telefónica paquistaní. Desde cualquier parte de Paquistán se podría telefonear a Kandahar como si fuese una llamada nacional, utilizando el prefijo 081, el mismo de Quetta. Ingenieros del Departamento de Obras Públicas y la Autoridad para el Desarrollo de las Energías Hidráulica y Eléctrica llevaron a cabo reparaciones en las carreteras y proporcionaron suministro eléctrico a la ciudad de Kandahar. El Cuerpo Fronterizo paramilitar, bajo las órdenes directas de Babar, ayudó a los talibán a establecer una red radiofónica interna para sus jefes. La compañía aérea Pakistan International Airlines (PIA) y la Autoridad de Aviación Civil enviaron técnicos para reparar el aeropuerto de Kandahar y los reactores y helicópteros capturados por los talibán. Radio Paquistán prestó apoyo técnico a Radio Afganistán, ahora llamada Radio Shariat.

Después de que los talibán tomasen Herat en 1995, los esfuerzos paquistaníes se intensificaron. En enero de 1996, el director general de la Célula para el Desarrollo del Comercio Afgano viajó por carretera desde Quetta a Turkmenistán acompañado por funcionarios de Aviación Civil, Pakistan Telecom, PIA, Ferrocarriles de Paquistán, Radio Paquistán y el Banco Nacional de Paquistán. Los ministerios y las sociedades dependientes del gobierno emprendieron nuevos proyectos para ayudar a los talibán con presupuestos supuestamente destinados a desarrollar la economía de Paquistán.[2]

Pese a estos esfuerzos por ayudar y controlar a los talibán, éstos no eran los títeres de nadie y oponían resistencia a todos los intentos de manipularlos por parte de Islamabad. A lo largo de la historia afgana, ningún forastero ha podido manipular a ese pueblo, algo que británicos y soviéticos aprendieron a sus expensas. Al parecer, Paquistán no había aprendido ninguna lección de la historia mientras vivía aún en el pasado, cuando los fondos de la CIA y de Arabia Saudí dieron a Paquistán el poder de dominar el rumbo de la *yihad*. Por otra parte, los vínculos sociales, económicos y políticos de los talibán con los territorios fronterizos pashtunes eran enormes, forjados durante dos décadas de guerra y la clase de vida que llevaban los refugiados en Paquistán. Los talibán habían nacido en campos de refugiados paquistaníes, se habían educado en *madrasas* paquistaníes y habían aprendido sus habilidades guerreras de partidos muyahidín establecidos en Paquistán. Sus familiares tenían documentos de identidad paquistaníes.

Las profundas conexiones de los talibán con las instituciones estatales paquistaníes, así como los partidos políticos, los grupos islámicos, la red de *madrasas*, la mafia de las drogas y los grupos comerciales y del transporte, se produjeron en un momento en que la estructura de poder paquistaní se desenmarañaba y fragmentaba. Esto convenía a los talibán, quienes no estaban obligados hacia ninguna camarilla paquistaní, como el ISI. Si bien en los años ochenta los dirigentes muyahidín mantenían unas relaciones exclusivas con el ISI y el Jamaat-e-Islami, carecieron de vínculos con otras camarillas políticas y económicas. En cambio, los talibán tenían más acce-

2. Mariana Babar, «The Battle for economic gains in Afghanistan», *The News*, 15 de enero de 1996.

so que la mayoría de los paquistaníes a unas camarillas y unos grupos más influyentes en Paquistán.

Este acceso sin precedentes permitió a los talibán oponer en su provecho a las distintas camarillas y extender todavía más su influencia en Paquistán. En ocasiones desafiaban al ISI y conseguían la ayuda de los ministros del gobierno o la mafia del transporte. Otras veces desafiaban al gobierno federal, al obtener el apoyo de los gobiernos provinciales en Beluchistán y la Provincia Fronteriza del Noroeste. Con la expansión del movimiento talibán, cada vez resultó menos evidente quién dirigía a quién. En vez de ser el dueño de los talibán, Paquistán se estaba convirtiendo en su víctima.

Paquistán había empezado a percibir peligrar su seguridad cuando Afganistán reclamó ciertos territorios de la Provincia Fronteriza del Noroeste y de Beluchistán, y en los años cincuenta y sesenta se produjeron choques fronterizos entre ambos estados. Afganistán insistía en que debería permitirse al cinturón tribal pashtún de Paquistán o bien optar por la independencia, o bien unirse a Paquistán o Afganistán. Las relaciones diplomáticas quedaron interrumpidas en dos ocasiones, en 1955 y 1962, cuando Kabul abogaba por un «Gran Pashtunistán» apoyado por pashtunes paquistaníes de izquierdas. El régimen de Zia vio la *yihad* afgana como un medio para poner fin de una vez por todas a esas reclamaciones, asegurando que un dócil gobierno muyahidín propaquistaní llegara al poder en Kabul.

Los estrategas militares argumentaron que Paquistán dispondría así de «profundidad estratégica» contra su enemigo principal, la India. La longitud geográfica de Paquistán, la falta de espacio, profundidad y una región alejada de los centros urbanos, sustraía a sus fuerzas armadas la capacidad de librar una guerra prolongada contra la India. En los años noventa se sumó a esto el hecho de que la amistad con Afganistán proporcionaría a los militantes cachemires una base desde la que podrían adiestrarse, donde recibirían fondos y se armarían.

En los años 1992 y 1993, bajo la presión de la India, a Estados Unidos le había faltado poco para declarar a Paquistán un país patrocinador del terrorismo, pues los militantes cachemires radicados en Paquistán realizaban ataques guerrilleros en la Cachemira india. En 1993, Paquistán intentó resolver este problema, trasladando muchas bases de los grupos cachemires al este de Afganistán y pagando a la *shura* de Jalalabad y más adelante a los talibán para que los protegieran. El gobierno también privatizó su apoyo a los muyahidín cachemires, responsabilizando a los partidos islámicos de su entrenamiento y financiación. En 1996 aconsejaron a Bin Laden que se uniera a los talibán, pues también él patrocinaba bases para los militantes cachemires en Khost.

Cada vez más, la cuestión de Cachemira se fue convirtiendo en el móvil principal tras la política paquistaní con respecto a Afganistán y el apoyo a los talibán. Éstos aprovecharon hábilmente esa circunstancia y se negaron a aceptar más exigencias paquistaníes, pues sabían que Islamabad no podía negarles nada mientras ellos aportaran las bases para los militantes cachemires y paquistaníes. En 1998, el *mulá* Omar me dijo: «Apoyamos la *yihad* en Cachemira. También es cierto que algunos afganos están luchando contra las fuerzas de ocupación indias en aquella región, pero esos afganos han ido allá por su propia voluntad».[3]

Para muchos, el concepto de «profundidad estratégica» estaba cuajado de falacias e ideas falsas, y hacía caso omiso de evidentes realidades básicas: la estabilidad política de su país, el desarrollo económico, la amplia alfabetización y las relaciones amistosas con los vecinos procuraban una seguridad nacional mayor que imaginarios espejismos de profundidad estratégica en las montañas afganas. «El logro de una profundidad estratégica ha sido un objetivo primordial de la política paquistaní con respecto a Afganistán desde la época del general Zia ul Haq. Desde el punto de vista militar, ese concepto es inconsistente, a menos que uno se refiera a un lugar de difícil acceso donde un ejército derrotado podría refugiarse», escribió el intelectual paquistaní Eqbal Ahmad. Y añadió: «El resultado es un país preso en una férrea red de suposiciones erróneas, conceptos maginóticos [*sic*], planes de acción fallidos, posturas inamovibles y violencia sectaria. Lejos de mejorarlo, una victoria talibán probablemente aumentará la difícil situación política y estratégica de Paquistán».[4]

Los militares supusieron que los talibán reconocerían la Línea

3. Rahimullah Yousufzai, «We have no intention of exporting *yihad*», *The News*, 19 de agosto de 1998.

4. Eqbal Ahmad, «What after strategic depth», *Dawn*, 23 de agosto de 1998.

Durand, la discutida línea fronteriza entre los dos países creada por los británicos y que ningún régimen afgano había reconocido. Los militares también supusieron que los talibán reducirían el nacionalismo pashtún en la Provincia Fronteriza del Noroeste y aportarían una salida a los radicales islámicos de Paquistán, anticipándose así a un movimiento islámico en el país. En realidad, ocurrió todo lo contrario. Los talibán se negaron a reconocer la Línea Durand o cesar en la reclamación afgana de ciertas partes de la Provincia Fronteriza del Noroeste; fomentaron el nacionalismo pashtún, aunque de carácter islámico, lo que empezó a afectar a los pashtunes paquistaníes.

Peor todavía, los talibán dieron refugio a los grupos extremistas armados y más violentos de Paquistán, que mataban a los chiítas paquistaníes, querían que Paquistán declarase un estado suní y abogaban por derribar a la elite gobernante por medio de una revolución islámica. En 1997, Oliver Roy predijo: «El aparente vencedor, Paquistán, podría pagar caro su éxito. El triunfo de los talibán ha eliminado prácticamente la frontera entre Paquistán y Afganistán. En ambos lados, las tribus pashtunes se deslizan hacia el fundamentalismo y cada vez se involucran más en el tráfico de drogas. Están consiguiendo autonomía, y ya aparecen en suelo paquistaní pequeños emiratos tribales fundamentalistas. La absorción *de facto* de Afganistán acentuará las tendencias centrífugas dentro de Paquistán».[5] En realidad, la agitación en Afganistán estaba conduciendo a la «talibanización» de Paquistán. Los talibán no estaban aportando profundidad estratégica a Paquistán, pero éste sí que la proporcionaba a los talibán.

Paquistán se convirtió en víctima no sólo de su visión estratégica, sino de sus propios servicios secretos. La microdirección de la *yihad* afgana sólo era posible porque, bajo un régimen militar y con una financiación generosa desde el extranjero, el ISI era capaz de someter a la oposición política nacional. Zia y el ISI podían formular el plan de acción afgano y llevarlo a la práctica, algo que ningún otro servicio secreto, ni siquiera la CIA, tenía posibilidad de hacer. Esto proporcionaba al ISI una gran unidad en los objetivos y el alcance de las operaciones. Entonces el ISI no se enfrentaba a poderosas camarillas independientes o rivales políticos, como en la era

5. Olivier Roy, *Middle East Report*, invierno de 1997.

talibán, cuando debían competir con una serie de camarillas paquistaníes que, por separado, apoyaban a los talibán y tenían sus propios programas.

Al dirigir tanto la política hacia Afganistán como las operaciones en ese país, al ISI no le quedaba espacio para efectuar nuevas evaluaciones críticas, dando cabida a la disensión del *status quo*, y carecía de imaginación y flexibilidad para adaptarse a las situaciones cambiantes y el entorno geopolítico en evolución permanente. El ISI fue víctima de su propia rigidez e inflexibilidad, mientras su poder de controlar eficazmente a los talibán disminuía. Los agentes del ISI en Afganistán eran todos ellos funcionarios pashtunes y muchos estaban también motivados por fuertes inclinaciones fundamentalistas islámicas. Al trabajar estrechamente con Hikmetyar y más adelante con los talibán, ese conjunto de jefes pashtunes desarrolló su propio programa, dirigido a afianzar el poder pashtún y el Islam radical en Afganistán a expensas de las minorías étnicas y el Islam moderado.

Como dijo un funcionario del ISI retirado, «esos funcionarios se volvieron más talibán que los mismos talibán». En consecuencia, su análisis de la alianza antitalibán y la política de los oleoductos era muy defectuoso, más lleno de rigidez, clichés y falsas suposiciones, más inducidos por sus fuertes convicciones ideológicas islámicas que por hechos objetivos. Pero por entonces, el ISI era demasiado poderoso para que el gobierno lo pusiera en tela de juicio y demasiado entrometido para que cualquier jefe de Estado Mayor pudiera limpiarlo a fondo.

Cuando aparecieron los talibán, el ISI se mostró inicialmente escéptico acerca de sus posibilidades. Era un período en que el ISI se retiraba, cuando Hikmetyar fracasó en el intento de capturar Kabul y había escasez de fondos. La retirada del ISI dio al gobierno de Bhutto la oportunidad de planear su propio apoyo a los talibán.[6] Durante 1995 el ISI siguió debatiendo la cuestión del apoyo a los talibán. El debate se centró alrededor de los oficiales superiores,

---

6. Esta evaluación, sobre la que he escrito ampliamente en el pasado, es el resultado de decenas de entrevistas en el transcurso de los años con importantes funcionarios militares y del servicio de inteligencia, diplomáticos y burócratas involucrados en el plan de acción con respecto a Afganistán.

pashtunes y islámicos, en el interior Afganistán, quienes abogaban por un mayor apoyo a los talibán, y los funcionarios involucrados en la planificación estratégica a largo plazo, que deseaban mantener al mínimo el apoyo de Paquistán para no empeorar las relaciones con Asia Central e Irán. En el verano de 1995, la red pashtún del ejército y el ISI determinaron apoyar a los talibán, debido sobre todo a que el presidente Burhanuddin Rabbani buscaba el apoyo de los rivales de Paquistán, Rusia, Irán y la India.[7]

Pero por entonces el ISI se enfrentaba a todas las demás camarillas paquistaníes con las que los talibán estaban relacionados, desde los *mulás* radicales hasta los barones de la droga. La feroz competencia entre el ISI, el gobierno y esas camarillas causó una mayor desunión entre las autoridad de Islamabad que debían tomar decisiones acerca de Afganistán. El ministerio de Asuntos Exteriores paquistaní estaba tan debilitado por esta confusión que prácticamente era ajeno a la política seguida por el país respecto a Afganistán e incapaz de contrarrestar el entorno diplomático que iba de mal en peor, pues cada vecino (Rusia, Irán, los estados de Asia Central) acusaban a Islamabad de desestabilizar la región. Los esfuerzos por allanar las críticas, tales como los viajes secretos de los sucesivos jefes del ISI a Moscú, Teherán, Tashkent y Ashjabab, fueron un fracaso.

A medida que aumentaban las críticas internacionales, el recién elegido gobierno de Nawaz Sharif y el ISI se mostraron más tenaces en el apoyo a los talibán. En mayo de 1997, cuando éstos intentaron tomar Mazar, el ISI calculó que, mediante el reconocimiento del gobierno talibán, obligaría a los vecinos hostiles a tratar con los talibán, y necesitaba que Islamabad mejorase sus relaciones con éstos. Era un juego muy arriesgado que fracasó de un modo estrepitoso cuando Paquistán reconoció prematuramente a los talibán, a quienes estaban expulsando de Mazar.[8]

Paquistán reaccionó atacando a sus críticos, incluida la ONU, que ahora criticaba abiertamente el apoyo externo a las facciones

---

7. Tanto el jefe del ejército, general Abdul Waheed, como el jefe del servicio secreto militar, general Ali Kuli Khan, eran pashtunes, como lo eran todos los funcionarios del ISI que se ocupaban de los talibán.

8. Ahmed Rashid, «Isolated in Asia, Pakistan's Afghan policy fails to reflect regional realities», *Far Eastern Economic Review*, 5 de marzo de 1998.

afganas. Paquistán acusó a Kofi Annan, el secretario general de Naciones Unidas, de parcialidad. «La ONU se ha marginado gradualmente en Afganistán y ha perdido credibilidad como mediador imparcial», manifestó Ahmad Kamal, embajador de la ONU en Paquistán, en enero de 1998. Más adelante Kamal dijo en una conferencia de enviados paquistaníes en Islamabad que no era Paquistán el que estaba aislado en Afganistán, sino que el resto del mundo estaba aislado de Paquistán y que debía cambiar de actitud y acabar aceptando la postura de Paquistán con respecto a los talibán.[9]

Mientras Paquistán defendía los planes de acción talibán en medio de una creciente crítica internacional, el gobierno no parecía reparar en lo mucho que estaba perdiendo el país. El negocio del contrabando de un lado a otro de la frontera afgana se convirtió en la manifestación más devastadora de esas pérdidas. Este negocio, que ahora se extiende a Asia Central, Irán y el golfo Pérsico, representa una debilitante pérdida de ingresos para todos esos países, pero en especial para Paquistán, cuya industria local ha sido diezmada a causa del contrabando de bienes de consumo extranjeros. Lo que se conoce con el eufemismo de *Afghan Transit Trade* (ATT) se ha convertido en el mayor negocio de contrabando del mundo, y ha hecho que los talibán se enredaran con contrabandistas, transportistas, barones de la droga, burócratas, políticos, policías y oficiales del ejército paquistaníes. Este negocio se convirtió en la principal fuente oficial de ingresos de los talibán, aunque arruinaba subrepticiamente las economías de los estados vecinos.

El puesto fronterizo entre Chaman, en la provincia de Beluchistán, y Spin Baldak, en Afganistán, es un lugar privilegiado para observar el negocio en funcionamiento. En un buen día, unos trescientos camiones pasan por allí. Camioneros, funcionarios de aduanas paquistaníes y talibán se mezclan de una manera natural y amistosa, y toman innumerables tazas de té mientras largas colas de camiones esperan para cruzar la frontera. Todos parecen conocerse y los conductores cuentan cosas que pondrían los pelos de punta a los dirigentes de la Organización Mundial del Comercio. Muchos de los enormes camiones Mercedes y Bedford han sido robados y

---

9. Ahmed Rashid, «Pakistan undermines UN in peace process», *The Nation*, 23 de enero de 1998.

llevan placas de matrícula falsas. Las mercancías que transportan carecen de facturas. Los conductores pueden cruzar hasta seis fronteras internacionales con permisos de conducir falsos y sin permiso de ruta ni pasaporte. La mercancía abarca desde videocámaras japonesas a prendas interiores inglesas y té Earl Grey, desde seda china a piezas de ordenador norteamericanas, desde heroína afgana a trigo y azúcar paquistaníes, desde Kaláshnikovs de Europa del este a petróleo iraní... y nadie paga aranceles ni impuesto sobre la venta.

Este Salvaje Oeste de libre comercio se expandió debido a la guerra civil en Afganistán, el negocio de las drogas y el desmoronamiento y la corrupción de las instituciones estatales paquistaní, iraní y de Asia Central a lo largo de sus fronteras con Afganistán. Esto coincidió con la avidez de bienes de consumo en toda la región. Las mafias paquistaní y afgana del transporte y la droga se fusionaron para satisfacer esa necesidad. «Eso está totalmente descontrolado—me dijo ya en 1995 un funcionario de la Junta Fiscal Central de Paquistán—. Los talibán reciben dinero de los transportistas para que despejen las carreteras que permiten el contrabando, y ahora esta mafia hace y deshace gobiernos tanto en Afganistán como en Paquistán. Este año Paquistán se enfrentará a una reducción del 30 por 100 en sus ingresos, debido a los derechos de aduanas que se queda el ATT».[10]

El comercio siempre ha sido esencial en la zona central del mundo islámico. La Ruta de la Seda, que unía China a Europa en la Edad Media, pasaba por Asia Central y Afganistán, y la dirigían los mismos hombres tribales y nómadas que son los camioneros de hoy. La Ruta de la Seda influyó en Europa casi tanto como las conquistas árabes, pues las caravanas no sólo transportaban artículos de lujo, sino también ideas, conceptos religiosos, nuevas armas y descubrimientos científicos. El historiador francés Fernand Braudel ha escrito que una caravana de camellos podía consistir en cinco o seis mil camellos, «cuya capacidad total era equiparable a la de un velero mercante de gran calado. Una caravana viajaba como un ejército, con un dirigente, un estado mayor, reglas estrictas, paradas obli-

10. Entrevista con un funcionario paquistaní en Quetta, abril de 1995. Véase también Ahmed Rashid, «Nothing to declare», *Far Eastern Economic Review,* 11 de mayo de 1995.

gatorias y precauciones rutinarias contra los nómadas saqueadores».[11] Poco parece haber cambiado en casi dos mil años. Los contrabandistas de hoy actúan con un tipo similar de infraestructura militar, aun cuando los camiones hayan sustituido a los camellos.

En 1950, y bajo los acuerdos internacionales, Paquistán concedió a Afganistán, un país sin salida al mar, permiso para importar mercancías libres de impuestos a través del puerto de Karachi. La operación había sido acordada con el ATT. Los camioneros transportarían los contenedores herméticamente cerrados desde Karachi, entrarían en Afganistán, venderían parte de la mercancía en Kabul y darían la vuelta para revender el resto en mercados paquistaníes. Era un negocio floreciente pero limitado que daba a los paquistaníes acceso a bienes de consumo extranjeros baratos y libres de impuestos, sobre todo aparatos electrónicos japoneses. El ATT se amplió en los años ochenta para servir a las ciudades afganas controladas por los comunistas. La caída de Kabul en 1992 coincidió con la apertura de nuevos mercados en Asia Central y la necesidad de alimentos, combustible y materiales de construcción, mientras los refugiados afganos regresaban a sus casas, lo que constituía un lucrativo negocio potencial para las mafias del transporte.

Sin embargo, la guerra civil y los señores de la guerra, que les cobraban impuestos una docena de veces a lo largo de la ruta, frustraron los planes de los transportistas. Aunque la mafia del transporte radicada en Peshawar comerciaba entre Paquistán, el norte de Afganistán y Uzbekistán, a pesar de la guerra interminable alrededor de Kabul, la mafia radicada en Quetta estaba desconcertada por los rapaces señores de la guerra de Kandahar, quienes habían establecido docenas de cadenas de peaje a lo largo de la carretera desde Paquistán. La mafia de Quetta estaba deseosa de abrir rutas seguras a Irán y Turkmenistán, al tiempo que el gobierno de Bhutto defendía una política similar.

Los dirigentes talibán estaban bien relacionados con la mafia de Quetta, la primera en proporcionar ayuda financiera al movimiento talibán. Al principio, la mafia de Quetta les pagaba una iguala mensual, pero cuando los talibán se expandieron al oeste exigieron más fondos. En abril de 1995, ciertos testigos con los que hablé en

11. Fernand Braudel, *A History of Civilizations,* Penguin Books, Londres 1993.

Quetta me dijeron que los talibán habían recaudado en Chaman seis millones de rupias (130.000 dólares) de los transportistas en una sola jornada, y el doble de esa cantidad al día siguiente en Quetta, mientras se preparaban para su primer ataque contra Herat. Esas «donaciones» no tenían nada que ver con la tasa de aduanas global que ahora los talibán cobraban a los camiones que entraban en Afganistán desde Paquistán y que se convirtió en la principal fuente oficial de ingresos de los talibán.

Ahora que las rutas no presentaban riesgos, el volumen del contrabando y los territorios donde se practicaba tuvieron una expansión espectacular. Desde Quetta, los convoyes de camiones viajaban a Kandahar y entonces iban al sur, a Irán, el oeste, a Turkmenistán y a otras repúblicas de Asia Central e incluso Rusia. Pronto la mafia del transporte de Quetta instó a los talibán a que capturasen Herat, a fin de controlar totalmente la ruta de Turkmenistán.[12] Aun cuando inicialmente el ISI aconsejó a los talibán que no atacaran Herat, la mafia de Quetta influía más sobre los talibán. En 1996, los transportistas recomendaron a los talibán que despejaran la ruta del norte mediante la toma de Kabul. Tras hacerse con la capital, los talibán recaudaban una media de 6.000 rupias (150 dólares) por camión que viajara de Peshawar a Kabul, en comparación con la tarifa entre 30 y 50.000 rupias que los camioneros pagaban antes. La mafia del transporte dio a los dirigentes talibán una participación en su negocio y les estimuló para que compraran camiones o arreglaran las cosas para que lo hicieran sus familiares. Y ahora que la mafia de las drogas estaba dispuesta a pagar un *zakat* (impuesto) para transportar heroína, el negocio del tránsito resultó todavía más esencial para el erario talibán.

Paquistán resultó la parte más perjudicada en ese negocio. La Junta Central del Erario (CBR) calculó que Paquistán había perdido 3,5 miles de millones de rupias (80 millones de dólares) en concepto de derechos de aduanas durante el año fiscal 1992-1993, once mil millones de rupias en 1993-1994, veinte mil millones en 1994-1995 y treinta mil millones (600 millones de dólares) en 1997-1998, un asombroso incremento anual que reflejaba la ex-

12. Ismael Khan, el señor de la guerra que controlaba Herat, cobraba unas tasas de aduanas exorbitadas. La tasa impuesta a cada camión había pasado de 5.000 a 10.000 rupias.

pansión talibán.[13] Debido al ATT, surgió en Paquistán un enorme nexo de corrupción. Todas las agencias paquistaníes involucradas aceptaban sobornos: los aduaneros, los servicios secretos relacionados con las aduanas, la CBR, la policía fronteriza y los administradores del cinturón tribal. Los solicitantes que sobornaban a importantes burócratas «compraban» empleos lucrativos en las aduanas de la frontera afgana. Estos sobornos, considerados una inversión, eran entonces compensados por los recién nombrados funcionarios que recibían sobornos del ATT.

Este nexo se extendió a los políticos y los ministros de Beluchistán y la Provincia Fronteriza del Noroeste. Los principales políticos y ministros de las dos provincias emitían permisos de tránsito para los camiones, así como permisos para la exportación de trigo y azúcar a Afganistán. En 1995, y de nuevo al año siguiente, oficiales militares de alta graduación me expresaron su queja de que en la competencia entre los principales ministros y los gobernadores de las dos provincias en la emisión de permisos de tránsito se hallaba una de la causas más importantes de la corrupción que paralizaba a toda la maquinaria administrativa, obstaculizaba los planes de acción del ISI, al que a menudo se oponían, y creaba un amplio «control» talibán sobre los políticos paquistaníes.

Mientras la mafia extendía su negocio, también expoliaba a Afganistán. Talaron millones de hectáreas de bosque afgano para el mercado de Paquistán y dejaron el campo despojado, puesto que no se practicaba reforestación. Desguarnecían fábricas cuya maquinaria se estaba oxidando, destruían tanques y vehículos e incluso postes de electricidad y teléfono para utilizar el acero, y vendían la chatarra a las acerías de Lahore. El robo de coches florecía en Karachi y otras ciudades, donde la mafia organizaba a los ladrones locales para que robaran los vehículos que entonces enviaban a Afganistán. La mafia los revendía a clientes afganos y paquistaníes. Sesenta y cinco mil vehículos fueron robados en Karachi sólo entre 1992 y 1998, y la mayoría de ellos pasaron por Afganistán y reaparecieron en Paquistán con las placas de matrícula cambiadas.[14]

13. Entrevistas con funcionarios de la CBR realizadas en 1996, 1997 y 1998. En 1993 un dólar estadounidense valía cuarenta rupias; en 1999, valía cincuenta.

14. En el negocio fraudulento estaban involucrados la policía, los funcionarios

La mafia del transporte también contrabandeaba con aparatos electrónicos procedentes de Dubai, Sharjah y otros puertos del golfo Pérsico, mientras exportaba heroína oculta en fruta seca y madera curada de Afganistán... en Ariana, la línea aérea nacional afgana, ahora controlada por los talibán. Había vuelos directos desde Kandahar, Kabul y Jalalabad hacia el golfo, unos vuelos que señalaban la participación de los talibán en la era de los reactores y daban al contrabando por la Ruta de la Seda un sabor comercial moderno.

El ATT estimuló el ya potente mercado negro de Paquistán. Según un estudio académico, la economía sumergida del país ha crecido con rapidez, pasando de quince mil millones de rupias en 1973 a 1,11 billones en 1996, con una participación en el PNB que se ha incrementado del 20 al 51 por 100.[15] Durante el mismo período la evasión de impuestos (incluida la de las tasas aduaneras) ha pasado de 1,5 miles de millones a 152 miles de millones de rupias, acelerándose a un ritmo de 88.000 millones de rupias al año. En 1993, el negocio del contrabando aportó unos cien mil millones de rupias a la economía sumergida, y esa cifra ha aumentado hasta más de trescientos mil millones en 1998. Esto equivale al 30 por 100 del total de importaciones de Estados Unidos, o a todo el objetivo de recaudación fiscal para 1998-1999 (trescientos mil millones de rupias). Además, se ha calculado que el negocio de la droga entre Afganistán y Paquistán alcanza los cincuenta mil millones de rupias al año.

En la Provincia Fronteriza del Noroeste, los *baras* o mercados de los contrabandistas estaban inundados de bienes de consumo que causaban pérdidas enormes a la industria paquistaní. Por ejemplo, en 1994 Paquistán, que fabricaba sus propios acondicionadores de aire, sólo importó acondicionadores extranjeros por valor de treinta millones de rupias. Afganistán, un país que por entonces carecía totalmente de electricidad, importó, a través del ATT, acondiciona-

15. Instituto Paquistaní de Economía del Desarrollo, «Study on informal economy», diciembre de 1998.

de aduanas y los burócratas, todos los cuales recibían su parte de la mafia. En 1997, cuando robaron el coche de mi sobrino en Lahore, en la comisaría le dijeron que su coche estaba en Afganistán y que podía recuperarlo si pagaba a la policía una «multa por recuperación» en metálico. De lo contrario, el vehículo sería revendido.

dores de aire por valor de mil millones de rupias, todos los cuales acabaron en los *baras* paquistaníes y perjudicaron así a los fabricantes locales. Cuando los televisores o los lavavajillas japoneses libres de impuestos se podían conseguir prácticamente al mismo precio que los fabricados en Paquistán, los consumidores, como es natural, preferían los productos japoneses. En el *bara* de Hayatabad, en las afueras de Peshawar, se abrieron nuevas tiendas para atraer a los compradores, tales como las británicas Marks and Spencer y Mothercare, o la japonesa Sony, donde los productos originales podían adquirirse libres de impuestos. En diciembre de 1998, el jefe del gobierno de la Provincia Fronteriza del Noroeste, Mahtab Ahmed Khan, manifestó: «El ATT ha destruido la actividad económica en la provincia, y la gente ha abandonado la idea de las ganancias honradas y considera que tiene derecho al contrabando».[16]

En Irán tenía lugar un debilitamiento similar de la economía y una corrupción generalizada. El contrabando de combustible y otros bienes desde Irán a Afganistán realizado por la mafia del transporte, condujo a una pérdida de ingresos, debilitó la industria local y corrompió a la gente en las capas superiores del gobierno. Funcionarios iraníes me dijeron en privado que las Bunyads, fundaciones industriales dependientes del estado, así como los Guardias Revolucionarios, figuraban entre los beneficiarios del contrabando de productos del petróleo, cuya venta en Afganistán conseguía unos beneficios del 2.000 al 3.000 por 100 en comparación con Irán. La maquinaria bélica de los señores de la guerra devoraba combustible en enormes cantidades, y pronto los propietarios de las gasolineras de Beluchistán encargaron combustible más barato a Irán a través de la mafia, pasando por alto a las compañías paquistaníes (y evitando las tasas aduaneras).

Paquistán hizo varios intentos débiles de frenar al ATT, deteniendo la importación de bienes tales como los aparatos electrónicos, pero el gobierno siempre retrocedía, pues los talibán se negaban a acatar las nuevas órdenes y la mafia presionaba a los ministros del gobierno. En Islamabad no había camarillas dispuestas a señalar el daño que se infligía a la economía paquistaní u obligar a los tali-

---

16. *Business Recorder*, «Afghan transit trade destroyed local industry, says NWFP Chief Minister», 15 de diciembre de 1998.

bán a obedecer. El ISI era reacio a emplear la amenaza de retirar el apoyo a los talibán hasta que obedecieran. Para los perplejos inversores extranjeros y paquistaníes, el gobierno parecía dispuesto a debilitar la economía de su propio país en beneficio de los talibán, pues Islamabad permitía *de facto* una transferencia de ingresos del estado de Paquistán a los talibán. Era una forma de ayuda extraoficial que beneficiaba a los talibán y enriquecía en extremo a los paquistaníes involucrados. Éstos crearon la camarilla más poderosa para que continuara el apoyo de Paquistán a los talibán.

La reacción violenta de Afganistán echó leña al fuego de la inestabilidad en Paquistán. En los años ochenta, las repercusiones de la invasión soviética de Afganistán había creado «la cultura de la heroína y el Kaláshnikov», que socavó la política y la economía de Paquistán. Como escribió el historiador norteamericano Paul Kennedy, «diez años de participación activa en la guerra afgana ha cambiado hasta tal punto el perfil social de Paquistán que cualquier gobierno se enfrenta a graves problemas para gobernar con eficacia. Ahora la sociedad paquistaní está más fracturada, inundada de armamento complejo, embrutecida debido a la creciente violencia civil y abrumada por la expansión de los narcóticos».[17]

A fines de los años noventa, las repercusiones fueron mucho más profundas, pues todas las instituciones del estado se hallaban debilitadas. El ATT estaba paralizando la economía paquistaní, la política exterior se enfrentaba al aislamiento por parte de Occidente y los vecinos inmediatos, la ley y el orden se resquebrajaron mientras los militantes islámicos promulgaban sus propias leyes y una nueva clase de radicales islámicos antichiítas, a quienes los talibán daban refugio, mataban a centenares de chiítas paquistaníes entre 1996 y 1999. Este derramamiento de sangre sectario está produciendo ahora una brecha mucho más ancha entre la mayoría suní y la minoría chiíta de Paquistán, y socava las relaciones entre Paquistán e Irán.[18] Al mismo tiempo, más de 80.000 militantes islámicos paquistaníes se han

17. Robert Chase, Paul Kennedy y Emily Hill, *The Pivotal States: A New Framework for US Policy in the Developing World*, W. Norton and Co., 1999.

18. El Lashkar-e-Jhangvi y el Sipah-e-Sahaba, vástagos del JUI, que exigía la expulsión de todos los chiítas de Paquistán, enviaron miles de voluntarios para luchar con los talibán y éstos, a cambio, dieron refugio a sus dirigentes en Kabul.

entrenado y luchado con los talibán desde 1994. Forman un núcleo duro de activistas islámicos, siempre dispuestos a llevar a cabo una revolución islámica similar, al estilo talibán, en Paquistán.[19]

Grupos tribales que imitaban a los talibán surgieron a lo largo del cinturón pashtún en la Provincia Fronteriza del Noroeste y en Beluchistán. Ya en 1995, el *maulana* Sufi Mohammed, al frente de su organización Tanzim Nifaz Shariat-i-Mohammedi, en la división administrativa de Bajaur, se alzó para exigir la *sharia*. Se unieron a la rebelión centenares de talibán afganos y paquistaníes, antes de que el ejército la aplastara. Entonces los dirigentes de Tanzim buscaron refugio en Afganistán con los talibán. En diciembre de 1998, el Tehrik-i-Tuleba, o Movimiento de Talibán, en la división administrativa de Orakzai, ejecutó públicamente a un asesino delante de dos mil espectadores, en abierta oposición al proceso legal. Prometieron llevar a cabo la justicia al estilo talibán en todo el cinturón pashtún e, imitando a los talibán, prohibieron la televisión, la música y los vídeos.[20] Otros grupos pashtunes protalibán aparecieron en Quetta, donde incendiaron cines, abatieron a los propietarios de las tiendas de vídeo, destrozaron las antenas parabólicas y expulsaron a las mujeres de las calles.

No obstante, después de que los talibán tomasen Mazar, en 1998, Paquistán declaró la victoria y exigió que el mundo reconociera el movimiento que ahora controlaba el 80 por 100 de Afganistán. Los dirigentes militares y civiles paquistaníes insistieron en que el éxito de los talibán era el éxito de Paquistán, y que su política era correcta e inamovible. Paquistán consideró que la influencia iraní sobre Afganistán había terminado y que Rusia y los estados de Asia Central se verían obligados a tratar con los talibán a través de Islamabad, mientras que Occidente no tendría más alternativa que aceptar la interpretación talibán del Islam.

Aun cuando existía una creciente preocupación pública por la talibanización de Paquistán, los dirigentes del país hacían caso omi-

19. Ahmed Rashid, «Afghan conflict eroding stability in Pakistan», *The Nation*, 21 de enero de 1998.

20. Rahimullah Yosufzai, «Pakistani Taliban at work», *The News*, 18 de diciembre de 1998. Véase también AFP, «Murder convict excuted Taliban style in Pakistan», 14 de diciembre de 1998.

so del creciente caos interno. Los extranjeros veían cada vez a Paquistán como un estado en quiebra, similar a Afganistán, Sudán o Somalia. Un estado en quiebra no es necesariamente un estado moribundo, aunque también pueda serlo. Un estado en quiebra es aquél donde el fracaso repetido de los planes de acción llevados a la práctica por una elite política insolvente nunca se considera suficiente razón para volver a considerarlos. La elite paquistaní no mostraba ninguna inclinación a cambiar su política hacia Afganistán. El general Zia había soñado, como un emperador mongol, en «recrear un espacio musulmán suní entre el "Hindustán" infiel, el Irán "hereje" [por ser chiíta] y la Rusia "cristiana"».[21] El general creía que el mensaje de los muyahidín afganos se extendería a Asia Central, restablecería el Islam y crearía un nuevo bloque de naciones islámicas dirigidas por Paquistán. Lo que Zia nunca tuvo en cuenta fue lo que su legado causaría a Paquistán.

21. Olivier Roy, «Domestic and Regional Implications of the Taliban regime in Afghanistan», conferencia pronunciada en el St. Anthony's College, Universidad de Oxford, el 24 de abril de 1999.

5

CHIÍTAS Y SUNÍES.
IRÁN Y ARABIA SAUDÍ

En la primavera de 1999 flotaba en Teherán una atmósfera de cambio y renovación. Durante casi veinte años, desde la revolución islámica, las mujeres de Teherán habían llevado el obligatorio uniforme de la *hijab*, una especie de tienda de campaña negra. Ahora, de repente, a la *hijab* parecían brotarle adornos de falsa piel de leopardo y otros pelajes. Algunas mujeres usaban impermeable o se ponían la *hijab* como una capa que revelaba faldas cortas, tejanos ajustados, medias de seda negra y zapatos de tacón alto. Más que de un código indumentario impuesto, ahora el recato femenino parecía depender de cada persona. La flexibilidad en el uso de la *hijab* no era más que un signo de la transformación experimentada por la sociedad iraní tras la elección de Sayed Mohammed Jatami para la presidencia, en mayo de 1997, cuando se llevó el 70 por 100 del voto popular en una asombrosa victoria contra un candidato conservador más partidario de la línea dura. Jatami había cosechado el voto de los jóvenes, que estaban hartos del 25 por 100 de desempleo y la elevada inflación, y confiaban en que el nuevo presidente traería el desarrollo económico y una sociedad más abierta.

La victoria de Jatami permitió de inmediato el deshielo de las relaciones de Irán con el mundo exterior, pues el país se abría a Occidente, cortejaba a su viejo enemigo, Estados Unidos, con la necesidad de «un diálogo entre civilizaciones», y buscaba la mejora en las relaciones con el mundo árabe. Afganistán iba a convertirse en la cuestión esencial que ayudaría a restablecer las relaciones entre Irán, Estados Unidos y el mundo árabe. Durante su visita a Kabul en abril de 1998, el embajador norteamericano Bill Richardson ya había señalado que Estados Unidos veían a Irán como un participante en el diálogo para ayudar a resolver la crisis afgana. Irán hablaba también a un antiguo enemigo, Arabia Saudí.

En mayo de 1998, el nuevo ministro de Asuntos Exteriores iraní, Kamal Jarrazi, manifestó: «El clima positivo entre Irán y Arabia Saudí es alentador, y ambas partes están dispuestas a cooperar para la resolución del conflicto en Afganistán».[1] Jarrazi era un diplomático afable que hablaba inglés y que durante once años había representado a Irán en la ONU. Sus suaves modales diplomáticos y su estilo eran representativos de una revolución que se había suavizado.

Los nuevos dirigentes de Irán eran profundamente hostiles a los talibán, pero lo bastante pragmáticos para comprender que la paz en Afganistán era necesaria para el desarrollo económico y la liberalización política en Irán. La estabilidad en los países vecinos también contribuiría a que Irán pusiera fin a su aislamiento internacional. Jatami estaba lejos de buscar pelea con los talibán, pero sólo seis meses después, cuando éstos mataron a nueve diplomáticos iraníes en Mazar, Irán movilizó a un cuarto de millón de soldados en su frontera con Afganistán y amenazó con invadir. Mientras las tensiones con los talibán iban en aumento, la nueva relación entre Irán y Arabia Saudí adquiría una importancia todavía mayor.

Afganistán no había sido más que uno de los elementos conflictivos en la intensa rivalidad entre persas y árabes. Ambos pueblos se habían conquistado y gobernado mutuamente contra un fondo de querellas entre la Arabia suní y la Persia chiíta. En 1501, el sha Ismail, de la dinastía Safávida, convirtió a Irán en el primer y único estado chiíta en el mundo islámico. Tanto los persas como los árabes habían gobernado Asia Central y Afganistán, aunque el gobierno persa, su cultura y su lengua permanecieron durante mucho más tiempo y dejaron una marca permanente.

En el siglo xx, la larga guerra entre el Irán revolucionario e Irak (1981-1988), que causó alrededor de un millón y medio de bajas, sólo ahondó esa rivalidad, puesto que todos los estados árabes habían apoyado al Irak de Saddam Hussein. Cuando empezó esa guerra, otra daba comienzo en Afganistán, y también allí continuarían las antiquísimas rivalidades, esta vez en el contexto de la Guerra Fría y el objetivo estadounidense de aislar a Irán con la ayuda de los estados árabes.

1. Entrevista con Jarrazi, Teherán, 30 de abril de 1998. Véase también Ahmed Rashid, «Iran trying to improve ties with old enemies», *The Nation*, 5 de mayo de 1998.

Aparentemente, tanto Irán como Arabia Saudí estaban del mismo lado en el conflicto afgano. Ambos países se oponían con firmeza a la invasión soviética de Afganistán, apoyaban a los muyahidín y respaldaban las medidas internacionales para aislar al régimen afgano y la Unión Soviética, pero apoyaban a facciones contrarias de los muyahidín, e Irán nunca cortó sus lazos diplomáticos con el régimen de Kabul. El apoyo saudí a los muyahidín concordaba con la estrategia norteamericana y paquistaní de aportar el grueso de los fondos y el armamento a los grupos pashtunes suníes más radicales y hacer caso omiso de los afganos chiítas. Los saudíes, por su parte, financiaban a los afganos que promocionaban el wahabbismo.

En total, la ayuda saudí estaba a la altura de los fondos que Estados Unidos aportaban a los muyahidín. Entre 1980 y 1990, los saudíes dieron casi cuatro mil millones de dólares en concepto de ayuda oficial a los muyahidín, y esa suma no incluía la ayuda extraoficial de organizaciones caritativas islámicas, fundaciones, fondos privados de príncipes y colectas en las mezquitas.[2] Había también fondos directos dados al ISI, como sucedió en 1989, cuando los saudíes entregaron veintiséis millones de dólares para sobornar a los dirigentes afganos durante las negociaciones para formar el gobierno provisional en el exilio en Islamabad.[3] Los dirigentes muyahidín se vieron obligados a nombrar a un afgano wahabbi como primer ministro provisional.

En marzo de 1990, los saudíes entregaron otros cien millones de dólares al partido Hizb-e-Islami de Hikmetyar, para apoyar un frustrado intento de golpe desde el interior del ejército afgano contra el presidente Najibulá, dirigido por Hikmetyar y el general Shah-

2. Entre 1984 y 1986 los saudíes dieron 525 millones de dólares a la resistencia afgana; en 1989 accedieron a aportar el 61 por 100 del total de 715 millones de dólares (436 millones), mientras que el resto provenía de Estados Unidos. En 1993 aportaron 193 millones de dólares al gobierno afgano. La suma total que aportaron en el transcurso de la guerra fue, por lo menos, la misma y probablemente superior a la norteamericana (3,3 miles de millones de dólares). Samuel Huntingdon, *The Clash of Civilizations and the Remaking of World Order*, Simon and Schuster, Nueva York, 1996.

3. Entrevistas con funcionarios de los servicios secretos paquistaníes realizadas en 1989. Citado también en Barnett Rubin, *The Fragmentation of Afghanistan: State Formation and Collapse in the International System*, Yale University Press, 1995.

nawaz Tanai en Kabul.[4] El combustible, canalizado a través de Paquistán, se convirtió en una fuente principal de corrupción e influencia política para los sucesivos gobiernos paquistaníes y el ISI.

Debido a la enemistad entre Irán y Estados Unidos, los grupos muyahidín afganos radicados en Irán no recibieron ninguna ayuda militar internacional. Tampoco los dos millones de refugiados afganos que huyeron a Irán recibieron la misma ayuda humanitaria que sus compatriotas en Paquistán. El apoyo de Teherán a los muyahidín era limitado, debido a las limitaciones presupuestarias impuestas por la guerra entre Irak e Irán. Así pues, durante toda la década de los ochenta Estados Unidos separó eficazmente a Irán del mundo exterior en la cuestión de Afganistán. Era un legado que sólo irritaría más a los iraníes con respecto a Estados Unidos y aseguraría una intervención iraní mucho más firme en Afganistán una vez hubiera terminado la Guerra Fría y los norteamericanos hubieran abandonado la escena afgana.

Al principio, Irán sólo ayudó a los chiítas afganos, en concreto a los hazaras. Era la época en que los Guardias Revolucionarios de Irán financiaban a los militantes chiítas en todo el mundo, desde Líbano a Paquistán. En 1982, el dinero y la influencia iraníes habían estimulado a una generación más joven de hazaras radicales adiestrados en Irán a fin de destituir a los dirigentes tradicionales surgidos en el Hazajarat en 1979 para oponerse a la invasión soviética. Más adelante, ocho grupos chiítas afganos fueron reconocidos oficialmente en Teherán, pero Irán no pudo armarlos y financiarlos en grado suficiente. En consecuencia, los hazaras respaldados por Irán pasaron a ocupar una posición marginal en el conflicto dentro de Afganistán y lucharon más entre ellos mismos que contra los soviéticos. La política miope e ideológica de Irán, que consideraba la lealtad de los hazaras a Teherán más importante que la unidad entre ellos mismos, exacerbó la tendencia de los hazaras a formar facciones.

En 1988, cuando la retirada de los soviéticos era inminente, Irán vio la necesidad de reforzar a los hazaras y las autoridades iraníes prestaron su ayuda para que los ocho grupos hazaras radicados

---

4. Entrevistas con ministros realizadas en 1990. Véase también Barnett Rubin, *The Fragmentation of Afghanistan.*

en Irán se unieran en un partido único, el Hizb-e-Wahadat. Entonces Irán presionó para la inclusión del Wahadat en las negociaciones internacionales con vistas a formar un nuevo gobierno muyahidín, que estaría dominado por los partidos muyahidín radicados en Peshawar. Aun cuando los hazaras eran una pequeña minoría y no tenían ninguna esperanza de gobernar Afganistán, Irán exigió primero una cuota del 50 por 100 y luego del 25 por 100 para los hazaras en cualquier futuro gobierno muyahidín.

Mientras se intensificaba la rivalidad entre Irán y Arabia Saudí, y los saudíes importaban más árabes para extender el wahabbismo y el antichiísmo en Afganistán, Paquistán subrayaba el equilibrio entre ellos. Estrecho aliado de ambos estados, Paquistán subrayaba la necesidad de mantener un frente unido contra el régimen de Kabul. La rivalidad entre Irán y Arabia Saudí aumentó después de la retirada de las tropas soviéticas en 1989, cuando Irán se aproximó más al régimen de Kabul. Irán consideraba a ese régimen como la única fuerza que entonces era capaz de resistir la toma de Afganistán por los pashtunes suníes. Irán rearmó el Wahadat y, en 1992, cuando Kabul cayó en manos de los muyahidín, el Wahadat controlaba no sólo el Hazarajat sino también una parte importante del oeste de Kabul.

Entre tanto, los saudíes sufrieron un revés considerable: la separación de sus dos principales protegidos neowahabbis: Gulbuddin Hikmetyar y Abdul Rasul Sayyaf. Hikmetyar se opuso al recién formado gobierno muyahidín de Kabul y se unió a los hazaras para bombardear la ciudad. Sayyaf apoyó al gobierno muyahidín. Esta división prolongaba el fiasco mucho más amplio de la política exterior saudí después de que Irak invadiera Kuwait en 1990. Durante veinte años, los saudíes habían financiado centenares de partidos neowahabbis en todo el mundo musulmán a fin de extender el wahabbismo y obtener influencia sobre los movimientos islámicos en esos países.

Pero cuando Riad pidió a esos grupos islámicos que pagaran su deuda y prestaran apoyo a Arabia Saudí y la coalición encabezada por Estados Unidos contra Irak, la mayoría de ellos, incluidos Hikmetyar y casi todos los grupos afganos, apoyaron a Saddam Hussein. Años de esfuerzos por parte de los saudíes y miles de millones de dólares se desperdiciaron porque Arabia Saudí no había conseguido desarrollar una política exterior basada en el interés nacional. La difícil situación de los saudíes se debe a que tiene una clase gobernante occidentalizada cuya legitimidad se basa en el fundamentalismo conservador, mientras que quienes no forman parte de la elite gobernante son radicalmente antioccidentales. La elite ha promovido el wahabbismo radical, aunque éste socavaba su propio poder tanto en el interior como en el extranjero. Resulta irónico que sólo los grupos afganos moderados, a los que los saudíes habían hecho caso omiso, ayudaran al reino en su hora de necesidad.[5]

A medida que se intensificaba la guerra afgana, entre 1992 y 1995, lo mismo sucedía con la rivalidad entre Irán y Arabia Saudí. Saudíes y paquistaníes intentaban con frecuencia reunir a todas las facciones. Sin embargo, también se esforzaban al máximo por mantener a Irán y los hazaras al margen de cualesquiera acuerdos potenciales. En el acuerdo de Peshawar, sobre la manera de compartir el poder en Kabul, que Paquistán y Arabia Saudí negociaron en 1992 entre los muyahidín, y en los posteriores, pero fracasados, acuerdos de Jalalabad e Islamabad firmados en 1993, para poner fin a la guerra civil, no se permitió que intervinieran Irán y los hazaras. La exclusión de Irán por parte de Paquistán y Arabia Saudí en los años noventa era similar al tratamiento que Estados Unidos había dado al país en los años ochenta, y enojó todavía más a Teherán.

Los iraníes también se habían vuelto más pragmáticos y no sólo apoyaban a los chiítas afganos, sino a todos los grupos étnicos que hablaban persa y se oponían a la dominación pashtún. Irán tenía un vínculo natural con los tayikos, que proceden de la misma raza antigua y hablan la misma lengua, pero los brutales ataques de Ahmad Shah Masud contra los hazaras, que tuvieron lugar en Kabul en 1993, sulfuraron a los iraníes. En 1993, y por primera vez, Irán empezó a prestar una considerable ayuda militar al presidente Burhanuddin Rabbani y al señor de la guerra uzbeko, el general Rashid Dostum, y exhortó a todos los grupos étnicos para que se unieran a Rabbani.

5. Los saudíes solicitaron a los muyahidín que enviaran un contingente militar a Arabia Saudí para ayudarles en su lucha con Irak, a fin de mostrar la solidaridad islámica y contrarrestar la propaganda en el mundo islámico según la cual los saudíes dependían exclusivamente de las tropas occidentales. Todos los partidos afganos se negaron, excepto el moderado Frente Nacional Islámico de Afganistán, dirigido por el *pir* Gailani, al que los saudíes siempre habían dejado de lado.

La nueva estrategia de Irán intensificó su conflicto de intereses con Paquistán. Islamabad estaba decidido a conseguir que sus protegidos pashtunes tuvieran capacidad decisoria en Kabul, y tanto los paquistaníes como los saudíes estaban empeñados en mantener a los pashtunes al margen de cualquier acuerdo de reparto del poder. En esta tesitura, Paquistán abandonó su hábil diplomacia de los años ochenta para aportar equilibrio a los intereses saudíes e iraníes, y se decantó por los saudíes.

El derrumbe de la Unión Soviética y la apertura de Asia Central había proporcionado a Irán un nuevo ímpetu para poner fin a su aislamiento internacional. Irán se apresuró a intervenir en Asia Central, y en noviembre de 1989 el ministro de Asuntos Exteriores, Ali Akbar Velayti, realizó un viaje con el fin de despejar el camino y firmó un acuerdo para construir una línea férrea entre Turkmenistán e Irán. Pero también en este caso Estados Unidos intentó bloquear a Irán y, en 1992, el secretario de Estado, James Baker, declaró que Washington haría todo lo posible por impedir la influencia iraní en Asia Central.[6] Al principio, los dirigentes neocomunistas de Asia Central desconfiaban no poco de Irán, temerosos de que quisiera extender el fundamentalismo islámico.

Pero Irán resistió esa tentación y también forjó estrechos vínculos con Rusia, iniciados con la visita para romper el hielo que el ministro de Asuntos Exteriores soviético, Eduard Shevardnadze realizó a Teherán en 1989, cuando se entrevistó con el ayatolá Jomeini. Éste sancionó unos vínculos más estrechos entre Irán y la Unión Soviética poco antes de su muerte, lo que, para los iraníes, daba legitimidad a la nueva Rusia. Además, entre 1989 y 1993 Rusia proporcionó a Irán armamento por valor de diez mil millones de dólares para que reconstruyera su arsenal militar. Irán mejoró su reputación en la región, forjando vínculos con otros ex estados soviéticos no musulmanes, tales como Georgia, Ucrania y Armenia. Teherán no quiso apoyar a Azerbaiyán en su guerra contra Armenia, aunque el 20 por 100 de la población iraní es azeri, y ayudó a Rusia y la ONU a poner fin a la guerra civil en Tayikistán.[7] Fue decisivo que

6. Shireen T. Hunter, «The Islamic Factor in Iran's Relations with Central Asia», febrero de 1999. Informe inédito. Agradezco a Hunter muchas de estas ideas.

7. Ahmed Rashid, *The Resurgence of Central Asia, Islam or Nationalism?*, Zed Books,

Irán y las repúblicas de Asia Central recelaran profundamente del fundamentalismo pashtún afgano y del apoyo que recibía de Paquistán y Arabia Saudí. Así pues, mucho antes de que aparecieran los talibán, existía una alianza entre Irán, Rusia y las repúblicas de Asia Central para apoyar a los grupos étnicos no pashtunes.

En cambio, los intentos de Arabia Saudí por mejorar las relaciones con Rusia y las repúblicas de Asia Central fueron escasos. Los saudíes tardaron casi cuatro años en establecer embajadas en las capitales de Asia Central. Se limitaron a enviar millones de ejemplares del Corán, financiaron a los musulmanes de esos países para que realizaran la peregrinación a La Meca y concedieron becas a los *mulás* para estudiar en Arabia Saudí, donde absorbieron el wahabbismo. Estas medidas no hicieron más que molestar a los dirigentes de Asia Central. Al cabo de pocos años los gobernantes de Uzbekistán, Kazajistán y Kirguizistán dirían del wahabbismo que era la mayor amenaza política contra la estabilidad de sus respectivos países.[8]

Arabia Saudí consideraba a los talibán como un activo importante que contrarrestaba la mengua de su influencia en Afganistán. Los primeros contactos saudíes con los talibán tuvieron lugar mediante cacerías principescas. En el invierno de 1994-1995, el *maulana* Fazlur Rehman, jefe del JUI paquistaní, organizó las primeras cacerías de avutardas para príncipes saudíes y de los estados del Golfo, a quienes trasladó a Kandahar. Volaron en enormes aviones de carga, que contenían docenas de lujosos jeeps, muchos de los cuales dejaron en Afganistán como donaciones a sus anfitriones talibán, después de la cacería. Entonces el jefe de los servicios de inteligencia saudíes, el príncipe Turki, empezó a visitar Kandahar con regularidad. Tras la visita de Turki a Islamabad y Kandahar, en julio de

8. Como ninguno de los dirigentes de Asia central permitían el florecimiento de una oposición democrática, toda la oposición a sus regímenes adoptó la forma de fundamentalismo islámico clandestino al que esos dirigentes dieron el conveniente nombre de wahabbismo, a pesar de que la oposición islámica no estaba formada exclusivamente por wahabbis entrenados por los saudíes. Véase un comentario del wahabbismo en Asia Central entre los años 1991 y 1994 en Ahmed Rashid: *The Resurgence of Central Asia, Islam or Nationalism?*.

Londres, 1994. En este libro me ocupo por extenso del primer período de las relaciones independientes de Asia Central con Irán, Turquía, Paquistán y Arabia Saudí.

1996, los saudíes aportaron fondos, vehículos y combustible para el ataque talibán contra Kabul, que fue un éxito. Dos empresas saudíes, Delta y Ningarcho, estaban ahora involucradas en los proyectos del gasoducto a través de Afganistán, lo que aumentaba la presión sobre el mundo empresarial de Riad para contribuir a asegurar la victoria talibán.

Pero fueron los *ulema* wahabbis del reino quienes jugaron el papel más influyente y pidieron a la familia real que apoyara a los talibán. Los *ulema* son importantes asesores del monarca saudí en el Consejo de la Asamblea de Altos Ulema y otras cuatro organizaciones estatales. Han apoyado sin cejar la exportación del wahabbismo por todo el mundo musulmán, y la familia real sigue siendo extremadamente sensible a las opiniones de los *ulema*.[9] El rey Fahd tuvo que convocar una reunión de trescientos cincuenta *ulema* para persuadirles de que dictasen una *fatwa* permitiendo a las tropas norteamericanas establecerse en el reino durante la guerra de 1990 contra Irak.[10] Los servicios de inteligencia saudíes colaboraron estrechamente con los *ulema*, al igual que numerosas organizaciones caritativas dependientes del estado, que habían financiado a los muyahidín afganos en los años ochenta, y ahora empezaron a hacer lo mismo por los talibán. Además, los *ulema* controlaban la vasta red de mezquitas y *madrasas* del reino, y fue allí, durante los sermones de los viernes, donde fomentaron el apoyo popular a los talibán.[11]

Según el analista saudí Nawaf Obaid, los principales *ulema* que impulsaron la concesión de ayuda saudí a los talibán fueron el jeque

---

9. Los restantes organismos son el Consejo Superior de Qadis, el Instituto de Estudios Científicos, la Supervisión de Asuntos Religiosos y el Comité para la Prevención del Vicio y la Propagación de la Virtud. Este último fue copiado de los talibán.

10. El resultado fue una *fatwa* lanzada por el jefe de los *ulema* más poderoso, el jeque Abdul Aziz Bin Baz, que decía: «Aun cuando los norteamericanos, desde el punto de vista religioso conservador, equivalen a no creyentes, puesto que no son musulmanes, merecen apoyo porque están aquí para defender el Islam». Agradezco la ayuda que me ha prestado un informe privado sobre Arabia Saudí. Nawaf Obaid, «Mejora del análisis de los servicios secretos norteamericanos sobre el proceso de toma de decicisones en Arabia Saudí», Universidad de Harvard, 1998.

11. Varias fuentes saudíes me informaron de que, tras la captura talibán de Kabul, en las mezquitas saudíes se hacía con regularidad colectas tras las plegarias del viernes, con destino a los talibán, como lo hacían por los musulmanes en Bosnia.

Abdul Aziz Bin Baz, el Gran Mufti y presidente del Consejo de Altos Ulema y el jeque Mohammed Bin Juber, ministro de Justicia y miembro principal del Consejo de los *ulema*.[12] A su vez, los talibán demostraron su reverencia a la familia real y a los *ulema* y copiaron prácticas wahabbis tales como la introducción de la policía religiosa. En abril de 1997, el *mulá* Rabbani, dirigente talibán, se reunió con el rey Fahd en Riad y alabó efusivamente a los saudíes. Rabbani manifestó: «Puesto que Arabia Saudí es el centro del mundo musulmán, nos gustaría contar con la ayuda saudí. El rey Fahd ha expresado su satisfacción por las buenas medidas que han tomado los talibán y la imposición de la *sharia* en nuestro país».[13] Los dirigentes talibán que se entrevistaron con el rey Fahd cinco meses después dijeron que los saudíes les habían prometido ayuda. «El rey Fahd ha sido demasiado amable», dijo el *mulá* Mohammed Stanakzai. «Los saudíes nos han prometido tanto como puedan darnos».[14]

El apoyo de Riad a los talibán hizo a los saudíes reacios en extremo a ejercer cualquier presión sobre ellos para que deportaran a Osama Bin Laden, aun cuando Estados Unidos les instaba a que lo hicieran. Sólo cuando el *mulá* Omar insultó personalmente al príncipe Turki en Kandahar, los saudíes redujeron sus relaciones diplomáticas con los talibán. Cabe señalar que fuese un insulto personal lo que orientara la decisión saudí en lugar de un cambio general de su política exterior. Arabia Saudí aún parecía haber aprendido poco de las experiencias negativas que vivió al tratar de exportar el wahabbismo.

El apoyo inicial de Arabia Saudí a los talibán convenció a Irán de que Estados Unidos también los apoyaba en la intensificación de la política que siguieron en los años ochenta para rodear a Irán de fuerzas hostiles y aislarlo. Según Teherán, Estados Unidos tenía el nuevo objetivo de promover oleoductos y gasoductos desde Asia Central que evitarían el territorio iraní. Después de que los talibán tomasen Kabul, la prensa iraní se hizo eco de las opiniones que importantes funcionarios sostenían desde hacía mucho tiempo. El pe-

---

12. Nawaf Obaid, «Improving US Intelligence Analysis on the Saudi Arabian Decision Making Process», Universidad de Harvard, 1998.

13. AFP, «Taliban claim Saudi support», 21 de abril de 1997.

14. AFP, «Taliban battling for northern city», 17 de septiembre de 1997.

riódico *Jomhuri Islami* publicó: «La captura de Kabul por parte de los talibán ha sido diseñada por Washington, financiada por Riad y apoyada logísticamente por Islamabad».[15]

Sin embargo, la verdadera riña de Teherán con Afganistán fue interna. Los dirigentes estaban divididos entre partidarios de la línea dura, que seguían anhelando el apoyo a los chiítas en todo el mundo, y los moderados, que deseaban un apoyo más mesurado a la alianza antitalibán y menos una confrontación con los talibán. Irán padecía los mismos problemas que Paquistán, pues tenía numerosos departamentos y camarillas que intentaban promocionar sus intereses creados personales en la configuración de la política hacia Afganistán. Los militares iraníes, los Guardias Revolucionarios, los servicios de inteligencia, el clero chiíta y las poderosas Bunyads o fundaciones dirigidas por el clero y que controlan gran parte de la economía sectorial del estado, a la vez que financian aventureros planes de acción en el exterior con sus enormes fondos de los que no han de dar cuenta, eran sólo algunas de las camarillas que contendían.

El Ministerio de Asuntos Exteriores y Alaeddin Boroujerdi, viceministro de Asuntos Exteriores encargado de Afganistán, tenían que mantener en equilibrio todas estas camarillas. Boroujerdi, quien dirigió la política hacia Afganistán durante más de una década, era un diplomático inteligente. Había sobrevivido al régimen anterior del presidente Akbar Ali Rafsanjani y ostentó el mismo cargo bajo el mandato del presidente Jatami, hasta que se vio obligado a dimitir cuando mataron a los diplomáticos iraníes en Mazar. Con respecto a Afganistán, podía ser tanto una paloma como un halcón... según con quien hablara, y también tenía que asegurarse de que el conflicto de intereses iraní con Paquistán y Arabia Saudí no se desmadrara. En Arabia Saudí, en cambio, el ministro de Asuntos Exteriores, el príncipe Saud al Faisal, dejó la política que seguir con Afganistán en manos de su hermano menor, el príncipe Turki, y los servicios de inteligencia saudíes.[16]

---

15. Citado en Ahmed Rashid, «Afghanistan-Road to Disaster», revista *Herald*, noviembre de 1996.

16. Entrevisté al príncipe Saud en Yidda en 1986 y al príncipe Turki en Islamabad en 1989. Ambos hombres eran muy inteligentes y se expresaban a la perfec-

El desmoronamiento del estado afgano aumentó la propia inseguridad de Irán, al provocar una afluencia masiva de drogas y armas. El espectro del conflicto étnico de Afganistán amenazaba con verterse en Irán junto con la carga económica que suponía mantener a millones de refugiados afganos, que desagradaban profundamente a los iraníes corrientes. Se calcula que hay en Irán tres millones de heroinómanos, el mismo número que en Paquistán, si bien Irán, con sesenta millones de habitantes, tiene la mitad de la población de Paquistán. El contrabando de combustible, alimentos y otros bienes desde Irán a Afganistán causaba pérdidas de ingresos y problemas económicos periódicos, precisamente cuando Irán se enfrentaba a una dramática reducción de los ingresos, debido a la caída de los precios del petróleo, y estaba tratando de reconstruir su economía.

Más preocupante todavía para los iraníes era el hecho de que, desde 1996, los talibán también apoyaban en secreto a los grupos iraníes que eran contrarios al régimen. En Kandahar habían dado refugio a Ahl-e-Sunnah Wal Jamaat, quien reclutaba militantes suníes iraníes desde las provincias de Jorasán y Sistan. Sus portavoces de las minorías turcomana, baluchi y afgana de Irán afirmaban que su propósito era derribar el régimen chiíta de Teherán e imponer un régimen suní al estilo talibán. Semejante aspiración era absurda, dado que más del 95 por 100 de la población iraní era chiíta, aunque presumiblemente ayudó a conseguir el apoyo del pequeño grupo de insurgentes. Los talibán proporcionaron armas y apoyo al grupo, y los iraníes estaban convencidos de que los paquistaníes también los promovían.

La ayuda militar iraní a la alianza antitalibán se incrementó tras la caída de Kabul en 1996, y de nuevo tras la de Mazar en 1998. Sin embargo, Irán carecía de frontera contigua con la alianza y se veía obligado a enviar los suministros a las fuerzas de Masud por aire o ferrocarril, lo que suponía obtener el permiso de Turkmenistán, Uzbekistán y Kirguizistán. En 1998, los servicios de inteligencia iraníes enviaron por vía aérea cargamentos de armas a la base de Ahmad

---

ción, pero estaban mal informados sobre los detalles de lo que estaba sucediendo en Afganistán. Como sucedía con la CIA, los servicios de inteligencia saudíes dependían en gran parte del ISI para su información y análisis.

Shah Masud en Kuliab, Tayijistán, y Masud visitaba Teherán con frecuencia. El peligro al que se enfrentaba la línea de suministros iraní quedó patente en octubre de 1998, cuando las fuerzas de seguridad de Kirguizistán detuvieron un tren, dieciséis de cuyos vagones estaban cargados con setecientas toneladas de armas y municiones. El tren había viajado de Irán a Tayikistán con las armas ocultas bajo el aspecto de ayuda humanitaria.[17]

Los talibán estaban enfurecidos con Irán por su apoyo a la alianza. En junio de 1997 clausuraron la embajada iraní en Kabul, tras acusar a Irán de haber destruido la paz y la estabilidad en Afganistán.[18] Después de que fracasara su intento de tomar Mazar en septiembre de 1997, los talibán efectuaron una declaración explícita: «Aviones iraníes, en flagrante violación de todas las normas internacionalmente aceptadas, violan el espacio aéreo de nuestro país para transportar suministros a aeropuertos controlados por la oposición. Las graves consecuencias de semejante intromisión recaerán en Irán, que es el enemigo del Islam. Afganistán está en condiciones de dar cobijo a los oponentes del gobierno iraní dentro de su territorio, y crear así problemas a Irán».[19]

Sin embargo, la matanza de los diplomáticos iraníes en Mazar en 1998 fue lo que estuvo a punto de provocar la guerra entre Irán y los talibán. La invasión iraní del oeste de Afganistán contaba con un enorme apoyo popular, y fue manipulada por los partidarios de la línea dura en Teherán, quienes querían desestabilizar al presidente Jatami. Incluso el reticente ministro de Asuntos Exteriores, Kamal Jarrazi, se vio obligado a adoptar un lenguaje extremadamente duro. El 14 de agosto de 1998, Jarrazi manifestó: «Los talibán son pashtunes y no pueden apartar de la escena política a todos los demás grupos étnicos sin provocar una resistencia permanente, y en tales circunstancias no habrá paz en el país. Advierto a los talibán y a quienes los apoyan que no toleraremos la inestabilidad y la conspiración a lo largo de nuestras fronteras. Habíamos convenido con Paquistán en que el problema afgano no se

17. AFP, «Convoy carrying weapons stopped», 12 de octubre de 1998.
18. AFP, «Taliban shut down Iran embassy in Kabul», 2 de junio de 1997.
19. AFP, «Taliban warn of retaliation against Iran», 22 de septiembre de 1997.

resolvería por medio de la guerra. Ahora esto ha sucedido y no podemos aceptarlo».[20]

Las autoridades iraníes se sentían traicionadas por las de Paquistán en varios aspectos. En 1996, precisamente cuando el presidente Burhanuddin Rabbani, siguiendo los consejos de Irán, intentaba ensanchar la base del gobierno e incorporar a pashtunes y otros grupos, los talibán tomaron Kabul. Los iraníes estaban convencidos de que Paquistán había saboteado el esfuerzo de Rabbani. En junio de 1997, el primer ministro Nawaz Sharif visitó Teherán, se unió al presidente Jatami en un llamamiento para que cesara el fuego en Afganistán y declaró que no podía existir una solución militar. Pero Irán consideró que Paquistán no tenía ninguna intención de cumplir con el acuerdo. El *Jomhuri Islami* publicó: «Paquistán no ha dejado lugar a nuestra confianza y ha desestabilizado su posición entre el pueblo iraní. No podemos aceptar que Paquistán cause problemas a nuestra seguridad nacional».[21]

Entonces, en el verano de 1998, Paquistán persuadió a Irán de que participara en una misión diplomática conjunta en busca de la paz. Diplomáticos iraníes y paquistaníes de categoría media viajaron juntos por primera vez a Mazar y Kandahar el 4 de julio de 1998, para hablar con las facciones enfrentadas. Pocas semanas después los talibán atacaron Mazar y mataron a los diplomáticos iraníes; habían frustrado así la iniciativa. Los iraníes estaban convencidos de que Paquistán los había engañado al fingir que lanzaban una iniciativa de paz, precisamente cuando el ISI preparaba a los talibán para el ataque de Mazar. La muerte de sus diplomáticos enfureció a las autoridades iraníes, que culparon a los talibán y a Paquistán. Funcionarios iraníes manifestaron que el *mulá* Dost Mohammed, quien supuestamente había encabezado la toma del consulado iraní por parte de los talibán, reunió primero a los diplomáticos en el sótano del edificio y habló por radio con Kandahar antes de fusilarlos.[22]

20. AFP, «Iran says Taliban threat to the region», 14 de agosto de 1998.

21. AFP, «Iran presses Nawaz over Afghan policy», 15 de junio de 1997.

22. Irán basó esta evaluación en el hecho de que un diplomático iraní había salido indemne de la matanza fingiéndose muerto. Aunque estaba herido, pudo llegar a Teherán y habló con los periodistas. Irónicamente, el *mulá* Dost Mohammed fue encarcelado cuando regresó a Kandahar. Su esposa se quejó al *mulá* Omar de

Los talibán replicaron, correctamente al parecer, que los iraníes no eran diplomáticos sino agentes de los servicios de inteligencia involucrados en el transporte aéreo de armamento para al alianza antitalibán. Sin embargo, en la refriega diplomática que se produjo tras los hechos, se evaporó la confianza entre Irán y Paquistán.[23] Los iraníes también estaban furiosos porque las acciones de los talibán habían puesto en peligro su creciente acercamiento a Estados Unidos. En junio de 1998, la secretaria de Estado norteamericana Madeleine Albright había dicho que el papel crítico que Irán desempeña en la región «hace de las relaciones entre Estados Unidos e Irán un tema de gran interés e importancia para esta secretaria de Estado».[24]

Los iraníes habían recibido seguridades de que, por primera vez, Estados Unidos los tomaba en serio. Kamal Jarrazi me dijo que «ciertamente la cooperación entre Estados Unidos e Irán con respecto a Afganistán puede ser un caso ejemplar, y muestra que Estados Unidos tiene una mejor comprensión de la realidad en esta región y el papel que Irán puede desempeñar para el fomento de la paz y la seguridad», y añadió: «Durante largo tiempo hemos tratado de decirle [a Estados Unidos] que Irán es un actor esencial en la región».[25] Irán y Estados Unidos también se habían aproximado debido al cambio de las percepciones que los norteamericanos tenían de los talibán. Ahora ambos países tenían las mismas opiniones y criticaban las actitudes de los talibán con respecto a las drogas y el trato dado a las mujeres, el hecho de que cobijaran a terroristas y la amenaza que la clase de fundamentalismo islámico de los talibán suponía para la región. Irónicamente, para los norteamericanos la nueva amenaza ya no era el fundamentalismo chiíta sino el fundamentalismo suní de los talibán.

Los talibán se revelaban ahora como un estorbo incluso para

---

23. Entrevistas con importantes diplomáticos iraníes realizadas en septiembre de 1998 en Islamabad y enero de 1999 en la localidad suiza de Davos.
24. Madeleine Albright, discurso pronunciado en la Sociedad de Asia, Nueva York, 17 de junio de 1998.
25. Entrevista con Jarrazi, Teherán, 30 de abril de 1998.

---

que había traído consigo a dos concubinas hazaras, a las que ella se negaba a aceptar en su casa.

Arabia Saudí, lo que ayudó a la aproximación entre Teherán y Riad. El hecho de que los talibán dieran cobijo a Bin Laden había puesto en claro su extremismo y planteado una amenaza a la estabilidad saudí. Resulta significativo que el acercamiento entre Irán y Arabia Saudí no vacilara ni siquiera en 1998, cuando Irán amenazó con invadir Afganistán. En mayo de 1999 el presidente Jatami visitó Arabia Saudí y fue el primer dirigente iraní que lo hacía en casi tres décadas.

Los talibán presentan una amenaza para la seguridad de los saudíes, sobre todo por el apoyo que dan a los disidentes saudíes. En el pasado, los saudíes habían cedido al fundamentalismo talibán, sin pensar suficientemente en la clase de estado, compromisos políticos y reparto del poder que surgiría en Afganistán, pero ya no podían permitirse semejante actitud improvisada. Gran parte de la política exterior saudí se rige por medio de las relaciones personales y el patronazgo, en lugar de a través de las instituciones estatales, y resulta difícil ver cómo puede evolucionar una política hacia Afganistán más orientada al egoísmo nacional saudí y la estabilidad en la región que al wahabbismo.

Si el presidente Jatami impulsara en el país su programa de reformas, el régimen iraní desearía cada vez más y necesitaría un acuerdo de paz en Afganistán, para poner fin a la sangría de sus recursos que supone la financiación de la alianza antitalibán, acabar con el tráfico de drogas y armamento, así como el trasvase sectario desde Afganistán, y avanzar hacia un mayor acercamiento con Estados Unidos. Resulta irónico que el extremismo talibán también haya contribuido a una mayor aproximación entre Irán y Arabia Saudí y debilitado la relación de Paquistán con ambos países. El gran perdedor del retorno de Irán a la corriente principal de la diplomacia fue Paquistán. Sin embargo, para poner fin a su aislamiento de Occidente, Irán necesitaba demostrar que era un miembro responsable y estabilizador de la comunidad internacional. La primera y más importante de sus pruebas consistiría en ayudar a establecer la paz en Afganistán.

CONCLUSIÓN

EL FUTURO DE AFGANISTÁN

En 1995, el secretario general de la ONU, Boutros Boutros-Ghali, dijo que Afganistán se había convertido en «uno de los conflictos huérfanos del mundo, esos que Occidente, selectivo y promiscuo en su atención, prefiere dejar de lado a favor de Yugoslavia».[1] El mundo había apartado la vista de Afganistán, dejando que la guerra civil, la fragmentación étnica y la polarización desembocaran en la quiebra del estado. El país ha dejado de existir como un estado viable, y cuando un estado quiebra, la sociedad civil es destruida. Generaciones de niños crecen sin raíces, sin identidad ni razón para vivir salvo la de luchar. Los adultos están traumatizados y sufren brutalidades, y no conocen más que la guerra y el poder de los señores de la guerra. Lakhdar Brahimi, el mediador de la ONU, manifestó: «Estamos tratando con un estado en quiebra que parece una herida infectada. Uno ni siquiera sabe por dónde empezar a limpiarla».[2]

Toda la población afgana ha sido desplazada, no sólo una sino muchas veces. La destrucción física de Kabul se ha convertido en el Dresde de fines del siglo XX. El cruce de caminos de Asia en la antigua Ruta de la Seda no es ahora más que kilómetros de cascotes. No existe nada parecido a una infraestructura capaz de sostener a una sociedad, ni siquiera en el mínimo denominador común de la pobreza. En 1998, la Cruz Roja Internacional informó de que el número de familias afganas a cuyo frente estaba una persona discapacitada era de 63.000, y sólo en ese año hubo 45.000 heridos de guerra. Ni siquiera existía un cálculo de los muertos. Las únicas fac-

---

1. Michael Ignatieff, *The Warrior's Honor, Ethnic War and the Modern Conscience*, Vintage, Nueva York, 1999.
2. Entrevista con Brahimi, Islamabad, 14 de mayo de 1998.

torías productivas del país son aquéllas en las que las agencias de ayuda fabrican miembros artificiales, muletas y sillas de ruedas.[3]

Las divisiones de Afganistán son múltiples: étnicas, sectarias, rurales y urbanas, incultas y cultas, los que tienen armas y los que han sido desarmados. La economía es un agujero negro que está succionando a sus vecinos, al tiempo que los socava, con el comercio ilícito y el contrabando de drogas y armas. Anders Fange, un sueco miembro de una organización de ayuda, ha manifestado: «Pasarán por lo menos de diez a quince años antes de que haya una autoridad central en ejercicio capaz de llevar a cabo el mínimo de administración necesario para el desarrollo del país. Y, a mi modo de ver, esta afirmación es bastante optimista».[4]

Las complejas relaciones de poder y autoridad desarrolladas en el transcurso de siglos se han desbaratado por completo. No hay un grupo o un dirigente concreto que esté legitimado para reunificar el país. Más que una identidad nacional o identidades basadas en el parentesco y la tribu, las identidades territoriales regionales han adquirido una importancia capital. Los afganos ya no se llaman a sí mismos solamente afganos, ni siquiera pashtunes o tayikos, sino kandaharis, panjshiris, heratis, kabulíes y jowzjanis. La fragmentación es tanto vertical como horizontal, y corta a través de la etnicidad para abarcar un solo valle o pueblo. La estructura tribal pashtún ha sido destruida por la pérdida de la propiedad tribal común y los pastos, así como por la guerra y la huida. Los no pahtunes identifican su supervivencia con líderes guerreros individuales y su valle natal.

La jerarquía tribal que en otro tiempo mediaba en los conflictos ha sido asesinada o está en el exilio. La vieja elite dirigente culta huyó tras la invasión soviética y, en su lugar, no ha surgido una nueva elite dirigente capaz de negociar un acuerdo de paz. No hay ninguna clase política con la que llegar a compromisos y hacer tratos. Son numerosos los dirigentes que representan segmentos de la población, pero no hay un líder que pueda ser aceptado por todos. En semejante marco hipotético, sin que el final de la guerra esté a la vis-

3. AFP, «Afghan casualty figures show no signs of easing», *The News*, 13 de octubre de 1998.

4. Anders Fange, «Challenges of Aid in Afghanistan», Informe para la Conferencia de Estocolmo sobre Afganistán, 24 de febrero de 1999.

ta, la cuestión de si Afganistán se fragmentará y enviará ondas de fragmentación étnica e inestabilidad a toda la región es de capital importancia.

Gran parte de la culpa de que la guerra se prolongue la tienen los poderes externos que siguen apoyando a unos u otros en una creciente espiral de intervención y violencia. La ex Unión Soviética inició este proceso con su brutal invasión de Afganistán, pero esa acción le acarreó enormes sufrimientos. Alexander Lebed, que sirvió como comandante del ejército soviético en Afganistán y ahora es candidato a la presidencia, manifestó: «Trajimos a Afganistán con nosotros, en nuestras almas, en nuestros corazones, en nuestro recuerdo, en nuestras costumbres, en todo y a todos los niveles», y añadió: «Esta débil aventura política, este intento de exportar una revolución que aún no ha sido puesta a prueba, señaló el principio del fin».[5]

Los muyahidín afganos contribuyeron a la extinción de la Unión Soviética, el imperio soviético e, incluso, del comunismo. Mientras los afganos se atribuyen el mérito de estos acontecimientos, Occidente ha ido en la dirección contraria y apenas reconoce la contribución afgana al fin de la Guerra Fría. La retirada de las tropas soviéticas de Afganistán anunció el fin del experimento de *perestroika* y *glasnost* emprendido por Gorbachov, la idea de que era posible cambiar el sistema soviético desde dentro. He aquí una lección que deberían aprender los entrometidos de hoy, la de que quienes intervienen en Afganistán podrían enfrentarse a su propia desintegración, no por el poder de los afganos sino debido a las fuerzas que se desencadenan en sus propias y frágiles sociedades.

Al marcharse de Afganistán con tanta premura como lo hizo, Estados Unidos arrastró al cabo de pocos años muertes de diplomáticos, destrucción de embajadas, atentados con bombas en Nueva York y heroína barata en las calles, pues Afganistán se convirtió en un refugio del terrorismo internacional y la mafia de las drogas. Hoy los afganos siguen estando muy enojados con Estados Unidos, por quien libraron la Guerra Fría. En los años ochenta, Estados Unidos estaba dispuesto «a luchar hasta el último afgano» para ajustar

5. Harold Elleston, «The General against the Kremlin. Alexander Lebed: Power and Illusion», Little Brown and Co., Londres, 1998.

cuentas con la Unión Soviética, pero cuando los soviéticos se marcharon, Washington no estuvo dispuesto a contribuir a la paz ni tampoco a alimentar a un pueblo hambriento. Los poderes regionales se apoderaron del vacío político creado por la retirada de Estados Unidos, vieron la oportunidad de tener influencia e intervinieron en la refriega.

En la actualidad, Estados Unidos, con su actitud de tomar asuntos aislados y tejer planes de acción en torno a ellos, ya se trate de los oleoductos, el trato dado a las mujeres o el terrorismo, sólo está demostrando que ha aprendido poco. El abortado proyecto de Unocal debería haber dado muchas lecciones a las autoridades norteamericanas, pero no hay señales de ello, mientras los diplomáticos estadounidenses van de un lado a otro por Asia Central tratando de persuadir a las compañías petroleras y a los gobiernos de que se comprometan a construir un oleoducto principal para la exportación desde Bakú a Ceyhán. Es probable que incluso ese proyecto se retrase indefinidamente. El inicio de la construcción, previsto en el año 2000, se ha postergado a 2003 y, más recientemente, a 2005.[6]

Las lecciones del proyecto de Unocal son serias. No es posible construir un oleoducto principal desde Asia Central si no existe un mayor compromiso norteamericano e internacional para solucionar el conflicto en la región, en Afganistán, Tayikistán, Nagorno-Karabaj, Chechenia, Georgia y con los kurdos. La región es un barril de pólvora de conflictos sin resolver. Tampoco es posible construir unos oleoductos seguros sin cierto grado de consenso estratégico en la región. No se puede aislar a Irán y Rusia para siempre del desarrollo de la región. Tampoco se puede construir oleoductos cuando los conflictos étnicos deshacen estados. El etnicismo es la llamada fuerte y sonora de la era moderna. El intento de resolver los problemas étnicos y mantener unidos los estados requiere una diplomacia continua y consecuente en lugar de sobornos para mantener apaciguados a los señores de la guerra.

Las compañías petroleras no pueden construir oleoductos que sean vulnerables a las guerras civiles, los cambios políticos y los acontecimientos que se producen con rapidez, la inestabilidad y un entorno acosado por el fundamentalismo islámico, las drogas y las

6. AFP, «Oil pipeline not ready for main production», 20 de mayo de 1999.

armas. El antiguo Gran Juego giraba en torno a unas amenazas percibidas en las que la fuerza nunca se usaba directamente. Rusia y Gran Bretaña delimitaban las fronteras y firmaban tratados, y crearon Afganistán como un amortiguador entre ellas. El objetivo del «nuevo Gran Juego» debe ser el de estabilizar y sosegar la región, no el de aumentar las tensiones y la hostilidad. Estados Unidos es la única potencia mundial capaz de influir en todos los estados vecinos para dejar de interferir en Afganistán. Debe hacerlo así con un compromiso mucho mayor del que ha demostrado hasta ahora.

Paquistán, debilitado por la ruptura de su asociación estratégica con Estados Unidos tras el fin de la Guerra Fría, y atenazado por una profunda crisis económica, estaba sin embargo decidido a extender su zona de influencia y trataba de nombrar el próximo gobierno en Kabul. Enfrentado a un vecino indio beligerante que tenía siete veces su tamaño, la obsesión de Paquistán por la seguridad ha conformado naturalmente su política interior y sus intereses en el extranjero desde su creación en 1947. Pero la elite militar, burocrática y de los servicios secretos que ha guiado el destino de Paquistán desde los años cincuenta nunca ha permitido el normal funcionamiento de la sociedad civil. Sólo esa elite ha tenido derecho a determinar la naturaleza de la amenaza para la seguridad nacional de Paquistán y sus soluciones: gobiernos no electos, parlamento, organizaciones cívicas o incluso el sentido común.

Desde 1998 han sido disueltos cuatro gobiernos electos, ha habido diez gobiernos y la estabilidad interior sigue siendo un sueño tan lejano como siempre.[7] A pesar de unas crisis de autoridad tan profundas, la legitimidad política, la mala administración y la polarización social, la elite no ha tenido empacho en dar el peor ejemplo de expansión imperial realizada por cualquier país del tercer mundo en la segunda mitad del siglo XX. Paquistán interviene ahora en dos frentes bélicos, en Cachemira y Afganistán, y aunque las repercusiones de esas guerras (fundamentalismo islámico, drogas, armas y ruptura social) se derraman ahora de un modo agresivo en el país, las autoridades no toman medidas ni corrigen sus planes de

7. Los gobiernos electos disueltos son los de Mohammed Khan Junejo, en mayo de 1998, Benazir Bhutto, en agosto de 1990, Nawaz Sharid en abril de 1993 y de nuevo Benazir Bhutto en noviembre de 1996.

acción. Paquistán está ahora maduro para una revolución islámica al estilo talibán, que casi con toda seguridad haría peligrar la estabilidad en Oriente Medio y Asia Central y meridional.

Lo que las autoridades paquistaníes no han logrado comprender es que cualquier gobierno estable en Kabul tendrá que depender de Paquistán para su reconstrucción, alimentos, combustible y acceso al mundo exterior. La propia economía de Paquistán saldría beneficiada, pues aportaría trabajadores, técnicos y materiales para la reconstrucción de Afganistán. Los refugiados afganos regresarían, lo que reduciría la carga financiera de su manutención, y Paquistán podría empezar a ejercer cierto control sobre sus ruinosas instituciones estatales y sus fronteras.

Si Paquistán ha tenido una política de intervención en los asuntos afganos, la interferencia de Irán ha sido básicamente defensiva, ha mantenido una influencia limitada y se ha resistido a una toma total del poder por parte de los talibán. Pero Irán ha contribuido mucho a la fragmentación de Afganistán al jugar la carta del chiísmo y la de la lengua persa, y al mantener divididos entre ellos a los mismos grupos étnicos a los que apoya. La disparidad de los hazaras y los uzbekos, los dos grupos étnicos a los que Irán ha proporcionado más ayuda, es suficiente para mostrar de qué manera la política de Irán consistente en dividir y dirigir ha devastado la alianza anti-talibán. Los planes de acción iraníes han reflejado la intensa lucha de poder en el seno de la elite iraní, que no ha hecho más que intensificarse en los dos últimos años.

Por otra parte, el completo fracaso de la confianza y la comprensión entre Irán y Paquistán ha entorpecido el proceso de paz y se ha revelado ruinoso para los afganos. Ambos estados carecen de un terreno común acerca de la solución de la guerra civil afgana y, lo que es todavía más preocupante, ambos estados financian las guerras entre chiítas y suníes en sus países respectivos así como en Afganistán, lo que incrementa la probabilidad de una gran explosión sectaria en la región. Con la llegada de los talibán, el sectarismo y la limpieza sectaria y étnica ha alzado su fea cabeza por primera vez en la historia de Afganistán.

Los estados de Asia Central son quienes tienen ahora capacidad de decisión en la zona, pero se han apresurado a proteger aquello que consideran como amenazas a su seguridad nacional. La dominación pashtún de Afganistán no les gusta y aborrecen la clase de sentimientos islámicos que tienen los talibán. Hasta que sus primos étnicos de Afganistán participen de alguna fórmula para compartir el poder en Kabul, los estados de Asia Central no dejarán de ayudarles y de oponer resistencia a los talibán. Esto hace peligrar los planes paquistaníes para acceder a oleoductos y rutas de comunicación a través de Afganistán desde Asia Central. Si los talibán conquistaran todo el país, los estados de Asia Central tendrían que aceptar la realidad talibán, pero es improbable que confiaran sus exportaciones de energía a través del Afganistán controlado por los talibán y Paquistán.

Arabia Saudí parece haberse revelado incapaz de desarrollar una política exterior racional que convenga a sus intereses en vez de limitarse a apaciguar a su camarilla wahabbi nacional. Hasta que el *mulá* Omar insultó personalmente a la Casa Real Saudí, los saudíes no se apartaron de los talibán. La exportación saudí del wahabbismo ha actuado como un bumerán y está minando cada vez más la autoridad de la familia real. La crítica que hizo Osama Bin Laden de la corrupción y la mala administración del régimen no cayó en oídos sordos entre la población saudí. Y, a menos que Afganistán avance hacia la paz, hay docenas de Bin Laden dispuestos y esperando para ocupar el lugar de éste desde sus bases en el interior de Afganistán.

Para los musulmanes de todo el mundo, el apoyo saudí a los talibán es muy embarazoso, porque la interpretación del Islam que hacen los talibán es negativa y destructiva. Cada vez más, la percepción popular en Occidente equipara al Islam con los talibán y el terrorismo al estilo de Bin Laden. Muchos comentaristas occidentales no señalan a los talibán, pero condenan al Islam en su conjunto por ser intolerante y antimoderno. Los talibán, como tantos grupos islámicos fundamentalistas de hoy, despojan al Islam de todos sus legados excepto la teología y hacen caso omiso de la filosofía islámica, la ciencia, las artes, la estética y el misticismo. Así se olvida la rica diversidad del Islam y el mensaje esencial del Corán, el de la construcción de una sociedad civil que sea justa y equitativa y cuyos dirigentes sean responsables de sus ciudadanos.

El genio de la antigua civilización árabe musulmana estribaba en su diversidad multicultural, multirreligiosa y multiétnica. Las sorprendentes y numerosas quiebras del estado que hoy abundan en el mundo musulmán se deben a que el camino original, esa intención e inspiración, ha sido abandonado, ya sea a favor de una dictadura brutal, ya sea de una interpretación restringida de la teología. La historia musulmana ha sido un ciclo de conquista, renovación y derrota. Como escribió Ferdinand Braudel: «Tal vez el destino del Islam haya consistido en atraer y utilizar a los pueblos primitivos que lo rodean o que cruzan su territorio, para ser entonces presa de su violento poder. En última instancia, el orden se restaura y las heridas se curan. La todopoderosa vida urbana del Islam amansa al triunfante guerrero primitivo».[8]

De acuerdo con esta tradición musulmana, ¿podrían también los talibán cambiar o modificar sus planes de acción y absorber la rica diversidad étnica y cultural de Afganistán para convertirse en los legítimos dirigentes del país? Tal como son ahora, eso es improbable. Los talibán están atrapados entre una sociedad tribal a la que intentan hacer caso omiso y la necesidad de una estructura estatal que se niegan a establecer. La fragmentación tribal entre los pashtunes ya está volviendo para acosarlos, y no satisfacen siquiera las demandas de su gente para compartir el poder, mientras que dejan de lado a los no pashtunes, algo que nunca sucedió en el pasado. El intelectual afgano Ashraf Ghani ha escrito: «A pesar del aparente dominio de los pashtunes, el verdadero proceso de construcción del estado suponía la participación de la elite de todos los grupos étnicos y un papel importante desempeñado por los no pashtunes tanto en la burocracia como en el ejército».[9] Los talibán están desbaratando el curso de la historia afgana porque no la comprenden.

Al mismo tiempo, los talibán se niegan a definir el estado afgano que se proponen constituir y dirigir, en gran parte porque no tienen idea de lo que quieren. La falta de una autoridad central, de organizaciones estatales, una metodología de mando y el control y mecanismos que puedan reflejar cierto nivel de participación popular (*Loya Jirga*, *shura* islámica o parlamento), imposibilitan a muchos afganos aceptar a los talibán o al mundo exterior reconocer su

8. Ferdinand Braudel, *A History of Civilizations*, Penguin Books, Londres, 1993.
9. Comunicación privada, del 6 de marzo de 1999.

gobierno. No puede haber un gobierno eficaz si falta una definición común y aceptable de la clase de estado que ahora se requiere para cerrar las heridas de la guerra. Pero el grupo kandahari que rodea al *mulá* Omar no acepta forasteros ni consejos. Las divisiones en el seno talibán se multiplican con rapidez y no es improbable que talibán más moderados organicen un golpe contra el *mulá* Omar y los *ulema* kandaharis.

Ninguna facción dirigida por un señor de la guerra se ha sentido jamás responsable de la población civil, pero los talibán son incapaces de emprender siquiera la mínima labor de desarrollo, porque creen que el Islam se ocupará de todo el mundo. Esto ha planteado unos problemas fundamentales a la ONU y la comunidad de ONG. En realidad, la ayuda humanitaria está prolongando la guerra civil, porque el auxilio extranjero mantiene con vida a la población, exime a los señores de la guerra de la responsabilidad de proveer a la gente y les permite canalizar todos sus recursos en el esfuerzo de guerra. Ahora la ONU y las agencias de ayuda en otros estados en quiebra, tales como Sudán y Somalia, se enfrentan con frecuencia a este dilema, que presenta el mayor desafío a la comunidad humanitaria internacional en el futuro.

Parece que la única ONG afgana eficaz se basa en el contrabando organizado y el tráfico de drogas. En estas condiciones, la reconstrucción limitada que los talibán han emprendido hasta ahora se basa por completo en mejorar la eficiencia del contrabando y el tráfico de drogas, mediante la reparación de carreteras, la construcción de estaciones de servicio y la invitación a hombres de negocios norteamericanos para que establezcan una red de telefonía móvil que acelerará cualitativamente el movimiento de drogas y comercio ilícito. Todos los beneficios de esta reconstrucción repercutirán en la mafia del transporte y las drogas. Ningún señor de la guerra construye escuelas, hospitales, sistemas de suministro de agua ni nada que tenga la menor relación con el desarrollo social.

En la forma presente de su movimiento, los talibán no pueden confiar en que la comunidad internacional los reconozca como legítimo gobierno de Afganistán. Aunque conquistaran el norte del país, no lograrían estabilidad y los no pahtunes continuarían la guerra de guerrillas, pero esta vez desde bases en Asia Central e Irán, lo que desestabilizaría aún más la región. Sin embargo, en el cinturón pashtún de Afganistán, la única alternativa a los talibán es más desorden y caos. «La mayoría de los afganos al sur de Kabul probablemente convendrían en que los talibán, aunque hoy no son tan populares como cuando aparecieron, son mejores para el pueblo, su seguridad y bienestar, en comparación con lo que había antes de ellos, y que no hay ninguna auténtica alternativa, salvo la anarquía».[10] Los talibán no van a disolverse, pero el marco hipotético más probable es que formen facciones con feudos rivales independientes en Kabul, Kandahar y, posiblemente, Herat.

La alianza antitalibán no puede conquistar y gobernar la región pashtún meridional. Hasta ahora Masud se ha revelado incapaz de galvanizar a un número de pashtunes suficiente que rechacen a los talibán y le den cierta legitimidad nacional. La única oportunidad de supervivencia de la oposición depende de que se ganen a sectores pahtunes, lo que sin duda prolongará la guerra, pero también debilitará a los talibán y ofrecerá la posibilidad de que ambos bandos puedan entonces negociar. La alianza antitalibán tampoco ha conseguido establecer las mínimas estructuras estatales o una dirección representativa que absorba incluso a todos los no pashtunes. Sus riñas, sus diferencias internas y las luchas de poder por el liderazgo los han diezmado a los ojos de muchos afganos, quienes pueden detestar a los talibán pero tampoco tienen fe en la alianza antitalibán.

El temor a la fragmentación está siempre presente y las líneas están bien trazadas desde 1996: un sur pashtún bajo los talibán y un norte no pashtún dividido por las montañas del Hindu Kush, mientras Kabul es disputado por ambos bandos. Dado que en tantos lugares se producen matanzas devastadoras, pogromos sectarios y limpieza étnica, las posibilidades de fragmentación parecen en extremo elevadas. Por suerte no hay un Slobodan Milosevic o un Saddam Hussein entre los señores de la guerra, alguien dispuesto a conservar el poder y sus feudos a costa de la división del país. A pesar de su interferencia, la fragmentación no conviene a ninguno de los vecinos de Afganistán, porque abriría una caja de Pandora de et-

10. Anders Fange, «Difficulties and Opportunities. Challenges of Aid to Afghanistan», Informe para la Conferencia de Estocolmo sobre Afganistán, 24 de febrero de 1999.

nicismo que rápidamente se derramaría al otro lado de las fronteras de Afganistán, crearía una inmensa afluencia de refugiados y extendería más la cultura de las drogas, las armas y el fundamentalismo en sus estados ya de por sí frágiles. La fragmentación formal e incluso la división del estado afgano todavía es posible, pero hasta ahora nadie la desea y ésa es la única esperanza positiva para el futuro del proceso de paz.

Por ahora los intentos pacificadores de la ONU no han rendido dividendos, pero no por falta de empeño. El motivo estriba en que, mientras las potencias exteriores faciliten dinero y armamento a los señores de la guerra, no es probable que finalice la guerra civil. Una posible solución podría ser un proceso que ha de empezar desde fuera de Afganistán. Primero, todos los estados regionales tendrían que convenir un embargo de armas a Afganistán, cumplirlo a rajatabla y permitir que fuese controlado con eficacia por la ONU. Los estados regionales tendrían que aceptar áreas limitadas de influencia en Afganistán en vez de seguir prestando su apoyo a uno u otro bando para llegar a gobernar todo el país. Sería esencial un diálogo entre Irán y Paquistán, en el que este último aceptara limitar su influencia en el cinturón pashtún, mientras Irán aceptara lo mismo en el centro y el oeste de Afganistán, de modo que se garantizara así la presencia de una minoría chiíta.

En una palabra, cada estado vecino debería reconocer no sólo sus propias necesidades de seguridad nacional, sino también las de sus vecinos. En la actualidad no es posible eliminar la influencia exterior en Afganistán, pero debe estar contenida y limitada por mutuo acuerdo a unos niveles aceptables. Ningún país puede atreverse a actuar de tal manera que haga peligrar la seguridad de los países con los que limita. Negociar tales acuerdos sería difícil en extremo, porque requeriría no sólo la intervención de diplomáticos, sino también de militares y miembros de los servicios secretos de cada estado. La ONU y la comunidad internacional también deberían garantizar que tales acuerdos no fomentarían la futura desintegración de Afganistán y obstaculizarían el proceso de formación de gobierno en el interior del país.

La conciliación de los diversos intereses en el interior de Afganistán ya no es posible mediante lo que se conoce con el eufemismo de «gobierno de amplia base». No hay ninguna posibilidad de que el *mulá* Omar y Masud acuerden sentarse en Kabul y gobernar juntos. Lo que hace falta es un alto el fuego, un gobierno central débil durante un período inicial, un acuerdo de desmilitarización de Kabul y un alto grado de autonomía en las regiones controladas por las facciones. Todas las facciones tendrían que aceptar un gobierno central reforzado a la larga, mientras mantienen su propia autonomía a corto plazo. Así retendrían sus unidades militares independientes, pero contribuirían también al establecimiento de un servicio policial centralizado en Kabul.

Las facciones recibirían individualmente ayuda exterior para la reconstrucción, pero trabajarían juntas, a través del gobierno central, para reconstruir la destrozada infraestructura del país. Esto, a su vez, generaría una mayor confianza y comprensión entre ellos. Entonces todas las facciones tendrían que convenir la puesta en marcha de alguna forma de proceso legitimador, por medio de cuerpos de representantes electos en sus regiones, lo que, en última instancia, conduciría a una *jirga* o *shura* central en Kabul.

No es posible subestimar lo difícil que sería negociar tales acuerdos, puesto que de momento los beligerantes no tienen voluntad negociadora. Uno de los alicientes podría ser un proyecto de reconstrucción importante, financiado por donantes internacionales, el Banco Mundial o grandes organizaciones caritativas particulares, que no aportarían el dinero hasta que se hubiera alcanzado un acuerdo mínimo. Esto sería en esencia un soborno a los señores de la guerra y un incentivo para el pueblo afgano, que los presionaría para que aceptaran un acuerdo. Cualquier proceso pacificador serio necesitaría un compromiso en busca de la paz mucho mayor de los que la comunidad internacional ha estado dispuesta a llegar hasta ahora.

La paz en Afganistán rendiría unos dividendos enormes en toda la región. Paquistán se beneficiaría económicamente de la reconstrucción del país y podría empezar a hacerse cargo de los restos de la guerra afgana en su propio territorio, la proliferación de armas, drogas, terrorismo, sectarismo y mercado negro. Terminaría el aislamiento diplomático de Paquistán en la región y podría reintegrarse a la red de enlaces de comunicación de Asia Central, pues ofrece la ruta más corta hasta el mar. Irán volvería a su posición en la comunidad mundial y su papel de gran estado comercial en el centro de Asia Meridional, Asia Central y Oriente Medio. Turquía tendría vínculos y lazos comerciales con los pueblos turcomanos de Afganistán, con los que tiene una relación histórica.

China se sentiría más segura y capaz de llevar a cabo un programa de desarrollo económico más eficaz en su empobrecida provincia musulmana de Xinjiang. Rusia podría establecer una relación más realista con Asia Central y Meridional basada en las realidades económicas más que en falsas ambiciones hegemónicas, al tiempo que facilitaría el descanso eterno a sus fantasmas afganos. Los oleoductos y gasoductos a través de Afganistán unirían el país al resto de la región y acelerarían la ayuda exterior para su reconstrucción. Estados Unidos trazaría unos planes de acción más realistas para Asia Central, así como el acceso a la energía de la región en un entorno más seguro, y se ocuparía de la amenaza del terrorismo.

Pero si se sigue haciendo caso omiso de la guerra afgana, sólo cabe esperar lo peor. Paquistán se enfrentará a una revolución islámica al estilo talibán que lo desestabilizará todavía más, así como a toda la región. Irán seguirá en la periferia de la comunidad mundial y sus fronteras occidentales seguirán sacudidas por la inestabilidad. Los estados de Asia Central no serán capaces de entregar su energía y sus exportaciones de minerales por las rutas más cortas, y, con el hundimiento de sus economías, se enfrentarán a un levantamiento islámico y la inestabilidad. Rusia seguirá erizada de objetivos hegemónicos en Asia Central, incluso mientras su sociedad y su economía se desmoronan. Los riesgos son extremadamente elevados.

APÉNDICES

MUESTRA DE LOS DECRETOS TALIBÁN RELATIVOS A LAS MUJERES Y OTROS ASPECTOS CULTURALES TRAS LA TOMA DE KABUL EN 1996

(Esta traducción de la lengua dari fue entregada a las agencias occidentales para que siguieran las normas. La gramática y la ortografía se reproducen aquí tal como estaban en el original inglés.)

1

Decreto anunciado por la Presidencia General de Amr Bil Maruf y Nai Az Munkar. (Policía Religiosa.)

Kabul, noviembre de 1996.

Mujeres no debéis salir de vuestra residencia. Si salís de la casa no debéis ser como las mujeres que llevaban vestidos elegantes y muchos cosméticos y que se presentaban delante de todos los hombres antes de la llegada del Islam.

El Islam como religión salvadora ha determinado una dignidad específica para las mujeres, el Islam tiene valiosas instrucciones para las mujeres. Las mujeres no deben crear oportunidades de atraer la atención de gente inútil que no las mirará con buenos ojos. Las mujeres tienen la responsabilidad de un maestro como coordinadoras de sus familias. El marido, el hermano, el padre tienen la responsabilidad de proporcionar a la familia los requisitos necesarios para la vida (alimento, ropa etc.). En caso de que las mujeres tengan que salir de la residencia con fines educativos, necesidades sociales o servicios sociales deberán cubrirse de acuerdo con la regulación de la *sharia* islámica. Si las mujeres salen con ropas elegantes, ornamentales, ceñidas y encantadoras serán maldecidas por la *sharia* islámica y no podrán esperar ir al cielo jamás.

Todos los jefes de familia y cada musulmán tienen responsabilidad a este respecto. Solicitamos a todos los jefes de familia que mantengan un control rígido de sus familias y eviten estos problemas sociales. De lo contrario estas mujeres serán amenazadas, investigadas y castigadas severamente, así como los jefes de familia, por las fuerzas de la Policía Religiosa (*Munkrat*).

La *Munkrat* tiene la responsabilidad y el deber de luchar contra esos problemas sociales y seguirá esforzándose hasta que el mal haya terminado.

2

Normas de trabajo para los hospitales del estado y clínicas privadas sobre los principios de la *sharia* islámica. Ministerio de Sanidad, en nombre del *Amir ul Momineen Mulá* Mohammed Omar. Kabul, noviembre de 1996.

1. Las pacientes deberán ir a médicos femeninos. En caso de que sea necesario un médico masculino, deberá acompañar a la paciente su familiar más cercano.
2. Durante el examen, tanto la paciente como el médico deberán llevar el *hijab* (velo) islámico.
3. El médico no deberá tocar otras partes de la paciente que no sean la parte afectada.
4. La sala de espera de las pacientes deberá estar debidamente cubierta.
5. La persona que regula el turno de las pacientes deberá ser una mujer.
6. Durante el turno de noche, en aquellas habitaciones donde están hospitalizadas mujeres no se permitirá la entrada del médico si no lo ha llamado la paciente.
7. No se permite a médicos femeninos y masculinos sentarse y hablar entre ellos. Si hay necesidad de conversar, deberán ponerse el *hijab*.
8. Los médicos femeninos llevarán ropas sencillas. No se les permite el uso de prendas elegantes, así como de cosméticos y maquillaje.
9. A los médicos femeninos y las enfermeras no se les permite entrar en las habitaciones donde hay pacientes masculinos hospitalizados.

10. El personal del hospital deberá rezar puntualmente en las mezquitas.

11. La Policía Religiosa tiene permiso para efectuar controles en cualquier momento y nadie podrá impedírselo.

Quienquiera que viole la orden será castigado según las regulaciones islámicas.

3

Presidencia General de Amr Bil Maruf. Kabul, diciembre de 1966.

1. Prevenir la sedición y que las mujeres vayan al descubierto (*Be Hejabi*). No se permite a los conductores recoger a mujeres que usen la *burqa* iraní. En caso de violación de esta regla, el conductor será encarcelado. Si se observa una mujer descubierta en la calle, se buscará su casa y se castigará a su marido. Si la mujer usa ropas provocativas y atractivas y no la acompaña un familiar cercano, los conductores no deberán recogerla.

2. Prevenir la música. Para ser emitido por los servicios públicos de información. En tiendas, hoteles, vehículos y *jinrikishas* se prohiben los casetes y la música. Este asunto deberá ser controlado en un plazo de cinco días. Si se encuentra cualquier casete de música en una tienda, se encarcelará al tendero y la tienda será cerrada. Si cinco personas dan garantías, la tienda se abrirá y el infractor será liberado más adelante. Si se encuentra casetes en un vehículo, tanto éste como el conductor serán detenidos. Si cinco personas dan garantías, el vehículo será liberado y el infractor será liberado más adelante.

3. Evitar el afeitado y el corte de la barba. Al cabo de mes y medio, todo hombre del que se observe que se ha afeitado o cortado la barba, será detenido y encarcelado hasta que vuelva a tener una barba poblada.

4. Evitar el mantenimiento de palomas y jugar con aves. Este hábito/afición debe cesar al cabo de diez días. Transcurrido ese plazo se efectuará un control y las palomas o cualesquiera otras aves de juego serán sacrificadas.

5. Evitar el vuelo de cometas. Se clausurarán los comercios de la ciudad dedicados a la venta de cometas.

6. Evitar la idolatría. En vehículos, tiendas, hoteles, habitaciones y cualquier otro lugar deben abolirse las imágenes/retratos. Los controladores deben romper todas las imágenes en los lugares citados.

7. Evitar el juego. En colaboración con la policía de seguridad, se buscarán los principales centros y se condenará a los jugadores a un mes de prisión.

8. Erradicar la adicción a las drogas. Los drogadictos serán encarcelados y se investigará para descubrir al proveedor y la tienda. Se cerrará la tienda y el propietario y el usuario serán encarcelados y castigados.

9. Evitar que se lleve el pelo al estilo británico y norteamericano. Las personas que lleven el pelo largo serán detenidas y trasladadas al departamento de la Policía Religiosa para que les corten el pelo. El infractor tiene que pagar al barbero.

10. Evitar el interés en préstamos, cobro por cambiar billetes de poco valor y cobro por los giros postales. Hay que informar a los cambistas de que los tres tipos <u>citados de</u> cambio de dinero están prohibidos. En caso de violación, los infractores serán castigados durante largo tiempo.

11. Evitar que señoras jóvenes laven ropa a lo largo de los arroyos en la ciudad. Las damas que violen esta regla deberán ser detenidas a la respetuosa manera islámica y llevadas a sus casas, y sus maridos serán severamente castigados.

12. Evitar música y bailes en las bodas. En caso de violación, el cabeza de familia será detenido y castigado.

13. Evitar la música de tambor. Se anunciará esta prohibición. Si alguien lo hace, entonces los dirigentes religiosos decidirán al respecto.

14. Evitar que un sastre cosa ropa de señora y tome medidas del cuerpo femenino. Si se ven mujeres o revistas de modas en la sastrería, el sastre será encarcelado.

15. Evitar la brujería. Todos los libros relacionados deberán ser quemados, y el mago será encarcelado hasta que se arrepienta.

16. Evitar que no se rece y reunión ordenada para rezar en el bazar. La oración tendrá lugar a su debido tiempo en todos los distri-

tos. El transporte estará estrictamente prohibido, y toda la gente está obligada a ir a la mezquita. Si se ven jóvenes en las tiendas, serán encarcelados de inmediato.

ESTRUCTURA DE LOS TALIBÁN

El líder talibán es el *mulá* Mohammed Omar, también conocido como el *Amir-ul-Momineen* o Jefe de los Fieles. El organismo gubernamental más poderoso es un consejo de gobierno provisional formado por diez miembros, o *shura* Suprema, radicado en Kandahar. Dos comités informan a este consejo. El primero es un gabinete provisional o *shura* de Kabul y el segundo es una *shura* militar.

SHURA SUPREMA DE LOS MIEMBROS FUNDADORES DE LOS TALIBAN, KANDAHAR 1994-1997

Mulá Mohammed Omar, *Amir-ul-Momineen*. Dirigente de los fieles. Jefe del movimiento talibán.

MULÁ MOHAMMED RABBANI AKHUND	PRESIDENTE DEL CONSEJO DE GOBIERNO Y SUBJEFE DE LOS TALIBÁN
Mulá Mohammed Ghaus Akhund	Ministro en funciones de Asuntos Exteriores hasta junio de 1997
Mulá Mohammed Hassan Akhund	Jefe de Estado Mayor Militar
Mulá Mohammed Fazil Akhund	Jefe del Cuerpo de Ejército
Mulá Abdul Razaq	Jefe del Departamento de Aduanas
Mulá Sayed Ghiasuddin Agha	Ministro en funciones de Información
Mulá Jairulá Jairjwa	Ministro en funciones del Interior
Maulvi Abdul Sattar Sanani	Jefe en funciones del Tribunal Supremo de Afganistán
Maulvi Ehsanulá Ehsan	Gobernador del Banco Estatal
Mulá Abdul Jalil	Ministro en funciones de Asuntos Exteriores desde junio de 1997

ESTRUCTURA DEL MANDO MILITAR DE LOS TALIBÁN:
SHURA MILITAR

Comandante en Jefe: *Mulá* Mohammed Omar
Jefe de Estado Mayor militar: *Mulá* Mohammed Hassan
Jefe de Personal Militar: *Mulá* Rahmatulá Akhund
Jefe del Cuerpo de Ejército: *Mulá* Mohammed Fazil

Jefe de División del Ejército: *Mulá* Jumma Khan
Jefe de División del Ejército: *Mulá* Mohammed Younas
Jefe de División del Ejército: *Mulá* Mohammed Gul
Jefe de División del Ejército: *Mulá* Mohammed Aziz Khan
Fuerza Blindada Nº 4: *Mulá* Mohammed Zahir

SHURA DE MINISTROS EN FUNCIONES EN KABUL, 1999

MULÁ MOHAMMED ABBAS AKHUND	SANIDAD

Mulá Obaidulá Akhund	Defensa
Mulá Dadulá Akhund	Construcción
Mulá Tahir Anwari	Finanzas
Mulá Amir Khan Mutaqqi	Información y Cultura
Mulá Abdul Latif Mansur	Agricultura
Mulá Mohammed Essa	Agua y Energía
Mulá Ahmadulá Nanai	Comunicaciones
Mulá Nuruddin Turabi	Justicia
Maulvi Hamdulá Numani	Educación Superior
Maulvi Ahmed Jan	Minas e Industrias
Maulvi Jalaluddin Haqqani	Asuntos Fronterizos
Maulvi Fazel Mohammed Faizan	Comercio
Qari Din Mohammed	Planificación
Maulvi Qalamuddin	Ministro de la Policía Religiosa

Orígenes de los miembros del movimiento talibán

D = pashtún durrani; G = pashtún ghilzai; N = pashtún pero ni ghilzai ni durrani; T = tayiko; U = uzbeco; O = otro grupo étnico; MF = Miembro fundador de los talibán; Muy = ex jefe muyahidín contra las tropas soviéticas.

Afiliaciones a partidos de los ex muyahidín

Hizbe (K) = Hizb-Islami (Younis Khalis), Hizbe (H) = Hizb-e-Islami (Gulbuddin Hikmetyar), Jam = Jamaat-e-Islami (Rabbani), Nifa = Frente Nacional Islámico de Afganistán (Gailani), Har = Harakat (Maulvi Mohammed Nabi Mohammedi)

NOMBRE	CARGO	ORIGEN/EDAD	TRIBU/RANGO	OBSERVACIONES
M. Mohammed Omar	Líder	Mewand/Kandahar, MF, 37	G. Hotak Muy. Ex Hizbe (K)	Educado en *madrasa* de Kandahar. Tuerto. Jefe del gobierno
M. Mohammed Rabbani	Presidente de la shura de Kabul	Kandahar, MF, 38	N. Kakar Muy. Ex Hizbe (K)	
Mohammed Hassan	Ministro de Asuntos Exteriores desde 1997	Kandahar	G. Hotak Muy. Ex Hizbe (K)	Educado en *madrasa* de Quetta. Pariente de Omar
M. Mohammed Ghaus	Ministro de Asuntos Exteriores, retirado en 1997	Kandahar, Khushab, MF, 50	D.Nurzai Muy. Ex Hizbe (K)	Ciego de un ojo y con poca vista en el otro. Amigo íntimo de Omar. Capturó Mazar en 1997.

NOMBRE	CARGO	ORIGEN/EDAD	TRIBU/RANGO	OBSERVACIONES
M. Abdul Razaq	Dept. de Aduanas	Kandahar	D. Popalzai Muy. Ex Hizbe (K)	
M. Sayed Ghiasuddin	Educación	Faryab	U. Muy. Ex Har.	Sin educación formal. Hombre de negocios. Lleva un pendiente.
M. Khairula Jairjwa	Interior	Kandahar	D. Popalzai Muy. Ex Har.	Graduado en Haqqania.
Ehsanulá Ehsan	Gobernador del Banco Estatal	Kandahar, Panjwaj	D.	Ex gobernador de Khost. Muerto en Mazar en 1997.
Maulvi Abdul Sattar Sanani	Presidente del Tribunal Supremo en Kandahar	Kandahar, 80	D.Ishaqzi	Educado en *madrasa* de Kandahar.
Mohammed Abbas	Sanidad. Se ocupa de las agencias de la ONU	Urozgan, MF, 40	Muy. G. Hotak Ex Hizbe (K)	Educado en *madrasa* Zabul, luego Haqqania. Comerciante en Kandahar y más adelante Fiscal General. Jefe de la Fuerza de Baghlan.
Obaidulá	Defensa	Kandahar	Muy. G. Hotak	Educado en *madrasa* de Quetta. Tomó Mazar. Enlace militar entre los talibán y el ISI.

NOMBRE	CARGO	ORIGEN/EDAD	TRIBU/RANGO	OBSERVACIONES
Dadulá Mohammedulá Akhund	Construcción Finanzas	Kandahar	Muy. D. Alkozai Ex Har.	Educado en *madrasa*. Quetta.
Amir Khan Mutaqqi	Información Cultura	Logar, MF	Nómada tribu N. Kochi. Muy. Ex Har.	Educado en Haqqania. Viejo amigo de Omar. Jefe de la Fuerza de Baghlan después de Mazar.
Abdul Latif Mansur Mohammed Essa	Agricultura Agua, Energía	Paktia Kandahar	G. Muy. G. Hotak Ex Har.	Educado en Haqqania.
Alla Dad Akhund	Comunicaciones	Kandahar	Muy. G. Hotak	Dirigió su propia *madrasa* en la PFNO.
Nuruddin Turabi	Justicia	Urozgan	G. Hotak,	Tuerto.
Hamidulá Nemani	Educación Superior	Zabul	D. Daftani	Sin educación formal.
Ahmed Jan	Minas e Industrias	Pakhtia, 40	G. Zadran	Educado en Haqqania. Comerciante de alfombras en Arabia Saudí. Comisario de comercio talibán en Peshawar. Negociador con las compañías petroleras.

NOMBRE	CARGO	ORIGEN/EDAD	TRIBU/RANGO	OBSERVACIONES
Jalaluddin Haqqani	Asuntos Fronterizos	Pakhtia, 55	Muy. G. Zadran Ex Hizbe (K)	Dirigió el movimiento islámico contra Daud en 1974. Emigró a Paquistán. Educado en Pakhtia y seis años en Haqqania. Importante jefe muyahidín. Tomó Khost en 1991. Se unió a los talibán en 1995.
Sadeq Akhond	Comercio	Kandahar	Muy. G. Hotak Ex Har.	Sin educación. Tomó Mazar en 1997.
Qari Din Mohammed	Planificación	Badajshan	Muy. T. Ex Jam.	Jefe tayiko en el consejo.
Maulvi Qalamuddin	Jefe de la Policía Religiosa	Logar, Bariki Barak, 38	Muy. G. Mohmand Ex Har.	Educado en Logar y Haqqani. Secretario de Nabi Mohammedi en el gobierno de Rabbani. Se unió a los talibán en Zabul.
Maulvi Jalilulá Maulvizai	Fiscal General	Herat, 68	Jawaja	Educado en *madrasa* de deobandi (India). Asesor del gobierno provisional muyahidín en 1998. Ministro de Educación con Rabbani.

NOMBRE	CARGO	ORIGEN/EDAD	TRIBU/RANGO	OBSERVACIONES
Mohammed Hassan	Gobernador de Kandahar	Urozgan, MF, 45	Muy. D. Achakzai Ex Har.	Educado en *madrasa* de Quetta. Luchó contra los rusos en Urozgan. Una sola pierna. Le falta la punta de un dedo.
Wakil Ahmed	Secretario de Omar	Kandahar	MF N. Kakar	Principal ayudante de Omar, portavoz de los talibán.
Sher Mohammed Stanakzai	Viceministro de Asuntos Exteriores	Logar	G. Stanakzai	Ex oficial de policía. Formado en la India.
Arifulá Arif	Ministro de Finanzas	Pakhtia, Zamrud	G. Suleiman Har.	Pasó el sexto grado cuando tenía catorce años en Haqqania. Trabajó para la *yihad* en Paquistán.

CRONOLOGÍA DE LOS TALIBÁN

1992

ABRIL. Afganistán y Kabul caen en manos de los muyahidín mientras el presidente Najibulá busca refugio en el recinto de la ONU en Kabul.

1993

Lucha encarnizada entre el presidente Rabbani y Gulbuddin Hikmetyar, con un saldo de 10.000 civiles muertos.

1994

ENERO. La lucha entre facciones reduce Kabul a cascotes mientras Dostum y Hikmetyar atacan Kabul.

FEBRERO. La ONU nombra a Mehmoud Mestiri jefe de la misión especial de la ONU en Afganistán. La embajada paquistaní en Kabul saqueada.

OCTUBRE. Seis embajadores occidentales en Islamabad acompañan al ministro del Interior paquistaní, Naseerulá Babar, a Herat para entrevistarse con Ismael Khan.

28 DE OCTUBRE. La primera ministro Benazir Bhutto se entrevista con Ismael Khan y Dostum en Ashjabab.

4 DE NOVIEMBRE. Un convoy paquistaní formado por treinta camiones que se dirige a Asia Central asaltado por señores de la guerra cerca de Kandahar. Veinte muertos en la lucha. Aparecen los talibán.

5 DE NOVIEMBRE. Los talibán se apoderan de Kandahar y liberan el convoy. Cincuenta muertos en cuatro días de enfrentamientos.

25 DE NOVIEMBRE. Los talibán controlan dos provincias meridionales, Lashkargah y Helmand.

1995

1 DE ENERO. Tres mil talibán paquistaníes de Peshawar parten hacia Afganistán.

2 DE FEBRERO. Los talibán se trasladan a la provincia de Wardak, a cuarenta kilómetros de Kabul.

11 DE FEBRERO. Los talibán toman la provincia de Logar. Nueve de las treinta provincias están en sus manos. El presidente Rabbani envía una delegación a los talibán.

14 DE FEBRERO. Los talibán toman Charasyab y Hikmetyar huye sin presentar batalla.

18 DE FEBRERO. Los talibán ponen tres condiciones para participar en un posible gobierno provisional: una fuerza neutral constituida por talibán, que sólo participen los buenos musulmanes y que las treinta provincias estén representadas.

7 DE MARZO. Los talibán avanzan hacia Nimroz, Farah, con la intención de capturar Herat. Los talibán se trasladan al sur de Kabul mientras los hazaras abandonan sus posiciones.

11 DE MARZO. Masud ataca a los talibán cerca de Kabul, haciéndoles retroceder a Charasyab.

13 DE MARZO. El dirigente hazara Abdul Ali Mazari es capturado por los talibán y muere en un accidente de helicóptero cuando los talibán lo llevaban a Kandahar. Los talibán toman Farah.

29 DE MARZO. Las fuerzas del gobierno hacen retroceder a los talibán 120 kilómetros desde Shindand.

4 DE ABRIL. Los talibán toman parte de la base aérea de Shindand, cerca de Herat.

12 DE MAYO. Los talibán son expulsados de Farah.

31 DE MAYO. El príncipe Turki, jefe de los servicios de inteligencia saudíes, visita Kabul y Kandahar.

10 DE JULIO. El subjefe de los servicios de inteligencia saudíes recorre las ciudades afganas en misión de paz y se reúne con los talibán.

2 DE SEPTIEMBRE. Los talibán retoman Farah. Intensa lucha cerca de Shindand.

3 DE SEPTIEMBRE. Los talibán toman Shindand. Kabul remodela el mando militar y destituye a Ismael Khan mientras las tropas se trasladan por vía aérea a Herat.

5 DE SEPTIEMBRE. Los talibán toman Herat. Ismael Khan huye a Irán sin luchar.

6 DE SEPTIEMBRE. Saqueo e incendio de la embajada de Paquistán en Kabul. Irán advierte a los talibán que no crucen la frontera iraní.

10 DE OCTUBRE. Los talibán envían cuatrocientos tanques a Kabul desde Kandahar y se preparan para asaltar la ciudad.

11 DE OCTUBRE. Los talibán inician un gran ataque y toman de nuevo Charasyab.

11 DE NOVIEMBRE. Kabul sometido a un ataque con cohete por parte de los talibán. 36 muertos y 52 heridos en el peor día del ataque.

26 DE NOVIEMBRE. El bombardeo talibán más mortífero de Kabul. 39 civiles muertos, 140 heridos. Las fuerzas del gobierno hacen retroceder a los talibán de Kabul.

1996

3 DE MARZO. Rabbani inicia una visita a Irán, Turkmenistán y Uzbekistán.

20 DE MARZO. La *shura* talibán se reúne en Kandahar con un millar de *ulema* y dirigentes tribales para hablar de los planes de acción.

4 DE ABRIL. Finaliza la *shura* talibán convocando la *yihad* contra Rabbani. El *mulá* Omar se convierte en *Amir-ul Momineen*.

19 DE ABRIL. Importantes diplomáticos norteamericanos se reúnen con los dirigentes afganos en Kabul y Kandahar.

23 DE MAYO. Mestiri, el enviado de la ONU, dimite por razones de salud.

26 DE JUNIO. Hikmetyar se une a Rabbani y se convierte en primer ministro. Los talibán bombardean Kabul con cohetes. 52 muertos.

11 DE JULIO. El diplomático alemán Norbert Holl nombrado enviado a Afganistán.

4 DE SEPTIEMBRE. Las mujeres afganas protestan en Kabul contra los excesos de los talibán.

10 DE SEPTIEMBRE. Los talibán toman dos distritos en Nangarhar. Haji Qadeer huye a Paquistán. Intensa lucha cerca de Jalalabad.

11 DE SEPTIEMBRE. Los talibán toman Jalalabad.

25 DE SEPTIEMBRE. Los talibán toman Sarobi y Assadabad.

26 DE SEPTIEMBRE. Desde Sarobi, los talibán se trasladan a Kabul en una noche. Lucha en el exterior de la ciudad. Kabul cae en poder de los talibán.

27 DE SEPTIEMBRE. Los talibán ahorcan a Najibulá. Masud se retira al norte. El *mulá* Omar declara la amnistía y un consejo de seis

miembros para gobernar Kabul, dirigidos por el *mulá* Mohammed Rabbani. Irán, Rusia, la India y los estados de Asia Central condenan la toma de posesión por parte de los talibán. Paquistán envía una delegación a Kabul.

1 DE OCTUBRE. Los talibán plantean a Masud, en el Panjshir, la alternativa de rendirse o morir. Masud destroza las carreteras que conducen al Panjshir mientras los talibán avanzan hacia el norte. Los talibán llegan al túnel de Salang; punto muerto con las tropas de Dostum.

4 DE OCTUBRE. La cumbre del CIS en Almaty advierte a los talibán que se mantengan al margen de Asia Central.

8 DE OCTUBRE. Intensa lucha cuando los talibán intentan tomar el Panjshir. Paquistán inicia una serie de viajes diplomáticos.

10 DE OCTUBRE. Dostum, Masud y Jalili se reúnen en Jin Jan y constituyen el Consejo Supremo para la Defensa de la Patria. Masud ataca Bagram con cincuenta hombres y contraataca en la autopista de Salang.

12 DE OCTUBRE. Masud toma Jabul Seraj.

13 DE OCTUBRE. Masud recupera Charikar. Se lucha a dieciséis kilómetros de Kabul, y las víctimas se cuentan por centenares.

18 DE OCTUBRE. Bagram cae en poder de Masud mientras los talibán huyen. Llegan los carros blindados de Dostum para ayudar a Masud.

24 DE OCTUBRE. El *mulá* Omar declara: «Lucharemos a muerte y daremos hasta la última gota de nuestra sangre por Kabul». Masud exige la desmilitarización de Kabul. Los talibán toman la provincia de Baghdis, tras una intensa lucha con las fuerzas de Dostum.

31 DE OCTUBRE. Las tropas de Ismael Khan vuelan desde Irán a Maimana para oponer resistencia a los talibán en el oeste.

1997

1 DE ENERO. Los talibán toman de nuevo Bagram y Charikar, un severo revés para Masud.

23 DE ENERO. Los talibán toman de nuevo Gulbahar, en la desembocadura de Salang.

2 DE FEBRERO. Los hazaras refuerzan las defensas de Bamiyan mientras los talibán avanzan por el valle de Ghorband. Una delegación de talibán visita Estados Unidos.

12 DE MARZO. Intento de asesinato del *mulá* Abdul Razaq, gobernador de Herat.

19 DE MAYO. El general Malik Pahlawan se rebela contra Dostum, toma Faryab y dice que se ha unido a los talibán.

20 DE MAYO. Las provincias de Baghdis, Faryab y Sar-e-Pul caen en poder de Malik. Lucha intensa. Malik entrega a los talibán a Ismael Khan y más de setecientos prisioneros.

24 DE MAYO. Los talibán entran en Mazar, imponen la *sharia* y cierran las escuelas de niñas.

26 DE MAYO. Paquistán reconoce al gobierno talibán. Se interrumpen las conversaciones en Mazar entre los talibán y Malik. Comienza la lucha.

28 DE MAYO. Los talibán expulsados de Mazar tras una batalla de dieciocho horas, con trescientas bajas talibán y miles de prisioneros. Masud contraataca en el sur.

2 DE JUNIO. Los talibán cierran la embajada iraní en Kabul. Se les unen miles de estudiantes paquistaníes. La oposición forma una nueva alianza en Mazar.

12 DE JUNIO. Unos 3.000 talibán desarmados en Baghlan. Masud toma de nuevo Jabel Seraj. Rabbani se reúne con Malik en Mazar. La oposición forma el Frente Nacional Islámico Unido para la Salvación de Afganistán.

19 DE JULIO. Masud toma Bagram y Charikar. Los talibán huyen abandonando gran cantidad de armamento.

21 DE JULIO. Malik viaja a Irán para celebrar conversaciones.

28 DE JULIO. La ONU encarga a Lakhdar Brahmini la preparación de un informe sobre Afganistán. La intensa lucha prosigue alrededor de Kabul.

7 DE AGOSTO. Según la Cruz Roja Internacional, 6.800 personas han resultado heridas durante la lucha durante los últimos tres meses. CARE suspende los programas para mujeres en Kabul.

12 DE AGOSTO. El encuentro de la oposición en Mazar conduce al nombramiento de Rabbani como presidente.

15 DE AGOSTO. Lakhdar Brahimi llega a Islamabad para efectuar un amplio recorrido de la región.

19 DE AGOSTO. Brahimi visita Kandahar. Los talibán advierten a la prensa extranjera que debe informar con imparcialidad si no quiere ser expulsada.

4 DE SEPTIEMBRE. El *mulá* Rabbani se reúne con el rey Fahd en Yidda y dice que los saudíes ayudarán a los talibán en los aspectos sanitario y educativo. Los talibán acusan a Irán, Rusia y Francia de ayudar a Masud.

8 DE SEPTIEMBRE. Los talibán recuperan el aeropuerto de Mazar tras un renovado ataque desde Kunduz. Los uzbekos divididos entre Malik y Dostum.

9 DE SEPTIEMBRE. Malik abandona Mazar al tiempo que el Hizb-e-Wahadat incendia su casa. Intenso saqueo de la ciudad mientras las agencias de la ONU se retiran. Los talibán obligados a retroceder desde el aeropuerto.

12 DE SEPTIEMBRE. Dostum regresa a Mazar desde Turquía. Los talibán matan a setenta aldeanos hazaras en Qazil Abad. Después de tres días de saqueo en Mazar, se restaura la paz mientras los talibán son rechazados y Dostum reagrupa a sus tropas.

18 DE SEPTIEMBRE. Intensa lucha una vez más cerca de Mazar. Los talibán dicen que el rey Fahd les dará ayuda financiera y total apoyo político.

23 DE SEPTIEMBRE. Los talibán bombardean intensamente Bamiyan. Se lucha a dieciséis kilómetros de Mazar.

28 DE SEPTIEMBRE. Emma Bonino detenida en Kabul y retenida por los talibán durante tres horas con otros diecinueve delegados de la Unión Europea.

30 DE SEPTIEMBRE. Los talibán expulsan de Kandahar a tres funcionarios de la ONU.

1 DE OCTUBRE. Brahimi completa su misión tras visitar trece países. La intensa lucha prosigue alrededor de Mazar.

8 DE OCTUBRE. Dostum hace retroceder a los talibán hasta Kunduz. Kabul rechaza el acuerdo de tránsito comercial con Paquistán.

21 DE OCTUBRE. Dostum se apodera de Sheberghán mientras Malik huye a Irán.

16 DE NOVIEMBRE. Dostum desentierra 2.000 cadáveres de talibán en treinta fosas comunes cerca de Sheberghán, y ofrece el retorno de los cuerpos a los talibán. Tienen lugar intercambios de prisioneros.

18 DE NOVIEMBRE. En Paquistán, la secretaria de Estado norteamericana, Madeleine Albright, califica de «vil» el concepto de los derechos humanos que tienen los talibán.

26 DE NOVIEMBRE. El secretario general de la ONU, Kofi Annan,

emite un duro informe de la organización sobre la interferencia externa en Afganistán.

17 DE DICIEMBRE. El Consejo de Seguridad de la ONU condena los suministros de armas extranjeros a las facciones afganas y pide un alto el fuego.

1998

6 DE ENERO. El presidente Rabbani visita Irán, Paquistán y Tayikistán, en busca de apoyo para una conferencia regional sobre Afganistán bajo la ONU. Los talibán acusados de la matanza de seiscientos civiles uzbekos en la provincia de Faryab. El asedio de Bamiyan por parte de los talibán empeora al tiempo que los suministros de alimentos se agotan.

7 DE ENERO. Kofi Annan solicita a los talibán que permitan la entrega de alimentos en Bamiyan.

13 DE ENERO. Un avión talibán se estrella cerca de Quetta y mueren 80 soldados. Tiroteo cerca de Kandahar entre los talibán y los aldeanos que se resisten a la campaña de reclutamiento.

27 DE ENERO. 250 prisioneros liberados en ambos bandos por Eid.

4 DE FEBRERO. Terremoto en el nordeste de Afganistán. 4.000 muertos y 15.000 personas sin hogar. Las agencias de ayuda obstaculizadas por la nieve.

20 DE FEBRERO. Se produce un segundo terremoto.

8 DE MARZO. Día Internacional de la Mujer celebrado en todo el mundo en pro de las mujeres afganas.

14 DE MARZO. Intensa lucha en Mazar entre uzbekos y hazaras.

22 DE MARZO. Brahimi regresa para mediar entre los talibán y la oposición.

1 DE ABRIL. Los talibán forman un equipo para negociar con la oposición para la comisión de *ulema*.

17 DE ABRIL. Bill Richardson, enviado de Estados Unidos, visita Kabul y Mazar.

26 DE ABRIL. La comisión de *ulema* se reúne en Islamabad bajo los auspicios de la ONU.

4 DE MAYO. Las conversaciones de la comisión de *ulema* quedan interrumpidas.

17 DE MAYO. Los reactores de los talibán bombardean Taloquan: 31 muertos y 100 heridos. Intensa lucha alrededor de Kabul y en el norte.

30 DE MAYO. Otro tremendo terremoto en el nordeste de Afganistán: 5.000 muertos.

18 DE JUNIO. El jefe de los servicios de inteligencia saudíes, príncipe Turki, en Kandahar.

30 DE JUNIO. Los talibán exigen que las ONG se trasladen al edificio destruido del politécnico. Las ONG se niegan a hacerlo.

3 DE JULIO. Una cumbre de cinco naciones de Asia Central en Almaty pide el fin de la guerra afgana.

9 DE JULIO. Un avión de la ONU alcanzado por cohetes en el aeropuerto de Kabul. Omar promulga edictos por medio de la fragmentaria televisión: todos los cristianos serán deportados y a los ex comunistas se les castigará. Ex ministro de Defensa afgano, comunista, asesinado en Quetta.

12 DE JULIO. Los talibán conquistan Maimana, toman ochocientos prisioneros uzbekos y capturan cien tanques.

18 DE JULIO. La Unión Europea suspende toda la ayuda humanitaria a Kabul debido a las restricciones inaceptables.

20 DE JULIO. Las ONG se retiran de Kabul. La Unión Europea cierra su oficina.

21 DE JULIO. Dos trabajadores afganos secuestrados y asesinados en Jalalabad.

31 DE JULIO. Los dirigentes talibán visitan la *madrasa* de Dar-ul-Uloom Haqqania, Akora Khattak en Paquistán, donde piden potencial humano. Cinco mil paquistaníes parten para luchar en Afganistán.

1 DE AGOSTO. Los talibán toman Sheberghán, Dostum huye con sus tropas a Hairatan, en la frontera de Uzbekistán.

7 DE AGOSTO. Atentados con bombas en las embajadas norteamericanas de Kenia y Tanzania. Osama Bin Laden considerado responsable.

8 DE AGOSTO. Los talibán toman Mazar y matan a once diplomáticos iraníes y un periodista. Matan a miles de hazaras mientras varios miles más huyen de Mazar.

10 DE AGOSTO. Taloquan cae en poder de los talibán.

11 DE AGOSTO. Rusia advierte a Paquistán que no ayudará a los talibán. Los estados de Asia Central en estado de máxima alerta.

12 DE AGOSTO. Pul-e-Khumri y Hairatan en poder de los talibán.

18 DE AGOSTO. El ayatolá Ali Jomeinei acusa a Estados Unidos y Paquistán de utilizar a los talibán para conspirar contra Irán. Las ten-

siones entre Irán y los talibán van en aumento. El *mulá* Omar dice que los talibán protegerán a Bin Laden.

20 DE AGOSTO. Estados Unidos lanza 75 misiles de crucero contra campamentos de Jalalabad y Khost dirigidos por Bin Laden. Veintiún muertos y treinta heridos en el ataque.

21 DE AGOSTO. Los talibán condenan el ataque norteamericano y juran proteger a Bin Laden. Oficial militar de la ONU abatido en Kabul. Todos los extranjeros evacúan Afganistán, así como Peshawar y Quetta.

26 DE AGOSTO. El Gran Jurado de Nueva York entrega un auto de acusación sellado contra Bin Laden acusándolo de terrorismo.

1 DE SEPTIEMBRE. Irán inicia maniobras bélicas en la frontera afgana, con 70.000 soldados.

6 DE SEPTIEMBRE. El peligro de guerra va en aumento mientras Irán manifiesta que, bajo las leyes internacionales, tiene derecho a proteger a sus ciudadanos. Estados Unidos aconseja comedimiento a las autoridades iraníes. Los talibán apelan de nuevo a la ONU en busca de reconocimiento.

10 DE SEPTIEMBRE. Los talibán dicen haber encontrado los cadáveres de nueve diplomáticos iraníes en Mazar.

13 DE SEPTIEMBRE. Tras presentar batalla, Bamiyan cae en poder de los talibán. Omar ordena a las tropas que se refrenen.

20 DE SEPTIEMBRE. Masud bombardea intensamente Kabul con cohetes. El número de víctimas asciende a 66 muertos y 215 heridos.

22 DE SEPTIEMBRE. Arabia Saudí expulsa a un enviado talibán y expresa su enojo por la negativa talibán a entregar a Bin Laden tras la visita del príncipe Turki a Kandahar.

27 DE SEPTIEMBRE. Los talibán tienen 30.000 soldados en la frontera iraní que oponen resistencia a los ejercicios iraníes.

2 DE OCTUBRE. Helicópteros de combate y aviones iraníes violan el espacio aéreo de Herat. Los ejercicios del ejército iraní empiezan con 20.000 soldados.

14 DE OCTUBRE. Lakhdar Brahimi sostiene conversacioens con el *mulá* Omar en Kandahar, en la primera reunión de Omar con un diplomático extranjero. Los talibán acceden a liberar a todos los prisioneros iraníes.

21 DE OCTUBRE. La Feminist Majority Foundation de Estados Unidos, que representa a 129 organizaciones feministas, pide que se incrementen las presiones económicas y sociales sobre los talibán. Ma-

vis Leno, esposa de Jay Leno, dona 100.000 dólares para la campaña contra el trato que los talibán dan a las mujeres.

23 DE OCTUBRE. Masud emprende una triunfante ofensiva en el nordeste y penetra en la provincia de Kunduz. Los talibán detienen a sesenta seguidores del general Tanai durante un intento de golpe en Jalalabad.

25 DE OCTUBRE. Los talibán prohiben la utilización de minas terrestres. Masud toma Imam Saheb, en la frontera de Tayikistán.

7 DE NOVIEMBRE. La ONU achaca a los talibán la responsabilidad de la matanza, cometida anteriormente, de 4.000 personas en Mazar. Omar acusa a la ONU de parcialidad y dice que murieron 3.500 talibán. Omar rechaza de nuevo un acuerdo de amplia base.

13 DE NOVIEMBRE. El director de la UNESCO, Federico Mayor, insta al mundo a detener las infracciones de los derechos humanos por parte de los talibán.

1 DE DICIEMBRE. Los talibán tirotean a los estudiantes ante la Universidad de Jalalabad, con un saldo de cuatro muertos y seis heridos.

9 DE DICIEMBRE. La Asamblea General de Naciones Unidas aprueba una dura resolución sobre Afganistán.

29 DE DICIEMBRE. La UNICEF dice que el sistema educativo afgano ha dejado de funcionar.

1999

1 DE ENERO. La primera delegación china llega a Kandahar para reunirse con los oficiales talibán.

10 DE ENERO. Los talibán rechazan el nuevo Partido de Paz y Unidad Nacional constituido en Peshawar y dicen que la solución militar es la única aceptable. La ofensiva de Masud prosigue en el norte.

12 DE ENERO. La familia del ex dirigente muyahidín Abdul Haq es ametrallada en Peshawar.

19 DE ENERO. Los talibán amputan miembros a seis atracadores de carretera en Kabul y cuelgan los miembros seccionados en las calles de la ciudad.

21 DE ENERO. El Consejo de Seguridad de la ONU vuelve a solicitar un alto el fuego tras ser informado por Lakhdar Brahimi.

2 DE FEBRERO. Funcionarios iraníes se reúnen con los talibán en Dubai. El subsecretario de Estado norteamericano, Strobe Talbott, se

reúne con los talibán en Islamabad y les entrega una carta exigiéndoles la extradición de Osama Bin Laden.

9 DE FEBRERO. Los talibán rechazan la carta de Estados Unidos y responden que no expulsarán a Bin Laden pero le impondrán limitaciones.

11 DE FEBRERO. Un terremoto en Maiden Shahr, en Logar, causa cincuenta muertos y doscientos heridos.

13 DE FEBRERO. Bin Laden pasa a la clandestinidad. Los talibán dicen desconocer su paradero. Masud visita Teherán para mantener conversaciones.

15 DE FEBRERO. Décimo aniversario de la retirada soviética de Afganistán.

21 DE FEBRERO. El mediador de la ONU, Lakhdar Brahimi llega a Islamabad tras reunirse con el rey Fahd en Riad.

28 DE FEBRERO. La alianza antitalibán dice que formará un consejo rector y un parlamento de 150 miembros.

3 DE MARZO. Sheikhmuradov, ministro de Asuntos Exteriores de Turkmenistán, se reúne por primera vez con el *mulá* Omar en Kandahar.

4 DE MARZO. Hillary Clinton critica el trato que los talibán dan a las mujeres.

11 DE MARZO. Conversaciones promovidas por la ONU en Ashkhabad (Turkmenistán) entre los talibán y la oposición, que acaban fracasando.

14 DE MARZO. Las conversaciones finalizan con una nota de esperanza, pues ambos bandos acuerdan liberar cierto número de prisioneros. La estructura del gobierno se decidirá en reuniones posteriores.

24 DE MARZO. Lakhdar Brahimi se reúne con el *mulá* Omar en Kandahar.

30 DE MARZO. La siguiente ronda de conversaciones en Ashjabab atascada debido a las críticas mutuas de ambos bandos.

ABRIL-MAYO. Dura lucha en Hararajat para el control de Bamiyan.

7 DE ABRIL. El ministro de Defensa ruso, Igor Sergeyev, se reúne con Masud en Dushanbe mientras Rusia anuncia que construirá una nueva base militar en Tayikistán.

10 DE ABRIL. El *mulá* Omar descarta nuevas charlas con la oposición. Intensa lucha en Bamiyan y sus alrededores.

15 DE ABRIL. El presidente Clinton critica las infracciones de los de-

rechos humanos por parte de los talibán. Éstos condenan a Clinton.

21 DE ABRIL. Bamiyan cae en poder del Hizb-e-Wahadat mientras los talibán se retiran. Los muertos y los prisioneros se cuentan por docenas.

28 DE ABRIL. Los talibán bombardean Bamiyan con intención de recuperarla. Mueren treinta civiles.

29 DE ABRIL. Los talibán, Paquistán y Turkmenistán firman un acuerdo para restaurar el gasoducto a través de Afganistán y se comprometen a buscar un nuevo promotor del proyecto. En Washington, Hillary Clinton critica el trato que los talibán dan a las mujeres.

MAYO. Sublevación contra los talibán en Herat. Cien civiles son asesinados y ocho juzgados y ejecutados.

5 DE MAYO. Irán y Uzbekistán efectúan una declaración conjunta en Tashkent para oponerse a cualquier posible toma posesión de Afganistán por parte de los talibán.

9 DE MAYO. Los talibán recuperan Bamiyan tras efectuar ataques desde el norte y el sur.

12 DE MAYO. Una delegación talibán firma acuerdos con Turkmenistán a fin de comprar gas y electricidad.

14 DE MAYO. Estados Unidos efectúa la primera advertencia a Paquistán de que no apoye a los talibán, y dice favorecer el regreso del ex monarca Zahir Shah.

20 DE MAYO. Se produce una intensa lucha. Masud lanza doce cohetes contra Kabul. Los talibán bombardean Bagram y luchan en el norte.

22 DE MAYO. Los talibán aplastan un alzamiento en Herat, ejecutan a ocho personas en público y matan a otro centenar. Acusan a Irán de distribuir armas.

28 DE MAYO. Amnistía Internacional acusa a los talibán de la matanza de civiles durante su toma de Bamiyan. El *mulá* Omar se reúne con varios miles de jefes y *mulás* talibán en Kandahar durante tres días, para discutir el futuro del movimiento.

2 DE JUNIO. El ministro de Asuntos Exteriores de Uzbekistán, Aziz Kamilov, se reúne con el *mulá* Omar.

8 DE JUNIO. El FBI sitúa a Osama bin Laden en el primer lugar de la lista de los criminales más buscados y ofrece cinco millones de dólares de recompensa por su captura.

26 DE JUNIO. El ex monarca Zahir Shah celebra una reunión con-

sultiva en Roma, pero los talibán rechazan cualquier papel pacificador del rey. Estados Unidos cierra siete embajadas en África durante tres días, debido a las amenazas de Bin Laden.

6 DE JULIO. Estados Unidos impone un bloqueo comercial y económico a los talibán por haber rehusado entregar a Bin Laden.

15 DE JULIO. El ex senador Abdul Ahad Karzai, importante dirigente nacionalista, es asesinado en Quetta tras reunirse con Zahir Shah. El departamento de Estado norteamericano y la ONU condenan el asesinato.

16 DE JULIO. Los ministros de Asuntos Exteriores de Rusia, Tayikistán y Uzbekistán se reúnen en Tashkent y se comprometen a cooperar para combatir el extremismo islámico en Asia Central.

19 DE JULIO. El grupo seis más dos se reúne en Tashkent, encuentro esperado por los talibán que siguen decididos a iniciar la ofensiva.

20 DE JULIO. Conversaciones de Tashkent sin conclusiones firmes.

23 DE JULIO. En Tashkent, Masud se reúne con el presidente Karimov.

27 DE JULIO. Aviones de la ONU dejan de volar a Kabul, pues los cohetes lanzados por Masud han alcanzado el aeropuerto. La ofensiva de los talibán es inminente.

28 DE JULIO. Se inicia la dura ofensiva estival de los talibán.

1 DE AGOSTO. Bagram cae en poder de los talibán, pero la lucha es intensa mientras Masud intenta recuperarla.

2 DE AGOSTO. Los talibán toman Charikar mientras Masud se retira al Panjshir. 200.000 personas huyen del valle de Shomali originando una nueva crisis de refugiados.

3 DE AGOSTO. Los talibán avanzan por el norte desde Kunduz y toman Imam Sahib y Sher Khan Bandar, cortando las líneas de suministros de Masud a Tayikistán. Hasta la fecha, las bajas mortales en los combates ascienden a 3.000.

5 DE AGOSTO. Masud lanza una contraofensiva y recupera el territorio perdido alrededor de Kabul. Se producen más de 2000 víctimas entre los talibán.

8 DE AGOSTO. Masud recupera el terreno perdido en el norte.

10 DE AGOSTO. Washington inmoviliza los bienes en Estados Unidos de la línea aérea talibán, Ariana, debido a sus vinculaciones con Bin Laden.

13 DE AGOSTO. Los talibán recuperan Bagrami.

15 DE AGOSTO. La ONU pide a los talibán que no causen más refugiados y pongan fin a la lucha, mientras los talibán siguen una política de tierra quemada en el valle de Shomali. Millares de detenidos en Kabul.

17 DE AGOSTO. Paquistán intenta mediar, pero es rechazado por la Alianza del Norte.

24 DE AGOSTO. Una bomba de gran potencia estalla en Kandahar, ante la casa del *mulá* Omar, y mata a cuarenta personas, entre ellas dos hermanastros de Omar y seis árabes.

25 DE AGOSTO. Ataque masivo con bombas en los alrededores de la residencia del *mulá* Omar en Kandahar. Mueren diez personas y cuarenta resultan heridas, entre las que se encuentran familiares y miembros del servicio doméstico de Omar.

5 DE SEPTIEMBRE. Ambos bandos lanzan renovadas ofensivas en el norte y alrededor de Kabul. La lucha es intensa.

10 DE SEPTIEMBRE. Según las Naciones Unidas, la producción de opio de Afganistán se duplica y pasa a 4.600 toneladas en 1999. El 97 por 100 del cultivo está bajo el control de los talibán.

20 DE SEPTIEMBRE. Según Rusia, afganos, paquistaníes y árabes residentes en Afganistán luchan en Dagestán y Chechenia.

25 DE SEPTIEMBRE. Los talibán avanzan hacia Taloquan, capital de la Alianza del Norte. Lucha intensa.

27 DE SEPTIEMBRE. La ONU critica la ayuda exterior a las facciones afganas. Los talibán recuperan Imam Sahib.

29 DE SEPTIEMBRE. La Alianza del Norte derriba un caza SU-22 talibán que sobrevolaba Taloquan, mientras la lucha se intensifica.

4 DE OCTUBRE. El jefe del ISI paquistaní visita Kandahar y exige la extradición de los terroristas paquistaníes de Afganistán. El *mulá* Omar accede a cooperar.

12 DE OCTUBRE. Un golpe militar en Paquistán derroca al gobierno del primer ministro Nawaz Sharif.

15 DE OCTUBRE. El Consejo de Seguridad de la ONU impone unas sanciones limitadas a los talibán.

2000

16 DE ENERO. Los talibán reconocen a la fragmentada república chechena y esta abre una embajada en Kabul.

18 DE ENERO. El diplomático español Francesc Vendrell es nombra-

do representante personal del secretario general de Naciones Unidas para Afganistán.

6 DE FEBRERO. Un vuelo interno de Ariana, las líneas aéreas afganas, es secuestrado y obligado a dirigirse a Londres, donde los secuestradores piden asilo político.

27 DE MARZO. El anterior gobernador de Herat, Ismail Khan, huye de la prisión talibán en Kandahar y llega a Irán.

1 DE JULIO. Los talibán inician la ofensiva estival.

10 DE JULIO. Los talibán ordenan a todas las organizaciones de ayuda extranjeras despedir al personal femenino afgano.

1 DE AGOSTO. El Movimiento Islámico de Uzbekistán lanza ataques en Asia Central desde sus bases en Afganistán. El *mulá* Omar prohíbe el cultivo de adormidera.

2001

8 DE ENERO. Tras la captura de Yakowlang, los talibán masacran a 210 civiles.

19 DE ENERO. El Consejo de Seguridad de la ONU aprueba la resolución 1333 e impone sanciones y embargo de armas contra los talibán.

26 DE FEBRERO. El *mulá* Omar ordena la destrucción de dos antiguas estatuas gigantes de Buda en Bamiyan.

1 DE MARZO. Naciones Unidas dice que los talibán han violado la prohibición del cultivo de adormidera y prácticamente la producción cero de opio durante este año.

10 DE MARZO. Se destruyen las dos estatuas de Buda con una explosión de dinamita.

4 DE ABRIL. Ahmad Shah Masud llega a Europa para iniciar una gira por diversas capitales.

16 DE ABRIL. El *mulá* Mohamed Rabbani, primer ministro talibán, muere víctima de un cáncer en Paquistán.

22 DE MAYO. Los talibán ordenan a todos los hindúes que se pongan insignias amarillas por razones de identificación.

1 DE JUNIO. Se inicia la ofensiva estival de los talibán.

31 DE JULIO. El consejo de Seguridad de la ONU aprueba la resolución 1363 para establecer un control sobre las sanciones a los talibán.

5 DE AGOSTO. Los talibán detienen a ocho extranjeros y dieciséis afganos pertenecientes a una organización de ayuda cristiana y les acusan de predicar el cristianismo.

9 DE SEPTIEMBRE. Ahmad Shah Masud es asesinado en el norte de Afganistán por dos terroristas suicidas que se hicieron pasar por periodistas. Es sustituido por el general Mohamed Fahim.

11 DE SEPTIEMBRE. Los atentados terroristas de Nueva York y Washington ponen en marcha una acción militar norteamericana contra Afganistán y Osama bin Laden.

7 DE OCTUBRE. Estados Unidos y sus aliados inician los bombardeos sobre las principales ciudades de Afganistán.

EL NUEVO «GRAN JUEGO»

TABLA 1. GASODUCTOS DESDE TURKMENISTÁN PROPUESTOS EN 1996

Compañía	Ruta	Detalles
1. Enron/Wing Merril BOTAS/ Gama Guris	Turkmenistán-Azerbaiyán-Turquía	Bajo el mar Caspio. Coste: 1,6 miles de millones de dólares
2. Unocal, Delta Oil, Turkmenrosgaz	Turkmenistán-Paquistán-Afganistán	937 millas. Coste: 2,5 miles de millones de dólares
3. Bridas-TAP	Turkmenistán-Paquistán-Afganistán	750 millas. Coste: 2,5 miles de millones de dólares
4. Royal Dutch Shell, Gaz de France, Snamprogetti, Turkmenistán	Turkmenistán-Irán-Turquía	1.875 millas. Coste: 2 mil millones de dólares
5. Mitsubishi, Exxon, China, Turkmenistán	Turkmenistán-Kazajistán-China-Japón	5000 millas. Coste: 22 mil millones de dólares
6. China-Irán-Turkmenistán	Kazajistán-Turkmenistán-Irán-Golfo Persa	1.500 millas. 2,5 mil millones de dólares

7. Gasoducto de 120 millas que conecta Irán con Turkmenistán, inaugurado en diciembre de 1977.

SITUACIÓN DE LOS GASODUCTOS EN 1999

1. Contrato para un gasoducto desde Turkmenistán a Turquía bajo el mar Caspio, firmado en 1999 por un consorcio compuesto por el Grupo Betchel y US General Electric. Coste: 2,5 mil millones de dólares.
2. Suspendido.
3. Suspendido.
4. Pospuesto.
5. Pospuesto.
6. Pospuesto.

Fuente: Ahmed Rashid

TABLA 2. PRODUCCIÓN DE GAS DE TURKMENISTÁN

	Miles de millones de metros cúbicos por año	Billones de pies cúbicos por año
1989	89,6	3,20
1990	55,7	2,00
1994	20,6	0,73
1995	22,0	0,78
1996	26,0	0,91
1997	17,0	0,60
1998	13,6	0,48

Fuente: Gobierno turcomano

TABLA 3. CRONOLOGÍA DE LA COMPETENCIA ENTRE UNOCAL
Y BRIDAS POR EL GASODUCTO DE AFGANISTÁN

1992	13 de enero	Concesión a Bridas de los derechos de exploración de gas para el yacimiento de Yashlar en Turkmenistán oriental. Beneficios de producción al 50 por 100.
1993	febrero	Concesión a Bridas de los yacimientos de petróleo y gas en Turkmenistán occidental. Beneficios: 75/25 por 100 a favor de Bridas.
	marzo	El presidente Niyazov visita Estados Unidos y contrata al ex consejero de Seguridad Nacional, Alexander Haig, para que dirija la campaña des-

		tinada a fomentar la inversión norteamericana en Turkmenistán y suavizar la postura de Estados Unidos sobre los gasoductos a través de Irán.
1994	septiembre	Se impide a Bridas exportar petróleo desde el yacimiento de Keimir.
	noviembre	Turkmenistán establece un grupo de trabajo para estudiar las rutas de los gasoductos. Haig y Bridas forman parte del grupo. Los talibán toman Kandahar.
1995	enero	Tras negociar de nuevo el yacimiento de Keimir, Bridas reduce su participación de los beneficios al 65 por 100. Se le permiten las exportaciones de petróleo.
	16 de marzo	El presidente Niyazov y la primera ministro de Paquistán, Benazir Bhutto, firman un acuerdo para que Bridas lleve a cabo un estudio previo de factibilidad del gasoducto afgano.
	abril	Turkmenistán e Irán firman un acuerdo para construir el primer tramo de 180 millas del gasoducto propuesto a través de Irán hasta Turquía. Estados Unidos establece un grupo de trabajo que comprende el Consejo de Seguridad Nacional, el Departamento de Estado y la CIA, para estudiar los intereses norteamericanos relativos al petróleo y el gas en la región del Caspio. Estados Unidos comunica a Turkmenistán que se opondrá a financiar gasoductos a través de Irán y le insta a dirigirse al oeste. Funcionarios turcomanos visitan Houston, Texas, invitados por Bridas, y se reúnen con Unocal por primera vez.
	junio	La delegación de Unocal en Ashjabab e Islamabad discuten la posibilidad de unirse a Bridas para la realización del gasoducto afgano. Bridas presenta un estudio de factibilidad al gobierno turcomano.
	agosto	Bridas descubre petróleo y gas en Yashlar. Sus ejecutivos se reúnen por primera vez en Kandahar. Luego viajan a Kabul, Herat y Mazar.
	21 de octubre	El presidente Niyazov firma en Nueva York el acuerdo de gasoducto afgano con Unocal/Delta.

diciembre	Turkmenistán prohíbe a Bridas por segunda vez las exportaciones de petróleo desde el yacimiento de Keimir.
1996 febrero	Bridas firma un acuerdo con el gobierno afgano para la construcción del gasoducto. La compañía presenta una demanda en Houston contra la intromisión de Unocal/Delta en sus negocios de Turkmenistán.
marzo	El embajador de Estados Unidos, Tom Simmons, insta a la primera ministro Bhutto a otorgar los derechos exclusivos a Unocal. Ante la rudeza de Simmons, Bhutto exige una disculpa por escrito.
abril	Bridas inicia un arbitraje contra Turkmenistán por incumplimento de contrato. La subsecretaria de Estado norteamericana, Robin Raphel, visita Kabul y Kandahar.
mayo	Irán inaugura una línea férrea de cien millas que une Turkmenistán e Irán. Turkmenistán, Uzbekistán, Paquistán y Afganistán firman un acuerdo que da a Turkmenistán el derecho a nombrar el consorcio para construir el gasoducto.
agosto	La compañía rusa Gazprom firma un acuerdo con Unocal/Delta y Turkmenrosgaz de Turkmenistán para el proyecto de gasoducto. La subsecretaria de Estado norteamericana, Robin Raphel, visita Afganistán y Asia Central, y hace referencia al interés estadounidense por el gasoducto de Unocal.
septiembre	Unocal presenta un informe sobre el gasoducto al presidente Niyazov y dice que prestará ayuda humanitaria como primas a los señores de la guerra una vez accedan a formar un consejo para supervisar el proyecto.
27 de septiembre	Kabul cae en poder de los talibán. Estados Unidos afirma que pronto restablecerá las relaciones diplomáticas con Afganistán.
1 de octubre	Unocal expresa su apoyo a la toma de poder por parte de los talibán, y afirma que ahora será más fácil la ejecución del proyecto del gasoducto. Más adelante la compañía dirá que han citado mal sus palabras.

26 de octubre	El presidente Niyazov y Unocal/Delta firman un acuerdo que les da derechos exclusivos para formar un consorcio que construirá el gasoducto afgano. Robert Oakley, ex embajador de Estados Unidos en Paquistán, dirige el Comité Asesor Afgano de Unocal.
noviembre	Bridas firma el acuerdo con los talibán y el general Rashid Dostum para construir el gasoducto.
9 de diciembre	El ministro de Asuntos Exteriores paquistaní, Najmuddin Sheikh, viaja a Kandahar para hablar con los talibán sobre el gasoducto.
29 de diciembre	Irán, Turquía y Turkmenistán firman un acuerdo por el que Turquía comprará gas turcomano a través de Irán.
1997 20 de enero	Turkmenistán firma un acuerdo con Mobil y Monument Oil para la exploración de gas y petróleo.
enero	Una orden provisional de la Cámara Internacional de Comercio concede a Bridas el derecho a exportar petróleo desde Keimir. Turkmenistán rechaza la orden. El secretario general de Naciones Unidas, Yasushi Akashi, critica a las compañías petroleras y a los señores de la guerra afganos por sus proyectos de gasoductos.
febrero	Una delegación de talibán busca en Washington reconocimiento y se reúne con Unocal. Una segunda delegación talibán visita Argentina, invitada por Bridas. A su regreso, los talibán se reúnen con el jefe de los servicios secretos saudíes, príncipe Turki, en Yidda.
marzo	Unocal se dispone a establecer una oficina en Kandahar y centros de entrenamiento para afganos. Bridas establece una oficina en Kabul, mientras Carlos Bulgheroni visita Kabul y Kandahar.
8 de abril	Los talibán dicen que concederán el contrato del gasoducto a la compañía que empiece a trabajar primero. El presidente de Unocal, John Imle, se muestra desconcertado por esta declaración. Unocal se propone establecer una nueva sede para Asia en Kuala Lumpur.

14 de mayo	Cumbre de ECO en Ashjabab. Paquistán, Turkmenistán y Unocal firman un acuerdo para empezar a trabajar durante este año.
24 de mayo	Los talibán se apoderan de Mazar-e Sharif pero son expulsados al cabo de cuatro días, con fuertes bajas.
4 de junio	Primera reunión del grupo de trabajo formado por Paquistán, Turkmenistán, Unocal y Delta en Islamabad.
8 de junio	Marty Miller, de Unocal, manifiesta que la construcción del gasoducto podría requerir años, a menos que hay paz.
9 de junio	Carlos Bulgheroni, de Bridas, se reúne con los líderes talibán en Kabul y dice que Bridas está «interesada en iniciar el trabajo sea cual fuere la situación de la seguridad». Promete ayudar a los afganos a construir carreteras y reanimar la industria. Bridas negocia el contrato con los talibán.
22 de julio	Se forma una nueva asociación para promover los intereses de los turcomanos y los hombres de negocios estadounidenses. Unocal elegida para la primera presidencia.
23 de julio	Paquistán, Turkmenistán y Unocal firman un nuevo contrato que prorroga un año el plazo máximo concedido a Unocal para iniciar el proyecto en diciembre de 1998. Marty Miller, de Unocal, viaja a Mazar y Kandahar en busca del apoyo de los grupos afganos a la prórroga.
27 de julio	Estados Unidos cambia radicalmente de política y afirma que no pondrá objeciones a un gasoducto entre Turkmenistán y Turquía a través de Irán. Más adelante Estados Unidos dice que eso ayudará a sus amigos, pero que no es una señal de ninguna apertura hacia Irán.
14 de agosto	El presidente de Shell, Alan Parsley, se reúne con Niyazov y promete su ayuda para la construcción del gasoducto entre Turkmenistán y Turquía.
28 de agosto	Los talibán dicen que Bridas ha ofrecido unas mejores condiciones que Unocal para el gasoducto y que pronto firmarán el contrato con Bridas. Unocal responde que ellos siguen en la brecha.

1 de septiembre · Turkmenistán presenta ofertas a las compañías petroleras para que acepten nuevas concesiones a lo largo del Caspio. Niyazov, de 57 años, es intervenido del corazón en Munich. Aumenta la inquietud sobre su salud y la sucesión.

5 de septiembre · Bridas vende a Amoco el 60 por 100 de sus intereses en América Latina. Ambas formarán una nueva compañía para dirigir las operaciones conjuntamente.

12 de septiembre · Una delegación talibán formada por cinco miembros llega a Argentina para hablar con Bridas del gasoducto. Las autoridades paquistaníes los retienen durante cinco días en Peshawar y no les dejan marcharse.

15 de septiembre · Paquistán firma con Unocal un convenio de precios por 30 años. Paquistán pagará 2,05 dólares por 1.000 pies cúbicos de gas para su entrega en Multán, con unos derechos de 15 centavos para los talibán. Éstos lo rechazan.

16 de octubre · El primer ministro Nawaz Sharif permanece un solo día en Ashjabab para discutir con el presidente Niyazov el proyecto de gasoducto.

22 de octubre · Una delegación talibán visita Ashjabab y acuerda establecer una comisión tripartita con Paquistán y Turkmenistán para explorar el proyecto de gasoducto de Unocal.

25 de octubre · En Ashjabab se constituye Central Asia Gas (CentGas) Pipeline Ltd. Unocal: 46,5 por 100; Delta Oil, 15 por 100; Turkmenistán, 7 por 100; Itochu Oil de Japón, 6,5 por 100; Indonesia Petroleum (Inpex), 6,5 por 100; Crescent Group, 3,5 por 100; Hyundai Engineering and Construction Co: 5 por 100. Gazprom se incorporará más adelante. Marty Miller, de Unocal, afirma que el precio del tránsito de gas no se ha fijado y CentGas no firmará con los talibán. Éstos dicen que no han decidido a qué consorcio unirse.

28 de noviembre · Una delegación talibán parte hacia Estados Unidos para visitar Unocal en Sugarland. Luego, los talibán se reúnen con funcionarios del Departamento de Estado.

diciembre	Unocal concede a la Universidad de Nebraska 900.000 dólares para llevar a cabo un programa de formación en Afganistán.
29 de diciembre	Turkmenistán e Irán inauguran un gasoducto de 120 millas de longitud, con 0,3 bpc de capacidad al año, entre los dos países.
1998 6 de enero	El Tribunal Internacional de Arbitraje de París dictamina en favor de Bridas en caso de que el gobierno turcomano destine fondos para la adquisición de productos refinados proporcionados a la refinería de Keimir. Se concede a Bridas un total de cincuenta millones de dólares en concepto de costes.
3 de febrero	Gazprom se retira del consorcio de Unocal y su participación del 10 por 100 se redistribuye, con lo cual la aportación de Unocal pasa al 54 por 100.
3 de marzo	Un equipo de altos ejecutivos de la BHP australiana se reúne con el primer ministro Nawaz Sharif para impulsar el gasoducto entre Irán y Paquistán.
11 de marzo	En Ashjabab, Marty Miller, de Unocal, dice que el proyecto de gasoducto queda pospuesto indefinidamente, debido a que no se puede financiar mientras prosiga la guerra de Afganistán. Los trabajos de construcción y el acuerdo financiero no se pueden conseguir este año. Turkmenistán insiste en que los trabajos deben comenzar pronto.
30 de marzo	Unocal pide a Paquistán una prórroga para lograr el acuerdo financiero en octubre de 1998. No puede cumplir con el plazo debido a la guerra civil afgana.
junio	En la reunión anual de Unocal, algunos accionistas ponen objeciones a los planes de la compañía para construir un gasoducto afgano, debido a las violaciones de los derechos humanos por parte de los talibán. Unocal dice que ha invertido en el proyecto entre 10 y 15 millones de dólares desde 1995 y que en 1998 tiene la intención de donar un millón a organizaciones caritativas afganas.
21 de agosto	Unocal suspende el proyecto de oleoducto y reti-

ra a su personal de Islamabad y Kandahar tras los ataques norteamericanos con misiles contra Osama Bin Laden en Afganistán.

10 de septiembre Un grupo de activistas pertenecientes a los Verdes exigen que el Fiscal General de California disuelva Unocal por delitos contra la humanidad y el medio ambiente y por las relaciones la compañía con los talibán. Unocal califica las acusaciones de ridículas.

5 de octubre El Tribunal del Distrito de Texas en el condado de Fort Bend desestima una demanda de Bridas contra Unocal por valor de 15 mil millones de dólares, por haberles impedido supuestamente el desarrollo de yacimientos petrolíferos en Turkmenistán. El rechazo de la demanda se basa en que la disputa estaba regida por las leyes de Turkmenistán y Afganistán, no las de Texas.

23 de noviembre Unocal se retira del proyecto de 2,9 miles de millones de dólares para llevar gas natural desde Turkmenistán a Turquía, mientras la compañía recorta los gastos.

4 de diciembre Unocal se retira del consorcio para el gasoducto afgano, aduciendo el bajo precio del petróleo, la preocupación por la presencia de Osama Bin Laden en Afganistán y la presión de los grupos feministas norteamericanos. Unocal cierra sus oficinas en Uzbekistán, Turkmenistán y Kazajistán.

22 de diciembre Unocal anuncia un descenso del 40 por 100 en el plan de inversiones para 1999, debido a los bajos precios del petróleo.

1999 24 de enero Sheikmuradov, ministro de Asuntos Exteriores turcomano, visita Paquistán y dice que el proyecto de gasoducto sigue intacto.

febrero Carlos Bulgheroni visita Turkmenistán, Kazajistán y Rusia para conversar con los dirigentes.

3 de marzo Sheikmuradov se reúne con el *mulá* Omar por primera vez en Kandahar y hablan sobre el gasoducto.

marzo La North Apsheron Operating Company (NAOC), dirigida por British Petroleum en Azerbaiyán, cierra a causa de los bajos precios del petróleo.

	Unocal y Delta, que están asociadas, se retiran.
29 de abril	Paquistán, Turkmenistán y los talibán firman un acuerdo en Islamabad para reanimar el proyecto del gasoducto.
12 de mayo	Una delegación talibán firma acuerdos con Turkmenistán para comprar gas y electricidad.

GLOSARIO DE TÉRMINOS AFGANOS

Amir-ul Momineen. Jefe de los fieles. Un título islámico.

Baitul Mal. Fondo caritativo islámico obtenido de impuestos que paga el público.

Bara. Mercado de géneros de contrabando en Paquistán.

Basmachi. Guerrilleros islámicos que opusieron resistencia al dominio soviético en Asia Central en los años veinte.

Burkha. Velo que cubre todo el cuerpo, de la cabeza a los pies, y que llevan las mujeres afganas bajo el régimen talibán.

Dari. El dialecto afgano del persa.

Fatwa. Sentencia legal promulgada por los *ulema.*

Halal. La manera ritual islámica de matar a un animal, degollándolo y dejando que se vierta la sangre.

Istakhbarat. El servicio de inteligencia saudí.

Jirga. Consejo de jefes tribales o de una tribu completa para tratar de asuntos políticos y legales.

Kafirs. No musulmanes o no creyentes.

Khan. Antiguamente un jefe tribal pashtún; en la actualidad un nombre tribal corriente.

Lashkar. Fuerza de milicia tribal tradicional.

Loya Jirga. Gran Consejo. La reunión tradicional de jefes tribales, *ulema* y otros representantes para elegir a un nuevo rey afgano. También el principal organismo legislativo del país.

Madrasa. Escuelas islámicas que imparten enseñanzas religiosas.

Malik. Un notable tribal pashtún. En el pasado solía ser un jefe tribal o de clan.

Mehram. Pariente consanguíneo que debe acompañar a una mujer cuando viaje, de acuerdo con la estricta ley islámica.

Muyahidín. Guerrero sagrado que libra la *yihad* o guerra santa.

Mulá. Director tradicional de las oraciones en una mezquita local.

Munafaqeen. Musulmanes que son hipócritas.

Nan. Pan horneado sin levadura, dieta básica de los afganos.

Pashtunwali. El código tribal social de los pashtunes, a menudo discordante de la ley *sharia.*

Pir. Título honorífico dado al jefe de una secta sufí.

Qazi. Juez islámico que dispensa justicia bajo la ley *sharia.*

Ramadán. El mes del ayuno en el calendario islámico.

Registán. Región desértica.

Serai. Posta para caravanas de camellos en la antigua Ruta de la Seda.

Shalwar kameez. Pantalones holgados y camisa larga que llevan los afganos y paquistaníes de ambos sexos.

Sharia. El canon de la ley islámica.

Shura. Consejo islámico.

Sufismo. La tendencia mística del Islam.

Tor. Opio de alta graduación.

Ulema. Eruditos islámicos. El singular es *alim.*

Ummah. La comunidad de todos los musulmanes, el amplio mundo islámico.

Yihad. Esfuerzo o lucha por convertirse en un buen musulmán. También guerra santa para defender o expandir el Islam.

Zakat. Impuesto islámico dado a los pobres equivalente al 2,5 por 100 de la riqueza personal del individuo.

BIBLIOGRAFÍA

AKINER, Shireen, *Islamic Peoples of the Soviet Union*, Kegan Paul International, Londres, 1983.

ALLWORTH, Edward, *The Modern Uzbeks from the 14th to the Present*, Hoover Institute Press, 1990.

ARNEY, George, *Afghanistan*, Mandarin, Londres, 1990.

ARNOLD, Anthony, *The Fateful Pebble, Afghanistan's Role in the Fall of the Soviet Empire*, Presidio Press, California, 1993.

BABUR, *Babur-Nama*, Sang-e-Meel Publications, Lahore, 1979.

BATTUTA, Ibn, *Travel in Asia and Africa, 1325-1354*, Routledge y Kegan Paul, Londres 1984.

BENNIGSEN, Alexandre y Enders WIMBUSH, *Muslim National Communism in the Soviet Union: A Revolutionary Struggle for the Post-Colonial World*, University of Chicago Press, Chicago, 1979.

BENNIGSEN, Alexandre y Enders WIMBUSH, *Muslims of the Soviet Empire*, C. Hurst and Co, Londres, 1985.

BENNIGSEN, Alexandre y Enders WIMBUSH, *Mystics and Commissars, Sufism in the Soviet Union*, University of California Press, Berkeley, 1985.

BYRON, Robert, *The Road to Oxiana*, Macmillan, Londres, 1937. [Hay trad. cast.: *Viaje a Oxiana*, Barcelona, Península, 2000.]

CHASE, Robert, Paul KENNEDY y Emily HILL, *The Pivotal States: A New Framework for US Policy in the Developing World*, W. Norton and Co., 1999.

CORDOVEZ, Diego y Selig HARRISON, *Out of Afghanistan, The Inside Story of the Soviet Withdrawal*, Oxford University Press, 1995.

DUPREE, Louis, *Afghanistan*, Princeton University Press, 1980.

DUPREE, Nancy Hatch, *A Historical Guide to Afghanistan*, Organización de Turismo Afgano, Kabul, 1970.

ELLESTON, Harold, *The General against the Kremlin: Alexander Lebed, Power and Illusion*, Little Brown and Co., Londres, 1998.

GHANI, Abdul, *A Brief Political History of Afghanistan*, Najaf Publishers, Lahore, 1989.

GOODWIN, Jan, *Caught in the Crossfire*, E. P. Dutton, Nueva York, 1987.

GROUSSET, Rene, *The Empire of the Steppes: A History of Central Asia*, Rutgers University, 1970.

HOPKIRK, Peter, *The Great Game*, John Murray, Londres, 1970.

HOPKIRK, Peter, *Setting the East Ablaze*, John Murray, Londres, 1984.

HUNTINGTON, Samuel P., *The Clash of Civilizations and the Remaking of the New World Order*, Simon and Schuster, Nueva York, 1966. [Hay trad. cast.: *El choque de civilizaciones y la reconfiguración del orden mundial*, Barcelona, Paidós, 1997.]

IGNATIEFF, Michael, *The Warrior Honor, Ethnic War and the Modern Conscience*, Vintage, Nueva York, 1999. [Hay trad. cast.: *El honor del guerrero*, Madrid, Taurus, 1999.]

KAPLAN, Robert, *The Ends of the Earth: A Journey to the Frontiers of Anarchy*, Vintage Books, 1997.

KHAN, Riaz, *Untying the Afghan Knot, Negotiating Soviet Withdrawal*, Duke University Press, 1991.

KHILJI, Jalaluddin, *Muslim Celebrities of Central Asia*, University of Peshawar, 1989.

MAGNUS, Ralph y Eden NABY, *Afghanistan, Mullah, Marx and Mujahid*, Harper Collins, India 1998.

MALEY, William (ed.), *Fundamentalism Reborn? Afghanistan and the Taliban*, C. Hurst, Londres, 1998.

MARSDEN, Peter, *The Taliban: War, Religion and the New Order in Afghanistan*, Zed Books, Londres, 1998.

MCCOY, Alfred y Alan BLOCK, *War on Drugs, Studies in the Failure of US Narcotics Policy*, Westview Press, 1992.

METCALF, Barbara, *Islamic Revival in British India 1860-1900*, Royal Book Company, Islamabad, 1982.

MOUSAVI, Sayed Askar, *The Hazaras of Afghanistan: An Historical, Cultural, Economic and Political Study*, Curzon Press, Londres, 1998.

NAUMKIN, Vitaly, *State, Religion and Society in Central Asia*, Ithaca Press, Reading, 1993.

NEWBY, Eric, *A Short Walk in the Hindu Kush*, Picador, 1974. [Hay trad. cast.: *Una vuelta por el Hundi Kush*, Barcelona, Laertes, 1997.]

NOELLE, Christine, *State and Tribe in Nineteenth-Century Afghanistan*, Curzon Press, Londres, 1997.

OLCOTT, Martha Brill, *Central Asia's New States*, US Institute of Peace, 1996.

OLSEN, Asta, *Islam and Politics in Afghanistan*, Curzon Press, Londres, 1995.

PETTIFER, James, *The Turkish Labyrinth—Ataturk and the New Islam*, Penguin Books, Londres, 1997.
POLO, Marco, *Viajes*, Madrid, Espasa-Calpe, 1998.

RAWLINSON, Henry, *England and Russia in the East* (1875), reimpreso por Indus Publications, Karachi, 1989.
ROY, Olivier, *Afghanistan, from Holy War to Civil War*, Princeton University, 1995.
ROY, Olivier, *The Failure of Political Islam*, I. B. Tauris, Cambridge, Londres, 1994.
ROY, Olivier, *Islam and Resistance in Afghanistan*, Cambridge University Press, 1986.
ROYAL GEOGRAPHICAL SOCIETY, *The Country of the Turkomans*, Royal Geographical Society, Londres, 1977.
RUBIN, Barnett, *The Fragmentation of Afghanistan, State Formation and Collapse in the International System*, Yale University Press, New Haven, 1995.
RUBIN, Barnett, *The Search for Peace in Afghanistan, From Buffer State to Failed State*, Yale University Press, New Haven, 1995.
RUBIN, Barnett y Jack SNYDER, *Post-Soviet Political Order, Conflict and State Building*, Routledge, Londres, 1998.

SEWARD, Desmond, *The Monks of War, the Military Religious Orders*, Penguin, Londres, 1972.
SHAFQAT, Saeed, *Civil Military Relations in Pakistan: From Z. A. Bhutto to Benazir Bhutto*, Westview Pres, 1998.
SIKORSKI, Radek, *Dust of the Saints*, Chatto and Windus, Londres, 1989.

TAPPER, Richard, *The Conflict of Tribe and State in Afghanistan*, Croom Helm, Londres, 1983.

VERRIER, Anthony, *Francis Younghusband and the Great Game*, Jonathan Cape, Londres, 1991.

FUENTES PERIODÍSTICAS

Paquistán: *Dawn, Frontier Post, The Nation, The News, Herald.*
Estados Unidos: *International Herald Tribune, New York Times, Washington Post, Los Angeles Times.*
Otras: Agencia France Press (AFP), Associated Press (AP), Reuters, Interfax, *Far Eastern Economic Review, The Economist, The Guardian, The Independent, Le Monde.*